Inhaltsverzeichnis

3

Sprechen – Zuhören – Schreiben

Kompetenzschwerpunkt

Das glaubst du nicht! – Spannend erzählen 51

Erlebnisse und Begebenheiten schriftlich erzählen (auch nach Vorlagen, z. B. Bilder-, Reizwortgeschichte, Erzählkerne ausgestalten); Erzähltechniken einsetzen; Methoden der Textplanung anwenden und Textfassungen überarbeiten (Aufbau, Sprachstil, Wortwahl); Erzählungen lesen; Leseeindrücke wiedergeben; Inhalt und sprachliche Besonderheiten erfassen; Lesetechniken nutzen

4

Sprechen – Zuhören – Schreiben

Kompetenzschwerpunkt

Tiere als Freunde – Beschreiben 75

Tiere und Vorgänge folgerichtig, sprachlich genau und anschaulich beschreiben; Methoden der Textplanung anwenden und Textfassungen überarbeiten (Folgerichtigkeit im Gedankengang, Sachbezogenheit im sprachlichen Ausdruck)

Kurze Vokale – doppelte Konsonanten

Nach einem kurzen Vokal folgen fast immer zwei Konsonanten, z. B. *die Suppe, rennen.*

▶ S. 284–285, 339

Lange Vokale (a, e, i, o, u)

Lange Vokale werden meist nicht gekennzeichnet z. B. *die Hose, lesen.*

Manchmal folgt auf den langen Vokal ein h, z. B.: *das Mehl, lahm.*

▶ S. 286–289, 339

Groß- oder Kleinschreibung?

Satzanfänge und Nomen schreibst du groß.

▶ S. 295–296, 340

Verben, Adjektive, Pronomen, schreibst du klein

▶ S. 297, 340

s, ss oder ß?

Nach einem kurzen Vokal schreibst du ss, z. B. *essen, Wasser.*

Nach einem langen Vokal oder Diphthong schreibst du ß, z. B. *der Kloß, heiß.*

▶ S. 291–294, 340

Wortarten bestimmen

Einzelne Wörter kann man nach ihrer Wortart bestimmen, z. B.:

- Nomen (Hauptwort, Substantiv) ▶ S. 220–228, 329
- Artikel ▶ S. 221-222, 330
- Pronomen (Fürwort) ▶ S. 229–231, 330
- Adjektiv (Eigenschaftswort) ▶ S. 233–236, 331
- Präposition (Verhältniswort) ▶ S. 237–238, 331
- Verb (Tätigkeitswort) ▶ S. 240–250, 332
- Konjunktion (Bindewort) ▶ S. 267–270, 331

Satzglieder erkennen

Satzglieder sind Bausteine in einem Satz, z. B.:

- Prädikat ▶ S. 255, 334
- Subjekt ▶ S. 256, 334
- Objekte ▶ S. 257–258, 334
- adverbiale Bestimmungen (Adverbiale) ▶ S. 259–260, 335
- Satzglieder ermitteln: Umstellprobe ▶ S. 254, 334
- Satzglieder bestimmen: Frageprobe ▶ S. 256–260, 334–335

Sätze bestimmen

Hauptsätze können alleine stehen.

Nebensätze können nicht alleine stehen.

Satzreihe: Hauptsatz + Hauptsatz

Satzgefüge: Hauptsatz + Nebensatz

▶ S. 267–271, 336

Zeichensetzung

Das Komma zwischen Sätzen

▶ S. 267–271, 337

Zeichensetzung bei der wörtlichen Rede

▶ S. 58, 337

Satzschlusszeichen (Punkt, Frage-, Ausrufezeichen)

▶ S. 265–266, 337

Gymnasium Niedersachsen

Deutschbuch

Sprach- und Lesebuch

5

Herausgegeben von
Bernd Schurf und Andrea Wagener

Erarbeitet von
Gerd Brenner, Ulrich Campe,
Dietrich Erlach, Ute Fenske,
Heinz Gierlich, Cordula Grunow,
Alexander Joist, Rolf Kauffeldt,
Markus Langner, Angela Mielke,
Deborah Mohr, Norbert Pabelick,
Stefanie Schäfers, Christoph Schappert,
Klaus Tetling, Angelika Thönneßen und
Heike Wehren-Zessin

unter Beratung von
Marlene Stahl-Busch

Redaktion: Kirsten Krause
Bildrecherche: Eireen Junge

Illustrationen:
Uta Bettzieche, Leipzig: S. 80, 84, 86, 89, 157, 159–161, 163, 166–168
Nils Fliegner, Hamburg: S. 33–35, 37, 40, 42–44, 46, 48, 253, 254, 256–261, 263–265, 269, 271, 272, 307–310, 312, 313
Amelie Glienke, Berlin: S. 213, 215, 216
Christiane Grauert, Milwaukee (USA): S. 51, 52, 57, 59, 62, 64, 67–69, 71–74, 220, 221, 223, 224, 227, 229–231, 233, 234, 237, 240, 242, 252
Christine Henkel, Dahmen: S. 185, 192, 200
Susann Hesselbarth, Leipzig: S. 275, 276, 278, 279, 281–286, 289–291, 295, 297, 299, 301–306
Konstanze v. Kitzing, Köln: S. 113–116, 118, 120, 122–124, 126, 128, 131, 132
Katharina Knebel, Berlin: S. 135, 137, 138, 140, 143, 147, 151
Barbara Schumann, Berlin: S. 14, 16, 21, 23, 24, 27, 29
Juliane Steinbach, Wuppertal: S. 91–94, 97, 99, 101, 103, 108, 110, 174, 176, 178, 183, 184

Umschlagfoto: Thomas Schulz, Teupitz

Gesamtgestaltung und technische Umsetzung: werkstatt für gebrauchsgrafik, Berlin

www.cornelsen.de

1. Auflage, 2. Druck 2013

Alle Drucke dieser Auflage sind inhaltlich unverändert
und können im Unterricht nebeneinander verwendet werden.

Druck: Stürtz GmbH, Würzburg

ISBN 978-3-06-062413-3

Inhalt gedruckt auf säurefreiem Papier aus nachhaltiger Forstwirtschaft.

Jugendbücher untersuchen; Inhalte und sprachliche Besonderheiten erfassen; Fachbegriffe zur Textbeschreibung kennen lernen und anwenden; Szenen und Figuren eines Textes gestalten (Rollenspiel); Bibliothek und Online-Kataloge als Informationsquelle nutzen; über Bücher informieren (Buchvorstellung); persönliche Leseinteresse reflektieren

Kompetenzschwerpunkt

8 Tierisches Vergnügen – Gedichte vortragen und gestalten 157

Gedichte lesen; Inhalt und sprachliche Besonderheiten untersuchen; Fachbegriffe zur Textbeschreibung kennen lernen und anwenden; Gedichte auswendig und Sinn gestaltend vortragen; mit Gedichte produktiv und experimentell umgehen (Gedichte szenisch vortragen, ergänzen, schreiben und medial präsentieren, z. B. Bildgedichte)

Lesen – Umgang mit Texten und Medien

Kompetenzschwerpunkt

11 Das Fernsehen unter der Lupe – Medien bewusst nutzen 205

Inhalte und Wirkungsweisen medial vermittelter Texte erfassen;
einfache filmische Gestaltungsmittel kennen lernen;
Informations- und Unterhaltungsfunktion unterscheiden;
Vorlieben und Umgangsweisen mit Medien erörtern;
produktiv bzw. experimentell mit einem Text umgehen (Fotostory zu einem Text entwickeln)

Nachdenken über Sprache

Kompetenzschwerpunkt

12 Grammatiktraining – Wörter und Wortarten 219

Wortarten unterscheiden, fachsprachlich bezeichnen und deren Funktion erkennen;
Flexionsformen kennen und anwenden;
einfache und zusammengesetzte Tempusformen kennen und den Tempusgebrauch angemessen verwenden;
Fehler erkennen, markieren und verbessern (Textüberarbeitung)

Nachdenken über Sprache

Kompetenzschwerpunkt

13 Grammatiktraining – Sätze und Satzglieder 253

operationale Verfahren (Proben) zur Einsicht in sprachliche Strukturen nutzen;
Satzglieder bestimmen;
Aussage-, Frage- und Aufforderungssatz unterscheiden;
Haupt- und Nebensatz, Satzreihe und Satzgefüge unterscheiden;
Satzschlusszeichen und Kommasetzung kennen und beachten;
Fehler erkennen, markieren und verbessern (Textüberarbeitung);
muttersprachliche Kenntnisse für das Erlernen von Fremdsprachen heranziehen

14 Rechtschreibtraining – Laute und Buchstaben 275

Regeln der Rechtschreibung (Groß- und Kleinschreibung, Kürze und Länge des Stammvokals, gleich und ähnlich klingende Laute und Konsonanten, Schreibung der s-Laute, Wortrennung) kennen und beachten;
Fehlerarten erkennen und Techniken der Fehlervermeidung nutzen (richtig abschreiben, deutlich sprechen, verwandte Wörter suchen/ Ableitung vom Wortstamm, Wörter verlängern, individuelle Fehleranalyse, Nachschlagen im Wörterbuch);
Fehler erkennen, markieren und verbessern (Textüberarbeitung)

Die Piktogramme neben den Aufgaben bedeuten:

- Partnerarbeit
- Gruppenarbeit
- Arbeiten mit dem Computer
- 2 Zusatzaufgabe

Die Punkte sagen etwas über die Schwierigkeit einer Aufgabe:

- ●○○ Diese Aufgabe ist eher leicht.
- ●●○ Diese Aufgabe ist schon etwas kniffliger.
- ●●● Diese Aufgabe ist etwas für Profis.

1 In unserer neuen Schule – Erfahrungen austauschen

1 Neue Schule, neue Klasse: Erzählt, wie ihr die ersten Tage an eurer neuen Schule erlebt.

2 **a** Tauscht euch zu zweit aus:
Was ist im Vergleich zu eurer alten Schule neu oder anders?
Was wünscht ihr euch für die neue Schule?

b Stellt das, was euch eure Mitschülerin oder euer Mitschüler erzählt hat, den anderen vor.

In diesem Kapitel ...

- stellt ihr euch einander vor und informiert euch über eure neue Schule,
- erzählt ihr in einem persönlichen Brief von euren Erlebnissen und Eindrücken,
- lest ihr Geschichten rund um das Thema „Schule“ und beschreibt eure Traumschule.

1.1 Neue Schule, neue Klasse – Sich informieren

Wir lernen uns kennen

Stellt euch den anderen in der Klasse vor. Wählt dazu aus den folgenden Vorschlägen einen aus.

1 Ein Wappen gestalten

a Gestaltet auf einem großen Blatt Papier ein Wappen, mit dem ihr euch den anderen in der Klasse vorstellt.

b Hängt euer Wappen im Klassenraum auf und erklärt den anderen, was darauf zu sehen ist, z. B.:

Jch bin Tim und wie ihr auf dem Wappen sehen könnt, ...
Am liebsten ...
Der Spruch, der am besten zu mir passt, lautet ... Den habe ich ausgewählt, weil ...

c Was habt ihr von euren Mitschülerinnen und Mitschülern behalten?
Denkt euch Quizfragen zu den Wappen aus, z. B.:
Welcher Schüler spielt gerne Gitarre?
Wer möchte später einmal ...?

2 Einen Steckbrief entwerfen

a Entwerft einen Steckbrief, mit dem ihr euch in der Klasse vorstellt.
TIPP: Ihr könnt in euren Steckbrief auch Fotos, Zeichnungen und andere Abbildungen aufnehmen, z. B. von Tieren und Dingen, die ihr besonders mögt.

b Hängt die Steckbriefe auf und testet, wie gut ihr euch schon kennt:
Eine/Einer von euch macht zu einer Mitschülerin oder einem Mitschüler einige Angaben.
Die anderen raten, um wen es geht.

Name: *Dana Goldmann*
Geburtstag: *4. 10. 2001*
Wohnort: *Münster*
Geschwister: *ein großer Bruder (15 Jahre)*

Hobbys: *Fußball spielen, meinen Bruder ärgern*
Lieblingstier: *Sibirischer Tiger*
Lieblingsessen: *Spaghetti und Erdbeertorte*
Lieblingsbuch: ...
Lieblingsmusik: ...
Lieblingsfilm: ...
Dahin möchte ich gern mal reisen: ...
Das möchte ich später einmal machen: ...
Gar nicht mag ich: ...
Jn was ich mich gerne verwandeln würde: ...
...

3 Ein Partnerinterview führen

a Bringt ein Bild aus eurer Grundschulzeit mit und interviewt euch gegenseitig.
Geht so vor:
- Bildet Paare. Lasst dabei den Zufall entscheiden.
  Legt z. B. Memory-Karten auf einem Tisch aus und deckt sie nacheinander auf.
  Die Schüler, die das gleiche Bild haben, bilden ein Paar.
- Stellt euch gegenseitig Fragen und notiert die Antworten, z. B.:

  - *Warum hast du dieses Foto mitgebracht?*
  - *Was hat dir in der Grundschule am besten gefallen?*
  - *Was wünschst du dir in der neuen Schule?*
  - *Welche Fächer sind deine Lieblingsfächer?*
  - ...

b Stellt eure Mitschülerin oder euren Mitschüler in der Klasse vor.
Anschließend könnt ihr ein schönes Blatt gestalten, das über eure Interviewpartnerin/euren Interviewpartner informiert.

Wir erkunden unsere Schule

Neue Wege beschreiben

1 Wie kommt ihr zur Schule?

a Stellt fest, wer aus eurer Klasse mit dem Fahrrad, dem Bus, der Bahn oder zu Fuß zur Schule kommt. Gibt es gemeinsame Schulwege?

b Beschreibt den Weg von eurer Wohnung zu eurer Schule. Ihr könnt zu eurer Wegbeschreibung auch eine Skizze anfertigen.

Wenn ihr einen **Weg beschreibt,** ist es hilfreich, die **Straßennamen,** die **Richtung** (links, rechts, geradeaus) und **auffällige Orte** (z. B. Bahnhof, Supermarkt, Kirche) zu benennen.

Wörter, die ihr für eure Wegbeschreibung verwenden könnt:

zuerst dann danach schließlich zuletzt gehen hinuntergehen hinaufgehen überqueren sich wenden abbiegen

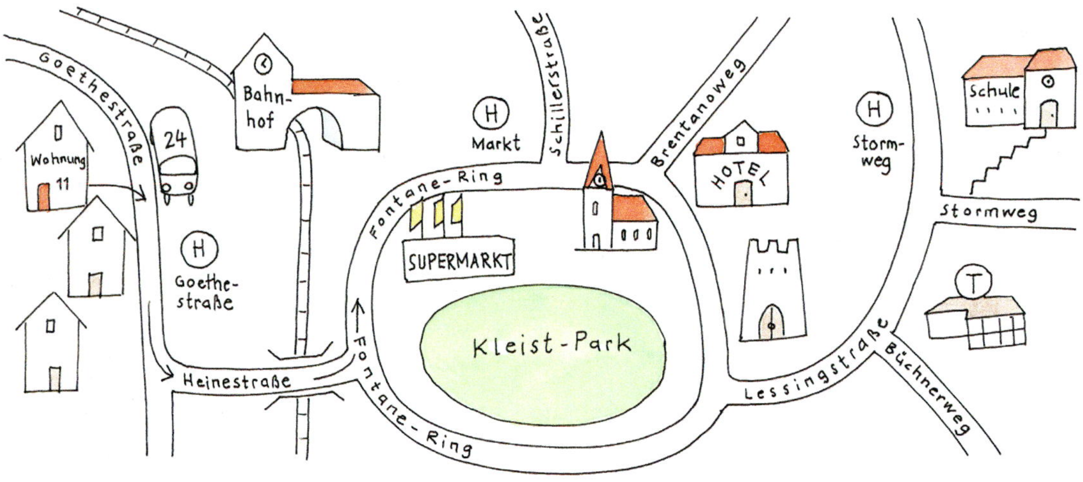

2 Bestimmt kennt ihr euch schon ein bisschen in eurer Schule aus.

a Könnt ihr euren Mitschülerinnen und Mitschülern beschreiben, wie man:
- vom Eingang der Schule in euren Klassenraum kommt?
- von eurem Klassenraum in die Sporthalle, zum Musikraum, zum Sekretariat ... gelangt?

b Formuliert Wegbeschreibungen als Rätsel: Nennt nur den Ausgangspunkt (den Start) und beschreibt dann den Weg. Lasst die anderen das Ziel erraten.

3 **a** Zeichnet auf einem großen Plakat den ungefähren Grundriss eurer Schule und beschriftet ihn. Tragt z. B. ein, wo sich euer Klassenraum befindet, wo das Sekretariat und das Lehrerzimmer liegen.

TIPP: Falls eure Schule so groß ist, dass sie aus mehreren Gebäuden besteht, beschränkt euch auf einen Teil, z. B. das Stockwerk, in dem eure Klasse liegt.

b Tragt in euren Grundriss die Wege von eurem Klassenraum zu den wichtigsten Orten ein. Hängt das Plakat in eurem Klassenraum auf.

Ein Interview führen

Um noch mehr über eure neue Schule zu erfahren, könnt ihr auch einzelne Personen befragen, also ein Interview durchführen.

1 Bestimmt habt ihr an eurer Schule schon einige Personen kennen gelernt: Klassenlehrer/-in, Schulleiter/-in, Sekretär/-in, Hausmeister/-in, ältere Schüler/-innen ...

a Sammelt ihre Namen an der Tafel und tragt zusammen, was ihr inzwischen über sie wisst.

b Überlegt, über wen ihr in einem Interview noch mehr erfahren möchtet.

2 Bildet Gruppen, die unterschiedliche Personen an eurer neuen Schule befragen, und bereitet euer Interview vor:
Geht so vor:

a Was wollt ihr über die Person, mit der ihr das Interview führt, wissen? Was interessiert euch an eurer neuen Schule?
Sammelt W-Fragen, z. B.:
- *Warum wollten Sie Lehrer werden?*
- *Wie ...?*

b Entwerft gemeinsam einen Fragebogen für euer Interview. Notiert vier bis sechs Fragen, die ihr in eurem Interview stellen wollt, z. B.:

> **Fragebogen für das Jnterview mit unserem Klassenlehrer:**
>
> 1. Warum wollten Sie Lehrer werden?
> 2. Welches Fach unterrichten Sie neben Deutsch?
> 3. Wie schaffen Sie es, so viele neue Namen zu lernen?
> 4. Können Sie uns von einem besonders lustigen Ereignis mit Jhren Schülern erzählen?
> 5. Was war Jhr Lieblingsfach in Jhrer Schulzeit? Warum?

W-Fragen
Wer?
Was?
Wie?
Warum?
...

Wenn ihr jemanden siezt, schreibt ihr die **Anredepronomen groß,** z. B.:
*Warum wollten **Sie** Lehrer werden?*
*Was gefällt **Ihnen** am besten an **Ihrem** Beruf?*

c Einigt euch in der Gruppe, wer die Fragen stellt und wer die Antworten mitschreibt.
TIPP: Ihr könnt die Antworten auch aufnehmen. Überlegt, was ihr hierzu braucht, z. B. ein Diktiergerät, eine Videokamera ...

3 Wenn ihr Erwachsene befragt, müsst ihr sie anders ansprechen als z. B. Gleichaltrige oder Freunde.

a Überlegt, wie ihr eure Interviewpartnerin oder euren Interviewpartner begrüßt und verabschiedet, z. B.:

Guten Tag, Frau ... Danke, dass Sie sich Zeit für das Interview genommen haben.

Vielen Dank für das Interview! Wir haben einiges über ... erfahren.

b Probt die Begrüßung und die Verabschiedung als Rollenspiel und gebt euch gegenseitig Tipps, was ihr noch verbessern könnt.

4 Führt eure Interviews durch. Tauscht euch anschließend darüber aus, wie eure Interviews verlaufen sind und was ihr erfahren habt.

5 Bildet Gruppen und fasst das, was ihr in eurem Interview erfahren habt, in einem kurzen Bericht zusammen.

a Sammelt alle wichtigen Informationen in einem Schreibplan, z. B.:

Gestaltet mit euren Berichten eine **Info-Wand.** Macht auch Fotos, mit denen ihr eure Berichte bebildert.

Was?	*Interview mit ...*
Wer war beteiligt?	...
Wann war das Interview?	...
Wo fand es statt?	...
Warum?	...
Was habt ihr erfahren?	...

b Schreibt einen ersten Entwurf des Berichts. Die unten stehenden Informationen helfen euch.

Vier Schülerinnen und Schüler der Klasse 5a der ...-Schule führten am ... ein Interview mit ...
Der Grund für dieses Interview war, dass wir ...
Um ... Uhr trafen wir ..., die/der uns einige Fragen beantwortete.
Wir erfuhren, dass ...

c Überarbeitet eure Berichte, z. B. in einer Schreibkonferenz (▸ S. 343). Kontrolliert, ob er alle wichtigen Informationen enthält (W-Fragen) und die Sprache sachlich ist.

Information **Einen Bericht verfassen**

Ein **Bericht** informiert über ein vergangenes Ereignis. Er beschränkt sich auf die wichtigsten Informationen und **beantwortet die W-Fragen.** Die **Sprache ist sachlich** und enthält keine persönlichen Wertungen oder Umgangssprache.

Einen persönlichen Brief verfassen

Niederpleis, den 15. 9. 2012

Liebe Frau Pütz,

nun bin ich schon seit einigen Wochen an der neuen Schule und mittlerweile kenne ich mich am Albert-Einstein-Gymnasium schon ganz gut aus. Wie geht es Jhnen? Hatten Sie schöne Sommerferien?

Jn der ersten Schulwoche haben wir ein echtes Jnterview mit unserer Schulleiterin geführt. Wir haben zum Beispiel gefragt, warum die Schule „Albert-Einstein-Gymnasium" heißt und wie viele Schüler in diese Schule gehen. Jnsgesamt sind es 800 Schülerinnen und Schüler. Sehr viel mehr als an der Grundschule. Unser Klassenzimmer befindet sich im ersten Stock. Vom Fenster aus kann ich in den Schulhof und in den Schulgarten sehen. Auf dem Pausenhof haben wir sogar einen kleinen Sportplatz, auf dem wir Fußball oder Basketball spielen können. Mein neuer Klassenlehrer heißt Herr König und ist sehr lustig. Heute hat er zu mir gesagt: „Schau nicht immer aus dem Fenster hinaus. Die Traumschule hast du hier im Klassenzimmer." Nick, Wanda, Timo und Anna aus unserer alten 4a sind auch bei mir in der Klasse. Aber ich habe auch schon einige neue Freunde gefunden.

Jch denke noch oft an Jhren Musikunterricht. Haben Sie wieder eine neue Klasse bekommen? Wie viele Kinder sind in dieser Klasse? Wer sitzt auf meinem Platz?

Viele Grüße

Felicitas

1 **a** An wen schreibt Felicitas? Woran habt ihr das erkannt? Nennt Beispiele aus dem Brief.
b Listet auf, worüber Felicitas in ihrem Brief spricht.

2 **a** Ein persönlicher Brief ist wie ein Gespräch in schriftlicher Form. Nennt Textstellen aus dem Brief, in denen Felicitas ihre Briefpartnerin direkt anspricht.
b Überlegt, warum man auf die Empfängerin oder den Empfänger eingeht und Fragen stellt.

3 Ein Brief besteht aus verschiedenen Bausteinen. Untersucht den Aufbau des Briefes und verwendet dabei die folgenden Begriffe:

Briefkopf (Ort, Datum)	Anrede	Grußformel	Unterschrift
Einleitung	Hauptteil (Kern des Briefes)		Schluss

4 Sammelt weitere Möglichkeiten, um eure Briefpartnerin oder euren Briefpartner anzureden und euch zu verabschieden. Überlegt dabei, für welchen Empfänger (z. B. Freund/-in, Lehrer/-in, Eltern ...) welche Anrede und welche Grußformel geeignet ist.

5 a Entscheidet euch für eine Person, der ihr gerne einen Brief über eure ersten Eindrücke an der neuen Schule schreiben wollt.

b Überlegt, was ihr eurer Briefpartnerin oder eurem Briefpartner schreiben wollt. Was könnte sie oder ihn interessieren?
Sammelt eure Ideen in Stichworten.

Darüber möchte ich schreiben:
- *Handball-AG an der Schule*
- *neue Freunde*
- *viele neue Fächer*
- *...*

6 Schreibt einen ersten Entwurf des Briefs.
Die folgenden Informationen helfen euch dabei.

Information **Einen persönlichen Brief schreiben**

Briefe werden an einen oder mehrere Empfänger geschickt. Danach richten sich Inhalt und Wortwahl des Schreibens. Einen Brief an euren Opa könnt ihr anders formulieren als den an eure Lehrerin oder euren Lehrer. Briefe sind nach dem folgenden Muster aufgebaut:

Briefkopf
Ort und Datum

Anrede
Nach der Anrede setzt ihr entweder ein Ausrufezeichen und beginnt danach groß oder ihr setzt ein Komma und schreibt klein weiter.
Wenn ihr jemanden siezt, schreibt ihr die Anredepronomen groß, z. B.: *Sie, Ihnen, Ihr* usw. Sonst könnt ihr sie kleinschreiben, z. B.: *dir, dein, euch, euer.*

Brieftext
- Geht auf die Empfängerin/den Empfänger ein: Überlegt, was sie/ihn interessiert.
- Gliedert euren Brief in Einleitung, Hauptteil und Schluss. Trennt die einzelnen Teile durch Absätze.
- Sprecht zu Beginn den Empfänger direkt an. Beantwortet Fragen und stellt selbst welche.
- Schreibt über ein Erlebnis und teilt Neuigkeiten mit.
- Sagt auch etwas über eure Gedanken und Gefühle.
- Baut im Schlussteil Anreize ein, die die Empfängerin/den Empfänger dazu anregen, einen Antwortbrief zu schreiben. Stellt z. B. Fragen. Sendet gute Wünsche.

Grußformel und Unterschrift
Die Grußformel und die Unterschrift stehen jeweils in einer eigenen Zeile. Am Ende setzt man weder Punkt noch Ausrufezeichen.

Burgdorf, den 1. Oktober 2012

Liebe Frau Pütz,	*Hallo Rudi!*
sicher wollen ***Sie*** *wissen, wie es mir geht.*	*Sicher bist* ***du*** *neugierig, wie es bei mir so läuft.*

Vielen Dank für ...
Wie geht es dir?
Ich habe mich so über ... gefreut.

Die letzten Wochen waren ...
Mir gefällt ...

Wie war die erste Woche bei dir?
Hast du schon ...?
Ich hoffe, du meldest dich bald.

Herzliche Grüße	*Liebe Grüße*
Viele Grüße	*Bis bald*
Ihre Jana	*dein Manuel*

7 a Tauscht die Briefe mit eurer Nachbarin oder eurem Nachbarn. Verbessert dann gemeinsam die Rechtschreibung und den sprachlichen Ausdruck.
b Schreibt den Brief fehlerfrei und ordentlich auf ein Blatt Papier.
c Beschriftet einen Umschlag – und ab geht die Post!

Eine E-Mail schreiben

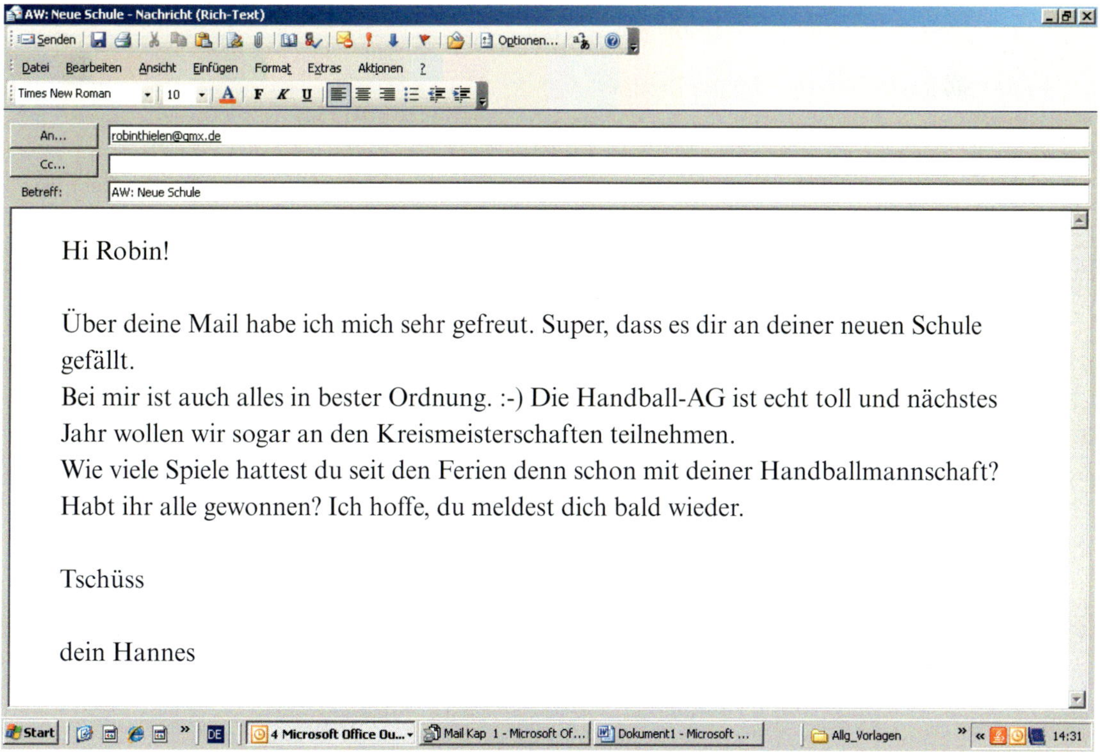
AW: Neue Schule - Nachricht (Rich-Text)

An... robinthielen@gmx.de
Cc...
Betreff: AW: Neue Schule

Hi Robin!

Über deine Mail habe ich mich sehr gefreut. Super, dass es dir an deiner neuen Schule gefällt.
Bei mir ist auch alles in bester Ordnung. :-) Die Handball-AG ist echt toll und nächstes Jahr wollen wir sogar an den Kreismeisterschaften teilnehmen.
Wie viele Spiele hattest du seit den Ferien denn schon mit deiner Handballmannschaft? Habt ihr alle gewonnen? Ich hoffe, du meldest dich bald wieder.

Tschüss

dein Hannes

1 a Berichtet von euren E-Mail-Erfahrungen: Wie oft und an wen schreibt ihr E-Mails?
b Nennt Vorteile, die das Schreiben einer E-Mail bietet. Kennt ihr auch Nachteile?

2 Lest die E-Mail. Woran erkennt ihr, dass es sich um eine E-Mail an einen Freund handelt?

3 Vergleicht die E-Mail von Hannes mit dem Brief von Felicitas (▸ S. 19). Welche Unterschiede könnt ihr in der äußeren Form, der Wortwahl und dem Inhalt feststellen? Wie erklärt ihr euch diese Unterschiede?

Testet euch!

Einen Brief schreiben

Mein Lerntagebuch

Datum: 18.9.2012 *Thema: Einen persönlichen Brief schreiben* *Fach: Deutsch*

1 Das habe ich gelernt:
Mein Spickzettel:
Ein Brief ist nach einem festen Muster aufgebaut:
- Briefkopf mit Ort und ...
- ...
Wenn man eine Person siezt, ...

2 Das ist mir noch unklar:
Der Unterschied zwischen Absender und Adressat.

3 Mit wem oder wie kläre ich das Problem?
...

4 Das nehme ich mir vor:
...

5 Das war heute toll:
Jch habe heute mit Mareike und Ömer in der Pause Verstecken gespielt.

1 a Untersucht die Seite aus einem Lerntagebuch. Was wird alles festgehalten?
b Unter der Überschrift „Das habe ich gelernt" taucht ein „Spickzettel" auf. Was ist typisch für einen Spickzettel und worauf muss man achten, wenn man einen solchen Zettel anfertigt?

2 a Schreibt einen eigenen Lerntagebuch-Eintrag zum Thema „Briefe schreiben".
b Besprecht eure Einträge. Löst gemeinsam die Dinge, die euch noch unklar sind.

Methode **Tipps zum Lerntagebuch**

- **Das habe ich gelernt:** Hier könnt ihr euch einen „Spickzettel" mit den wichtigsten Ergebnissen anlegen, Regeln oder „Eselsbrücken" notieren und/oder ein Schaubild oder eine Zeichnung anfertigen.
- **Das ist mir noch unklar:** Formuliert Fragen, die ihr noch habt, oder notiert unklare Begriffe.
- **Mit wem oder wie kläre ich das Problem?:** Überlegt, bei wem (z. B. Mitschüler/-in, Eltern, Lehrer/-in) oder wie (z. B. Wörterbuch, Internet) Hilfe zu finden ist.
- **Das nehme ich mir vor:** Hier schreibt ihr auf, was ihr noch wissen wollt oder was ihr euch für die nächsten Tage/die nächste Woche vornehmt, z. B. einen Brief schreiben, ...
- **Das war heute ...:** Was hat euch gut gefallen und/oder was hat euch weniger Spaß gemacht?

1.2 Geschichten aus der Schule

Edward van de Vendel

Was ich vergessen habe

Elmer bekommt eines Tages eine neue Mitschülerin: Soscha.

Da steht sie, in der Türöffnung – wie frisch aus einem Überraschungspaket gestiegen. Früher Montagmorgen: Der Flur draußen ist dunkel, nur in unserer Klasse ist es hell. Wir sitzen über unseren Rechenaufgaben, Stillarbeit, eine summende Lautlosigkeit. Die Lehrerin kommt hinter ihrem Schreibtisch hervorgestolpert und geht mit ausgetreckten Armen auf das Mädchen zu. „Komm rein, komm nur, komm. Wo möchtest du sitzen? Kinder, das hier ist Soscha Londerseel. Sie ist gerade umgezogen und kommt hier zu uns in die Klasse. Wo möchtest du sitzen?"
Soscha blickt durch die Klasse, tritt ins Licht und sagt: „Neben ihm da. Ich will neben ihn. Ich glaube, er ist nett."
Keiner sagt etwas, nur Köpfe drehen sich und ich zucke zusammen: Sie zeigt auf mich.
Manchmal denke ich, das Rotwerden beginnt in meinen Füßen und dann laufe ich langsam heiß, bis ich in Stereo nach links und rechts strahle, und nirgendwo ist was zum Abstellen, nirgendwo an mir ist eine Powertaste. Ich versuche es aufzuhalten. Keine Chance, sie steuert schon auf meinen Tisch zu, setzt sich neben mich und fragt, wie ich heiße.
„Äh, Elmer", sage ich und sie sagt: „Schön, Elmer. Ich heiße Soscha."
„Gut", sagt die Lehrerin, „Stillarbeit war angesagt. Elmer, zeigst du Soscha, worum es geht? Die Sachen für sie habe ich schon bereitgelegt."
Das tue ich und das Rotwerden lässt etwas nach. Es sackt irgendwo in Magenhöhe, wo es bleibt wie eine Zündflamme, die sofort wieder auflodern kann, wenn einer das Gas aufdreht.
Die Klasse schaut ab und an zu mir, zu uns. Ich höre „Pfff!" und „Tsss!" und in der Pause sagt Mark: „Elmer ist verrückt nach Mädchen ..."

So fängt es an und ich weiß nicht, wie mir geschieht. Aber den ganzen Tag habe ich die Aufgabe, Soscha alles zu erklären: unsere Gruppenarbeit, unseren Wochenplan und unsere Freitagnachmittagwerkstatt. Ich erkläre und sie nickt und lacht. Und das Tuscheln über uns hat auch aufgehört.
Trotzdem zischelt es die ganze Zeit – es ist, als ob jeder sie etwas fragen wollte. „Soscha-Soscha-Soscha", klingt es und Soscha sitzt schon ganz unruhig auf ihrem Stuhl. Die Lehrerin wird böse, aber das hilft höchstens eine Viertelstunde lang. Wirklich schlimm wird es allerdings nie, weil ich meistens gerade zur rechten Zeit rot werde, ich sitze schließlich neben Soscha.
„Thanks", sagt Soscha mit einem Blick zur Seite. „Ich gehe, glaube ich, manchmal zu weit. Schön, dass du meine rote Ampel bist."
Dann lache ich und versuche mir vorzustellen, wie still es war, bevor Soscha zu uns in die Klasse kam. Ich kann mich unmöglich erinnern.

(Als Soscha eines Tages im Unterricht Elmer einen Zettel zuschiebt, werden beide erwischt.)

Zum ersten Mal seit Jahren muss ich nachsitzen. Soscha auch. Aber nachdem wir dreimal „Tut uns leid, kommt nicht wieder vor!" gesagt haben und Soscha alles erklärt hat, dürfen wir nach Hause.
Das tun wir nicht, denn Soscha sagt: „Komm, wir machen eine Prüfung. Eine Prüfung in Du und Ich. Du schreibst auf, was du von mir weißt, und umgekehrt. Essen können wir später. Zehn Minuten. Ab jetzt." Und zur Lehrerin sagt sie: „Dürfen wir Ihren roten Korrekturstift haben?"
Sie heißt Soscha Londerseel. So viel weiß ich schon: Sie ist halb polnisch, weil ihre Mutter Polin ist. Sie hat drei große Schwestern, die schon aus dem Haus sind, aber noch fast jeden Tag zum Plaudern vorbeikommen. Die Schwestern haben Kinder und bringen sie mit. Ihr neunzehnjähriger Bruder heißt Ivar und ihr kleiner Bruder heißt Tomek. Tomek schaut immer Kinderkanal. Es gibt jede Menge Tanten, Onkel und Vettern und nicht einmal sie kann sie alle zählen. Ein Teil lebt in Polen. Und ein Teil hier. Ihr Vater heißt Wim und sie mag alte Popstars, jedenfalls sammelt sie die. Auf Briefmarken. Manchmal geht sie mit ihrem Vater auf eine Börse und kauft neue hinzu. Bestraft für irgendwas wird Soscha fast nie. Das sagt sie jedenfalls. Dafür hat man bei ihr daheim keine Zeit. Ich glaube ihr zwar, aber dass ich mich mal mit jemandem anfreunden würde, der so frech sein kann, hätte ich nie gedacht.
„Frech?", fragt Soscha. „Ich? Wieso?"
„Na ja, das ist nicht genau das richtige Wort", sage ich.
„Hier. Das habe ich geschrieben."
Elmer Jonas de Jong. Elf. Mittelfeldspieler und eine Schuldirektorin als Mutter. Das ist bisher alles, was ich von ihm weiß. Ich kenne sein Haar, seine Sommersprossen und seine blauen Augen, aber sa-

gen tut er noch nicht viel. Im Augenblick beobachte ich ihn, wie er dasitzt und schreibt. Er sagt, er mag Apparate. Dinge. Solange nur irgendwo ein Knopf oder eine Taste dran ist. Er hat wenig Freunde, finde ich, und auch nur ganz wenige Verwandte. Tante Anja. Sein Vater ist fort. Wir fahren jedes Jahr nach Krakau und besuchen die Familie meiner Mutter. Was für ein Unterschied. Verrückt, aber jeder ist anders. Hü, die Zeit ist um.
„Hmmm …“, sage ich. „Durchgefallen. Du schreibst über dich selbst.“
„Eine Vier könntest du mir schon geben“, sagt Soscha. „Ich weiß eben noch viel zu wenig über dich.“

1 Tauscht euch über euren ersten Leseeindruck aus, z. B.:
- *Besonders gut gefallen hat mir …*
- *Mich hat erstaunt, dass …*
- *Ich habe nicht verstanden, warum …*

2 a Lest noch einmal den Textabschnitt (▶ S. 23/24, Z. 1–46). Beschreibt, wie die erste Begegnung zwischen Soscha und Elmer verläuft.
b Was mag Elmer eurer Meinung nach an Soscha? Was gefällt Soscha an Elmer? Notiert eure Vermutungen und erklärt sie.

> *Vielleicht findet er es gut, dass …*
> *Ich denke, er mag an Soscha, dass …*
>
> *Meiner Meinung nach mag Soscha an Elmer, dass …*
> *Sie findet es gut, dass …*

3 „Schön, dass du meine rote Ampel bist“, sagt Soscha zu Elmer (▶ S. 24, Z. 58). Erklärt, was sie damit meint.

4 a Soscha schlägt Elmer vor, eine „Prüfung in Du und Ich“ zu machen. Was meint sie damit?
b Durch diese Prüfung erfahrt ihr ein bisschen mehr über Elmer und Soscha. Erstellt für jeden der beiden einen Steckbrief.

> **Steckbrief Elmer**
> Name: Elmer Jonas de Jong
> Alter: 11
> Familie: …
> …

> **Steckbrief Soscha**
> Name: Soscha Londerseel
> …
> …

c Stellt ihr euch Elmer anders vor als auf der Abbildung (▶ S. 24)? Zeichnet ein Bild von ihm in euer Heft und berücksichtigt dabei Informationen aus dem Text.

5 a *Freunde haben vieles gemeinsam!*
Trifft das eurer Meinung nach auch auf Soscha und Elmer zu? Begründet eure Meinung.
b Beschreibt, welche Bedeutung Freundschaft für euch hat.

Fordern und fördern – Einen Brief schreiben

●●● **1** Versetzt euch in Elmers Lage: Ihr habt an der neuen Schule Soscha kennen gelernt. Schreibt nun einer Freundin oder einem Freund einen Brief, in dem ihr von Soscha erzählt. Schreibt in der Ich-Form. Lest dazu noch einmal den Textauszug (▶ S. 23–25) und notiert, was ihr über Soscha und Elmer erfahrt.

▷ Hilfen zu dieser Aufgabe findet ihr unten.

●●○ **Aufgabe 1 mit Hilfen**

Wenn ihr aus Elmers Sicht einen Brief schreibt, in dem ihr von der neuen Mitschülerin Soscha erzählt, könnt ihr so vorgehen:

a Lest noch einmal den Textauszug (▶ S. 23–25). Notiert dabei Stichworte zu den folgenden Fragen:
- Wie hat Elmer Soscha kennen gelernt?
- Was denkt er über Soscha und diese neue Freundschaft?

> - *Soscha steht an einem Montagmorgen plötzlich im Klassenraum.*
> - *Sie möchte sich neben mich setzen.*
> - *Jch werde sofort rot, weil ...*
> - *Zuerst tuschelt die Klasse über uns, aber dann ...*
> - *Soschas Mutter ist Polin, Soscha hat drei große Schwestern und einen großen Bruder.*
> - ...
> - ...
> - *Jch finde Soscha ..., weil ...*
> - *Als ich Soscha das erste Mal gesehen habe, dachte ich ...*

b Schreibt den Brief in der Ich-Form. Die folgende Vorlage hilft euch, euren Brief richtig aufzubauen und gut zu formulieren.

Ort und Datum	*Ort, den ...*
Anrede	*Liebe/r ...!*
Einleitung: Sprecht den Empfänger direkt an.	*Wie gefällt .../Wie geht es dir? Du glaubst nicht, was mir in der letzten Woche in der Schule passiert ist.*
Hauptteil: Schreibt über das Erlebnis mit Soscha. Teilt eure Gedanken mit.	*Letzten Montag ging plötzlich die Tür auf und ... Sie wollte sich neben mich setzen und ich bin natürlich sofort rot geworden. ...*
Schluss: Geht noch einmal auf den Empfänger ein. Stellt Fragen, sendet gute Wünsche.	*Wie waren die ersten Schulwochen bei dir? Hast du ... Jch hoffe, du ...*
Grußformel	*Herzliche Grüße/Bis bald/Viele Grüße*
Unterschrift	*dein/deine ...*

Joanne K. Rowling

Harry Potter und der Stein der Weisen

Der Waisenjunge Harry Potter erfährt an seinem elften Geburtstag, dass er der Sohn zweier mächtiger Zauberer ist und selbst magische Fähigkeiten besitzt. Kurze Zeit später wird er in die Hogwarts-Schule für Hexerei und Zauberei aufgenommen.

Es gab einhundertundzweiundvierzig Treppen in Hogwarts: breite, weit ausschwingende, enge, kurze, wacklige; manche führten freitags woandershin; manche hatten auf halber Höhe eine Stufe, die ganz plötzlich verschwand, und man durfte nicht vergessen, sie zu überspringen. Dann wiederum gab es Türen, die nicht aufgingen, außer wenn man sie höflich bat oder sie an genau der richtigen Stelle kitzelte, und Türen, die gar keine waren, sondern Wände, die nur so taten, als ob. Schwierig war es auch, sich daran zu erinnern, wo etwas Bestimmtes war, denn alles schien ziemlich oft den Platz zu wechseln. Die Leute in den Porträts gingen sich ständig besuchen und Harry war sich sicher, dass die Rüstungen laufen konnten. Auch die Geister waren nicht besonders hilfreich. Man bekam einen fürchterlichen Schreck, wenn einer von ihnen durch eine Tür schwebte, die man gerade zu öffnen versuchte. Der Fast Kopflose Nick freute sich immer, wenn er den neuen Gryffindors den Weg zeigen konnte, doch Peeves der Poltergeist bot mindestens zwei verschlossene Türen und eine Geistertreppe auf, wenn man zu spät dran war und ihn auf dem Weg zum Klassenzimmer traf. Er leerte den Schülern Papierkörbe über dem Kopf aus, zog ihnen die Teppiche unter den Füßen weg, bewarf sie mit Kreidestückchen oder schlich sich unsichtbar von hinten an, griff sie an die Nase und schrie: „HAB DEINEN ZINKEN!"

Noch schlimmer als Peeves, wenn davon überhaupt die Rede sein konnte, war Argus Filch, der Hausmeister. Harry und Ron schafften es schon am ersten Morgen, ihm in die Quere zu kommen. Filch erwischte sie dabei, wie sie sich durch eine Tür zwängen wollten, die sich unglücklicherweise als der Eingang zum verbotenen Korridor im dritten Stock herausstellte. Filch wollte nicht glauben, dass sie sich verlaufen hatten, und war fest davon überzeugt, dass sie versucht hatten, die Tür aufzubrechen. Er werde sie beide in den Kerker sperren, drohte er, gerade als Professor Quirrell vorbeikam und sie rettete.

Filch hatte eine Katze namens Mrs. Norris, eine dürre, staubfarbene Kreatur mit hervorquellenden, lampenartigen Augen. Sie patrouillierte allein durch die Korridore. Brach man vor ihren Augen eine Regel oder setzte auch nur einen Fuß falsch auf, dann flitzte sie zu Filch, der zwei Sekunden später keuchend vor einem stand. Filch kannte die Geheimgänge der Schule besser als alle andern (mit Ausnahme vielleicht der Weasley-Zwillinge) und konnte so plötzlich auftauchen wie sonst nur ein Geist. Die Schüler mochten ihn alle nicht leiden und hätten Mrs. Norris am liebsten einen gepfefferten Fußtritt versetzt.

Und dann, wenn man es einmal geschafft hatte, das Klassenzimmer zu finden, war da der eigentliche Unterricht. Wie Harry rasch feststellte, gehörte zum Zaubern viel mehr, als nur mit dem Zauberstab herumzufuchteln und ein paar merkwürdige Worte von sich zu geben.

Jeden Mittwoch um Mitternacht mussten sie mit ihren Teleskopen den Nachthimmel studieren und die Namen verschiedener Sterne und die Bewegungen der Planeten lernen. Dreimal die Woche gingen sie hinaus zu den Gewächshäusern hinter dem Schloss, wo sie bei einer plumpen kleinen Professorin namens Sprout Kräuterkunde hatten. Hier lernten sie, wie man all die seltsamen Pflanzen und Pilze züchtete und herausfand, wozu sie nütze waren.

Der bei Weitem langweiligste Stoff war Geschichte der Zauberei, der einzige Unterricht, den ein Geist gab. Professor Binns war wirklich schon sehr alt gewesen, als er vor dem Kaminfeuer im Lehrerzimmer eingeschlafen und am nächsten Morgen zum Unterricht aufgestanden war, wobei er freilich seinen Körper zurückgelassen hatte. Binns leierte Namen und Jahreszahlen herunter und sie kritzelten alles in ihre Hefte und verwechselten Emmerich den Bösen mit Ulrich dem Komischen Kauz.

Professor Flitwick, der Lehrer für Zauberkunst, war ein winzig kleiner Magier, der sich, um über das Pult sehen zu können, auf einen Stapel Bücher stellen musste. Zu Beginn der ersten Stunde verlas er die Namensliste, und als er zu Harry gelangte, gab er ein aufgeregtes Quieken von sich und stürzte vom Bücherstapel.

Professor McGonagall wiederum war ganz anders. Harry hatte durchaus zu Recht vermutet, mit dieser Lehrerin sei nicht gut Kirschen essen. Streng und klug, hielt sie ihnen eine Rede, kaum hatten sie sich zur ersten Stunde hingesetzt.

„Verwandlungen gehören zu den schwierigsten und gefährlichsten Zaubereien, die ihr in Hogwarts lernen werdet", sagte sie. „Jeder, der in meinem Unterricht Unsinn anstellt, hat zu gehen und wird nicht mehr zurückkommen. Ihr seid gewarnt."

Dann verwandelte sie ihr Pult in ein Schwein und wieder zurück. Sie waren alle sehr beeindruckt und konnten es kaum erwarten, loslegen zu dürfen, doch sie erkannten bald, dass es noch lange dauern würde, bis sie die Möbel in Tiere verwandeln konnten. Erst einmal schrieben sie eine Menge komplizierter Dinge auf, dann erhielt jeder ein Streichholz, das sie in eine Nadel zu verwandeln suchten. Am Ende der Stunde hatte nur Hermine Granger ihr Streichholz ein klein wenig verändert. Professor McGonagall zeigte der Klasse, dass es ganz silbrig und spitz geworden war, und schenkte Hermine ein bei ihr seltenes Lächeln.

Wirklich gespannt waren sie auf Verteidigung gegen die dunklen Künste, doch Quirrells Unterricht stellte sich als Witz heraus. Sein Klassenzimmer roch stark nach Knoblauch und alle sagten, das diene dazu, einen Vampir fernzuhalten, den er in Rumänien getroffen habe und der, wie Quirrell befürchtete, eines Tages kommen und ihn holen würde. Seinen Turban, erklärte er, habe ihm ein afrikanischer Prinz geschenkt, weil er dem Prinzen einen lästigen Zombie vom Hals geschafft habe, aber sie waren sich nicht sicher, was sie von dieser Geschichte halten sollten. Als nämlich Seamus Finnigan neugierig fragte, wie Quirrell den Zombie denn verjagt habe, lief der rosarot an und begann, über das Wetter zu reden; außerdem hatten sie bemerkt, dass von dem Turban ein komischer Geruch ausging, und die Weasley-Zwillinge behaupteten steif und fest, auch er sei vollgestopft mit Knoblauch, damit Professor Quirrell geschützt sei, wo immer er gehe und stehe.

1 a Sammelt eure ersten Eindrücke zu diesem Textauszug, z. B.:
Mir hat besonders gut gefallen, ...
Mich hat gewundert, dass ...
Nicht verstanden habe ich, warum ...
b Gibt es Ereignisse, Figuren oder Textstellen, die ihr besonders unheimlich, lustig ... findet? Begründet eure Antwort.

2 Die Hogwarts-Schule befindet sich in einem riesigen alten Schloss voller Magie und Geheimnisse. Tragt zusammen, was ihr im ersten Textabschnitt (▶ S. 27, Z. 1–32) über diesen Ort erfahrt.

3 a Listet in Partnerarbeit auf, welche Schulfächer Harry Potter in Hogwarts hat und was er in diesen Fächern lernt.
b Erfindet gemeinsam mit einer Partnerin/einem Partner ein Schulfach, das euch besonders interessieren würde. Eurer Fantasie sind dabei keine Grenzen gesetzt.
– Was würdet ihr in diesem Fach lernen? Wo würde es stattfinden?
– Was wäre an diesem Fach schwierig, was einfach und wozu wäre das Wissen nützlich?
Haltet eure Ideen in Stichworten fest und stellt anschließend euer Schulfach vor.

4 a Schließt für einige Zeit die Augen und stellt euch eure Traumschule vor.
– Wo befindet sich eure Traumschule? Im Dschungel, unter Wasser ...?
– Wie sieht sie aus, wie ist sie eingerichtet? Ist es ein Schloss mit Rutschen, Geheimgängen ...?
– Welche Fächer gibt es? Wie läuft der Unterricht dort ab?
b Notiert eure Ideen und vergleicht sie anschließend miteinander.

5 Malt ein Bild von eurer Traumschule: Ihr könnt die gesamte Schule malen, nur ein besonderes Klassenzimmer, den Ort der Schule, eine einzelne Lehrerin oder einen einzelnen Lehrer ...

6 a Schreibt eine Geschichte zu eurer Traumschule. Überlegt genau, wie alles aussieht und was man in der Schule machen kann.
TIPP: Ihr könnt eure Notizen aus den Aufgaben 3 und 4 oder das Bild von eurer Traumschule als Anregung für eure Geschichte verwenden.
b Lest euch eure Geschichten vor. Vergleicht eure Wünsche, Vorstellungen und Meinungen.
c Überlegt, ob sich an eurer Schule davon etwas verwirklichen lässt.

1.3 Fit in … – Briefe schreiben

Stellt euch vor, ihr bekommt in der nächsten Klassenarbeit folgende Aufgabenstellung:

Deine Freundin/Dein Freund aus der Grundschule ist vor einem Monat in eine andere Stadt gezogen. Seit dem Umzug habt ihr nichts mehr voneinander gehört. Schreibe ihr/ihm einen Brief.

1 a Überlegt, von welchem Erlebnis oder von welchen Neuigkeiten ihr eurem Freund/eurer Freundin schreiben wollt. Was könnte sie/ihn interessieren? Legt eine Ideensammlung an und schreibt eure Einfälle in Stichworten auf.

b Wählt drei bis vier Ideen aus, über die ihr schreiben wollt. Die übrigen streicht ihr durch.

c In welcher Reihenfolge wollt ihr von euren Erlebnissen und Neuigkeiten schreiben? Nummeriert eure Ideen.

Beispiel für eine Ideensammlung:

1 – Fußballspiel (Wir haben gewonnen!)
– ~~Geburtstagsfeier bei Oma~~
– ~~heute war schlechtes Wetter~~
3 – nette Klasse und meine neue Sitznachbarin ist lustig
2 – neues Fahrrad für den Weg zur Schule bekommen

2 Schreibt eure Briefe.

– Achtet auf die äußere Form des Briefes und gliedert ihn in Einleitung, Hauptteil und Schluss. Trennt die einzelnen Teile durch Absätze (▸ Merkkasten, S. 20).
– Sprecht die Empfängerin/den Empfänger direkt an und geht wie in einem Gespräch auf sie/ihn ein.

Beispiele, um den Empfänger anzusprechen:

- Wie gefällt es dir an deinem neuen Wohnort?
- Hast du schon neue Freunde gefunden?
- Ich vermisse dich sehr.
- Du kannst dir nicht vorstellen, wie …
- Was unternimmst du den ganzen Tag?
- Ich würde mich sehr über deinen Besuch freuen.
- Ich hoffe, du meldest dich bald.

3 Überarbeitet eure Briefe in Partnerarbeit. Nehmt hierzu die folgende Checkliste zu Hilfe.

Checkliste

Einen persönlichen Brief schreiben

- Sind in eurem Brief die folgenden **Bausteine** zu finden: Briefkopf (Ort, Datum), Anrede, Brieftext, Grußformel und Unterschrift?
- Ist der Brieftext in **Einleitung, Hauptteil und Schluss** gegliedert? Sind die einzelnen Teile durch Absätze (freie Zeilen) getrennt?
- Seid ihr wie in einem Gespräch auf die **Empfängerin** oder den **Empfänger** eingegangen? Habt ihr sie/ihn immer wieder **direkt angesprochen** und **Fragen gestellt** und beantwortet?
- Sind **die Anredepronomen** korrekt geschrieben? Wenn ihr jemanden siezt, schreibt ihr die Anredepronomen groß (*Sie, Ihnen, Ihr* usw.), sonst könnt ihr sie kleinschreiben (*dir, dein* usw.).
- Sind die **Rechtschreibung und die Zeichensetzung** in Ordnung? Prüft zum Beispiel, ob ihr alle Nomen großgeschrieben habt und das Komma im Briefkopf zwischen Ort und Datum gesetzt habt.

2 Meinungen vertreten – Gespräche untersuchen

1 Schaut euch das Foto und die Gesprächsbeiträge an. Sind gemeinsame Unternehmungen auch in eurer Klasse ein Thema? Was würdet ihr gerne zusammen machen?

2 Lest noch einmal die Aussagen. Welche ermutigen andere beim Sprechen, welche blockieren das Gespräch? Begründet eure Entscheidung.

3 **a** Kennt ihr ähnliche Situationen? Erzählt, wie das Gespräch verlaufen ist.

b Formuliert Tipps: Wie kann ein Gespräch oder eine Diskussion gelingen?

In diesem Kapitel ...

- entwickelt ihr Gesprächsregeln, die euch helfen, mit unterschiedlichen Meinungen und Streitsituationen umzugehen,
- lernt ihr, eure Meinung zu einem Thema mündlich und schriftlich überzeugend zu begründen,
- lest ihr Geschichten, die vom Streiten, vom Einmischen und vom Mutigsein handeln.

2.1 Klassengespräche – Auf die Argumente kommt es an!

Den Klassenraum verschönern – Gesprächsregeln einhalten

Die Schülerinnen und Schüler der Klasse 5c wollen ihren Klassenraum verschönern. Doch was einen Klassenraum freundlicher macht, darüber gibt es unterschiedliche Meinungen.

Lena: Ich mag am liebsten Pflanzen! Die würden unseren Klassenraum viel freundlicher machen.
Sven: Blöder Vorschlag! Wir sollten lieber einen Schrank anschaffen.
Merve: Ich finde, wir sollten den Klassenraum neu streichen, denn die alte Farbe ist fleckig und löst sich schon von den Wänden.
Julia: Das ist eine gute Idee. Eine frische, helle Farbe sähe bestimmt gut aus. Und vielleicht könnten wir ja sogar eine Wand mit Mustern oder Comicfiguren bemalen.
Marcel: Ich bin anderer Meinung. Ich fände es gut, wenn wir Poster aufhängen würden ...
(Simone fällt Marcel ins Wort)
Simone: Ja, Pferdeposter wären toll!
Marcel: Simone, ich war noch nicht fertig. Ich meine z. B. Poster von Fußballspielern. Was haltet ihr davon?
Miriam: Quatsch, ich habe eine viel bessere Idee! Jeder macht einfach das, wozu er Lust hat.

1 a Lest das Streitgespräch laut mit verteilten Rollen.
b Welche Schüler halten sich an Gesprächsregeln? Erklärt auch, was die Personen gut gemacht haben.

2 Sucht die Gesprächsbeiträge heraus, die euch nicht überzeugt haben. Begründet, was euch an diesen Aussagen stört.
Übertragt hierzu die nebenstehende Tabelle in euer Heft und vervollständigt sie.

Beiträge, die nicht überzeugen	Begründung:
Blöder Vorschlag!	*ist beleidigend*
…	…

3 a Überarbeitet in Gruppen das Streitgespräch von Seite 32. Der nebenstehende Tipp hilft euch dabei.
- Formuliert die Gesprächsbeiträge, die euch nicht überzeugt haben, neu.
- Schreibt auf, wie dieses Streitgespräch beendet werden könnte, sodass alle zufrieden sind.

b Tragt eure überarbeiteten Dialoge in der Klasse vor.

Einleitung für eine Meinungsäußerung
- *Ich bin der Meinung, dass ...*
- *Ich finde, dass ...*

Einleitung für einen Gegenvorschlag
- *Ich möchte einen anderen Vorschlag machen, weil ...*
- *Ich sehe das anders, weil ...*

Einleitung für einen Kompromiss (Einigung)
- *Ich bin einverstanden, wenn ...*
- *Ich möchte einen Kompromiss vorschlagen.*

4 a Tauscht euch darüber aus, warum Gesprächsregeln in der Klasse wichtig sind.

b Vereinbart für eure Klasse Gesprächsregeln und haltet sie auf einem großen Plakat fest. Geht so vor:

Methode **Ein Plakat mit Gesprächsregeln gestalten**

1 Bildet Gruppen mit vier bis fünf Schülerinnen und Schülern.
2 Jedes Gruppenmitglied schreibt drei Regeln auf eine große Karteikarte, die er oder sie für besonders wichtig hält.
3 Stellt eure Regeln in der Gruppe vor und begründet, warum ihr sie wichtig findet.
4 Einigt euch in der Gruppe auf die drei wichtigsten Gesprächsregeln. Schreibt jede der drei Regeln in großer Schrift jeweils auf eine Karteikarte.
5 Jede Gruppe befestigt ihre Regelkarten an der Tafel oder der Wand.
6 Ordnet dann gemeinsam die Regelkarten und legt fest, welche Regeln für euch am wichtigsten sind:
   - Auf welchen Karten stehen gleiche oder ähnliche Regeln? Diese Regeln halten die meisten von euch für sehr wichtig.
   - Über die übrigen Regeln müsst ihr diskutieren. Welche sollen zu euren Gesprächsregeln gehören, welche nicht?
7 Schreibt eure Regeln auf ein großes Plakat und hängt es in der Klasse auf. Wie wollt ihr die Regeln formulieren?

Gesprächsregeln der Klasse 5...

1. Andere ausreden lassen!
2. ...

Gesprächsregeln der Klasse 5...

1. Wir lassen jeden/jede ausreden.
2. ...

Vorschläge äußern – Sprechen und Zuhören üben

1 a Mit welchen Formulierungen könnt ihr ausdrücken, dass euch ein Vorschlag oder eine Meinung gut gefällt oder nicht zusagt? Übertragt die Tabelle in euer Heft und ergänzt sie. Im Kasten rechts findet ihr Hilfen.

Gefällt mir gut	Gefällt mir nicht gut
Ich halte deine Meinung für richtig.	*Ich halte deine …*

für richtig/für falsch halten
genauso sehen/anders sehen
nachvollziehen können/
nicht (ganz) nachvollziehen können
für überzeugend halten/
nicht für überzeugend halten
zustimmen/ablehnen

b Übt die Formulierungen in Partnerarbeit. Einigt euch auf ein Thema, über das ihr euch austauschen wollt. Versucht, in eurem Gespräch die Formulierungen aus eurer Tabelle zu verwenden, z. B.: *Ich halte deine Meinung für falsch, weil …*

2 In einem Gespräch ist es auch wichtig, sich gegenseitig gut zuzuhören, denn nur dann könnt ihr an die Beiträge eurer Gesprächspartner anknüpfen. Übt das richtige Zuhören.

a Bildet Gruppen mit jeweils vier bis fünf Schülern. Jeder von euch schreibt auf, welche Veränderung er sich an der Schule wünscht, z. B.:
Ich wünsche mir … *Ich hätte gerne …* *Mir fehlt …*

b Zwei Gruppenmitglieder sprechen nun über mögliche Veränderungen an der Schule und probieren hierbei die Methode des Echo-Spiels aus. Die restlichen Gruppenmitglieder übernehmen die Rolle der Beobachter und notieren, ob die Regeln des Echo-Spiels befolgt wurden.

Ich wünsche mir im Pausenhof eine Tischtennisplatte oder einen Basketballkorb. Dann könnten wir uns etwas bewegen und zusammen spielen.

Michel ist der Ansicht, dass auf dem Pausenhof eine Tischtennisplatte oder ein Basketballkorb stehen sollte. Er meint, dann … Ich finde diesen Vorschlag gut, weil …

c Tauscht die Rollen und führt eine zweite Übungsrunde durch.

Methode **Das Echo-Spiel**

Beim Echo-Spiel diskutiert ihr über ein Thema. Bevor jemand etwas sagt, muss er in eigenen Worten wiederholen, was sein Vorredner oder seine Vorrednerin gesagt hat. Erst dann darf er seine eigene Meinung äußern. Das Echo-Spiel ist eine Methode, um das Zuhören zu trainieren.
TIPP: Ihr seid euch nicht sicher, ob ihr alles richtig verstanden habt? Dann fragt noch einmal nach. Rückfragen erleichtern euch das Verständnis und zeigen, dass ihr interessiert zugehört habt.

Wohin geht der Klassenausflug? – Meinungen begründen

Jens: Ich schlage vor, dass wir mit unserer Klasse ins Schokoladenmuseum fahren. Das ist interessant und spannend. Ich bin dort schon mal gewesen. Und Schokolade gibt es auch für jeden.

Leo: Museum? Wen interessiert das denn? Hast du keine bessere Idee?

Jens: Außerdem könnten wir nach dem Museumsbesuch noch kurz in die Stadt gehen, weil das Schokoladenmuseum in der Nähe des Zentrums von Köln ist.

Merve: Museum? Total langweilig!

Florian: Dann mach doch einen Gegenvorschlag!

Merve: Klettern oder schwimmen oder in einen Freizeitpark gehen, das wäre cool.

Julia: Mir gefällt die Idee, klettern zu gehen. Ich habe gehört, dass es Kletterhallen gibt, die sogar Kurse für Klassen anbieten. Wir machen dann etwas gemeinsam und lernen uns besser kennen.

Miriam: Klettern? Nee, keine Lust. Ich spiele lieber mit meinen Freundinnen nachmittags am PC.

Julia: Wie sehen das die anderen? Ich finde das wirklich blöd von dir, dass du nicht mitmachen willst. Wir sind schließlich eine Klasse.

Sven: Lasst uns eine Einigung finden! Wir könnten z. B. eine Tagestour ans Meer machen. Mein Bruder ist im letzten Jahr mit einem Busunternehmen an die Nordsee gefahren. Die waren schwimmen und haben eine Stadt besucht.

1 a Lest das Gespräch aus der 5c mit verteilten Rollen. Um welches Thema geht es in diesem Klassengespräch? Was ist hier strittig?
b Untersucht, welche Schüler ihre Meinung gut begründet haben. Schreibt die Namen dieser Schüler in euer Heft und notiert, warum euch diese Äußerungen überzeugt haben.

2 a Welches Ausflugsziel würde euch gefallen? Einigt euch zu zweit auf einen Vorschlag und schreibt ihn auf, z. B.: *Wir sind der Meinung, dass wir mit der Klasse ...*
b Sucht gemeinsam nach ein oder zwei Begründungen für euren Vorschlag und notiert sie, z. B.: *..., weil wir dort ... kennen lernen können. Außerdem können wir ...*
c Stellt eure Vorschläge in der Klasse vor. Welche Beiträge findet ihr besonders überzeugend?

Information **Die eigene Meinung begründen**

In einem Gespräch oder einer Diskussion gibt es oft unterschiedliche Meinungen zu einem Thema. Um andere von der eigenen **Meinung** zu überzeugen, braucht man gute **Begründungen (Argumente),** z. B.:
Ich bin der Meinung, dass wir in den Zoo fahren sollten, weil man dort viele Tierarten kennen lernen kann.
Wir sollten unseren Klassenraum streichen, denn die alte Farbe hat Flecken.
Eine Begründung (ein Argument) könnt ihr z. B. mit folgenden Wörtern **einleiten:**
weil, da, denn, deshalb.

3 Entscheidet, welcher Satz nur die Meinung des Sprechers wiedergibt und in welchem Satz die Meinung begründet wird. Notiert in eurem Heft die entsprechenden Buchstaben:
M (= nur Meinung);
M + B (= Meinung mit Begründung).

1. Wir sollten mit der Klasse in den Aqua-Zoo fahren, weil das gut zum Biologieunterricht passt.
2. Ich bin dafür, dass wir mit der Klasse auf den Weihnachtsmarkt gehen.
3. Meiner Ansicht nach sind Blumen im Klassenraum überflüssig!
4. Lasst uns für die Klasse Bälle anschaffen, denn dann können wir in den Pausen Ball spielen.
5. Eine Lesenacht in der Aula unserer Schule ist klasse und hilft dabei, dass wir uns besser verstehen.

4 Über welches Thema wollt ihr in eurer Klasse diskutieren?
a Sammelt Themen, über die ihr gerne in der Klasse diskutieren möchtet, z. B.:

Sitzordnung in der Klasse | Anschaffung einer Klassenkasse | Planung einer Lesenacht

Planung einer Klassenparty | Aufgabenverteilung in der Klasse, z. B. Ordnungsdienst

b Stimmt in der Klasse ab, über welches Thema ihr diskutieren möchtet.

5 Bereitet euch auf die Diskussion vor:
a Jeder von euch schreibt seine Meinung zum Thema auf einen Notizzettel und sammelt Begründungen (Argumente) für seinen Standpunkt.
b Bestimmt einen Schüler oder eine Schülerin, der oder die eure Diskussion leitet.
c Wählt vier bis fünf Beobachter/-innen, die eure Diskussion genau verfolgen. Dazu erstellen sie einen Beobachtungsbogen und notieren während der Diskussion, was ihnen auffällt.

Meine Meinung:
Ich bin für die Anschaffung einer Klassenkasse.

Meine Begründungen (Argumente):
– ..., denn wir können mit dem Geld etwas gemeinsam unternehmen.
– ..., weil ...

Beobachtungsbogen zum Thema ...	☺	😐	☹	**Beispiel aus der Diskussion**
Sind Gesprächsregeln eingehalten worden?	X	?	?	*Alle konnten ausreden.*
Sind die Meinungen deutlich geworden?	?	?	?	...
Wurden die Meinungen durch Argumente begründet?	?	?	?	...

d Führt nun eure Diskussion durch. Achtet auf die Einhaltung eurer Gesprächsregeln.

6 Tauscht euch darüber aus, wie eure Diskussion verlaufen ist. Hört euch zunächst an, was den Beobachtern aufgefallen ist.

Museum oder Kletterpark? – Einen Vorschlag schriftlich begründen

Stellt euch vor: Ihr plant mit eurer Klasse einen Klassenausflug. Zwei Ausflugsziele sind in die Endauswahl gekommen:

1. Eine Fahrt in das Schokoladenmuseum in Köln
2. Ein Besuch in einem Kletterpark

Ihr benötigt jetzt gute Begründungen für euer Lieblingsausflugsziel, denn: Für die Endabstimmung in eurer Klasse sollt ihr in einem Antrag an eure Klassenlehrerin oder euren Klassenlehrer begründen, warum ihr lieber in das Schokoladenmuseum oder lieber in den Kletterpark fahren wollt.
Informationen zu den beiden Ausflugszielen liefern euch Jens und Julia.

Ein Besuch im Schokoladenmuseum
Der Besuch im Schokoladenmuseum bietet für alle etwas: Hier erfährt man alles über Schokolade – vom Anbau der Kakaobohnen bis hin zur Produktion der Schokolade. Es gibt sogar ein Tropenhaus mit einem Kakaobaum-Dschungel, Palmen und Kaffeepflanzen. Für Schulklassen gibt es spezielle Führungen, die viel Spaß machen. Im Museum kann man direkt sehen, wie Schokolade hergestellt wird. Und hinterher darf man die frische, flüssige Schokolade aus einem drei Meter hohen Schokoladenbrunnen probieren: wirklich lecker. Und weil das Museum mitten in der Stadt liegt, ist nach dem Museumsbesuch auch noch ein kurzer Bummel durch die Innenstadt von Köln möglich.

Jens, Klasse 5c

Ein Besuch im Kletterpark
Der Kletterpark, den wir uns ausgesucht haben, ist schnell erreicht. Wir bekommen hier ein spezielles Angebot für unsere Klasse. Das Klettern macht sehr viel Spaß und ist auch ein richtiges Abenteuer. Wenn man sich in schwindelnder Höhe von Baum zu Baum bewegt oder eine steile Wand emporsteigen muss, ist das eine tolle Erfahrung, die Bauchkribbeln garantiert. Aber keine Angst: Wir werden den ganzen Tag betreut und trainiert. Es kann nichts passieren, auch wenn man noch nie geklettert ist. Klettern macht nicht nur sehr viel Spaß, sondern stärkt auch die Klassengemeinschaft, denn um die Kletterziele zu erreichen, muss man sich gegenseitig helfen.

Julia, Klasse 5c

1 **a** Lest die Informationen zum Schokoladenmuseum und zum Kletterpark sorgfältig durch und entscheidet euch für ein Ausflugsziel.
b Übernehmt die Tabelle in euer Heft und füllt sie aus. Mit Hilfe der Texte von Jens oder Julia findet ihr sicherlich vier Begründungen für eure Meinung.

Meinung:	Begründungen: Warum?
Ich bin für einen Ausflug in ...	*1. ..., weil wir dort ...* *2. ...* *3. ...* *4. ...*

2 Schreibt gemeinsam einen Antrag an eure Klassenlehrerin oder euren Klassenlehrer, in dem ihr drei Begründungen für euer Lieblingsausflugsziel anführt. Geht so vor:

a Bildet Gruppen mit vier bis fünf Personen, die sich für das gleiche Ausflugsziel entschieden haben.

b Einigt euch auf die drei wichtigsten Begründungen, die für euer Ausflugsziel sprechen.

c Schreibt euren Antrag. Die Vorlage und die Formulierungshilfen unten helfen euch.

Ort und Datum	*Burgdorf, den 4. Oktober 2011*
Anrede	*Sehr geehrte Frau ...,/Sehr geehrter Herr ...,*
Meinung und Begründung 1 Begründung 2 Begründung 3	*wir finden, dass wir mit der Klasse in ...* *Wir schlagen das vor, weil ...* *Außerdem ...* *Ein weiterer Grund für dieses Ausflugsziel ist ...*
Bitte oder Wunsch zusammenfassen	*Wir würden uns sehr freuen, wenn Sie unseren Vorschlag unterstützen würden und wir ...*
Grußformel	*Mit freundlichen Grüßen*
Unterschrift(en)	*Katharina Theml, Florian Krämer, Tim Larsen, Jsabel Rodriguez*

Information **Einen Vorschlag schriftlich begründen: Formulierungshilfen**

- **So könnt ihr eure Meinung einleiten:**
  - *Wir sind der Meinung, dass ...*
  - *Unser Standpunkt ist ...*
  - *Wir finden, ...*
  - *Wir sind der Ansicht, ...*
- **So könnt ihr eure Begründungen (Argumente) einleiten:**
  - *Eine Begründung für ... ist ...*
  - *Außerdem spielt noch ... eine Rolle.*
  - *Ein weiterer Grund für ... ist ...*
  - Einleitungswörter für Begründungen: *weil, da, denn, deshalb, nämlich*
- **So könnt ihr eure Meinung, euren Wunsch oder eure Bitte zusammenfassen:**
  - *Wir würden uns freuen, wenn Sie unseren Vorschlag unterstützen würden.*
  - *Wir wären Ihnen sehr dankbar, wenn ...*
  - *Wie Sie sehen, spricht vieles für ...*

3 **a** Tragt eure Briefe in der Klasse vor. Die anderen Gruppen hören gut zu und notieren mit Hilfe der Checkliste, was gelungen ist und was man noch verbessern kann.

b Überarbeitet eure Briefe.

Checkliste

Einen Vorschlag begründen

- Die Meinung (der Vorschlag) ist deutlich formuliert worden.
- Es wurden drei Begründungen genannt.
- Die Begründungen sind überzeugend.
- Am Schluss wurde die Meinung oder die Bitte noch einmal zusammengefasst.

Testet euch!

Meinungen begründen

1 Regeln sind für das Klassengespräch, aber auch für andere Gespräche und Diskussionen wichtig.

a Schreibt drei Gesprächsregeln auf, die ihr für besonders wichtig haltet.

b Begründet kurz schriftlich, warum Gesprächsregeln wichtig sind.

2 Untersucht die folgenden kurzen Dialoge und notiert für jeden Dialog,

- wer die Dialogpartner sein könnten (z. B. zwei Schüler/-innen; Schüler/-in und Lehrer/-in, ...),
- über welches Thema die Dialogpartner diskutieren. Vervollständigt hierzu den folgenden Satz: *Die Dialogpartner sind sich darüber uneinig, ...*

Dialog 1: „Ich denke, dass für unsere Klasse eine Anordnung der Tische in U-Form die beste ist." – „Aber ich arbeite gerne in Gruppen. Und dafür sind Gruppentische viel praktischer."

Dialog 2: „Wenn alle eine ähnliche Kleidung tragen würden, dann gäbe es weniger Hänseleien in unserer Klasse." – „Aber jeder sollte doch das anziehen, was ihm persönlich gefällt."

Dialog 3: „Tja, wenn ihr heute konzentrierter gearbeitet hättet, dann müsstet ihr weniger Hausaufgaben erledigen!" – „Das ist ungerecht. Wir haben schon so viel für Englisch auf und morgen außerdem sieben Stunden Unterricht."

3 a Welche der folgenden Aussagen findet ihr überzeugend, welche nicht? Schreibt die Buchstaben in euer Heft und begründet kurz eure Entscheidung, z. B.:
A: Diese Aussage finde ich überzeugend, weil ...

A Ich möchte keine Gruppentische für unsere Klasse. Diese Sitzordnung gefällt mir persönlich nicht.

B Eine gemeinsame Übernachtungsaktion der Klasse am Wochenende? Nein danke!

C Mir würde es gefallen, wenn wir eine Lesenacht veranstalten würden. Denn dann könnten wir uns besser kennen lernen und etwas gemeinsam planen und durchführen.

D Die einzig sinnvolle Anschaffung für die Klasse wäre ein Computer. Das wäre echt cool.

b Formuliert die weniger überzeugenden Aussagen neu, sodass die Meinungen begründet werden.

4 Alles richtig? Überprüft und korrigiert gemeinsam mit einem Partner oder einer Partnerin euren Test. Wenn ihr zu unterschiedlichen Ergebnissen gekommen seid, geht noch einmal gemeinsam die Aufgabenstellung und eure Lösungen durch.
Fragt in Zweifelsfällen bei eurer Lehrerin oder eurem Lehrer nach.

2.2 Sich streiten und sich verständigen – Auf die Sprache kommt es an!

Paul Maar

In der neuen Klasse

Nun ist Robert schon drei Wochen in der neuen Klasse. Aber Freunde hat er immer noch nicht. Manche aus seiner Klasse kann er gut leiden. Aber die haben alle schon einen Freund. Am besten gefällt ihm die Simone aus der zweiten Bank. Simone hat kurze, dunkle Haare. Wenn Simone lacht, werden ihre Augen ganz schmal. Wie bei einer Eskimofrau. Simone lacht oft. Das gefällt Robert so gut an ihr. Ihm hat sie auch schon einmal zugelacht. Aber Simone ist ausgerechnet mit Frank befreundet. Und den kann Robert überhaupt nicht leiden. Frank ist der Stärkste aus der Klasse. Das will er jeden Tag beweisen. Außerdem ist er ein Angeber.

Robert kann gar nicht verstehen, was Simone an Frank findet.

In der großen Pause, als Frank gerade mit Jürgen rauft, geht Robert zu Simone. Sie steht am Zaun und isst ihr Pausenbrot.

„Was meinst du, wer gewinnt?", fragt Robert. „Frank oder Jürgen?"

„Das ist mir doch egal", sagt Simone.

„Das ist dir egal?", fragt Robert erstaunt. „Frank ist doch dein Freund. Willst du nicht, dass er gewinnt?"

„Wer sagt denn, dass Frank mein Freund ist? Außerdem kann ich Schlägereien sowieso nicht leiden."

„Ach so", sagt Robert. Er kramt in seiner Jackentasche und holt eine Dose heraus. Er öffnet sie. Sie ist bis an den Rand gefüllt mit lauter weißen Kügelchen. „Magst du ein Bonbon?", fragt Robert und hält Simone die Dose hin.

„Das sind Bonbons? Die sehen aus wie Kopfschmerztabletten“, sagt Simone.
„Das sind Pfefferminzbonbons. Probier doch mal! Sie schmecken gut“, sagt Robert.
Als Simone gerade in die Dose greifen will, kommt Frank zurück.
Er schlägt von unten gegen die Dose. Alle Bonbons fliegen heraus und liegen auf dem Schulhof.
„Schaut mal: Ein Wunder! Es hat geschneit!“, ruft Frank. „In diesem Jahr kommt der Winter schon im September. Eine Sensation! Das müssen wir gleich dem Fernsehen melden!“
Alle, die herumstehen, lachen. Sogar Simone muss unwillkürlich lachen. Dabei will sie es eigentlich gar nicht. Aber die weißen Bonbons auf dem Boden sehen wirklich wie Schnee aus.
Robert könnte heulen vor Wut. Er steckt die leere Dose in die Tasche und geht.
Die Bonbons lässt er liegen. Er geht ganz schnell. Die anderen sollen nicht sehen, dass ihm die Tränen in die Augen steigen. Sogar Simone hat gelacht über ihn! So eine Gemeinheit. „Die sind alle gemein“, murmelt Robert vor sich hin. „Ich will keinen von denen als Freund. Ich spiele nur noch mit Trebor!“
Simone schaut hinter Robert her. „Jetzt ist er beleidigt“, sagt sie zu Frank. „Du bist schuld daran!“
„Na und“, sagt Frank und lacht. „Was kann ich dafür, wenn er so schnell beleidigt ist und keinen Spaß versteht?“
„Ich finde es trotzdem doof von dir, dass du die Bonbons ausgeschüttet hast“, sagt Simone.
„Du findest mich doof? Sag das noch einmal!“, sagt Frank drohend.
„Ja, ich finde dich doof!“, sagt Simone mutig und dreht Frank den Rücken zu. Aber all das hat Robert nicht gehört, weil er ja schon so schnell weggegangen ist.

1 Lest den Text aufmerksam durch. Erklärt, worum es eurer Meinung nach in dieser Geschichte geht.

2 Untersucht in Partnerarbeit, wie sich der Streit schrittweise entwickelt. Legt dazu eine Übersicht in eurem Heft an.
Ihr könnt so beginnen:
1. Frank und Jürgen raufen.
2. Robert fragt Simone nach ihrer Meinung.
3. Simone ist die Rauferei egal.
...

3 **a** Lest noch einmal das Streitgespräch zwischen Simone, Frank und Robert (▶ Z. 44–72). Achtet dabei nicht nur darauf, was die drei sagen, sondern auch darauf, wie sie miteinander sprechen.
b „‚Ja, ich finde dich doof!‘, sagt Simone mutig und dreht Frank den Rücken zu.“ (▶ Z. 71–72) Erklärt Simones Verhalten. Was könnte es bedeuten, dass sie Frank den Rücken zuwendet?
c Mancher Streit kann durch das Einhalten von Gesprächsregeln vermieden oder gelöst werden. Halten sich Frank und Simone an die von euch formulierten Gesprächsregeln? Begründet.

4 „‚Die sind alle gemein‘, murmelt Robert vor sich hin. ‚Ich will keinen von denen als Freund. Ich spiele nur noch mit Trebor!‘“ (▶ Z. 58–60)
a Überlegt, wen Robert mit „Trebor“ meinen könnte.
b Tauscht euch darüber aus, was ihr von Roberts Entscheidung haltet.

5 Seht ihr eine Möglichkeit, wie der Streit zwischen Simone, Frank und Robert hätte vermieden werden können? Diskutiert darüber.

6 Spielt den Streit zwischen Robert, Frank und Simone in einem Rollenspiel nach. Versucht dabei aber, die Auseinandersetzung zu einem anderen Ende kommen zu lassen. Geht so vor:

a Bildet Gruppen mit vier Schülern und beschreibt die Situation und die Figuren des Rollenspiels ganz genau. Fertigt dazu eine Situationskarte an und erstellt dann zu jeder Figur eine Rollenkarte.

Situationskarte

- *Robert geht in der großen Pause zu Simone, während ...*
- *Robert fragt Simone ...*
- *Robert erfährt, dass Simone ...*
- *Als Robert Simone ein Pfefferminzbonbon anbietet ...*

...

Rollenkarte für Frank

- *gibt in der Klasse den Ton an*
- *will immer beweisen, dass ...*
- *will verhindern, dass ...*

...

Rollenkarte für Robert

- *fühlt sich fremd in der Klasse*
- *versucht, mit Simone ...*

...

Rollenkarte für Simone

- *steht zwischen Frank und Robert*
- *freut sich, als Robert ...*

...

b Spielt die Szene mehrmals in eurer Gruppe durch und besetzt in jeder Runde die Rollen neu.

c Die verschiedenen Gruppen präsentieren nun in der Klasse ihr Rollenspiel. Alle Schülerinnen und Schüler, die nicht spielen, beobachten die Spieler ganz genau und machen sich Notizen zum Rollenspiel. Übertragt dazu den folgenden Beobachtungsbogen in euer Heft.

Beobachtungspunkte für das Rollenspiel	Meine Notizen
1. Besonders auffällige Äußerungen und Tonfall?	...
2. Auffällige Mimik (Gesichtsaudruck) und Gestik (Körperhaltung)?	...
3. Gestaltung des Schlussteils?	...
4. Ist das Rollenspiel glaubhaft gewesen? Warum?	...

7 Vergleicht eure Rollenspiele und diskutiert über die unterschiedlichen Schlussmöglichkeiten. Bleibt beim Kritisieren fair und haltet euch an die Gesprächsregeln.

Erich Kästner

Gustav hat abgeschrieben!

Gustav hatte von Leo abgeschrieben. Während der Rechenarbeit. Das wäre vielleicht nicht weiter aufgefallen, wenn Leos Lösungen richtig gewesen wären. Sie waren aber falsch! 3498 : 179 war bei Leo seltsamerweise 199,99! Und Gustav, der beim Rechnen nur das Abschreiben beherrschte, hatte, selbstverständlich, auch 199,99 herausbekommen. Genau wie Leo.

Lehrer H. merkte den Schwindel beim Hefte-Korrigieren. Und die Sache wäre glimpflich[1] abgelaufen, wenn Gustav sein Vergehen zugegeben hätte. Er log aber und behauptete steif und fest, er habe nicht abgeschrieben. Er war sogar so ungezogen und unanständig zu erklären: Vielleicht habe Leo von ihm gespickt[2]!

Lehrer H. fragte nun Leo, wie sich die Sache verhalte. Leo sagte, er habe nicht abgeschrieben. Weiter war aus ihm nichts herauszubringen. Natürlich wusste er, dass Gustav gelogen und dass er während der Arbeit sein Heft zu sich herübergezogen hatte. Das wollte er aber nicht gestehen. Der Lehrer versuchte es auf jede Weise, doch Leo schwieg. Da sagte Herr H.: „Ich gebe dir bis morgen Bedenkzeit. Wenn du dann noch immer nichts gesagt hast, werden wir weitersehen!“ Und als er das Klassenzimmer verließ, war er recht ärgerlich.

Gustav versammelte die ganze Klasse um sich, packte Leo drohend an der Jacke und sagte: „Wenn du mich verrätst, kannst du was erleben.“

Und Arthur rief: „Wenn er es verrät, ist er ein Feigling!“ Und die meisten gaben ihm Recht.

Könnt ihr begreifen, wie es Leo zu Mute war? Wenn er zu Gustav hielt, war er ein Lügner; und er wusste, dass es nichts Hässlicheres und Ehrloseres gibt als die Lüge. Wenn er aber Gustav beim Lehrer angab, hielten ihn die andern für einen feigen Kerl und Verräter; und nie würden sie glauben, er täte es aus Wahrheitsliebe, sondern um sich bei Herrn H. einzukratzen[3]. Und aus Angst vor Strafe. Ganz Unrecht hätten sie dabei nicht einmal gehabt: Leo hatte wirklich Angst! Er fürchtete, wenn er schwiege, würde er einen Brief nach Hause mitbekommen, in dem dann stünde, dass er ein Lügner sei. Und das durfte niemals geschehen!

1 glimpflich: harmlos, ohne großen Schaden

2 von ihm gespickt: von ihm abgeschrieben

3 sich einkratzen: sich einschmeicheln

Denn Leos Mutter war krank und hatte außer ihrem Jungen nichts auf der Welt. Also, könnt ihr begreifen, wie es Leo zu Mute war?
Er briet zu Hause Kartoffeln und Spiegeleier, trug die Mahlzeit ans Bett der Mutter und aß mit ihr. Er konnte nämlich alles Mögliche kochen und braten: Beefsteak, Makkaroni, Milchreis, Kaffee, sogar Schnitzel, die man erst in geriebener Semmel[4] wälzen muss. Er kochte gern, weil er's für die Mutter tat. Und das Essen verstand er auch nicht schlecht! Aber heute schmeckte es ihm nicht. Die Mutter merkte, dass etwas nicht in Ordnung war, und fragte ihn. Aber er tat lustig, um sie nicht aufzuregen, und bat gar, ein bisschen auf den Spielplatz gehen zu dürfen. Dabei wäre er viel, viel lieber bei der Mutter geblieben!
Da stand er dann auf dem Spielplatz und machte sich schwere Gedanken. Gab es wirklich keinen Ausweg? Musste er wählen, ob er ein Lügner oder ein Verräter werden wollte? Blieb nichts Drittes übrig?
Gustav, Arthur und andere aus der Klasse kamen an ihm vorüber. Sie gingen Fußball spielen und beachteten ihn gar nicht. Er blickte ihnen nach. War es wirklich Verrat, wenn er die Wahrheit sagte, weil er das Lügen verabscheute und fürchtete, der Lehrer könne ihm einen Brief mitgeben? War es denn Verrat, einen solchen Lügenkerl wie den Gustav der verdienten Strafe auszuliefern? Wurde der nicht noch böser und fauler, wenn man seinetwegen zu lügen anfing?
Leo schlief an diesem Abend nicht ein. Er warf sich im Bett herum, genau wie die Gedanken im Kopf. Dann lag er wieder lange, lange still, dass die Mutter nichts weiter merke. Schließlich nahm er sich vor, dem Lehrer nichts zu sagen – komme, was wolle! Er konnte die bloße Vorstellung einfach nicht ertragen, für feig gehalten zu werden. Am Morgen drauf hatte Leo das erste Mal richtig Furcht vor der Schule. Am liebsten wäre er auf der Stelle krank geworden! Aber dann nahm er sich zusammen und ging doch.
Gustav sah ihn böse an. Die andern taten fast alle, als wäre er Luft. Und Lehrer H. hatte, obwohl er nicht über die Sache sprach, etwas im Blick, was ihn traurig machte. Leo fror. Und blass sah er aus. Zum Erbarmen.
Am Schluss der letzten Stunde behielt der Lehrer die Klasse zurück, rief Leo auf und sagte: „Nun schieß mal los!"
Leo stand auf und schwieg.

4 die Semmel: Brötchen

Herr H. ging zwischen den Bänken hin und her, blieb schließlich bei Arthur, wie zufällig, stehen und meinte: „Wenn du nun, statt mit Leo, mit Gustav zusammensäßest, ließest du Gustav von dir abschreiben?“ Arthur sagte: „Ich bin doch im Rechnen noch schlechter als Gustav!“

Erst mussten alle lachen, dann fragte der Lehrer weiter: „Hältst du das Mutigsein für etwas Schönes? Ja? Würdest du, an Gustavs Stelle, mutiger sein? Denn Gustav ist doch feig, nicht wahr?“

Da sprang aber Gustav auf: „Ich bin nicht feig!“ „Doch, doch, Gustav“, sagte Lehrer H., „du bist sogar sehr feig. Und Leo ist tapfer. Ich werde von heute ab –“

„Ich habe abgeschrieben, Herr H.“, sagte Gustav eilig, „abgeschrieben habe ich. Aber feig bin ich nicht.“

„Na, das ist wenigstens etwas“, meinte der Lehrer, „doch du musst auch noch fleißig werden und zu stolz, den Nachbarn zu bestehlen.“ Dann klopfte Herr H. Leo auf die Schulter und setzte Gustav auf eine Bank ganz allein für sich.

1 a Überlegt, wie der Lehrer mit dem Konflikt in der Klasse umgeht. Entscheidet, welche der folgenden Aussagen auf das Verhalten des Lehrers zutrifft, und schreibt diese Aussage in euer Heft.

A Der Lehrer verhält sich nicht streng.

B Der Lehrer verhält sich ziemlich streng.

C Der Lehrer verhält sich sehr streng.

b Vergleicht euer Ergebnis in Partnerarbeit. Einigt euch nun zu zweit auf eine gemeinsame Einschätzung, die ihr in euer Heft übernehmt und kurz begründet. Schreibt dazu den folgenden Satz weiter:
Wir vertreten die Meinung, dass sich der Lehrer ... verhält, weil ...

c Diskutiert nun in der Klasse, wie der Lehrer damit umgeht, dass Gustav von Leo abgeschrieben hat.

2 a Untersucht den Aufbau der Geschichte. Gliedert dazu den Text in Abschnitte und fasst jeden Abschnitt in einem Satz zusammen.

1. Abschnitt (Z. 1–x): Während einer Rechenarbeit schreibt Gustav von Leo ab.

2. Abschnitt (Z. x–y): Der Lehrer bemerkt ...

b Vergleicht eure Ergebnisse in Partnerarbeit. Überlegt dann gemeinsam, an welcher Stelle die Geschichte einen unerwarteten Verlauf nimmt. Haltet euer Ergebnis schriftlich fest und begründet eure Entscheidung.

3 In Kästners Geschichte taucht das Wort „feige“ (auch: „Feigling“) häufig auf: Schaut euch die Zeilen 34, 40 und 115–121 noch einmal genau an und erklärt, was jeweils mit „feige“ oder „Feigling“ gemeint ist.

feig/feige (Adjektiv):
ängstlich, furchtsam, hinterhältig, verräterisch, ohne Mut, ehrlos

Fordern und fördern – Die eigene Meinung begründen

Euer Ratschlag ist gefragt!

Ihr seid eine Mitschülerin oder ein Mitschüler von Leo und wisst von dem Problem um das Abschreiben während der Mathearbeit. Ihr habt mitbekommen, was der Lehrer zu Leo gesagt hat: „Ich gebe dir bis morgen Bedenkzeit. Wenn du dann noch immer nichts gesagt hast, werden wir weitersehen!" (▸ S. 43, Z. 25–27)

●●● **1** Schreibt Leo eine E-Mail, in der ihr ihm einen Tipp gebt, wie er sich am nächsten Tag verhalten sollte. Begründet euren Standpunkt, damit ihr Leo von eurer Meinung überzeugen könnt. Geht so vor:

a Lest die Geschichte (▸ S. 43–45) noch einmal durch und macht euch klar, was für Leos Verhalten spricht und was dagegen.

▷ Wenn ihr zu dieser Aufgabe eine Hilfe benötigt, schaut auf der Seite 47 nach (Hilfe zu Aufgabe 1a).

b Entwickelt eure eigene Meinung und schreibt sie auf.

▷ Eine Hilfe zu dieser Aufgabe findet ihr auf Seite 47 (Hilfe zu Aufgabe 1b).

c Findet mindestens zwei Begründungen (Argumente) für eure Meinung und notiert diese.

▷ Braucht ihr eine Hilfe, um zwei Begründungen für euren Standpunkt zu finden? Dann lest noch einmal auf Seite 47 nach (Hilfe zu Aufgabe 1c).

d Schreibt nun die E-Mail an Leo, in der ihr eure Meinung klar formuliert und mit zwei Argumenten begründet. Schreibt auf ein Blatt Papier.
TIPP: Ihr könnt eure E-Mail auch auf dem Computer schreiben und dann ausdrucken.

▷ Weißt du nicht, wie du deine E-Mail aufbauen sollst? Dann lies noch einmal die Hinweise auf Seite 47 (Hilfe zu Aufgabe 1d).

2
a Hängt eure Mails im Klassenraum auf.
b Jeder von euch liest mindestens drei E-Mails von seinen Mitschülern und notiert zu jeder Mail, was ihm besonders gut gefallen hat und was man noch verbessern könnte.
c Feedback-Runde: Diskutiert gemeinsam in der Klasse, was euch an den E-Mails überzeugt hat und was man noch überarbeiten könnte.
Nehmt hierzu eure Notizen zu Hilfe.
d Überarbeitet eure Mails mit Hilfe der Ergebnisse aus eurer Feedback-Runde.

Aufgabe 1 mit Hilfen

Schreibt Leo eine E-Mail, in der ihr ihm einen Tipp gebt, wie er sich am nächsten Tag verhalten soll. Begründet euren Standpunkt, damit ihr Leo von eurer Meinung überzeugen könnt.

a Lest die Geschichte (▶ S. 43–45) nochmals und macht euch klar, was für Leos Verhalten spricht und was dagegen. Haltet dies in einer Plus-Minus-Tabelle in eurem Heft fest.

(+) Für Leos Verhalten spricht	(–) Gegen Leos Verhalten spricht
– Er will kein Feigling und kein Verräter sein. *– ...*	*– Er will kein Lügner sein.* *– ...*

b Schreibt auf, welchen Ratschlag ihr Leo geben wollt. Hierbei helfen euch die folgenden Formulierungen:

Jch bin der Meinung, dass du ...
Jch meine, dass deine Entscheidung ... ist.
Daher möchte ich dir raten ...
Mein Ratschlag an dich ist folgender: ...

c Leo hat Angst, in der Klasse als Feigling und als Verräter zu gelten. Er will aber auch nicht, dass seine kranke Mutter einen Brief von seinem Klassenlehrer bekommt. Überlegt:

– Wie kann euer Vorschlag dazu beitragen, Leo aus dieser schwierigen Situation herauszubringen?
– Was genau wird sich für Leo auf Grund eures Ratschlags verbessern?

Meinen Ratschlag halte ich für sinnvoll, weil ...
Mein Ratschlag könnte deine Situation lösen, weil ...
Außerdem spielt noch eine Rolle, dass ...
Wichtig ist auch, dass ...

d Die folgende Vorlage hilft euch, eure E-Mail richtig aufzubauen und gut zu formulieren.

Anrede	Lieber Leo!
Einleitung:	Ich habe gehört, dass du in einer schwierigen Situation bist.
Hauptteil: Meinung und Begründung 1 Begründung 2	Deshalb möchte ich dir folgenden Ratschlag geben: .../ Ich möchte dir daher raten, dass ... Meinen Ratschlag halte ich für sinnvoll, weil ... Wichtig ist auch ...
Schluss: Wunsch / Vorschlag	Ich hoffe, dass ...
Grußformel	Herzliche Grüße
Unterschrift	dein/deine ...

2.3 Fit in ... – Stellung nehmen

Die Aufgabenstellung richtig verstehen

Der Förderverein eurer Schule stellt allen Klassen 80 Euro für eine sinnvolle Anschaffung zur Verfügung. Um das Geld zu bekommen, müsst ihr einen Brief an die Vorsitzende des Fördervereins, Frau Dr. Schumann, schreiben, in dem ihr formuliert, was ihr mit dem Geld erwerben wollt. Euer Anschaffungsvorschlag muss zu den Vorgaben des Fördervereins passen.
Schreibe im Namen deiner Klasse einen Brief an Frau Dr. Schumann, in dem du einen Anschaffungsvorschlag für euren Klassenraum machst, der den Vorgaben des Fördervereins entspricht. Begründe deinen Vorschlag mit drei überzeugenden Argumenten.

Vorgaben des Fördervereins für die Anschaffung:

1. Die geplante Anschaffung für die Klasse darf nicht mehr als 80 Euro kosten.
2. Die Anschaffung sollte für alle Schülerinnen und Schüler der Klasse interessant und nützlich sein.
3. Tiere sind als Anschaffungen nicht erlaubt.
4. Die anzuschaffenden Gegenstände dürfen nicht breiter und höher als 2 Meter sein.

1 Macht euch klar, was in der Aufgabenstellung von euch verlangt wird. Geht so vor:
a Lest euch noch einmal die Aufgabenstellung in aller Ruhe durch.
b Habt ihr verstanden, was ihr machen sollt?
Begründet, welche der folgenden Antworten richtig sind.

A Ich muss den Aufbau eines Briefes berücksichtigen.

B Ich soll drei verschiedene Anschaffungen vorschlagen und mich dann für die beste entscheiden.

C Ich soll meinen Vorschlag mit drei Argumenten begründen.

D Bei meinem Vorschlag ist es egal, wie teuer die Anschaffung ist.

E Weil der Brief an die Vorsitzende des Fördervereins geht, soll ich sie persönlich ansprechen.

Ideen sammeln

2 In der folgenden Tabelle findet ihr vier Anschaffungsvorschläge für die Klasse. Aber Achtung: Nicht alle sind geeignet.
Übernehmt die Tabelle in euer Heft und begründet dann bei jedem Anschaffungsvorschlag, ob dieser zu den Vorgaben des Fördervereins passt oder nicht. (▶ Die Vorgaben des Fördervereins findet ihr auf Seite 48.)

Anschaffungsvorschläge für die Klasse	Passt der Vorschlag zu den Vorgaben? Begründet!
– *Zwei neue Regale für die Bücher der Klassenbibliothek (1,80 m hoch, 1,80 m breit; Preis: 80 Euro).*	…
– *Eine Spielkonsole mit Monitor, z. B. Playstation (etwa 350 Euro).*	…
– *Zwei große Bilderrahmen (Preis: 75 Euro), um Poster zu rahmen und in der Klasse aufzuhängen.*	…
– *Wandfarbe, um die Klasse zu streichen (Preis: 80 Euro). Die zum Streichen notwendigen Werkzeuge und Materialien müssten zusätzlich gekauft werden.*	…

3 **a** Entscheidet euch für einen Vorschlag, der zu den Vorgaben des Fördervereins passt, und sammelt Begründungen für euren Anschaffungsvorschlag. Übertragt dazu den folgenden Cluster in euer Heft und ergänzt ihn:

b Für euren Anschaffungsvorschlag sollt ihr drei überzeugende Begründungen nennen. Schaut euch noch einmal die Begründungen in eurem Cluster an und überlegt, welche drei Begründungen besonders wichtig und überzeugend sind. Markiert diese in eurem Cluster.

Den Brief ausformulieren

4 a Notiert, aus welchen Bausteinen ein Brief besteht. Wenn ihr unsicher seid, schaut noch einmal auf Seite 38 nach.

b In der Einleitung eures Briefes sollt ihr in euer Anliegen einführen. Formuliert in eurem Heft einen Einleitungssatz, z. B.:

Ort und Datum
Sehr geehrte Frau Dr. Schumann,
ich habe erfahren, dass der Förderverein unserer Schule allen Klassen 80 Euro für ...

Ort und Datum
Sehr geehrte Frau Dr. Schumann,
für unseren Klassenraum stellt der Förderverein unserer Schule ...

c Der Hauptteil des Briefes enthält euren Vorschlag mit den drei Begründungen. Schreibt nun den Hauptteil des Briefes in euer Heft. Die Formulierungshilfen auf Seite 38 helfen euch dabei, eure Meinung und eure Begründungen gut zu formulieren.

d Am Schluss des Briefes fasst ihr euren Wunsch noch einmal zusammen. Schreibt einen Schluss für den Brief an Frau Dr. Schumann in euer Heft.

Insgesamt denke ich, dass ... | *Ich würde mich freuen, wenn ...* | *Ich möchte Sie bitten, ...*

Den Brief überarbeiten

5 Bevor ihr den Brief abgebt, solltet ihr überprüfen, ob ihr auch wirklich an alles gedacht habt.

a Setzt euch zu zweit zusammen und überprüft eure Briefe mit Hilfe der folgenden Checkliste.

b Gebt euch gegenseitig eine Rückmeldung, was besonders gut gelungen ist und was ihr noch überarbeiten solltet.

c Überarbeitet dann eure Briefe.

Checkliste

In einem Brief seine Meinung begründen

- Habt ihr den **Aufbau eines Briefes** berücksichtigt?
  - Ort, Datum
  - persönliche Anrede
  - Einleitung (Darstellung der Situation)
  - Hauptteil (Meinung und Begründungen)
  - Schluss (Bitte, dem Wunsch zuzustimmen)
  - Grußformel und Unterschrift
- Ist die eigene **Meinung deutlich formuliert?**
- Habt ihr **überzeugende Begründungen** (Argumente) für eure Meinung genannt?
- Wenn ihr jemanden mit „Sie“ ansprecht, müsst ihr die Anredepronomen großschreiben, z. B.: *Sie, Ihnen, Ihr* usw. Habt ihr dies berücksichtigt?
- Sind die **Rechtschreibung und** die **Zeichensetzung korrekt?**

3 Das glaubst du nicht! – Spannend erzählen

1 Schaut euch das Bild genau an und beschreibt, was ihr seht.

2 **a** Erzählt zu dem Bild eine kleine, spannende Geschichte.
b Erklärt, was euch an euren Geschichten besonders gut gefallen hat.

3 Welche Tipps kennt ihr schon, um eine Erzählung spannend zu gestalten?

In diesem Kapitel …

– erzählt ihr ein Erlebnis anschaulich und lebendig,
– baut ihr eine Geschichte so auf, dass sie spannend ist und den Leser neugierig macht,
– lest ihr unheimliche Gespenstergeschichten,
– werdet ihr selbst zu echten Spuk-Profis und schreibt Geschichten, die dem Leser einen Schauer über den Rücken jagen.

3.1 Abenteuer im Alltag – Erlebnisse erzählen

Der rote Faden – Den Aufbau einer Erzählung planen

Tom hatte in den Sommerferien ein aufregendes Erlebnis, das er aufgeschrieben hat.

Seepferdchen

Heute Nacht mussten wir die Feuerwehr rufen, denn in unseren Swimmingpool war ein Hengst gefallen. Zum Glück ging alles gut aus und das Pferd konnte gerettet werden. Aber die Geschichte muss ich euch unbedingt erzählen. So gegen elf Uhr in der Nacht wachte ich auf. War da nicht ein seltsames Geräusch gewesen? Alles war still. Ich lauschte. Nichts. Ich hatte wohl nur geträumt. Gerade wollte ich mich umdrehen und weiterschlafen, da hörte ich ein lautes Wasserplatschen. Der Lärm kam aus der hintersten Ecke unseres Gartens. „Was kann das sein?", fragte ich mich halblaut und überlegte, ob ich nachsehen sollte. Das Geräusch wiederholte sich in unregelmäßigen Abständen. Mir wurde zunehmend mulmiger. Plötzlich hörte ich das Wiehern eines Pferdes. Aber das konnte doch gar nicht sein. Völliger Unsinn. Bei uns gab es doch weit und breit keine Pferde. Träumte ich noch immer? Ich musste mich kneifen. Autsch! Jetzt war ich hellwach. Schnell sprang ich aus dem Bett und rannte zum Fenster. Ich traute meinen Augen nicht. Da stand doch tatsächlich ein Pferd in unserem Swimmingpool. Das Wasser stand ihm bis zum Hals und es versuchte vergeblich herauszukommen. Blitzschnell überlegte ich, was zu tun sei. Es gab nur eins: meine Eltern wecken und die 112 anrufen. Wenige Minuten später stand ein großer Feuerwehrwagen vor unserem Haus. Die Feuerwehrleute leerten das Becken und bauten aus Heuballen eine Treppe. Nach drei Stunden war das Pferd endlich in Sicherheit. Ich war sehr erleichtert und musste gleichzeitig ein bisschen schmunzeln. Da war der Hengst doch tatsächlich zu einem „Seepferdchen" geworden.

1 a Lest die Geschichte von Tom laut vor.
b Gefällt euch die Geschichte? Begründet eure Meinung.

2 a Beim Lesen der Erzählung steigt das Lesefieber. Nennt Stellen im Text (▶ S. 52) und erklärt, warum ihr sie spannend findet.

b Tom ist beunruhigt und auch ängstlich. Sucht Textstellen in der Geschichte, die euch das zeigen.

3 Eine spannende Erzählung wird Schritt für Schritt erzählt.

a Gliedert die Geschichte von Tom in Einleitung, Hauptteil und Schluss. Schreibt die Zeilenangaben in euer Heft, z. B.:

- *Einleitung: Zeile 1–...*
- *Hauptteil: Zeile ...*

b Zeichnet den Spannungsverlauf der Geschichte in Form einer Lesefieber-Kurve. Tragt die Erzählschritte in Stichworten in die Kurve ein.

Die Lesefieber-Kurve einer Erzählung

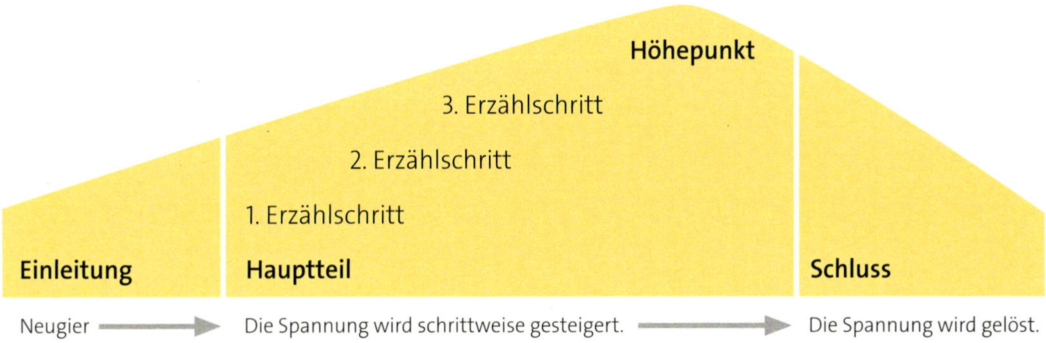

4 a Lest euch noch einmal die Einleitung von Toms Geschichte durch. Macht sie euch neugierig auf die Geschichte? Begründet eure Antwort.

b Schreibt eine eigene Einleitung zu dieser Geschichte, die die Leser fesselt und in die Handlung einführt.

c Lest euch eure Einleitungen vor. Was ist gelungen, was könnte noch verbessert werden?

Information **Der Aufbau einer Erzählung**

Eine gelungene Erzählung braucht einen roten Faden, der die Leser durch die Geschichte leitet.

- **Einleitung:** Mit der Einleitung führt man in die Handlung ein. Hier informiert man die Leser in der Regel über Ort (Wo?) und Zeit (Wann?) des Geschehens und stellt mindestens eine Hauptfigur (Wer?) vor.
- **Hauptteil:** Der Hauptteil ist der Kern der Geschichte. Hier wird die Spannung schrittweise bis zum Höhepunkt der Geschichte gesteigert. Der Leser soll „mitfiebern", was nun passieren wird.
- **Schluss:** Der Schluss rundet die Geschichte ab. Man kann erzählen, wie die Handlung ausgeht, oder absichtlich den Ausgang offenlassen.

Eine **Geschichte** wird in der Regel im **Präteritum** (1. Vergangenheit) erzählt, z. B.:
ich schlief, ich hörte.
Die Ich-Form eignet sich besonders gut zum Erzählen von Erlebnissen.

Der erste Satz – Eine Einleitung gestalten

Letzte Woche wanderten wir mit unserer Klasse auf den Drachenfels. Es war ein wunderschöner Märztag und alle waren gut gelaunt. Vor lauter Freude und Ausgelassenheit übersahen wir ein Schild: „Betreten verboten". Zunächst bemerkten wir dies gar nicht, denn der Weg war frei, die Sonne schien und weit und breit war keine Baustelle zu sehen. Außerdem kannte sich unsere Klassenlehrerin, Frau Kiel, doch in dieser Gegend aus wie in ihrem eigenen Garten. Eigentlich! Nia

„Habt ihr Lust, nächste Woche einen Ausflug zu machen?", fragte unsere Klassenlehrerin, Frau Kiel. „Jaaaaaaaaaaaaaa!!!!!!!!", schrie die ganze Klasse im Chor. Es sollte auf den Drachenfels gehen und wir hofften, dass das Wetter einigermaßen gut werden würde, denn der März war noch sehr kalt. Am Morgen des Wandertages strahlte die Sonne und der Himmel war knallblau. „Wenn Engel reisen oder zumindest wandern", meinte Frau Kiel, als wir uns am Fuße des Siebengebirges trafen. Zu dem Zeitpunkt konnten wir ja nicht ahnen, dass wir noch einen Schutzengel brauchen würden. Robin

5 a Untersucht in Partnerarbeit die beiden Einleitungen und beantwortet jeweils folgende Fragen:
- Welche Informationen (Wo? Wann? Wer?) enthält die Einleitung?
- Was verrät der Anfang über den weiteren Verlauf der Geschichte?

b Begründet, welcher Erzählanfang euch besser gefällt.

6 Jetzt seid ihr gefragt: Schreibt selbst eine Einleitung für eine Erzählung. Geht so vor:

a Ist euch auf einem Ausflug auch schon einmal etwas Lustiges, Spannendes oder etwas Ungewöhnliches passiert? Wählt selbst ein Erlebnis aus, über das ihr erzählen wollt.

b Schreibt eine Einleitung für eure Geschichte, die den Leser neugierig macht. Die Tipps im Merkkasten unten helfen euch dabei.

7 Durchforscht Bücher mit Geschichten und untersucht nur die Einleitungen. Stellt die verschiedenen Möglichkeiten, die Leser neugierig auf die Geschichte zu machen, in einer Übersicht zusammen.

Information **Die Einleitung gestalten**

Gute Erzähler fesseln ihre Leser gleich mit der Einleitung. Sie verraten nicht schon am Anfang, wie die Geschichte ausgeht, sondern machen die Leser neugierig. Dazu gibt es einige Erzähltricks:

Erzähltricks für die Einleitung	Beispiele
Erzählt von einer harmlosen Situation, die auf einmal ungewöhnlich oder gar gefährlich erscheint.	*Wir saßen wie gewöhnlich am Frühstückstisch. Plötzlich hörten wir ein donnerndes Geräusch. Es klang wie …*
Kündigt ein unerwartetes Ereignis an, das alles verändert.	*Wer hätte gedacht, dass diese Reise drei Tage dauern würde?*
Legt eine falsche Fährte: Bereitet den Leser auf ein Geschehen vor, das dann aber gar nicht so stattfindet.	*Wir hatten alles für ein gemütliches Wochenende eingepackt. Mit unseren Fahrrädern wollten wir … Doch dann kam alles ganz anders.*

Der Hauptteil – Spannend und anschaulich erzählen

... Es roch nach Frühling. Entlang der Bahnstrecke ging es erst einmal steil den Berg hinauf. Plötzlich rief Adrian: „Guckt mal, die Leute dahinten. Die winken uns freundlich zu." Erst begannen zwei oder drei von uns zurückzuwinken, schließlich winkte die gesamte Klasse und schmetterte: „GUTEN MOOOORGEN!" Als Nia und ich etwas näher kamen, merkten wir, dass die Leute gar keine Spaziergänger waren, denn sie trugen alle leuchtende Schutzkleidung und Helme. Und dann sahen wir, dass die Männer gar nicht winkten, sondern wild mit ihren Armen fuchtelten. Sie wollten uns deutlich machen, dass wir sofort stehen bleiben sollten. Noch bevor Nia und ich die anderen warnen konnten, hörten wir plötzlich ein ohrenbetäubendes Knirschen und Knacken. „Was war das?", flüsterte Nia. Jch zuckte nur mit den Schultern. Sagen konnte ich nichts, denn die Angst schnürte mir die Kehle zu. Verflixt! Jrgendetwas stimmt hier nicht!, ahnte ich dunkel. Jn diesem Moment bemerkte ich über mir einen riesigen Schatten. Was ich dann sah, konnte ich kaum glauben. Ein gewaltiger Baum stürzte auf uns zu. Jch schrie auf und wollte panisch weglaufen, aber vor Schreck blieb ich wie angewurzelt stehen. Sekunden später starrte ich auf den Baum, der jetzt direkt vor uns auf dem Waldweg lag. Jm gleichen Augenblick rasten mehrere aufgeregte Männer auf uns zu und schrien durcheinander: „Habt ihr denn unsere Motorsägen nicht gehört?" „Da stand doch ein riesiges Schild: Betreten verboten!" Mittlerweile war die gesamte Klasse mit unserer Lehrerin herbeigeeilt. Eine regelrechte Schimpfkanonade donnerte jetzt auf uns nieder. „Es ist ja noch mal gut gegangen", sagte dann einer der Waldarbeiter beruhigend. Er merkte wohl, dass uns allen noch der Schreck in den Gliedern saß. ...

Robin

8 Der Höhepunkt ist die spannendste Stelle einer Geschichte. Nennt den Textabschnitt, der den Höhepunkt darstellt. Begründet eure Entscheidung.

9 Die Spannung darf im Hauptteil natürlich nicht nachlassen.
„Was war das?", flüsterte Nia. Jch zuckte nur mit den Schultern. Sagen konnte ich nichts, denn die Angst schnürte mir die Kehle zu. „Verflixt! Jrgendetwas stimmt hier nicht", murmelte ich halblaut.

a Beschreibt, mit welchen Wörtern und Wendungen in diesen Sätzen Spannung aufgebaut wird.

b Stellt in einer Übersicht zusammen, wie es Robin gelingt, spannend und anschaulich zu erzählen. Arbeitet zu zweit und nutzt den unten stehenden Merkkasten.

10 Verfasst den Hauptteil eurer Erzählung.

Information **Den Hauptteil spannend und anschaulich erzählen**

- **Gedanken und Gefühle mitteilen, z. B.:**
  Mir stockte der Atem.
  „Euch werde ich es zeigen!", dachte ich mir.
- **Wörtliche Rede benutzen, z. B.:**
  „Vorsicht!", schrie ich.
- **Spannungsmelder (Überraschung) einbauen, z. B.:**
  Plötzlich ...; Völlig unerwartet ...
- **treffende Verben verwenden, z. B.:**
  wimmern, rufen, schreien
- **anschauliche Adjektive finden, z. B.:**
  kreidebleich, panisch, riesengroß

Den Schluss schreiben

„Ja", bemerkte einer der Waldarbeiter, „wer lesen kann, ist im Vorteil. Gehen Sie jetzt diesen Weg zügig zurück ins Tal. Wir warten so lange mit unserer Arbeit, bis Sie das Sperrgebiet verlassen haben." Eilig machten wir uns auf den Rückweg. Als wir das Sperrgebiet verlassen hatten, atmeten wir alle auf. Nia

Auf der nächsten Wanderung heißt es: Augen auf! Denn nicht immer hat man einen Schutzengel dabei, der aufpasst. Und dann noch auf eine ganze Klasse. Robin

Schweigend machten wir uns auf den Rückweg. Allmählich verließen wir den Wald und der Umriss des Drachenfelses, den wir eben noch gesehen hatten, verschwand immer mehr. Noch aufgewühlt von dem Erlebnis dachte jeder über seine eigenen Eindrücke nach. Adrian

11 Lest die Schlüsse und tauscht euch darüber aus, welchen Schluss ihr besonders gelungen findet. Begründet eure Meinung.

12 Der Schluss einer Erzählung kann unterschiedlich gestaltet sein.
- **a** Lest die Informationen in dem unten stehenden Merkkasten.
- **b** Um welches Ende handelt es sich bei den drei Schlüssen? Beschreibt, wie die Schlussteile jeweils wirken.

13 Schreibt einen Schluss für eure eigene Erzählung.

Information **Den Schluss schreiben**

Der Schluss einer Erzählung kann unterschiedlich gestaltet sein. Man kann
- den Ausgang der Geschichte erzählen und das **Erlebnis abschließen,**
- am **Schluss** der Geschichte **Fragen offenlassen,** um den Ausgang des Erlebnisses im Ungewissen zu lassen,
- **auf die Einleitung zurückgreifen,** sodass Einleitung und Schluss einen Rahmen um den Hauptteil bilden,
- einen **abschließenden Gedanken** äußern.

Eine treffende Überschrift finden

14 Wenn die Erzählung fertig geschrieben ist, fehlt noch etwas: die Überschrift.
- **a** Warum ist es sinnvoll, die Überschrift erst nach dem Schreiben der Geschichte zu formulieren?
- **b** Beurteilt die folgenden Überschriften zur Drachenfels-Geschichte.

Betreten verboten!
Ein ungewöhnlicher Klassenausflug
Als wir mit unserer Klasse in ein Sperrgebiet gerieten
Wer lesen kann, ist im Vorteil.

15
- **a** Überlegt euch zwei mögliche Überschriften für eure eigene Erzählung.
- **b** Tauscht euch zu zweit über eure Ideen aus und entscheidet euch für eine Überschrift.

Nach Bildern erzählen – Wörtliche Rede verwenden

1 a Schaut euch jedes einzelne Bild genau an. Beachtet dabei auch die Mimik (Gesichtsausdruck) und die Gestik (Körpersprache) der Figuren.
b Erzählt, was auf den Bildern passiert. In welchem Bild liegt der Höhepunkt der Geschichte?

2 Schreibt gemeinsam mit einem Partner oder einer Partnerin zu jedem Bild Stichworte auf.
TIPP: Überlegt auch, was vor, zwischen und nach den einzelnen Bildern passiert sein könnte.

3 Übertragt den Schreibplan in euer Heft und füllt ihn mit euren eigenen Ideen aus. Notiert nur die wichtigsten Informationen.
TIPP: Überlegt euch Namen für die Figuren und den Papagei.

Thema: Eine Bildergeschichte schreiben

1) Einleitung:	
Wer?	der Papagei (Jakob) und ich
Wo?	in meinem Zimmer
Wann?	...
2) Hauptteil:	
Was passiert?	Ich fütterte Jakob mit Obst. Mein Handy klingelte und ich ...
...	...
Höhepunkt:	...
...	
3) Schluss:	...

4 Wenn ihr wörtliche Rede verwendet und schildert, was die Figuren denken und fühlen, wird eure Geschichte besonders lebendig.

a Schaut euch zum Beispiel das Bild 3 an:
- Was könnte das Mädchen in diesem Moment zu ihrer Mutter sagen?
- Wie versucht die Mutter, ihre Tochter zu trösten? Sagt sie etwas Aufmunterndes?

b Entwerft einen kurzen Dialog.

sagen:

schreien	stottern
flüstern	brüllen
behaupten	fragen
jammern	antworten
beruhigen	stammeln
trösten	keuchen
rufen	zusprechen

5 Stellt euch vor, dass der Papagei sprechen kann. Was könnte er sagen? Wie könnte das dabei behilflich sein, den Papagei wiederzufinden?
Schreibt gemeinsam mit einem Partner oder einer Partnerin einige Sätze auf.

Information **Wörtliche Rede macht eine Geschichte lebendig**

Eure Geschichte wird besonders lebendig, wenn ihr wörtliche Rede verwendet.
Die wörtliche Rede wird in Anführungszeichen eingeschlossen.

Zeichensetzung bei der wörtlichen Rede:
- *„Oh weh!“, rief Tina.*
- *Tina rief: „Oh weh!“*
- *„Oh weh“, rief Tina, „der Papagei!“*

6 **a** Schreibt nun eine spannende und anschauliche Erzählung zu den Bildern. Erzählt das Erlebnis im Präteritum und beschreibt, was die Figuren sagen, denken und fühlen.
TIPP: Vergesst nicht, eine Überschrift zu finden, die neugierig auf eure Geschichte macht.

b Besprecht eure Texte in einer Schreibkonferenz und verbessert sie anschließend.

Methode **Texte überarbeiten: Eine Schreibkonferenz durchführen**

Geschichten gelingen nicht gleich beim ersten Schreiben – auch den Profis nicht. Man muss sie noch einmal überarbeiten.
Geht bei eurer Textüberarbeitung so vor:
1. Setzt euch in kleinen Gruppen zusammen.
2. Eine/Einer von euch liest ihren/seinen Text vor, die anderen hören aufmerksam zu.
3. Anschließend gebt ihr dem Verfasser oder der Verfasserin eine Rückmeldung, was euch besonders gut gefallen hat.
4. Dann wird der Text in der Gruppe Satz für Satz besprochen. Die Verbesserungsvorschläge werden abgestimmt und schriftlich (vom Verfasser/von der Verfasserin) festgehalten.
   ▸ Die Checkliste auf Seite 74 hilft euch, eure Geschichten zu überprüfen.
   Korrigiert auch die Rechtschreibung und die Zeichensetzung. (Nehmt euch ein Wörterbuch zu Hilfe.)
5. Zum Schluss überarbeitet der Verfasser oder die Verfasserin den eigenen Text.

Nach Reizwörtern erzählen – Erzählschritte planen

1 Für die folgende Aufgabe braucht ihr einen Würfel.

a Ihr müsst dreimal hintereinander würfeln. Die Augenzahl eines jeden Wurfes gibt euch ein Reizwort vor. Schreibt eure Reizwörter auf.
TIPP: Wenn ihr keinen Würfel habt, sucht euch einfach drei Reizwörter aus.

1. Wurf	verschlafen	Schreck	Sonntag	Schulbus	Unordnung	Mutprobe
2. Wurf	warten	Fußballspiel	Eichhörnchen	Versteck	Freunde	Schwimmbad
3. Wurf	lachen	Klassenzimmer	Pech	Katze	Wette	Polizeistation

b Erzählt eurem Banknachbarn oder eurer Banknachbarin, was euch zu euren Reizwörtern durch den Kopf geht. Macht mehrere Durchläufe und ändert dabei die Reihenfolge der Reizwörter (Erzählschritte). Wie verändert sich eure Geschichte?
Beispiel: Erzählanfänge zu den Reizwörtern *Fußballspiel – Polizeistation – Schreck*

A *Es war ein schöner Sommertag und ich fuhr mit meinem Fahrrad in den Park. Heute war das große Fußballspiel gegen die Mannschaft von Bell und ich freute mich schon, denn ich war ganz sicher, dass wir gewinnen würden. Hätte ich gewusst, was mich noch an diesem Tag erwarten würde ...*

B *Ich wachte auf der Polizeistation auf. Neben mir lag meine Sporttasche mit meinen Fußballsachen und ich musste mich erst einmal orientieren. Was war passiert? ...*

2 Plant eure Geschichten. Alle drei Reizwörter sollen in eurer Geschichte vorkommen, die Reihenfolge der Wörter könnt ihr selbst festlegen.

a Legt einen Schreibplan nach dem Muster auf Seite 57 in eurem Heft an.
b Schreibt nun eine spannende Erzählung.

3 a Denkt euch selbst drei Reizwörter aus und schreibt sie jeweils auf einen Zettel. Sammelt die Zettel in einer Schachtel.
b Jeder von euch zieht nun drei Reizwortzettel und schreibt dazu eine spannende Geschichte.
c Lest eure Geschichten vor. Überlegt, welche Reizwörter auf den Zetteln standen.

Methode **Reizwortgeschichten schreiben**

Ähnlich wie bei den einzelnen Bildern einer Bildergeschichte stellen die **Reizwörter verschiedene Schritte einer Erzählung** dar. Dabei könnt ihr die einzelnen Schritte nach eigenen Ideen verknüpfen.

- Die Reizwörter sollen alle in der Geschichte vorkommen und eine besondere Rolle spielen.
- Die Reizwörter können in einer selbst gewählten Reihenfolge auftauchen.

Erzählkerne ausgestalten – Figuren werden lebendig

Elefant auf Kinderspielplatz
Lörrach. Kinder und Eltern trauten ihren Augen nicht, als sie im badischen Lörrach einen Elefanten auf dem Spielplatz sahen. Nach Polizeiangaben von gestern beschädigte das Tier bei seinem Ausflug einen Kinderwagen, ein Fahrrad, ein Schild und diverse Spielgeräte. Der Dompteur des nahe gelegenen Zirkus holte den Dickhäuter zurück. Wie der ausreißen konnte, ist unklar.

Schulklasse gerät im Wattenmeer in Sturm
Hamburg. In der Nähe der Nordseeinsel Neuwerk ist eine Schulklasse am Freitagabend bei einer Wattwanderung in das heftige Unwetter über Norddeutschland geraten. Die Schüler einer fünften Klasse und ihre Lehrerin wurden im Wattenmeer von starkem Regen und Windböen überrascht, sagte ein Polizeisprecher am Samstag. Nach einem Hilferuf per Handy wurden sie mit einem Traktor gerettet.

1 Hinter diesen kurzen Zeitungsnotizen steckt für diejenigen, die bei einem dieser Ereignisse dabei waren, viel mehr: Sie waren aufgeregt, gerieten in Panik ... Versetzt euch in die beiden Situationen, von denen in der Zeitung später berichtet wurde, und schreibt einige Sätze auf.

2 Bildet Kleingruppen und wählt einen der beiden Zeitungsberichte (Erzählkern) aus, den ihr zu einer spannenden Geschichte ausgestalten wollt. Geht so vor:

a Arbeitet aus dem Zeitungsbericht alle Vorgaben für eure Geschichte heraus. Stellt W-Fragen: Wer war beteiligt? Wo genau spielte die Handlung? Was genau passierte?

b Überlegt zusammen, wie ihr aus der Zeitungsmeldung eine spannende und lebendige Geschichte machen könnt. Haltet eure Ideen in Stichworten fest:
- Aus welcher Sicht (ein beteiligtes Kind, ein/e Beobachter/-in, ein/e Polizist/-in ...) wollt ihr erzählen?
- Versetzt euch in diese Figur: Was erlebt sie? Was denkt und fühlt sie? Verwendet dazu die wörtliche Rede und die Wörter im nebenstehenden Kasten.

erleichtert – aufgeregt
verwirrt – entgeistert
bestürzt – entsetzt
erfreut – verängstigt
überrascht – besorgt
freudestrahlend – mutlos
erwartungsvoll – glücklich

3
a Jeder von euch schreibt nun eine Geschichte.
b Lest euch in der Gruppe eure Geschichten vor und vergleicht sie miteinander. Was ist gelungen? Was kann man noch verbessern?

Überschriften in Zeitungsberichten sollen in aller Kürze die Leser/-innen informieren. Bei euren Geschichten soll die Überschrift neugierig machen und nicht schon alles verraten.

4 Schaut in die Zeitung und sammelt selbst kurze Zeitungsberichte, die ihr zu Geschichten ausgestalten könnt.
TIPP: Recherchiert, z. B. unter www.StiftungLesen.de, ob es in nächster Zeit Schreibwettbewerbe gibt. Vielleicht habt ihr Lust, daran teilzunehmen!

Testet euch!

Erzählen

1 Welche Aussagen stimmen, welche nicht?

a Schreibt den Text mit den richtigen Aussagen in euer Heft.

- Wenn ich ein Thema für eine Erzählung habe, schreibe ich einfach drauflos / mache ich mir einige Stichworte zum Inhalt der Geschichte .
- Der Aufbau einer Erzählung gliedert sich immer / manchmal in Einleitung, Hauptteil und Schluss.
- Mit der Einleitung soll man dem Leser verraten / nicht verraten , wie die Geschichte ausgeht, damit er neugierig wird / damit er nicht so lange rätseln muss .
- Die Spannung wird im Hauptteil schrittweise gesteigert / verringert .
- Wörter wie „plötzlich", „auf einmal", „Sekunden später" zeigen an, dass etwas Überraschendes / etwas ganz Gewöhnliches passiert.
- Die Verwendung / Die Vermeidung von wörtlicher Rede macht die Geschichte lebendig.
- Der Schluss kann auf das Ende / auf den Anfang zurückgreifen, einen Traum auslösen / einen Denkanstoß geben , die Erzählung ausklingen / neu anfangen lassen oder den Leser im Ungewissen / in der Langeweile lassen.
- Die Überschrift darf nicht / kann ruhig fehlen. Sie soll informativ sein / die Neugier wecken .

b Überprüft gemeinsam mit einem Partner oder einer Partnerin eure Ergebnisse.

2 Die folgende Geschichte ist in Einleitung, Hauptteil und Schluss gegliedert, aber gut ist sie nicht.

a Überarbeitet die Erzählung und schreibt eine verbesserte Fassung in euer Heft.

b Besprecht eure Geschichten in einer Schreibkonferenz (▶ S. 58).

VORSICHT FEHLER!

Fehlalarm: Feuerwehr flutet Kino

Mein Freund und ich haben uns schon seit Tagen auf den Kinobesuch gefreut. Dass man im Kino auch pudelnass werden kann, ärgert mich noch heute.

Heute war es endlich so weit. Wir gingen zur Bushaltestelle, aber wir sahen nur noch die Rücklichter vom Bus. Wir mussten also auf den nächsten Bus warten. Das fing ja gut an, dachte ich. „Hoffentlich kommen wir nicht zu spät", sagte Max, „oder sollen wir lieber morgen ins Kino gehen und wir gehen jetzt zu mir?" Dann saßen wir zwar später als geplant, aber rechtzeitig im Kino, die Werbung lief noch. Doch wenn wir gewusst hätten, was uns dann erwarten sollte, hätten wir besser unseren Kinobesuch verschoben. Auf einmal hörten wir eine Sirene und dann kam Wasser aus der Decke. Und dann kamen Feuerwehrleute reingestürzt und guckten ziemlich dumm. Wie schon oben gesagt wurden wir ganz nass. Komisch war, dass man nirgends Rauch sehen konnte, geschweige denn ein Feuer. Das Kino stand aber unter Wasser.

Schließlich stellte sich alles als Fehlalarm heraus. So ein Ärger!

3.2 Um Mitternacht – Gespenstergeschichten lesen und schreiben

Joachim Friedrich

Das Pfarrfest

Tina und ihre Eltern hatten nachts durchfahren wollen. „Die achthundert Kilometer schaffe ich auf einer Backe“, hatte Papa angegeben. „Wenn ich erst in Italien in der Sonne liege, habe ich alle Strapazen vergessen.“ Doch in den Bergen waren sie in ein Unwetter geraten. Noch nie hatte Tina ein schlimmeres Gewitter erlebt. Es blitzte unaufhörlich und das Donnern folgte dicht aufeinander, bis nur noch ein bedrohliches Grollen zu hören war. Gegen den Regen, der wie aus Eimern schüttete, hatten die Scheibenwischer keine Chance.

Seit das Unwetter begonnen hatte, fuhren sie allein auf der stockfinsteren Straße. Nicht eine Menschenseele war zu sehen. „Wie leer es plötzlich ist“, sagte Mama. „Irgendwie ist das unheimlich, findest du nicht auch, Werner?“ „Unheimlich ist nur, dass ich bald nicht mehr sehe, wohin ich fahre“, knurrte Papa. Tina wusste, dass es besser war, ihn jetzt nicht anzusprechen. Wenn er gereizt war, konnte man nicht mit ihm reden, ohne dass er gleich wütend wurde. Das war aber nicht schlimm, denn Tina fand auch, dass es sehr unheimlich war – und sie genoss es. Sie stellte sich vor, dass in den finsteren Wäldern links und rechts der Straße unheimliche Gestalten hausten und dort ihr Unwesen trieben, so, wie sie es in ihren Gruselbüchern gelesen hatte. Tina mochte Gruselgeschichten sehr. Zu Hause in ihrem Bücherregal stand eine ganze Sammlung davon.

Gerade stellte sie sich vor, dass der Geist eines unschuldig Gehenkten vor ihnen auftauchte, da riss Papa sie aus ihren schaurig-schönen Gedanken. „Mir reicht es jetzt. Bei der nächsten Möglichkeit halten wir an und übernachten. Selbst wenn es die letzte Bruchbude sein sollte. Das ist mir völlig egal.“ Kaum hatte er das gesagt, so als hätte er eine Vorahnung gehabt, erkannten sie im Scheinwerferlicht ein Haus. Es lag hinter einer scharfen Kurve. Wenn sie nicht so langsam gefahren wären, hätten sie es sicher übersehen. Papa hatte auch sonst Recht gehabt, fand Tina. Es war eine Bruchbude, windschief, mit altmodischen Erkern und Türmchen verziert. Aus der durchgerosteten Dachrinne schoss das Wasser in alle Himmelsrichtungen und die Fensterläden klapperten bedenklich im Wind. Über der Tür hing ein verwittertes Schild. „Gasthof“ konnte Tina mit viel Mühe entziffern. Obwohl sie nur wenige Meter vom Auto in die rettende Eingangshalle laufen mussten, waren sie vollkommen durchnässt. Von innen sah der Gasthof fast noch schlimmer aus. Die Dielen knarrten, die Teppiche hatten wahrscheinlich seit Jahren keinen Staubsauger mehr gesehen und von der Decke hingen die Spinnweben in dicken grauen Schleiern. Tina hatte sich gleich in das alte Gemäuer verliebt. Das war genau der Schauplatz für eine schöne Gruselgeschichte.

Tinas Papa suchte an der Rezeption vergeblich nach einer Glocke. „Hallo!", rief er. „Ist hier jemand?" Nach einer kleinen Weile hörten sie schlurfende Schritte. Ein speckiger Vorhang an der Seite der Rezeption wurde beiseitegezogen und eine alte Frau erschien. Wenn das keine Hexe ist, dachte Tina, dann gibt es keine Hexen. „Sie wünschen?", krächzte die Alte. Sogar die Stimme passt, dachte Tina. „Wir hätten gern ein Zimmer für eine Nacht", antwortete Tinas Papa. „Das ist leider nicht möglich, gnädiger Herr." „Warum nicht?" „Wir sind voll belegt. Es ist Pfarrfest im Dorf. Das ist sehr berühmt und eine lange Tradition hat es auch. Drum kommen viele Fremde in diesen Tagen." „Haben Sie denn überhaupt nichts mehr frei? Es muss nicht komfortabel sein. Nur ein Bett, das genügt", bettelte Tinas Mama. „Ein Einzelzimmer hätte ich nur noch. Darin können Sie nicht mit drei Personen schlafen. Das Bett ist zwar nicht klein, doch es reicht nur für zwei." „Das ist wirklich alles?" Die Hexe, wie Tina sie schon insgeheim nannte, wiegte ihren Kopf hin und her. „Nun, eine kleine Kammer hätte ich noch. Darin steht ein Kinderbett. Aber ..." „Das geht doch!", rief Tinas Papa. „Meine Frau und ich nehmen das Einzelzimmer. Meine Tochter schläft in der Kammer." „Ich weiß nicht, ob das der Kleinen gefallen wird, gnädiger Herr." „Warum nicht?", rief Tina. „Es ist, wie soll ich sagen, etwas unheimlich. Wir glauben, dass es darin spukt. Mein Mann, Gott hab ihn selig, hat darin einen Geist gesehen. Dem Pfarrer hat er es auf dem Sterbebett erzählt." Die Alte erhob den Blick zum Himmel und bekreuzigte sich. Tina lief ein eiskalter Schauer über den Rücken. Gleichzeitig hätte sie am liebsten laut gejubelt. Ein richtiges Spukzimmer! Das hatte sie sich immer schon gewünscht. „Ich weiß nicht", sagte Tinas Mama zu ihrem Mann, „Sollen wir nicht doch weiterfahren?" „Nein, beim besten Willen nicht. Ich habe Angst, dass ich euch vor den nächsten Baum fahre." „Mir macht es nichts aus, in der Kammer zu übernachten!", rief Tina schnell, bevor ihre Mama ihr noch den Spaß verdarb. „Na gut, meinetwegen. Dann machen wir es halt so." Die Alte nickte. „Sie sind der Gast, gnädiger Herr. Nur schelten Sie mich später nicht, dass ich Sie nicht gewarnt hätte." Tinas Papa schüttelte sich, als wollte er die Gedanken an Spuk und Geister vertreiben. „Könnten wir bitte noch etwas zu essen haben? Ich habe einen Bärenhunger." Wieder schüttelte die Hexe ihren Kopf. „Tut mir leid, gnädiger Herr. Unsere Köchin ist schon lang fort." Tinas Papa seufzte. „Auf dem Pfarrfest bekommen Sie noch etwas", sagte die Alte mit einem Lächeln, als sie sein trauriges Gesicht sah. „Unser Knecht wird Sie fahren." „Bei dem Wetter?", fragte Tinas Mama. „Das macht ihm nichts, wenn er nur eine Gelegenheit sieht, auf einen Schoppen Wein ins Dorf zu kommen." „Ich will aber nicht mit!", rief Tina. „Ich möchte ins Bett. Ihr könnt ruhig gehen. Das macht mir nichts aus." Ihre Eltern sahen sie ungläubig an. Sie konnten nicht wissen, dass Tina es kaum abwarten konnte, in das Spukzimmer zu kommen, sich unter die Bettdecke zu verkriechen und in dem Gruselbuch zu lesen, das sie mitgenommen hatte. Ihre Eltern waren einverstanden. Wahrscheinlich waren sie zu müde und zu hungrig, um sich mit ihrer Tochter zu streiten. [...]

Tina hatte sich vorgestellt, dass sie in der Gruselkammer lag, eingekuschelt in einem Gruselbett, und Gruselgeschichten las, während draußen der Sturm heulte und der Regen gegen die Fenster klatschte. Und genau so, wie sie es sich vorgestellt hatte, war es auch. Trotzdem war sie schneller über ihrem Buch eingeschlafen, als sie es sich gewünscht hatte. Eine Urlaubsfahrt ist schließlich eine anstrengende Sache.

Als sie aufwachte, dauerte es einen Augenblick, bevor sie wusste, wo sie sich befand. Es war noch dunkel, aber es hatte aufgehört zu regnen. Durch die Dachluke konnte sie den Mond sehen. Sie wäre vor Schreck fast aus dem Bett gesprungen, als plötzlich etwas Weiches ihr Bein berührte. Sie drehte sich um und erschrak noch einmal. Da lag noch jemand in ihrem Bett! Tina hielt den Atem an, als hoffte sie, ihr unbekannter Bettgenosse würde sie nicht bemerken. „Das wurde aber auch Zeit. Ich dachte, du wachst überhaupt nicht mehr auf." Das Stimmchen, das da neben Tina flüsterte, war so dünn und leise, dass gleich ein Teil ihrer Angst verschwand und sie sich das Wesen genauer betrachtete, soweit es das schwache Mondlicht zuließ. Es war ein Mädchen, das etwa so alt wie sie selbst sein musste. Es war sehr blass. Aber das konnte auch an dem Mondlicht liegen, dachte Tina. „Wer bist du denn?", fragte sie und wunderte sich, dass sie überhaupt etwas sagen konnte. „Ich heiße Maria", sagte das Mädchen mit einem österreichischen Dialekt. „Maria Schönleitner. Und du?" „Tina Berger." Das Mädchen lachte. Es war ein seltsames Lachen, sehr leise und hoch. Tina schauderte. „Warum lachst du?" „Tina. Das ist ein komischer Name. Findest du nicht? Ich habe ihn noch nie vorher gehört." „Tatsache? Bei uns gibt es den öfter. In meiner Klasse haben wir außer mir noch zwei Tinas." „Wo kommst du denn her?" „Aus Deutschland. Wir wollen in Italien Urlaub machen." Maria riss die Augen weit auf. „Italien! So reich seid ihr?" Tina antwortete ihr nicht. Es war ihr peinlich. Maria musste sehr arm sein. Nach Italien in den Urlaub zu fahren, war wirklich nichts Besonderes, vor allem wenn sie daran dachte, wo einige ihrer Schulfreundinnen ihre Ferien verbrachten. „Machst du hier Urlaub?", fragte Tina. Wieder lachte Maria dieses schaurige Lachen. „Oh nein. Ich bin mit meinen Eltern hier. Mein Vater will auf das Fest." „Auf dieses Pfarrfest?", unterbrach Tina sie. „Da sind meine Eltern auch." „Mein Vater geht in jedem Jahr

dorthin. Meine Mutter und mich nimmt er mit." „Warum haben sie dich dann hier im Gasthof gelassen?" „Weil ich krank bin. Zuerst war ich sehr traurig und habe mich einsam gefühlt. Weil sich niemand um mich kümmert. Aber jetzt bist du ja da." Wieder berührte etwas Weiches Tinas Beine. Es waren Marias Füße. „Mein Gott!", rief Tina. „Hast du kalte Füße?" Frierst du?" „Zuerst ja, aber jetzt nicht mehr. Du bist so schön warm. Ich bin schrecklich erkältet. Da friert man halt schnell." [...] „Soll ich dir eine Gespenstergeschichte erzählen?", schlug Tina vor. Maria machte große Augen. „Gespenstergeschichte? Was ist das?" Tina war sicher, dass Maria aus einem kleinen Dorf kam, in dem man nicht viel von der Welt wusste. „Ich kann dir ja eine erzählen. Dann weißt du, was das ist." „Oh, ja gerne", strahlte Maria. „Wir beide sind zusammen und du erzählst mir Geschichten. Du bleibst immer bei mir, nicht wahr?" Tina nickte. Das war zwar gelogen, weil sie am nächsten Tag ihre Urlaubsfahrt fortsetzen würden, aber sie hatte sich vorgenommen, nett zu Maria zu sein.

Sie suchte für ihre neue Freundin die schönste

Geistergeschichte aus, die sie kannte. Maria war begeistert. Sie wollte gleich noch eine Geschichte hören und dann noch eine und noch eine. Tina erzählte und erzählte. Es machte ihr Spaß, denn sie mochte diese Geschichten selber gern. Außerdem freute sie sich, dass Maria Spaß daran hatte. Wenn jemand begeistert zuhört, ist das Geschichtenerzählen doppelt so schön. Trotzdem wurde Tinas Kehle vom vielen Reden trocken. Sie hätte sich gerne ein Glas Wasser geholt. Dazu musste sie aber auf den Flur hinaus. Es gab nur einen Waschraum für die ganze Etage. „Nein, bitte geh nicht. Nur noch eine Geschichte", bettelte Maria. Also erzählte Tina noch eine Gespenstergeschichte.

Doch dann hielt sie es nicht mehr aus. Als Maria einen Augenblick unaufmerksam war, schlüpfte sie aus dem Bett. Maria rief zwar noch hinter ihr her, aber da war sie schon aus dem Zimmer. Im Waschraum ließ sie das Wasser erst gar nicht in ein Glas laufen. Sie hielt gleich den Mund unter den Wasserkran. Das tat gut. Sie wollte sich noch ein Glas als Vorrat mit in ihr Zimmer nehmen. Doch wo waren die Gläser? Sie musste eine Weile in den Schränken danach suchen. Endlich hatte sie sie gefunden. In dem Augenblick, als sie eins aus dem Schrank nehmen wollte, schlug die Turmuhr. Das Fenster stand offen und die Kirche oder was es auch immer war, konnte nicht weit entfernt sein. Das Läuten war jedenfalls so laut, dass Tina vor Schreck beinahe das Glas fallen ließ. Sie zählte mit: eins, zwei, drei, vier, fünf, sechs, sieben, acht, neun, zehn, elf, zwölf. Mitternacht! Tina erschrak noch einmal. So spät war es schon. Sie merkte plötzlich, wie müde sie war. Sie nahm sich fest vor, Maria zu sagen, dass sie ihr höchstens noch eine Geschichte erzählen und dann schlafen wollte. Sie konnte es nicht. Als sie in ihr Zimmer kam, war das Bett leer. Wahrscheinlich war Maria böse gewesen, dass sie sich aus dem Zimmer geschlichen hatte, und war zu ihren Eltern aufs Zimmer gegangen. Tina dachte, dass das ungerecht von ihrer neuen Freundin gewesen war. Schließlich hatte sie ihr die halbe Nacht Geschichten erzählt. Trotzdem schlief sie mit einem schlechten Gewissen ein.

Beim Frühstück am nächsten Morgen hielt Tina vergeblich nach Maria Ausschau. Sie hätte sie gerne noch einmal gesprochen. Es ist nicht schön, wenn man im Streit auseinandergeht, auch wenn man sich nie mehr wiedersieht. Doch Maria war nicht da. Tina dachte, dass sie schon sehr früh mit ihren Eltern aufgebrochen wäre. Dann, als ihre Eltern die Rechnung für die Nacht bezahlten, machte sie einen letzten Versuch. „Wissen Sie etwas von den Schönleitners?", fragte sie den Knecht, der hinter der Rezeption stand. Die Hexe zu fragen, hätte sie sich nicht getraut, aber die hatte sich zum Glück noch nicht gezeigt. „Die Schönleitners?", fragte der Knecht erstaunt. „Was weißt du denn darüber?" „Die Maria ..." „Ja, ja, die Maria. Eine schlimme Geschichte." „Was ist eine schlimme Geschichte?", fragte Tinas Mama. „Und wer sind die Schönleitners?" „Die Schönleitners haben hier übernachtet. Sie waren wegen des Pfarrfestes gekommen, wie in jedem Jahr. Doch ihre kleine Tochter, die Maria, war sehr krank. Sie bettelte ihre Eltern an, sie nicht allein zu lassen. Es war herzzerreißend. Doch der Vater blieb hart. Er wollte auf das Fest, koste es, was es wolle. So ließen sie die Maria allein in der kleinen Kammer unter dem Dach." „In der ich heute Nacht geschlafen habe?", rief Tina. „Der Knecht riss die Augen auf. „Dort hast du geschlafen?" „Ja", sagte Tinas Papa. „Warum?" „Weil Sie Gott danken können, dass Sie Ihre kleine Tochter wohlbehalten wiederhaben." „Nun machen Sie aber einen Punkt!", rief Tinas Papa. „Nein, nein gnädiger Herr. Warten Sie ab, wie es mit Maria Schönleitner weiterging. Am nächsten Morgen, als ihre Eltern in die Kammer kamen, war sie verschwunden. Das Bett war benutzt, aber sie war nicht mehr da. Zwei Tage haben sie nach ihr gesucht. Das ganze Dorf hat geholfen. Doch sie blieb verschwunden." „Zwei Tage hat man nach ihr gesucht?", rief Tina dazwischen.

„Aber das geht doch nicht. Wann ist denn das gewesen?“ „Genau weiß ich es nicht“, antwortete der Knecht. „Das war vor meiner Zeit. Sicher sind schon fünfzig Jahre ins Land gegangen seit damals. Der Wirt hätte es Ihnen genau sagen können, aber der ist nun auch schon zehn Jahre tot.“ Tina brachte kein Wort mehr heraus. Ihr klebte ein dicker Kloß im Hals. „Warum erzählen Sie uns diese Schauergeschichte?“, fragte Mama. Sie sah richtig böse aus. „Weil es noch einmal geschehen ist, ein paar Jahre später. Es war wieder zur Zeit des Pfarrfestes. Der Gasthof war voll belegt, sodass wieder ein kleines Mädchen, deren Eltern feiern wollten, dort übernachten musste. Als die Eltern sich von ihr verabschiedeten, gab es noch keinen Grund zur Besorgnis. Als sie jedoch nach dem Fest in die Kammer sahen, es war kurz nach Mitternacht, war ihre Tochter verschwunden, genau wie die kleine Maria. Auch sie wurde nie wieder gesehen. Seit der Zeit hat niemand mehr dort geschlafen, vor allem nicht während des Pfarrfestes.“

„Komm“, sagte Tinas Mama und nahm ihre Tochter an die Hand. „Lasst uns gehen.“ Tina widersprach nicht. Wie im Traum trottete sie hinter ihrer Mutter her. Als sie im Auto saß, fiel ihr Blick auf das Gruselbuch neben ihr. Sie nahm es und vergrub es weit unten in ihrer Reisetasche.

1 **a** Sammelt eure Eindrücke zu der Geschichte. Das können auch Fragen oder Vermutungen sein.
b Gibt es Ereignisse, Figuren, Wörter oder Textstellen in der Geschichte, die ihr besonders unheimlich findet? Begründet eure Antwort.

2 In der Geschichte treffen zwei unterschiedliche Mädchen aufeinander. Was erfahrt ihr über Tina, was über Maria?
a Stellt gemeinsam mit einem Partner oder einer Partnerin eines der beiden Mädchen vor. Lest dazu noch einmal genau im Text nach und tragt möglichst viele Informationen zusammen.

Tina	Maria
– *mag Gruselgeschichten*	– *taucht wie aus dem Nichts in Tinas Bett auf*
– …	– …

b Vergleicht eure Ergebnisse in der Klasse. Klärt dabei auch folgende Fragen:
– Was bedeutet Marias Frage: „Du bleibst immer bei mir, nicht wahr?“ (S. 64, Z. 211–212)
– Was wäre wohl passiert, wenn Tina nicht vor Mitternacht aus dem Bett geschlüpft wäre?

3 Untersucht den Aufbau der Geschichte.
a Schaut euch den Anfang an. Findet Hinweise darauf, dass die Geschichte gruselig wird.
b Nennt Erzählschritte, mit denen die Spannung im Hauptteil gesteigert wird.
c Sucht die Textstellen heraus, an denen ihr erkennt, dass Tina am nächsten Morgen einen Schreck bekommt. Prüft, ob sich die Spannung am Schluss auflöst.

4 Zeichnet den Spannungsverlauf der Geschichte in Form einer Lesefieber-Kurve (S. 53) nach. Tragt die Erzählschritte in Stichworten in die Kurve ein.

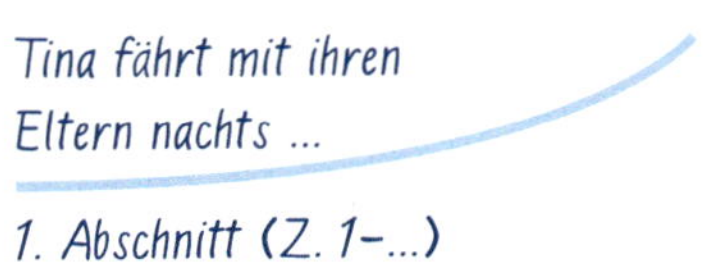

Wenn ein Abschnitt spannender ist als der vorherige, steigt die Kurve, wenn es weniger spannend wird, fällt sie.

Fordern und fördern – Gespenster-Werkstatt

Um eine gute Gespenstergeschichte zu erzählen, die dem Leser einen Schauer über den Rücken jagt, braucht ihr einige „Zutaten".

1 Legt euch eine Grusel-Kartei an. Ihr könnt große Karteikarten beschriften oder ihr legt euch in eurem Heft eine Wörterliste an.

●●○ **a** Ordnet die Wörter aus dem Kasten in eure Grusel-Kartei ein.

Orte
- *kalter Keller*

Geräusche
- …

gruselige Erscheinungen
- …

gespenstische Wörter und Wendungen
- *finster*

kalter Keller
knarrende Tür
wehender Vorhang
ein Ächzen
flackernder Kerzenschein
verwittert
kalter Windhauch
am ganzen Körper zittern
verfallenes Schloss
entsetzliches Stöhnen
finster

●●● **b** Findet weitere Beispiele und ergänzt eure Grusel-Kartei. Bestimmt findet ihr auch in der Geschichte „Das Pfarrfest" noch viele Wörter und Wendungen, die das Gruselige und Unheimliche sehr stark zum Ausdruck bringen.

●●● **2** Verfasst selbst eine Gespenstergeschichte, die den Leser schaudern lässt.

▷ Wenn ihr weitere „Zutaten" für eure Gespenstergeschichte braucht, schaut auf der Seite 68 nach.

Aufgabe 2 mit Hilfen

Verfasst selbst eine Gespenstergeschichte.
Mit den Hilfen auf dieser Seite könnt ihr den Aufbau eurer Gespenstergeschichte planen und das Unheimliche so anschaulich beschreiben, dass es den Leser gruselt.

Gespenstergeschichten spielen oft an **unheimlichen Orten** (z. B. in einem alten Schloss). Die Zeit bei **Einbruch der Dunkelheit** oder kurz vor Mitternacht ist natürlich besonders gruselig, denn jetzt ist es düster und man kann wenig erkennen. Man hört **unheimliche Geräusche** (Klirren, Keuchen, Rasseln) und weiß nicht, woher sie stammen. **Geheimnisvolle Dinge geschehen** (eine Tür öffnet sich wie von Geisterhand) und schlimmstenfalls gibt es sogar **Gespenster oder Geister,** die jemanden erschrecken. Manchmal gibt es eine Erklärung für den Spuk (jemand will einen Streich spielen), aber manchmal bleiben die Dinge einfach rätselhaft.

Plant eure Geschichte:
- Wo spielt eure Geschichte (Ort)?
- Wann spielt sie (Zeit)?
- Wer kommt in eurer Geschichte vor (Figuren)?
- Was passiert Unheimliches (Handlung)?
- Wieso? Gibt es eine Erklärung oder nicht?

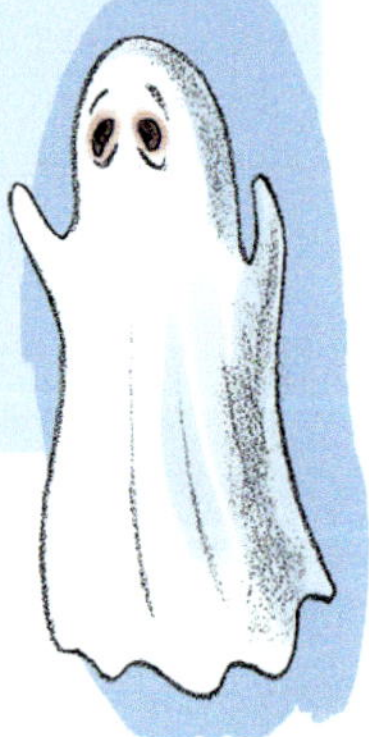

anschauliche Adjektive

entsetzlich gRässlich furchtbar
scheußlich finster düster muffig
modrig staubig uralt eisig kühl
eiskalt undeutlich schemenhaft
grell blass fahl kreidebleich neblig
dämmrig schauerlich leise heimlich
lautlos tonlos geräuschlos schrill

bildhafte Wendungen und Vergleiche

Herz schlägt bis zum Hals
wie Espenlaub zittern weiche Knie bekommen
mit gebrochener Stimme sprechen
Stimme versagt feuchte Hände bekommen
wie angewurzelt stehen bleiben
den eigenen Augen kaum trauen
wie von Geisterhand

treffende Verben

gehen: schlurfen gleiten
sich schlängeln rennen
flüchten hasten jagen rasen
sagen: stammeln keuchen
ächzen kreischen schreien
stöhnen jammern flüstern

wörtliche Rede

„Oje!“ „Was war das?“
„Was soll ich nur tun?“
„Jetzt oder nie!“
„Ich muss einfach …“
„Wie soll ich das bloß …?“
„Was für ein/eine …“

Spannungsmelder (Überraschung)

plötzlich auf einmal in diesem Moment
Sekunden später völlig überraschend auf unheimliche Weise schlagartig

Dirk Ahner

Hui Buh. Das Schlossgespenst

Eines Morgens im Herbst 1899 schob der Kastellan[1] einen Servierwagen mit frisch gewaschenen Bettlaken durch das Labyrinth der Korridore. Das Geräusch der quietschenden Räder war bis in die Eingangshalle zu hören. Doch das störte niemanden, denn der alte Kastellan lebte ja allein auf Schloss Burgeck. Sauber und ordentlich ordnete er die Laken in einen Schrank. Er bemerkte den kalten Windhauch nicht, der plötzlich durch den Korridor fegte und eines der Tücher mit sich riss. Er bemerkte auch nicht, dass dieses Tuch zum Leben erwachte, dass es sich vom Boden erhob und mit bedrohlich ausgestreckten Armen auf ihn zuging. Das Gespenst kam näher und näher und wollte dem Kastellan mit seinem grausigen Geheul gerade einen gewaltigen Schrecken einjagen, als es mit einem Fuß an seinem eigenen Laken hängen blieb. Ungeschickt stolperte es gegen die Wand und riss den großen Kerzenleuchter von der Decke. Er landete genau auf dem Kopf des Gespenstes und klemmte es ein. „Verflixt und zugespukt!“ Fluchend und schimpfend taumelte das Gespenst durch den Korridor, riss eine Rüstung um und brachte mehrere Vasen zu Fall, ehe sein stolpernder Spukversuch am Wandschrank zu einem abrupten Ende kam. Mehrere Regalbretter lösten sich und krachten herunter. Sämtliche Gläser, Pokale kullerten der Reihe nach in die Tiefe und polterten auf den Kopf des armen Gespenstes. „Au! Au! Auhuu!“, zeterte es. Jeder andere Mensch hätte bei dem gewaltigen Lärm längst nicht mehr arbeiten können. Doch erstens war der Kastellan schon ein wenig taub und zweitens verband ihn mit dem Gespenst eine lange Freundschaft. „Verehrter Hui Buh“, seufzte er. „Wenn ich dir einen Rat geben dürfte: Du solltest das Spuken endlich aufgeben. Du hast andere Talente!“ Er zog das Laken weg und zum Vorschein kam der Geist von Ritter Balduin. Seit jener verhängnisvollen Nacht im Jahre 1399 war er dazu verflucht, als das Gespenst Hui Buh durch Schloss Burgeck zu spuken. „Andere Talente?“, rief er empört und zog etwas aus seinem Gespensterwams hervor. Es war eine alte Schriftrolle, auf der in krakeligen Buchstaben und mit vielen Rechtschreibfehlern zu lesen stand:

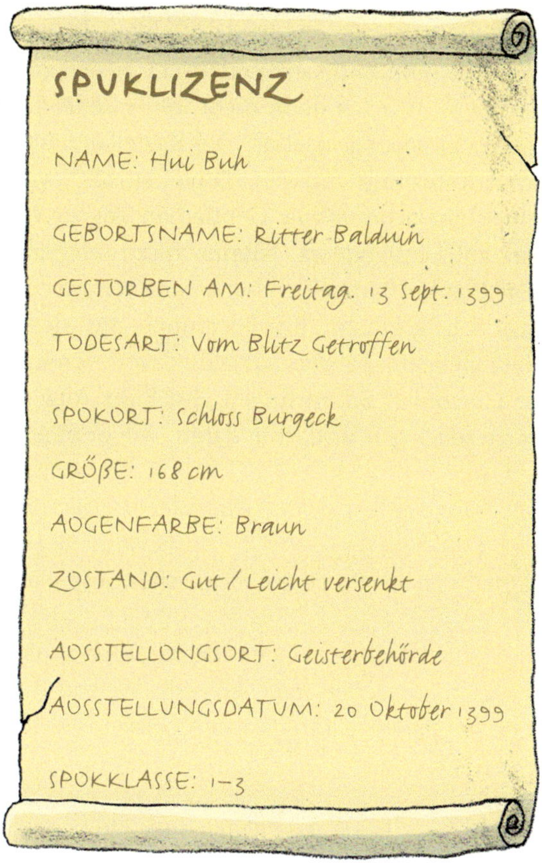

SPUKLIZENZ

NAME: Hui Buh

GEBORTSNAME: Ritter Balduin

GESTORBEN AM: Freitag. 13 Sept. 1399

TODESART: Vom Blitz Getroffen

SPOKORT: Schloss Burgeck

GRÖßE: 168 cm

AOGENFARBE: Braun

ZOSTAND: Gut / Leicht versenkt

AOSSTELLONGSORT: Geisterbehörde

AOSSTELLUNGSDATUM: 20 Oktober 1399

SPOKKLASSE: 1–3

„Siehst du das? Das ist meine Spuklizenz. Ich bin das einzige behördlich zugelassene Gespenst auf Schloss Burgeck!“ „Ich weiß, ich weiß, verehrter Hui Buh“, gab der alte Kastellan begütigend[2] zurück. „Das bist du ja auch schon seit fünfhundert Jahren.“ „Exakt!“, rief das Gespenst und sprang wütend auf. Dum-

1 der Kastellan: Burgwart, Burgaufseher

2 begütigend: beruhigend, milde

merweise übersah es dabei die offene Schublade über sich. Mit einem lauten Poltern durchschlug sein Geisterschädel das Holz und fügte den vielen Beulen eine neue hinzu. „Auu! Kastellan, lenk mich doch nicht immer ab! So etwas passiert nur, wenn ich meine Konzentration verliere!“ In einer Geste der Freundschaft legte der Kastellan dem Gespenst seine Hand auf die Schulter. „Nimm es nicht zu schwer, alter Schlossgeist. Aber bitte glaube mir: Für die Einrichtung hier und deine Gesundheit wäre es besser, wenn du das Spuken lassen würdest!“ Hui Buh sank enttäuscht in sich zusammen. „War ich denn nicht wenigstens ein kleines bisschen gruselig?“ Der Kastellan hätte drauf antworten müssen. Diplomatisch[3] wie ein echter schottischer Gentleman zog er es vor, auf ein anderes Thema auszuweichen. „Die Blaubeersuppe! Ich hatte ganz vergessen, dass ich köstliche Blaubeersuppe auf dem Herd stehen habe! Was hältst du davon, verehrter Hui Buh?“ Sofort fingen Hui Buhs Augen an zu leuchten. Er dachte daran, wie er einstmals mit König Julius dem 109. Freundschaft geschlossen hatte. Damals wollte er als „Mumm der Kopfschmeißer“ den neuen Herrscher von Burgeck mit einem Spuk gebührend begrüßen. Er hatte seinen Kopf abgeschraubt, um ihn mit schrecklichem Geheul auf den König zu werfen. Doch der Kopf landete genau in der königlichen Suppe. Blaubeersuppe, wohlgemerkt. Da Julius der 109. ein humorvoller Mensch gewesen war, hatte er Hui Buh den Streich verziehen und ihn zum Essen eingeladen. Seit jenem Tag gehörte Blaubeersuppe zu dessen absoluter Lieblings-Leib-und-Magen-Speise. Mit einem begeisterten „Huiiii Buh!“ flitzte er durch die Wand und flog zur Küche. Wie üblich riss er dabei alles mit, was nicht niet- und nagelfest war, und mehrere Zierschwerter polterten zu Boden. Seufzend sammelte der Kastellan sie auf und brachte das Durcheinander in Ordnung.

3 diplomatisch: geschickt

1 Findet ihr die Geschichte lustig oder gruselig? Begründet eure Meinung mit zwei Textstellen.

2 Verhält sich Hui Buh wie ein typisches Gespenst? Beschreibt sein Verhalten.

3 **a** Lest die folgenden beiden Textpassagen zunächst still für euch. Überlegt dabei, wie ihr die einzelnen Textstellen sprechen wollt. Welche Stimmungen (gruselig, lustig, ärgerlich ...) wollt ihr mit eurer Leseweise jeweils ausdrücken?

> Er bemerkte den kalten Windhauch nicht, der plötzlich durch den Korridor fegte und eines der Tücher mit sich riss. Er bemerkte auch nicht, dass dieses Tuch zum Leben erwachte, dass es sich vom Boden erhob und mit bedrohlich ausgestreckten Armen auf ihn zuging.
> (► S. 69, Z. 9–15)

> Fluchend und schimpfend taumelte das Gespenst durch den Korridor, riss eine Rüstung um und brachte mehrere Vasen zu Fall, ehe sein stolpernder Spukversuch am Wandschrank zu einem abrupten Ende kam. Mehrere Regalbretter lösten sich und krachten herunter. Sämtliche Gläser, Pokale kullerten der Reihe nach in die Tiefe und polterten auf den Kopf des armen Gespenstes. „Au! Au! Auhuu!“, zeterte es. (► S. 69, Z. 23–32)

b Lest die beiden Textpassagen laut vor. Besprecht, wie sie jeweils gewirkt haben.

4 Lebendig wird eine Geschichte erst beim Vorlesen. In der Geschichte von Hui Buh findet ihr viele Verben, die genau ausdrücken, wie jemand spricht, z. B.: „‚Au! Au! Auhuu!‘, zeterte es.“ (Z. 32).

a Übt, die Geschichte so vorzulesen, dass sich eure Zuhörer/-innen das Geschehen und die Figuren besonders gut vorstellen können. Auf einer Kopie des Textes könnt ihr die Stellen markieren, die ihr besonders betonen wollt.

b Tragt die Geschichte vor. An welchen Stellen war eure Leseweise passend und wo solltet ihr sie verändern?

Tipps zum Vorlesen:
- Probiert unterschiedliche Sprechweisen aus, z. B.: *ärgerlich, aufgeregt, beruhigend ...*
- Denkt auch daran, an den richtigen Stellen kurz innezuhalten, d. h., eine Pause zu machen, und wichtige Wörter und Sätze besonders zu betonen.

5 Spuklizenzen müssen immer wieder erneuert werden – spätestens nach 500 Jahren. Die Geisterbehörde will die Spukfähigkeiten von Hui Buh überprüfen. Dazu gibt es einen Test.

a Beantwortet die Fragen auf dem Testbogen.

b Entwickelt in Partnerarbeit weitere Fragen und gestaltet einen Prüfungsbogen für Hui Buh.

TEST FÜR EINEN SPUK-PROFI

1. Was ist die Hauptaufgabe eines Gespenstes?
- Spinnennetze flicken ○
- Keller aufräumen ○
- Sterbliche erschrecken ○
- Wurstbrötchen werfen ○

2. Welche Verkleidungen sind für ein Gespenst passend?
- die blonde hübsche Magd ○
- der schielende Kutscher ○
- der brave Diener ○
- der gnadenlose Kerkerwächter ○

3. Welche Geräusche gehören zu einem talentierten Gespenst?
...

6 Schreibt eine Geschichte, wie Hui Buh mit dem Spuk-Profi-Test umgeht. Ihr könnt z. B. so beginnen:
Hui Buh starrte auf den Prüfungsbogen. Die Buchstaben begannen, vor seinen Augen zu tanzen. Er musste sich erst einmal beruhigen und dann las er die erste Aufgabe ...

7 Stellt euch vor, Hui Buh hätte die Prüfung bestanden und wäre nun ein wirklich talentiertes Gespenst. Verfasst nächtliche Spukszenarien von Hui Buh auf Schloss Burgeck, die die Schlossbesucher und den Leser richtig gruseln lassen. Nutzt eure Grusel-Kartei oder die Hilfen auf S. 68.
TIPP: Gespenster haben unterschiedliche Fähigkeiten. Sie können durch Schlüssellöcher schweben, ihr Aussehen verändern, durch Wände gehen ... Und sie können sich verwandeln.

3.3 Fit in ... – Erzählen

Die Aufgabenstellung richtig verstehen

Stellt euch vor, ihr bekommt in der nächsten Klassenarbeit folgende Aufgabenstellung:

Betrachte die Bildfolge genau. Die beiden Kinder wollen einem Gespenst einen Streich spielen.
Schreibe eine spannende und zugleich lustige Gespenstergeschichte zu den Bildern.

1 a Lest euch die Aufgabenstellung im Kasten oben sorgfältig durch.
b Schreibt die Aufgabenstellung in euer Heft und markiert anschließend die Wörter, die euch sagen, was genau ihr machen sollt.
c Vergleicht eure Ergebnisse und besprecht, was von euch verlangt wird.

Ideen sammeln und einen Schreibplan erstellen

2 Seht euch jedes Bild genau an und findet heraus, worum es in der Bildergeschichte geht. Achtet dabei auch auf Kleinigkeiten und schaut, welchen Gesichtsausdruck (Mimik) und welche Köpersprache (Gestik) die Figuren haben.
TIPP: Stellt euch die Geschichte wie einen Film vor. In welchem Bild liegt der Höhepunkt?

3 a Sammelt Ideen für eure Geschichte. Notiert zu jedem Bild einige Sätze.
Bild 1: Es ist kurz vor Mitternacht. Zwei Kinder wollen einem Gespenst einen Streich spielen. Sie haben eine Idee: ...

b Gerade in einer Klassenarbeit sollte man nicht einfach „drauflosschreiben". Plant den Aufbau der Erzählung und legt einen Schreibplan an.

Thema: Eine spannende und lustige Gespenstergeschichte

1) Einleitung:

Wer?	...
Wo?	*in einem alten Schloss*
Wann?	...

2) Hauptteil:

1. Erzählschritt:	...
...	...
Höhepunkt:	...
...	...

3) Schluss: ...

- Einleitung: Neugier wecken!
- Hauptteil: Was passiert?
- Schluss: Wie geht die Geschichte aus?
- Welche Namen könnten die Kinder und das Gespenst haben?

Spannend und anschaulich erzählen

Jan und Anja verbrachten ihre Sommerferien auf einem alten Schloss. Am ersten Tag sagte der Besitzer: „Es spukt hier. Geht immer früh ins Bett und verschließt alle Türen." Jan und Anja nickten brav. Jan und Anja waren aber nicht brav. Sie fürchteten sich nicht vor Gespenstern. Sie wollten einen Streich aushecken. Sie wollten einen Eimer Wasser über der Tür befestigen. Sie sagten: „Wenn das Gespenst kommt, wird es nass."

4 Diese Einleitung klingt noch recht langweilig. Überarbeitet die Einleitung und schreibt eine verbesserte Fassung in euer Heft.

Einleitung: Fesselt den Leser, verratet nicht zu viel und vermeidet langweilige Wortwiederholungen.

Auf dem zweiten Bild seht ihr das Gespenst, wie es zur Geisterstunde durch das Schloss läuft. Gruselig sieht es aus, oder?

5 Beschreibt das Gespenst so anschaulich, dass es sich die Leser genau vorstellen können. Schreibt dazu den folgenden Text in euer Heft und ergänzt die Lücken entweder mit eigenen Ideen oder sucht aus dem Wortschatzkasten passende Wörter und Wendungen heraus.
TIPP: Setzt die Wörter in der richtigen Form ein, z. B.: *Seine blitzenden Schwerter …*

wunderbar furchtbar blitzen
wie ein Schneekönig gespenstisch
funkeln grauenhaft schwer klirren
gewaltig scheppern schwarz laut
dunkelrot außergewöhnlich knochig
dunkelgrün dünn grässlich groß
gespalten klapprig frisch riesig

Heute hatte sich das Gespenst Hektor als Ritter Spaltschädel verkleidet. Seine ? Schwerter schlugen bei jedem Schritt ? aneinander. Seine ? Beine steckten in ? Stiefeln. Der ? Umhang wehte um seinen ? Körper herum. Auf eine Kopfbedeckung hatte Hektor extra verzichtet, denn die Kinder sollten den ? Schädel sehen. Die Axt mit den ? Blutspuren steckte noch darin. Sicher würden sich die Kinder bei diesem ? Anblick ? erschrecken. Bei diesen Gedanken freute sich das Gespenst ? . Das würde eine ? Nacht werden.

6 Überlegt, welche Gedanken sich das Gespenst am Schluss (Bild 5) macht oder was es sagen könnte. Schreibt einige Sätze in euer Heft, z. B.:
„Ich will die Kinder nie mehr sehen!" *„Wenn ich wieder gesund bin, werdet ihr mich kennen lernen."*

7 a Schreibt nun eine spannende und lustige Gespenstergeschichte zu den Bildern.
b Findet eine treffende Überschrift für eure Geschichte.

Die Gespenstergeschichte überarbeiten

8 Besprecht eure Geschichten in einer Schreibkonferenz (► S. 58) und verbessert sie anschließend. Die folgende Checkliste hilft euch dabei:

Checkliste

Eine Erzählung schreiben
- Führt die **Einleitung** in das Geschehen ein und macht neugierig auf die Geschichte?
- Hat die Geschichte einen **roten Faden** und ist sie ohne Nachfragen verständlich?
- Hat die Geschichte einen **Höhepunkt?**
- Ist die **Überschrift** treffend und verrät nicht zu viel?
- Wird deutlich, was die **Figuren denken und fühlen?** Habt ihr **wörtliche Rede** verwendet?
- An welchen Stellen kann man **treffendere Verben** oder **anschaulichere Adjektive** einsetzen?
- Ist die Geschichte im **Präteritum** geschrieben?
- Sind die **Rechtschreibung** und die **Zeichensetzung korrekt?**

4 Tiere als Freunde – Beschreiben

1 a Hättet ihr eines der Tiere gerne in eurer Familie? Begründet eure Meinung.
b Erklärt, wie ihr mit diesem Tier wohl umgehen müsst, damit es sich wohl fühlt.

2 Spielt ein Ratespiel: Stellt euch euer Lieblingstier vor und beschreibt es mit wenigen Sätzen, ohne die Tierart zu verraten, z. B.: *Mein Tier hat vier Beine. Es hat kein Fell …*

3 Stellt euch vor, eines der oben abgebildeten Tiere ist entlaufen. Was müsste man in einer Suchmeldung auf jeden Fall erwähnen, damit andere Menschen bei der Suche helfen können?

In diesem Kapitel …

- erstellt ihr einen Steckbrief zu einem Tier,
- beschreibt ihr Tiere so anschaulich, dass sich andere diese Tiere ganz genau vorstellen können,
- verfasst ihr gut verständliche Bastelanleitungen.

4.1 Hund entlaufen! – Tiere beschreiben

Informationen für einen Steckbrief zusammentragen

HILFE!

Mein Hund ist am 12. März verschwunden.

Er hört auf den Namen Hugo, ist sehr lieb und hat ein schönes Fell. Er spielt gerne und braucht viel Auslauf. Wer hat ihn gesehen?

Tel.: 0 21 61 / 5 61 59 50

1 Olafs Hund, ein Labrador, ist entlaufen. Er hat eine Suchmeldung geschrieben.

a Lest die Suchmeldung. Glaubt ihr, dass Olaf mit dieser Suchmeldung seinen Hund wiederbekommt? Begründet eure Meinung.

b Schaut euch die Fotos von Olafs Hund genau an. Sammelt dann weitere Angaben, die in die Suchmeldung für den Hund aufgenommen werden sollten.

Der Labrador

Der Labrador ist ein mittelgroßer, muskulöser Hund mit breitem Schädel. Er besitzt dunkelbraune oder haselnussfarbene Augen und eine große Nase. Ein kräftiger Kiefer, ein starker Hals, ein breiter Brustkorb und ein gerader Rücken gehören zu den weiteren äußeren Kennzeichen dieser Rasse. Die Pfoten weisen eine rundliche Form auf (Katzenpfoten). Typisch für den Labrador ist außerdem seine „Otterrute", die sehr dick und rundherum mit kurzem Fell bedeckt ist. Die Fellfarben des Labradors können Schwarz, Schokoladenbraun oder Gelb (von Hellcreme bis Fuchsrot) sein. Sein kurzes, dichtes, Wasser abweisendes Fell ist immer einfarbig, nie gemustert. Ein Labrador kann bis zu 57 cm hoch und bis zu 40 kg schwer werden. Seine Lebenserwartung beträgt etwa zwölf bis 14 Jahre. Berühmt ist der Labrador für seine Vielseitigkeit. Ursprünglich wurde er als Jagdhund eingesetzt, der geschossene Wildvögel aus dem Wasser holte (apportierte). Dazu musste er gehorsam sein und sehr gut schwimmen können. Wegen seiner ausgezeichneten Nase und seines freundlichen Wesens eignet sich der Labrador aber auch für andere Aufgaben. So wird er heute auch als Blindenhund, Rettungshund oder als Drogenspürhund bei der Polizei und beim Zoll eingesetzt. Darüber hinaus ist er ein geduldiger, gutmütiger und kinderlieber Familienhund. Mit anderen Hunden und Kleintieren versteht sich der Labrador meistens gut. Weil er sehr anhänglich ist, sollte er niemals im Zwinger gehalten werden.

2 Lest den Text aufmerksam durch. Nennt das Thema des Textes in einem Satz.

3 Klärt unbekannte Wörter und schwierige Textstellen, z. B.:

die Otterrute (Z. 10) die Lebenserwartung (Z. 17) apportieren (Z. 21) der Zwinger (Z. 33)

4 Der Text lässt sich in zwei Abschnitte gliedern.

a Gebt die Zeilen an, die ihr den Abschnitten 1 und 2 zuordnen würdet.
Abschnitt 1: Z. 1– ...
Abschnitt 2: Z. ...

b Überlegt, welche der folgenden Überschriften am besten zu Abschnitt 1 und welche am besten zu Abschnitt 2 passt. Begründet eure Wahl.

Aussehen Lebensweise Verwendung und Charakter Pflege Herkunft

5 In dem Text findet ihr viele Angaben zum Labrador.

a Schreibt in Partnerarbeit auf, welche W-Fragen der Text beantwortet, z. B.:
- *Wie sieht der Labrador ...*
- *Welche Fellfarben ...*
- ...
- ...

b Entscheidet, welche Angaben Olaf in seiner Suchmeldung (▸ S. 76) auf jeden Fall verwenden sollte und welche eher nicht.
Begründet eure Entscheidung.

6 Damit andere Olafs Hund erkennen, muss er ihn sehr genau beschreiben.

a Entwerft gemeinsam mit einem Partner oder einer Partnerin einen Steckbrief zu Olafs Hund. Tragt dazu alle Angaben in einer Tabelle zusammen.
TIPP: Nehmt den Text (▸ S. 77) und die Fotos von Olafs Hund (▸ S. 76) zu Hilfe.

Steckbrief zu Olafs Hund:

Merkmale	Angaben, die auf Olafs Hund zutreffen
Rasse	…
Größe (ungefähr)	…
…	…

b Vergleicht eure Steckbriefe. Wenn sich eure Ergebnisse unterscheiden, schaut euch noch einmal ganz genau die Fotos von Olafs Labrador auf Seite 76 an.

7 Gestaltet nun auf einem DIN-A4-Blatt eine möglichst genaue Suchmeldung, die Olaf in seinem Wohnort aufhängen könnte. Nehmt hierzu euren Steckbrief aus Aufgabe 6 zu Hilfe. Die Suchmeldung soll enthalten:
- eine Überschrift,
- einen Einleitungssatz, der sagt, um was es in der Suchmeldung geht,
- genaue Angaben zu den Merkmalen des Hundes (Tier-Steckbrief),
- einen Aufruf, sich zu melden, wenn man den Hund gefunden hat, und eine Telefonnummer.

Hund entlaufen

Am 12. März ist mein Hund …
Er hört auf den Namen Hugo.
Man erkennt ihn an den folgenden Merkmalen:
- Rasse: …
- Größe: ungefähr …
- …
Bitte melden Sie sich, wenn …
Meine Telefonnummer: …

Information **Einen Tier-Steckbrief anlegen**

Ein Steckbrief enthält wichtige Informationen zu einem Menschen oder zu einem Tier. Mit Hilfe eines Steckbriefes kann man sich z. B. ein Tier vorstellen und es wiedererkennen, wenn es entlaufen ist. Bei einem Tier-Steckbrief solltet ihr folgende Angaben machen:
- Name/Rasse des Tieres, z. B.: *Labrador*
- Größe/evtl. auch Gewicht, z. B.: *57 cm groß und 40 kg schwer*
- Farbe, z. B.: *hellgelb*
- Körperbau, z. B.: *muskulöser Hund, breiter Schädel …*
- besondere Merkmale/Auffälligkeiten, z. B.: *einen Fleck auf der Zunge*

- Legt eine **sinnvolle Reihenfolge** für eure Angaben fest, z. B. von den wichtigen Merkmalen zu den weniger wichtigen.
- **Vermeidet persönliche Wertungen** wie *schön, lieb* oder *süß*. Sie helfen nicht, das Tier zu erkennen, weil nicht alle das Gleiche darunter verstehen.
- Überlegt, für welchen **Zweck** ihr euren Steckbrief anlegt. Wenn er für eine Tiervorstellung bestimmt ist, könnt ihr noch weitere Informationen anführen, z. B.: *Nahrung, Lebensraum …*

Anschaulich und genau beschreiben

Emmas Katze Nicki ist entlaufen. Emma hat die Möglichkeit, eine Suchmeldung über den lokalen Radiosender zu veröffentlichen. Der Sender gestattet ihr, ihre Katze ausführlich zu beschreiben. Dazu braucht sie einen Sprechzettel mit ganzen Sätzen, den sie vor dem Mikrofon ablesen kann.

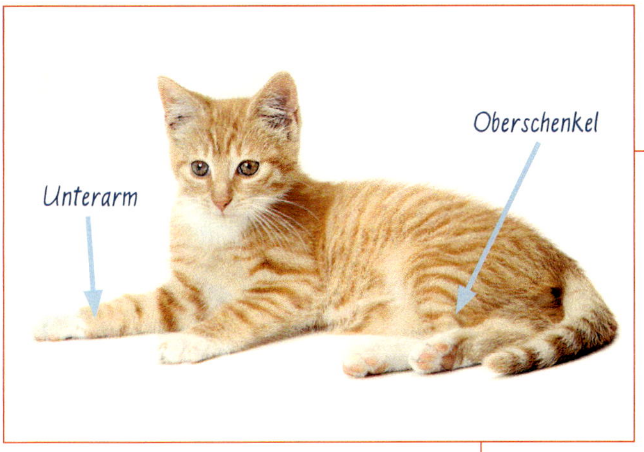

1 Wenn man ein Tier beschreibt, muss man auch die Körperteile genau bezeichnen. Hierfür verwendet man oft eine Reihe von Fachbegriffen.

a Sucht euch ein Foto von Emmas Katze aus und zeichnet die Katze ab. Achtet darauf, dass ihr um eure Zeichnung herum genügend Platz zum Beschriften lasst.

b Beschriftet die einzelnen Körperteile der Katze mit den folgenden Fachbegriffen.

> Tast- oder Schnurrhaare   Maul   Stirn   Nacken   Wangen   Brust   Rücken   Bauch
> Oberarm   Unterschenkel   Pfote   Schwanz   Ballen

2 Adjektive helfen euch, ein Tier genau zu beschreiben.

a Übertragt die Tabelle in euer Heft und ergänzt in Partnerarbeit weitere Wörter (z. B. Adjektive), mit denen man Größe, Körperform und Farbe/Muster einer Katze beschreiben könnte.

Merkmale	Adjektive
Größe	*riesengroß, winzig, ...*
Körperform	*kugelrund, gedrungen, ...*
Farbe/Muster	*kastanienbraun, grau .../gefleckt, ...*

b Wählt aus eurer Tabelle Adjektive aus, mit denen ihr die Größe, die Körperform und die Farbe von Emmas Katze beschreiben könnt, und tragt diese Adjektive in eure Zeichnung ein.

3 Wenn ihr ein Tier beschreibt, braucht ihr auch genaue Farbbezeichnungen.

a Welche unterschiedlichen gelben Farbtöne kennt ihr? Schreibt sie in Partnerarbeit auf, z. B.:
ockergelb, maisgelb, ...

b Wählt andere Farben aus und sammelt verschiedene Farbbezeichnungen, z. B.:
weiß: schneeweiß, blütenweiß, ...

c Wählt Farbbezeichnungen für Emmas Katze (▶ S. 79) aus und tragt sie in eure Zeichnung ein oder schreibt sie in euer Heft.

4 Die folgende Beschreibung wirkt eintönig, weil immer wieder die Wörter „ist", „sind" und „haben" verwendet werden. Überarbeitet die Beschreibung und setzt an geeigneter Stelle treffendere Verben aus dem Kasten ein.

Die Katze hat den Namen Nicki und ist klein und schlank. Sie ist eine junge Hauskatze. Das Fell der Katze ist rotbraun-weiß getigert. An der Brust hat die Katze einen schneeweißen Fleck, der sich bis zum Maul hochzieht. Über den Augen und an den Wangen hat Nicki weiße Farbtupfer. ...

Treffende Verben
tragen sich befinden
besitzen sich handeln um
verfügen über aufweisen
durch ... gekennzeichnet sein

5 Verfasst nun eine möglichst genaue Beschreibung, die Emma im Radiosender vorlesen kann. Der folgende Merkkasten hilft euch dabei.

Information **Ein Tier anschaulich und genau beschreiben (z. B. Suchmeldung)**

Aufbau:

- Schreibt einen **Einleitungssatz,** in dem ihr sagt, um was es geht, z. B.: Wann ist welches Tier wo entlaufen?
- Beschreibt dann das Tier möglichst genau. Achtet hierbei auf eine Ordnung:
  - Beginnt mit dem **Gesamteindruck des Tieres** (z. B. Tierart, Name, ungefähre Größe und Gewicht sowie Alter).
  - Beschreibt dann die **besonderen Merkmale** (z. B. Farbe und Länge des Fells, Kopfform, Form der Ohren, Augenfarbe ...) von oben nach unten, also vom Kopf bis zu den Beinen.
- Formuliert zum **Schluss** eine **Bitte, sich zu melden,** wenn das Tier gesehen wird. Gebt auch eine Adresse oder eine Telefonnummer an, unter der sich der Finder melden kann.

Sprachliche Mittel:

- Verwendet **passende Adjektive,** mit denen ihr das Tier anschaulich und genau beschreiben könnt, z. B.: *schneeweiß, klein, winzig, kugelrund.*
- Verwendet an Stelle der Wörter „ist", „sind" und „haben" **treffende Verben,** z. B.: *tragen, besitzen, sich befinden, aufweisen.*
- Formuliert eure Beschreibung im **Präsens** (Gegenwartsform).

Eine Tierbeschreibung überarbeiten

1 Auf dem Foto seht ihr ein Totenkopfäffchen. Findet ihr, dass der Name zu diesem Tier passt? Begründet eure Antwort.

Das Totenkopfäffchen

Der Name „Totenkopfäffchen" oder „Totenkopfaffe" hört sich ziemlich unheimlich an. Dabei sind die kleinen Affen in Wirklichkeit sehr niedlich, wie zum Beispiel Herr Nilsson, der Hausaffe von Pippi Langstrumpf. Hier einige Informationen über das Totenkopfäffchen:

- Gesichtszeichnung sieht aus wie ein Totenkopf,
- sind in Mittel- und Südamerika beheimatet,
- können über 20 Jahre alt werden,
- sind sehr klein (Körperlänge: 26 bis 36 Zentimeter; Schwanzlänge: 35 bis 43 Zentimeter),
- ihr Gewicht beträgt 750 Gramm bis 1100 Gramm,
- die Männchen sind größer und schwerer als die Weibchen,
- leben in großen Gruppen zusammen.

2 a Lest die Informationen über das Totenkopfäffchen aufmerksam durch.
b Mit welchem Vergleich wird die Gesichtszeichnung des Affen verdeutlicht? Sucht ein anderes Merkmal des Affens, das man mit einem Vergleich anschaulich beschreiben könnte.

3 Jetzt seid ihr gefragt: Für ein Tierlexikon sollt ihr einen Beitrag über das Totenkopfäffchen anfertigen, in dem ihr das Tier vorstellt und sein Aussehen beschreibt.
a Schreibt aus dem Text über das Totenkopfäffchen alle Informationen heraus, die ihr in eurer Beschreibung verwenden könnt, und ordnet sie nach folgenden Oberbegriffen:
Name (Rasse) – Größe – Gewicht – Lebensraum – Lebenserwartung – Aussehen – Besonderheiten
b Überlegt, zu welchem Punkt ihr weitere Stichwörter sammeln müsst.

4 Dieser Text beschreibt das Aussehen des Totenkopfäffchens. Er ist aber noch nicht gelungen.

VORSICHT FEHLER!

Das Fell am Kopf ist schwarz, an anderen Stellen hat es andere Farben und das Äffchen hat weiße Ohren. Das Totenkopfäffchen ist auf dem Ast eines Baumes. Die Nase ist putzig und es hat Hände wie wir. Außerdem hat es runde Augen.

a Erklärt, warum diese Beschreibung nicht gut gelungen ist. Notiert die Mängel in Stichworten.

b Wählt aus der folgenden Liste Wörter aus, die ihr in einer Beschreibung der Augen, der Nase und des Fells des Äffchens verwenden könnt, und schreibt sie in euer Heft.

Augen	klein, groß, rund, mandelförmig, eng beieinanderstehend, weit auseinanderliegend, hervorstehend, tief liegend, aufmerksam, treuherzig, stechend
Nase	groß, klein, breit, lang, dick, spitz, rundlich, platt
Fell	gelockt, gewellt, gekräuselt, drahtig, fein, dicht, dünn, seidig, kurz, lang

c Ergänzt Wörter (z. B. Adjektive) zur Beschreibung der Ohren.

d Entscheidet, welches der folgenden Verben die Körperhaltung des Affen am genauesten trifft.

Der Affe	*befindet sich, stützt sich auf, ruht, sitzt, hockt, geht, steht, kauert, liegt, thront, springt, klettert, läuft*	*auf einem Ast.* *über einen Ast.*

5 Schreibt nun einen Beitrag für ein Tierlexikon, in dem ihr das Totenkopfäffchen vorstellt.
- Macht zuerst Angaben zu Name (Rasse), Lebensraum und Lebenserwartung.
- Beschreibt dann das Aussehen des Affen: Beginnt mit dem Gesamteindruck (ungefähre Größe und Gewicht, Körperhaltung und vorherrschende Farbe und Beschaffenheit des Fells). Beschreibt dann von oben nach unten die einzelnen Teile des Körpers (Ohren, Augen ...).

6 Gibt es unter euch Experten, die über ein Tier besonders viel wissen? – Nein? – Macht euch zu Expertinnen und Experten und stellt in der Klasse ein interessantes Tier vor.

Methode **Tiere vorstellen**

1 **Sucht** euch ein interessantes **Tier aus.**
2 **Schreibt** mit **W-Fragen auf,** was ihr über das Tier herausfinden wollt, z. B.: *Wo lebt es? ...*
3 **Besorgt** euch **Informationen zu eurem Tier,** z. B. in der Bücherei oder im Internet (▶ Informationen beschaffen, S. 341). Sammelt das Material, z. B. in einer Mappe.
4 Lest euer Material und **schreibt wichtige Informationen** zu euren W-Fragen auf.
5 Überlegt euch eine **sinnvolle Gliederung:** *Rasse, Lebensraum, Aussehen ...*
6 Schreibt zu jedem Gliederungspunkt **Stichpunkte auf Karteikarten.**
7 **Gestaltet ein Plakat,** das ihr bei eurem Vortrag in der Klasse zeigen könnt. Schreibt das Wichtigste groß und gut lesbar auf das Plakat. Wählt Fotos und Abbildungen aus.
8 **Sprecht** bei eurem Vortrag **laut, deutlich** und nicht zu schnell. **Schaut die Zuhörenden an** und redet möglichst frei. Nutzt eure Karteikarten als Gedankenstütze. **Zeigt** während des Vortrags auf dem **Plakat,** worüber ihr gerade sprecht.

Testet euch!

Beschreiben

1 Wählt euch eine dieser Katzen aus und beschreibt sie möglichst genau und anschaulich. Orientiert euch dabei an dem Merkkasten auf Seite 80.

2 a Lest eure Beschreibungen eurem Nachbarn oder eurer Nachbarin vor. Gebt euch gegenseitig eine Rückmeldung darüber, was besonders gut gelungen ist und was ihr noch verbessern könnt.

b Setzt euch jetzt in einer Gruppe von vier oder fünf Schülerinnen und Schülern zusammen. Lest eure Beschreibungen vor. Sobald einer von euch weiß, um welche Katze es sich handelt, meldet er sich. Konntet ihr alle Katzen anhand ihrer Beschreibung erkennen?

3 Lest einige Beschreibungen dann in der Klasse vor. Während des Vorlesens können die Zuhörer und Zuhörerinnen aufstehen, sobald sie sicher sind, welche der vier Katzen gemeint ist. Wenn bis zum Ende des Textvortrags alle aufgestanden sind und sagen können, welche der vier Katzen beschrieben wurde, war die Beschreibung genau.

TIPP: Die Nachbarinnen und Nachbarn bzw. Gruppenmitglieder des/der Vorlesenden dürfen natürlich nicht mitraten.

4.2 Für ein Tier sorgen – Vorgänge beschreiben

Eine Bastelanleitung untersuchen

Ein Futterhäuschen für die Vögel bauen

Im Handumdrehen ist aus einer Milchtüte ein Vogelfutterplatz geworden.

Material und Werkzeug
- leere Milchtüte
- ein Stück Schnur
- Acrylfarbe
- Vogelfutter
- Schere
- Locher
- Pinsel
- ggf. bunte Bilder und Klebstoff

Arbeitsschritte
1. Zuerst spülst du den Milchkarton sorgfältig aus, bevor du ihn bearbeitest.
2. Dann schneidest du in die Vorder- und in die Rückseite jeweils ein großes Fenster. Schneide nur die Seiten und die oberen Ränder ein, sodass du die Fenster nach unten aufklappen kannst.
3. Anschließend kürzt du die beiden Klappen mit der Schere so, dass jeweils nur noch eine schmale Lasche stehen bleibt. Darauf können die Vögel später landen und sitzen.
4. Schließlich kannst du das Futterhaus mit der Acrylfarbe grün, grau oder auch bunt anmalen. Du kannst dein Häuschen auch mit bunten Bildern, z. B. aus einer Zeitschrift, bekleben.

5. Mit dem Locher knipst du zum Schluss in den oberen Rand des Milchkartons ein Loch. So kannst du eine Schnur an dem Milchkarton befestigen und das Futterhäuschen an einem Ast aufhängen.

TIPP: Wenn du Futter in das Häuschen einfüllst, dauert es bestimmt nicht lange, bis die ersten Besucher kommen.

1 Habt ihr auch schon einmal ein Futterhäuschen für Vögel gebaut? Zu welcher Jahreszeit stellt man die Futterhäuschen auf und warum streut man das Futter nicht einfach auf den Boden?

2 Lest euch die Bastelanleitung (▸ S. 84) aufmerksam durch. Könnt ihr mit euren eigenen Worten erklären, wie dieses Futterhäuschen hergestellt wird?

3 In der Bastelanleitung (▸ S. 84) kommen einige schwierige Wörter vor. Lest noch einmal die Textstellen, in denen die folgenden Wörter stehen, und entscheidet dann, welche Wörterklärungen am besten in den jeweiligen Zusammenhang passen.

im Handumdrehen (Z. 1)
- schnell
- als Zaubertrick
- von innen nach außen

ggf. (Z. 10)
- Abkürzung für „gegebenenfalls" (= eventuell)
- Abkürzung für „gegen Fehler"
- Abkürzung für „Gegeifer" (= wütendes Schimpfen)

Lasche (Z. 22)
- Nachlässigkeit
- Verbindungsstück
- Teil eines Gürtels

Acryl (Z. 26)
- englisches Flächenmaß
- ein flüssiger Klebstoff
- Bestandteil von wasserfesten Farben

4 a Überlegt, warum Bastelanleitungen neben einem Text meist auch Abbildungen oder Zeichnungen enthalten.
b Sind die Zeichnungen in der Bastelanleitung für das Futterhäuschen (▸ S. 84) beide gleichermaßen hilfreich?

5 Schreibt die Wörter aus der Bastelanleitung heraus, die die Reihenfolge der einzelnen Arbeitsschritte deutlich machen, z. B.:
zuerst, ...

6 An wen richtet sich diese Bauanleitung? Nennt Formulierungen aus der Anleitung, die eure Aussage stützen.

7 a Eine Bastelanleitung kann auch in der unpersönlichen „man-Form" verfasst werden. Formuliert die „Arbeitsschritte" (▸ Z. 13–32) um, indem ihr jedes „du" durch ein „man" ersetzt, z. B.:

Zuerst spült man den Milchkarton sorgfältig ...

b Vergleicht eure Beschreibung in der „man-Form" mit der Beschreibung auf Seite 84. Wie wirken die Beschreibungen jeweils?
c Gebt an, wo eine Bauanleitung in der „man-Form" veröffentlicht werden könnte.

Fordern und fördern – Eine Bastelanleitung schreiben

Ein Vogel-Imbiss im Blumentopf

Materialien

Arbeitsschritte

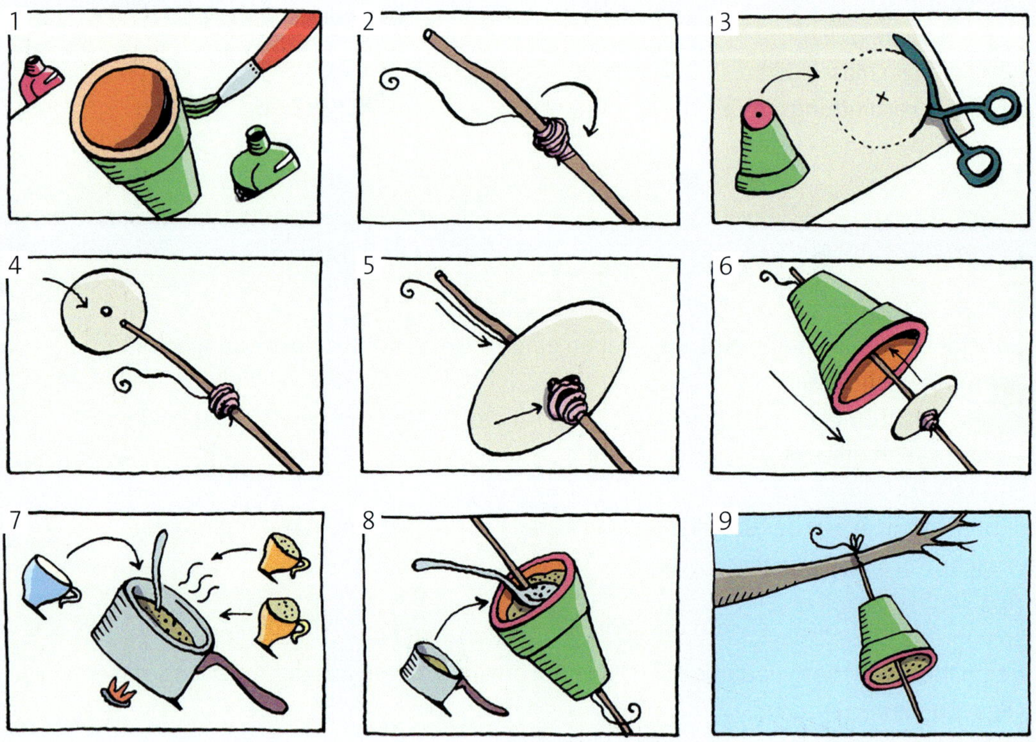

●●● **1** Auf den Bildern ist dargestellt, wie ihr einen Vogel-Imbiss basteln könnt. Schreibt eine Bastelanleitung, die genau beschreibt, wie dieses Futterhäuschen hergestellt wird.

- Entscheidet euch für eine Form der Ansprache: *„Man benötigt ...“* oder *„Du benötigst ...“*
- Beschreibt die einzelnen Arbeitsschritte genau und verständlich, z. B.:
  Schneide in die Mitte des Pappkreises ein kleines Loch.
- Macht deutlich, in welcher Reihenfolge die einzelnen Arbeitsschritte ausgeführt werden, z. B.:
  zuerst, dann, danach ...
- Schreibt im Präsens (Gegenwartsform).

▷ Hilfen zu dieser Aufgabe findet ihr auf Seite 87.

Aufgabe 1 mit Hilfen

Schreibt eine Bastelanleitung für das Futterhäuschen. Geht so vor:

a Die erste Abbildung auf Seite 86 zeigt euch, was ihr für die Herstellung des Futterhäuschens benötigt. Schreibt die Materialien auf. Notiert die genauen Maß- und Mengenangaben.

b Wie geht ihr Schritt für Schritt vor? Notiert zu jedem Bild Stichpunkte. Die folgenden Notizen helfen euch, aber Vorsicht: Ihr müsst sie noch in die richtige Reihenfolge bringen.

VORSICHT FEHLER!

Arbeitsschritte

- *Wenn die Futtermasse kalt und hart ist, den Blumentopf umdrehen und mit der Kordel an einem Baum befestigen*
- *Blumentopf auf den Ast schieben, bis Pappkreis den Boden des Topfes berührt (auch Kordel durch das Loch im Blumentopf ziehen)*
- *Jn die Mitte des Pappkreises ein kleines Loch schneiden; den Ast durch das Loch schieben, bis der Pappkreis auf dem Kordelknubbel sitzt*
- *Blumentopf bemalen*
- *Ast in der Mitte einige Male mit dem unteren Ende der Kordel umwickeln, dann verknoten*
- *Mit Schere einen Kreis aus der Pappe herausschneiden*
- *Fett und Vogelfutter in einen Topf geben und erwärmen, bis Fett geschmolzen ist*
- *Körnermasse um den Ast herum in den Blumentopf füllen*
- *Ast mit der Kordel durch das Loch des Blumentopfes führen*
- *Fett-Körner-Mischung etwas abkühlen lassen*

zuerst dann danach
jetzt nun später
während bevor
nachdem anschließend,
zuletzt zum Schluss

c Schreibt die Bastelanleitung mit Hilfe eurer Notizen in euer Heft.

Information **Einen Vorgang beschreiben**

In einer Vorgangsbeschreibung beschreibt ihr einen Vorgang – etwas basteln, etwas kochen, ein Spiel oder einen Versuch durchführen – so genau und verständlich, dass andere ihn leicht verstehen und selbst ausführen können.

1 Formuliert eine **Überschrift,** die mitteilt, was gemacht oder hergestellt wird, z. B.: *Ein Futterhaus für Vögel.*
2 Nennt in der **Einleitung** die **notwendigen Materialien und Vorbereitungen** (mit genauer Anzahl und Mengenangabe), z. B.: *ein Meter Kordel.*
3 Beschreibt im **Hauptteil Schritt für Schritt den Ablauf des Vorgangs,** z. B.: *Zuerst bemalst du den Blumentopf mit der Farbe. Danach nimmst du ...*
4 Zum **Schluss** könnt ihr einen **Tipp** zur Benutzung geben.

Sprachliche Mittel:

- Beschreibt die einzelnen Arbeitsschritte **genau und verständlich,** z. B.: *Schneide in die Mitte des Pappkreises ein kleines Loch.*
- Verwendet nur **eine Form der Ansprache:** *Man benötigt ...* oder *Du benötigst ...*
- Wählt passende Wörter, die die **Reihenfolge** der einzelnen Arbeitsschritte **deutlich machen,** z. B.: *zuerst, dann, danach, zum Schluss ...*
- Schreibt im **Präsens** (Gegenwartsform).

4.3 Fit in ... – Beschreiben

Die Aufgabenstellung richtig verstehen

Stellt euch vor, ihr bekommt in der nächsten Klassenarbeit die folgende Aufgabe gestellt:

> Dir ist ein Papagei (Gelbbrust-Ara) zugeflogen. Verfasse nun eine genaue Beschreibung des Tieres, die du in deinem Wohnort aushängen kannst. Die Besitzer sollen den Papagei wiedererkennen und sich bei dir melden können. Nutze hierzu die Fotos und wähle geeignete Informationen aus dem Lexikonartikel aus.

1 a Lest euch die Aufgabenstellung genau durch.
b Habt ihr verstanden, was ihr machen sollt? Entscheidet, welche der folgenden Antworten richtig sind, und schreibt die zutreffenden Sätze in euer Heft.

A Ich soll das Tierheim anrufen und fragen, ob der Papagei bei mir bleiben kann.

B Ich soll den Papagei so anschaulich beschreiben, dass die Besitzer ihn mit Hilfe meiner Beschreibung erkennen können.

C Die Beschreibung des Aras soll sachlich sein.

D In der Beschreibung soll ich möglichst spannend erzählen, wie aufregend es war, als mir der Papagei zugeflogen ist.

Informationen sammeln und ordnen

Gelbbrust-Ara
Aras leben als wilde Papageien in Südamerika. Dort halten sie sich vor allem in den Baumkronen der Urwaldbäume auf, wo sie ihren Schnabel geschickt als Kletterhilfe benutzen. Wegen ihres bunten Federkleids zählen sie zu den farbenprächtigsten Vögeln der Welt. Rund um das Auge ist der Papagei ungefiedert. Die Tiere sind sehr groß und messen vom Kopf bis zur Schwanzspitze 85 Zentimeter (allein der Schwanz ist 50 Zentimeter lang). Aras können 60 bis 100 Jahre alt werden.

2 Sucht aus dem Lexikonartikel (► S. 88) alle Informationen heraus, die ihr in einer Beschreibung des Papageis verwenden könnt, und schreibt sie auf.

Denkt daran: Eure Beschreibung soll helfen, das Tier wiederzuerkennen.

3 a Zeichnet oder paust den Papagei ab. Lasst um eure Zeichnung herum genügend Platz zum Beschriften der einzelnen Körperteile.

b Entscheidet, mit welchen Fachbegriffen man die Körperteile des Papageis beschreibt. Tragt sie dann in eure Zeichnung ein.

- Fell/Haut/Federkleid/Gefieder
- Schnabel/Schnauze/Mund
- Arme/Flügel
- Brust/Bauch
- Füße/Krallen/Pfoten
- Flosse/Schwanz/Rute

4 Mit welchen Farbadjektiven könnt ihr das Gefieder des Gelbbrust-Aras anschaulich beschreiben?

a Wählt aus der folgenden Liste die Adjektive aus, die zum Gefieder des Papageis passen. Tragt sie in eure Zeichnung ein.

blau: himmelblau, nachtblau, blaugrau, hellblau, dunkelblau, türkis, grünblau
weiß: grauweiß, signalweiß, cremeweiß

b Findet treffende Farbadjektive, mit denen ihr die Farbe von Brust und Bauch sowie die Oberseite des Kopfes beschreiben könnt. Tragt auch diese Adjektive in eure Zeichnung ein.

Farben genau beschreiben
Oft könnt ihr einen Farbton genauer beschreiben, wenn ihr zu der Farbe ein Nomen ergänzt, das einen Vergleich ermöglicht, z. B.: *Nacht + blau = nachtblau (blau wie die Nacht).*

5 Wie könnt ihr die weiteren Merkmale des Papageis beschreiben? Sammelt weitere Angaben in einer Tabelle oder in eurer Zeichnung.

Merkmale	Angaben
Kopf	...
Schnabel	*schwarz, groß, gebogen*
Augen	...
Krallen	...
Federn (Länge)	...
...	...

6 Lest die folgenden Sätze und entscheidet, welche ihr in eurer Beschreibung verwenden könnt. Schreibt diese Sätze in euer Heft.

- *Bei dem Papagei handelt sich um einen Gelbbrust-Ara.*
- *Der Bereich rund um die Augen wirkt komisch.*
- *Der Ara hat einen schwarzen, großen, gebogenen Schnabel.*
- *Jch finde den Papagei schön.*
- *Der Ara hat richtig knallige Farben.*
- *Sein Schwanz ist supergroß.*
- *Besonders auffällig ist das bunte Federkleid des Vogels.*

Die Beschreibung verfassen und überarbeiten

7 Verfasst nun eine Beschreibung des Papageis, die ihr in eurem Wohnort aushängen könnt. Die Hinweise in der Tabelle helfen euch dabei.

Überschrift	Informiert knapp, worum es geht.
Einleitung	Wann ist euch welches Tier wo zugelaufen? Hier könnt ihr die Angaben selbst erfinden, z. B.: *Am Samstagmorgen ...*
Hauptteil	Beschreibt den Papagei möglichst genau: Beschreibt erst den Gesamteindruck, dann die besonderen Merkmale in einer sinnvollen Reihenfolge, z. B. von oben nach unten.
Schluss	Gebt eine Adresse oder eine Telefonnummer an, damit sich der Besitzer oder die Besitzerin des Vogels bei euch melden kann. Denkt euch auch hier selbst Angaben aus.

8 Setzt euch in Gruppen zusammen und besprecht eure Beschreibungen in einer Schreibkonferenz (▶ Schreibkonferenz, S. 343). Überarbeitet sie anschließend. Die folgende Checkliste hilft euch dabei.

Checkliste

Ein Tier anschaulich und genau beschreiben

- An welchen Stellen kann man das Tier noch genauer beschreiben? Sind die Angaben ausreichend oder kann man einzelne Merkmale z. B. mit passenden Adjektiven noch treffender beschreiben? Beispiel: *die langen Schwanzfedern sind an der Oberseite ...*
- Wo lassen sich an Stelle der Wörter „ist", „sind" und „haben" treffendere Verben einsetzen, z. B.: *tragen, besitzen, sich befinden, aufweisen?*
- Sind die Satzanfänge abwechslungsreich oder häufig gleich, z. B.: *~~Der Vogel besitzt~~ ... ~~Der Papagei hat~~ ...* → Besser: *Der Vogel besitzt ... Rund um die Augen hat der Papagei ...*
  Versucht, den Text mit Hilfe der Umstellprobe (▶ S. 335) abwechslungsreicher zu formulieren.
- Ist die Beschreibung sachlich formuliert und enthält sie keine persönlichen Wertungen? Zum Beispiel: *~~Der Vogel ist schön.~~* → Besser: *Der Vogel ist sehr farbenfroh.*

5 Von Schelmen und Narren – Lustige Geschichten lesen und verstehen

1 Schaut euch das Bild an. Kennt ihr einen dieser Schelme und einen seiner lustigen Streiche? Erzählt davon.

2 Beschreibt, worüber man in lustigen Geschichten lachen muss.

3 Kennt ihr andere Schelme und Narren? Erzählt davon.

In diesem Kapitel ...

- findet ihr heraus, warum Schelmengeschichten so lustig sind,
- lest und spielt ihr lustige Geschichten so ausdrucksvoll vor, dass ihr andere zum Lachen bringt,
- erzählt ihr Geschichten spannend und anschaulich nach.

5.1 Unerhörte Frechheiten – Schelmengeschichten untersuchen

Erich Kästner

Wie Eulenspiegel einem Esel das Lesen beibrachte

Die Geschichten von Till Eulenspiegel erzählen davon, wie er sich mit Handwerksmeistern, Gelehrten und Reichen anlegte und ihnen Streiche spielte. Von seinen Streichen und Späßen erzählte man sich schon im Mittelalter. Ob Till Eulenspiegel wirklich gelebt hat, ist ungewiss. Der Sage nach wurde er um 1300 im niedersächsischen Kneitlingen am Elm geboren und 1350 in Mölln beerdigt.

Eine Zeit lang beschäftigte sich Eulenspiegel damit, dass er von Universität[1] zu Universität zog, sich überall als Gelehrter ausgab und die Professoren und Studenten neckte. Er behauptete, alles zu wissen und zu können. Und er beantwortete tatsächlich sämtliche Fragen, die sie ihm vorlegten.
Bei dieser Gelegenheit kam er schließlich nach Erfurt. Die Erfurter Studenten und ihr Rektor[2] hörten von seiner Ankunft und zerbrachen sich den Kopf, was für eine Aufgabe sie ihm stellen könnten. „Denn so wie denen in Prag“, sagten sie, „soll es uns nicht ergehen. Er soll nicht uns, sondern wir wollen ihn hereinlegen.“
Endlich fiel ihnen etwas Passendes ein. Sie kauften einen Esel, bugsierten das störrische Tier in den Gasthof „Zum Turm“, wo Eulenspiegel wohnte, und fragten ihn, ob er sich zutraue, dem Esel das Lesen beizubringen.
„Selbstverständlich“, antwortete Till. „Doch da so ein Esel ein dummes Tier ist, wird der Unterricht ziemlich lange dauern.“
„Wie lange denn?“, fragte der Rektor der Universität.
„Schätzungsweise zwanzig Jahre“, meinte Till. Und hierbei dachte er sich: Zwanzig Jahre sind eine lange Zeit. Bis dahin stirbt vielleicht der Rektor. Dann geht die Sache gut aus. Oder ich sterbe selber. Oder der Esel stirbt und das wäre das Beste. Der Rektor war mit den zwanzig Jahren einverstanden. Eulenspiegel verlangte fünfhundert alte Groschen für seinen Unterricht. Man gab ihm einen Vorschuss und ließ ihn mit seinem vierbeinigen Schüler allein. Till brachte das Tier in den Stall. In die Futterkrippe legte er ein großes altes Buch und zwischen die ersten Seiten des Buches legte er Hafer. Das merkte sich der Esel. Und um den Hafer zu fressen, blätterte er mit dem Maul die Blätter des Buches um. War kein Hafer mehr

1 die Universität: Hochschule, die man nach dem Abitur besuchen kann. Studentinnen und Studenten werden hier von Professorinnen und Professoren unterrichtet und erlernen ihren späteren Beruf.

2 der Rektor: Leiter einer Universität (Hochschule)

zu finden, rief der Esel laut: „I-A, I-A!“ Das fand Eulenspiegel großartig und er übte es mit dem Esel wieder und wieder. Nach einer Woche ging Till zu dem Rektor und sagte: „Wollen Sie bei Gelegenheit einmal mich und meinen Schüler besuchen?“

„Gern“, meinte der Rektor. „Hat er denn schon einiges gelernt?“

„Ein paar Buchstaben kann er bereits“, erklärte Eulenspiegel stolz. „Und das ist für einen Esel und für eine Woche Unterricht allerhand.“

Schon am Nachmittag kam der Rektor mit den Professoren und Studenten in den Gasthof und Till führte sie in den Stall. Dann legte er ein Buch in die Krippe. Der Esel, der seit einem Tag kein Futter gekriegt hatte, blätterte hungrig die Seiten des Buches um. Und da Eulenspiegel diesmal überhaupt keinen Hafer ins Buch gelegt hatte, schrie das Tier unaufhörlich und so laut es konnte: „I-A, I-A, I-A!“

„I und A kann er schon, wie Sie hören“, sagte Eulenspiegel. „Morgen beginne ich damit, ihm O und U beizubringen.“

Da gingen die Herren wütend fort. Der Rektor ärgerte sich so sehr, dass ihn bald darauf der Schlag traf. Und Till jagte den Esel aus dem Stall. „Scher dich zu den anderen Erfurter Eseln!“, rief er ihm nach.

Dann schnürte er sein Bündel und verließ die Stadt noch am selben Tag.

1 a Lest die Geschichte über Till Eulenspiegel aufmerksam durch.

b Klärt unbekannte Wörter und Textstellen, die ihr nicht versteht, zum Beispiel aus dem Textzusammenhang.

2 Till Eulenspiegel erhält in Erfurt eine schwierige Aufgabe: Erklärt, welchen Auftrag Eulenspiegel bekommt und wie er diesen ausführt. Warum gehen „die Herren wütend fort“ (▶ Z. 65)?

3 a Was erfahrt ihr in der Geschichte über die Hauptfigur Till Eulenspiegel? Versetzt euch in die Figur Eulenspiegels und beantwortet in der Ich-Form die folgenden Fragen:

– Wie heißt du und was machst du?
– Warum bist du nach Erfurt gekommen?
– Warum lässt du dich darauf ein, einem Esel das Lesen beizubringen?
– Mit welcher List führst du die Gelehrten an der Nase herum?
– Warum verlässt du die Stadt so überstürzt?

b Stellt die Figur des Till Eulenspiegel anschließend in der Ich-Form vor, z. B.:
Ich heiße Till Eulenspiegel und …

Der Figuren-Joker

Wer spielt in einer Schelmengeschichte mit?

- Die **Hauptfigur** ist oft ein **Schelm** oder ein Narr, der mit **List** und **Witz** andere hereinlegt.
- Oft führt eine niedrig gestellte Figur eine höhergestellte an der Nase herum und erteilt ihr so **eine Lehre,** z. B.: Till Eulenspiegel den Gelehrten und Reichen, der Hofnarr dem König oder der Knecht dem Herrn.
- Ihr erfahrt besonders viel über eine Figur, wenn ihr euch in sie hineinversetzt und darauf achtet, was sie redet, denkt, fühlt und wie sie handelt.

4 Der Figuren-Joker hilft euch, die Geschichte besser zu verstehen.

a In welchem Verhältnis stehen Till Eulenspiegel und die Gelehrten (der Rektor, die Professoren und die Studenten) zueinander? Drückt es in einem Standbild mit einem passenden Gesichtsausdruck (Mimik) und einer treffenden Körperhaltung (Gestik) aus.

b Übertragt die folgende Figurenskizze in euer Heft und ergänzt sie in Partnerarbeit.

Till Eulenspiegel
- *Till gibt sich als Gelehrter aus.*
- *...*

→ *Till will die eingebildeten Gelehrten ...*

← *- Sie wollen Till ...*

Rektor, Professoren, Studenten
- *Sie denken, dass ...*
- *Am Ende sind sie ..., weil ...*

c Stellt eure Ergebnisse in der Klasse vor, indem ihr eure Figurenskizze mit eigenen Worten erläutert. Erklärt dabei auch, welche Lehre Till Eulenspiegel den Professoren und Studenten erteilt.

5 a Schaut euch noch einmal das Bild auf Seite 93 an. Was geht wohl in den Gelehrten vor, als sie den „lesenden" Esel sehen und merken, dass Till sie hereingelegt hat?

b Schreibt aus der Sicht des Rektors oder eines Studenten/einer Studentin einen kurzen Text, in dem ihr seine bzw. ihre Gedanken und Gefühle darstellt.

Methode **Eine Figurenskizze erstellen**

In einer Figurenskizze könnt ihr darstellen, welche Eigenschaften die Figuren haben und in welcher Beziehung sie zueinander stehen.

- Tragt alle wichtigen Informationen über die Figuren aus dem Text zusammen. Achtet darauf, was die Figur redet, denkt, fühlt und wie sie handelt.
- Zeichnet für jede Figur/Figurengruppe einen Kasten. Schreibt in jeden Figurenkasten den Namen und die Eigenschaften der jeweiligen Figur/Figurengruppe.
- Verbindet die Kästen durch Pfeile und notiert daneben, in welcher Beziehung die Figuren zueinander stehen (z. B. was sie übereinander denken).

Der gelehrige Esel

Nasreddin Hoca (sprich: Hodscha) wird auch der „türkische Eulenspiegel" genannt. Das türkische Wort „Hoca" bedeutet „Gelehrter". Nasreddin soll im 13. Jahrhundert in der heutigen Türkei gelebt haben und wird in den Geschichten als ein gewitzter Mann vorgestellt, der zu jeder Situation eine treffende Antwort oder Lebensweisheit hat.
Aus der Türkei und den benachbarten Ländern sind viele Geschichten von diesem orientalischen Lehrer und Schelm überliefert.

Auf dem Basar war es um diese Zeit viel stiller und leerer als am Morgen. In der Frühe liefen alle umher, lärmten und eilten, um nichts zu versäumen. Jetzt, um diese Mittagsstunde, flohen die Menschen vor der Hitze und gingen in die Teehäuser, um dort in Ruhe ihren Gewinn oder Verlust zu berechnen. Die Sonne übergoss den Platz mit glühender Helle. Nasreddin wählte die größte und vollste Teestube, in der es keine seidenen Kissen und keine kostbaren Teppiche gab, und zog den Esel mit hinein, statt ihn draußen zu lassen. Erstauntes Schweigen empfing ihn. Ohne dadurch in Verlegenheit zu geraten, holte er den Koran[1] aus der Tasche, den ihm gestern der Alte geschenkt hatte, öffnete ihn und legte ihn vor den Esel hin. Er tat das alles langsam und bedächtig, mit ernster Miene, als sei es die selbstverständlichste Sache der Welt.
Die Leute in der Teestube warfen sich verwunderte Blicke zu.
Der Esel klopfte mit den Hufen auf den hallenden Holzfußboden.
„Schon?", fragte Nasreddin und blätterte die Seite um. „Du machst Fortschritte."
Der dicke, gutmütige Besitzer der Teestube erhob sich und trat zu Nasreddin.
„Höre, guter Mann, das ist doch nicht der richtige Platz für deinen Esel. Und weshalb liegt das heilige Buch vor ihm?"
„Ich unterrichte diesen Esel in der Religion", antwortete Nasreddin ruhig. „Mit dem Koran sind wir bald zu Ende und werden dann zur Scharia[2] übergehen."
Ein Murmeln ging durch die Menge. Manche standen auf, um besser zu sehen.
Die Augen des Teehausbesitzers wurden ganz groß und rund. Mit offenem Munde blieb er stehen. Ein solches Wunder hatte er noch nie erlebt. Der Esel klopfte wieder mit dem Fuß.
„Gut", lobte ihn Nasreddin und blätterte wieder eine Seite um. „Wenn du dir Mühe gibst, kannst du bald den obersten Theologen vertreten." Er wandte sich wieder dem Wirt zu. „Nur die Seiten kann er nicht umwenden, da muss man ihm helfen. Allah hat ihm einen scharfen Verstand und ein großartiges Gedächtnis verliehen, aber die Finger hat er vergessen."
Die Leute ließen ihren Tee stehen und drängten sich um Nasreddin. Bald stand er inmitten einer großen Menschenmenge.
„Dieser Esel ist kein gewöhnlicher Esel", erklärte Nasreddin. „Er gehört dem Emir[3] selbst. Eines Tages rief mich der Emir zu sich und sprach: ‚Kannst du meinen Lieblingsesel in der Theologie unterrichten, damit er ebenso viel weiß wie ich?' Der Esel wurde vorgeführt. Ich prüfte seine Fähigkeiten und antwortete: ‚Erlauchter Emir! Dieser außergewöhnliche Esel steht an Scharfsinn weder dir noch einem deiner Minister nach. Ich bin bereit, ihn zu unterrichten. Er wird ebenso viel wissen wie du, mehr sogar, doch ich brauche dazu zwanzig Jahre.' Der Emir ließ mir aus der Staatskasse fünftausend Goldtanga auszahlen und sagte: ‚Nimm diesen Esel und unterrichte ihn, doch ich schwöre bei Allah, wenn er in zwanzig Jahren nicht den Koran auswendig kann, lass ich dich köpfen!'
„Dann kannst du dich schon jetzt von deinem Kopf verabschieden", sagte der Teehausbesit-

1 der Koran: die heilige Schrift des Islams
2 die Scharia: das religiöse Gesetz des Islams
3 der Emir: Titel eines arabischen Befehlshabers

zer. „Wo hat man je gesehen, dass ein Esel den Koran lesen kann?"

„Es gibt eine Menge solcher Esel in Buchara", antwortete Nasreddin. „Übrigens – fünftausend Goldtanga und einen guten Esel für die Wirtschaft zu bekommen – das gelingt nicht jedem. Und meinen Kopf brauchst du nicht zu beweinen, denn in zwanzig Jahren stirbt sicherlich einer von uns, ich, der Emir oder der Esel. Dann kann man nicht mehr feststellen, wer gelehrter ist."

Dröhnendes Gelächter erschütterte die Teestube. Der Wirt selber fiel auf eine Bastmatte, wälzte sich und lachte dermaßen, dass sein Gesicht ganz nass war von Tränen.

1 Erklärt, warum der Wirt und alle anderen Leute in der Teestube am Ende der Geschichte in ein dröhnendes Gelächter ausbrechen (▸ Z. 83–84).

2
a Erzählt die einzelnen Situationen der Geschichte mit eigenen Worten nach.
b Überlegt, an welcher Stelle die Geschichte eine entscheidende Wendung nimmt. Kommt sie für euch überraschend? Begründet.

3 Führt diese Schelmengeschichte in einem Sketch auf. Überlegt zuvor:
- Welche Rollen müsst ihr besetzen?
- Wie sollen die einzelnen Figuren sprechen?
- Welche Form der Gestik (Körpersprache) und Mimik (Gesichtsausdruck) könnt ihr einsetzen?
- Welche Gegenstände könnt ihr als Requisiten verwenden?

4 Zieht nun den zweiten Joker und untersucht den Aufbau der Schelmengeschichte.
a Gliedert die Geschichte in einzelne Erzählschritte und haltet den Inhalt in Stichworten fest.
b Zeichnet den Spannungsverlauf der Geschichte in einer Lesefieber-Kurve nach. Tragt die Erzählschritte in die Kurve ein. Markiert den Wendepunkt der Geschichte.

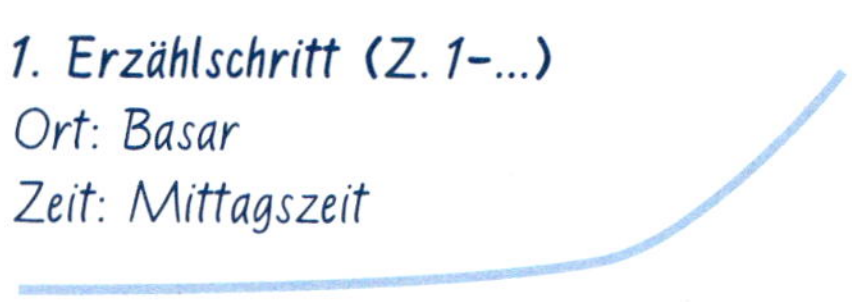

5 Eulenspiegel und Nasreddin legen beide die Gelehrten herein. Handelt es sich zweimal um die gleiche Geschichte?
Untersucht beide Texte (▸ S. 92–93 und 95–96) mit Hilfe der Joker auf Seite 94 und 96 und haltet Gemeinsamkeiten und Unterschiede fest, z. B. in einer Tabelle.

Der Aufbau-Joker

Wie ist die Handlung aufgebaut?

Einleitung: Meist werden die Figuren, der Ort und die Ausgangslage der Handlung (z. B. eine Streitsituation, eine lustige Begebenheit oder ein Ereignis) vorgestellt.
Hauptteil: Er besteht in der Regel aus mehreren Erzählschritten, in denen sich die Spannung bis zum Höhepunkt steigert. Der Höhepunkt besteht oft aus einem lustigen Dialog.
Auf dem Höhepunkt nimmt die Geschichte oft eine witzige Wendung (Pointe), die meist darin besteht, dass der Schwächere den Stärkeren hereinlegt und ihm damit eine Lehre erteilt.
Schluss: Er rundet die Geschichte ab. Manchmal steht auch die Pointe am Ende der Geschichte.

Von einem armen Studenten, der aus dem Paradies kam

Ein armer Student, der nur wenig Geld im Beutel hatte und lieber die Füße unter den Tisch stellte als fleißig studierte, kam eines Tages durch ein Dorf und kehrte in dem Hause eines reichen Bauern ein. Der Bauer war nicht daheim, sondern in den Wald gefahren, um Holz zu holen. Die Frau, die vorher schon einen Mann gehabt hatte, der Hans hieß und vor wenigen Jahren gestorben war, stand in dem Hof vor dem Haus. Als sie den Studenten erblickte, sprach sie ihn an und fragte, wer er sei und woher er kommen würde. Der Student antwortete: „Ich bin ein armer Student und komme aus Paris."
Die gute, aber einfältige Frau verstand dies nicht recht und meinte, er hätte gesagt, er komme aus dem Paradies. Deshalb fragte sie ihn nochmals: „Wie? Ihr kommt aus dem Paradies?" – „Ja, liebe Frau", antwortete der Student, denn er merkte gleich, wen er da vor sich hatte. Da sprach die Frau: „Lieber, guter Freund, kommt doch mit mir in die Stube; ich möchte Euch noch etwas Weiteres fragen."
Als er nun in die Stube kam, hieß sie ihn niedersetzen und begann dann: „Mein guter Freund, ich habe früher schon einen Mann gehabt, der Hans hieß und der vor drei Jahren gestorben ist. Ich weiß, dass er im Paradies ist, denn er ist immer ein frommer Mensch gewesen. Lieber Freund, habt Ihr ihn dort im Paradies nicht gesehen? Ober kennt Ihr ihn nicht?"
Der Student sagte: „Wie heißt er denn mit Nachnamen?" Sie sprach: „Man nannte ihn nur Hans Gutschaf und er schielt ein wenig."
Der Student besann sich eine Zeit lang, dann sagte er: „Potztausend ja, den kenne ich wohl."
Da freute sich die Bäuerin und fragte: „Ei, lieber Freund, wie geht's ihm denn dort im Paradies?" Der Student antwortete: „Schlecht! Der arme Tropf hat weder Geld noch Kleider. Wenn gute Gesellen bisher nicht das Beste getan hätten, wäre er wohl schon verhungert."
Als die Frau dies vernahm, fing sie an, bitterlich zu weinen, und jammerte: „Ach, du mein Hans, bei mir hast du nie einen Mangel gehabt und nun musst du in jener Welt Hunger leiden! Hätte ich das gewusst, ich würde dich wohl versorgt haben mit Kleidern und Geld, damit du auch wie die anderen hättest leben können. Denn du hast ja noch gute Kleider genug im Schranke hängen. Wenn ich nur einen Boten hätte, ich würde sie dir schicken und einen guten Zehrpfennig dazu." Als der Student dies hörte, sprach er zu der Frau: „Oh, liebe Frau, seid guter Dinge! Wenn es Euch nur an einem Boten mangelt, so will ich Euch wohl helfen und Euren Hans versorgen. Denn ich gehe bald wieder ins Paradies zurück und habe noch einigen anderen Geld mitzubringen."
Da freute sich die Bäuerin, ging hin und holte dem Studenten zu essen und zu trinken und forderte ihn auf, tüchtig zuzulangen. „Unterdessen will ich", sagte sie, „für meinen seligen Mann die Sachen zusammensuchen."
Also ging sie hinauf in die Kammer an den Kasten, wo Hansens Kleider lagen, nahm etliche Hemden, zwei Paar Hosen und den gefüt-

terten Rock. Danach holte sie auch etliche Gulden und anderes Geld aus der Schublade, band alles sorgfältig in einem Tuch zusammen, gab's dem Studenten und schenkte ihm obendrein etwas, damit er sich der Sache mit Ernst annehmen möchte. Als der Student nun gegessen und getrunken hatte, nahm er das Bündel auf die Schultern und zog damit von dannen.

Unterdessen kehrte der Bauer aus dem Walde heim. Die Frau lief ihm entgegen und sprach: „Lieber Mann, ich muss dir von einem Wunder berichten. Es ist ein Student bei mir gewesen, der kam geradewegs aus dem Paradies und kennt meinen seligen Hans sehr gut. Er hat mir gesagt, wie arm er da oben ist und welch großen Mangel er leidet. Da bin ich hingegangen und hab ihm seine Kleider geschickt, samt etlichen Gulden und anderem Geld, was ich für mich heimlich gespart hatte." Der Bauer erschrak und rief zornig aus: „Oh, du einfältige Frau, du hast dich schön an der Nase herumführen lassen, dem Teufel hast du's wohl gegeben!" Und schnell bestieg er seinen besten Hengst und eilte dem Studenten nach.

Der Student aber, der so etwas geahnt hatte, sah sich stets um. Als er nun den Bauern erblickte, warf er geschwind sein Bündel in einen dichten Strauch, der am Wege stand, ergriff eine daliegende Schaufel und tat so, als ob er am Wege arbeite. Als nun der Bauer herankam, fragte er den Arbeitenden, ob er nicht einen Studenten mit einem Bündel gesehen habe. „Allerdings", sagte der Student, „aber als er Euch kommen sah, ist er über die Hecke gesprungen und ins Holz gelaufen." Der Bauer sprach: „Lieber Freund, halte mein Ross, ich will ihm nacheilen." Und sogleich sprang er über die Hecke und eilte dem Walde zu. Der Student aber nahm eilig das Bündel, setzte sich auf den Hengst des Bauern und ritt davon.

Als nun der Bauer niemanden sah, kehrte er wieder um. Aber er fand weder das Ross noch den, der es ihm halten sollte. Da merkte er, wie alles zugegangen war. Als er heimkam, lief ihm sein Weib entgegen und fragte ihn, ob er den Studenten gefunden habe. Der Bauer antwortete: „Allerdings habe ich ihn gefunden und ich habe ihm auch das Ross gegeben, damit er noch schneller ins Paradies kommt."

1 Sicher sind euch beim Lesen dieser Schelmengeschichte Wörter und Wendungen aufgefallen, die sich von unserem heutigen Deutsch unterscheiden.
Klärt gemeinsam, was die folgenden Wörter und Textstellen in der Geschichte bedeuten. Lest dazu noch einmal die Textpassagen, in denen die folgenden Sätze und Ausdrücke stehen.

- Ein armer Student, der [...] lieber die Füße unter den Tisch stellte als fleißig studierte [...] (▸ S. 97, Z. 1–3).
- einfältig (▸ S. 97, Z. 14)
- „Ja, liebe Frau", antwortete der Student, denn er merkte gleich, wen er da vor sich hatte (▸ S. 97, Z. 18–20).
- Wenn gute Gesellen bisher nicht das Beste getan hätten, wäre er wohl schon verhungert (▸ S. 97, Z. 39–41).
- Zehrpfennig (▸ S. 97, Z. 52)
- [...] und schenkte ihm obendrein etwas, damit er sich der Sache mit Ernst annehmen möchte (▸ S. 98, Z. 70–72).

2 Die Geschichte enthält mehrere witzige Wendungen. Überlegt, an welchen Stellen der Text zum Schmunzeln oder zum Lachen reizt. Haltet eure Ergebnisse fest, z. B. in einem Cluster. Nehmt hierzu den Komik-Joker zu Hilfe.

Der Komik-Joker
Warum lachen wir?

Der Witz einer Geschichte besteht meist aus einer Mischung von verschiedenen Elementen. Wir lachen über
- **das, was jemand sagt,** z. B. wenn jemand statt „Paris" „Paradies" sagt.
- **ein Missverständnis;** jemand versteht etwas (absichtlich) falsch oder nimmt – wie Till Eulenspiegel – etwas wörtlich, z. B.: die Kerze löschen (mit Wasser).
- **eine komische Situation** oder ein komisches Ereignis, z. B.: ein Esel, der lesen lernen soll.
- **eine lustige Figur,** z. B. den vorwitzigen Till Eulenspiegel.

3 Der Student spielt den Eheleuten einen argen Streich. Könnt ihr den beiden helfen?
a Schreibt die Geschichte an einer Textstelle eurer Wahl so um, dass sie einen anderen Verlauf nimmt.
b Vergleicht das Ende eurer Geschichte mit dem Ende der Originalgeschichte.

4 a Alle Schelmengeschichten in diesem Kapitel handeln vom Lernen. Begründet, welche euch am besten gefällt.
b Kennt ihr weitere lustige Geschichten rund um das Lernen? Erzählt sie euch.

Information **Schelmengeschichte (Schwank)**

Eine Schelmengeschichte (auch Schwank genannt) ist eine **kurze, lustige Erzählung.** Sie handelt von einem witzigen Ereignis oder von einem Streich, der jemandem gespielt wird.
Die **Helden sind Schelme und Narren,** die ihre Mitmenschen **mit einer List** hereinlegen und ihnen damit **eine Lehre erteilen.**
Wie ein Witz hat auch die Schelmengeschichte **einen lustigen Höhepunkt (Pointe),** der meist darin besteht, dass der Schwächere (z. B. der Schelm, der Knecht) den Stärkeren (z. B. den Gelehrten, den Reichen, den Herrn oder den König) an der Nase herumführt.

Besonders bekannt sind die Streiche von **Till Eulenspiegel,** der seine Aufträge (z. B. die Kerze löschen) oft wörtlich nimmt und damit nicht im gemeinten Sinne ausführt.
In der orientalischen Literatur sind die Schelmengeschichten von **Nasreddin Hoca** (sprich: Hodscha) besonders bekannt und beliebt. In den Geschichten wird er uns als ein gewitzter Mann vorgestellt, der zu jeder Situation eine treffende Antwort oder Lebensweisheit hat.

Testet euch!

Eine Schelmengeschichte untersuchen

Der Schmuggler

Wieder und wieder passierte Nasreddin auf dem Eselrücken die türkisch-griechische Grenze. Jedes Mal hatte er dem Esel zwei große Körbe voll Stroh aufgeladen und zurück kam er ohne sie und zu Fuß. Jedes Mal durchsuchte ihn die Grenzwache nach Schmuggelware, fand aber nichts.
„Was bringst du herüber, Nasreddin?"
„Ich schmuggle", sagte er jedes Mal lachend.
Jahre später zog Nasreddin, der inzwischen äußerst wohlhabend aussah, nach Ägypten. Dort traf ihn ein Mann der Grenzwache, der ihn in früheren Jahren kontrolliert hatte.
„Mullah[1], nun, da du dich außerhalb der griechischen und türkischen Gerichtsbarkeit[2] befindest und in solchem Wohlstand lebst, sag mir nur eins – was hast du bloß geschmuggelt, als wir nie etwas bei dir finden konnten?"
„Esel."

1 der Mullah: islamischer Gelehrter
2 die Gerichtsbarkeit: Rechtsordnung

1 a Lest die Geschichte von Nasreddin aufmerksam durch.
b Überlegt, wer die Hauptfigur ist, wie die Handlung verläuft und worin die List Nasreddins besteht.

2 Richtig oder falsch? Schreibt die Buchstaben der richtigen Antworten hintereinander in euer Heft, dann erhaltet ihr das Lösungswort.

E Die Hauptfigur ist Nasreddin – ein Schelm, der von anderen hereingelegt wird.

N Die Hauptfigur ist Nasreddin – ein Schelm, der andere hereinlegt.

B Nasreddin ist dumm, weil er immer wieder ohne Ware die Grenze überquert.

A Nasreddin ist listig, weil er seine Schmuggelware geschickt tarnt.

R Die Grenzwache, die eigentlich höher gestellt ist als Nasreddin, zieht am Ende den Kürzeren.

S Die Grenzwache, die weniger Macht hat als Nasreddin, behält am Ende die Oberhand.

R Wir können Nasreddin verstehen, wenn wir darauf achten, was er tut und sagt.

T Wir erfahren, was Nasreddin denkt.

3 a Zeichnet den Spannungsverlauf der Geschichte in einer Lesefieber-Kurve (▸ S. 53) nach. Tragt die Erzählschritte in die Kurve ein und markiert den Höhepunkt der Geschichte.
b Vergleicht eure Lesefieber-Kurven. Wenn ihr zu unterschiedlichen Ergebnissen gekommen seid, lest noch einmal genau im Text nach.

5.2 Große Herren reinlegen – Geschichten vorlesen, nacherzählen und spielen

Texte ausdrucksvoll vorlesen

Johann Peter Hebel

Der verwegene Hofnarr

Der König hatte ein Pferd, das war ihm so lieb, dass er sagte: „Ich weiß nicht, was ich tue, wenn das Pferd mir stirbt. Aber den, der mir von seinem Tod die erste Nachricht bringt, den lass ich auch gewiss aufhenken[1].“ Aber das Rösslein starb dennoch und niemand wollte dem König die erste Nachricht davon bringen. Endlich kam der Hofnarr. „Ach, gnädigster Herr“, rief er aus, „Ihr Pferd! Ach, das arme, arme Pferd! Gestern war es noch so –“ Da stotterte er und der erschrockene König fiel ihm ins Wort und sagte: „Ist es gestorben? Ganz gewiss ist es gestorben, ich merk's schon.“ „Ach, gnädigster Herr“, fuhr der Hofnarr mit noch größerem Lamento[2] fort, „das ist noch lange nicht das Schlimmste.“ „Nun, was denn?“, fragte der König. „Ach, dass Sie jetzt noch sich selber müssen henken lassen. Denn Sie haben's zuerst gesagt, dass Ihr Leibpferd tot sei. Ich hab's nicht gesagt.“

Der König aber, betrübt über den Verlust seines Pferdes, aufgebracht über die Frechheit des Hofnarren und doch belustigt durch seinen guten Einfall, gab ihm augenblicklich den Abschied mit einem guten Reisegeld. „Da, Hofnarr“, sagte der König, „da hast du 100 Dukaten. Lass dich statt meiner dafür henken, wo du willst. Aber lass mich nichts mehr von dir sehen und hören. Sonst, wenn ich erfahre, dass du dich nicht hast henken lassen, so tu ich's.“

1 aufhenken: (altes Deutsch) erhängen

2 das Lamento: Wehklage

1 Erklärt, warum der Hofnarr „verwegen“ ist. Mit welchem Trick überlistet er den König?

2 In welchem Moment muss sich der Hofnarr stark verstellen und sehr vorsichtig sein? Lest diese Sätze laut vor und versucht, die Stimmung in dieser Situation durch eure Leseweise auszudrücken.

3 Richtig lebendig wird die Geschichte vom verwegenen Hofnarren erst, wenn ihr sie laut und ausdrucksvoll vorlest. Übt das Vorlesen der Geschichte. Geht so vor:

a Lest die Informationen zum sinngestaltenden Vorlesen im unten stehenden Kasten.

b Übt das Vorlesen mit Hilfe der Betonungszeichen am Beispiel der folgenden Textstelle. Lest sie mehrmals halblaut vor und probiert dabei unterschiedliche Möglichkeiten der Betonung aus.

Endlich kam der Hofnarr. | „Ach, gnädigster Herr", rief er aus, „Ihr Pferd! | Ach, das arme, arme Pferd! ↘ Gestern war es noch so –" | Da stotterte er und der erschrockene König fiel ihm ins Wort und sagte: „Ist es gestorben? ↗"

Methode **Sinngestaltendes Vorlesen**

Singestaltendes Vorlesen bedeutet, dass ihr einen Text ausdrucksvoll vortragt und eure Stimme dem erzählten Geschehen anpasst. Zum Beispiel könnt ihr lauter sprechen, wenn eine Person mit ihren Taten angibt, oder leiser sprechen, wenn eine Person Angst hat.

Betonungszeichen:

Bereitet das Vorlesen vor, indem ihr den Text mit Betonungszeichen kennzeichnet:

- Betonungen bei Wörtern, die lauter gelesen werden sollen: ______
- Pausen: |
- Hebung der Stimme, z. B. bei einer Frage: ↗
- Senkung der Stimme, z. B. am Satzende: ↘

4 Bereitet nun die ganze Geschichte (▶ S. 101) zum Vorlesen vor. Arbeitet am besten mit einer Kopie des Textes, auf der ihr die Markierungen eintragen könnt, oder schreibt den Text ab.

a Lest die Geschichte mehrmals und probiert unterschiedliche Möglichkeiten der Betonung aus.

b Markiert den Text mit den entsprechenden Betonungszeichen.

TIPP: Verwendet die Markierungen sparsam: Nicht jedes Wort muss besonders betont werden und nicht jedes Komma bedeutet eine Sprechpause.

5 a Übt den Vortrag in Partnerarbeit und gebt euch gegenseitig Tipps, was ihr noch verbessern könnt.

b Tragt die Geschichte „Der verwegene Hofnarr" laut in der Klasse vor.

6 Erzählt nun die Geschichte mit euren eigenen Worten anschaulich und lebendig nach.

a Schreibt in Stichworten die wichtigsten Erzählschritte auf, damit ihr nichts vergesst.

b Übt das Nacherzählen. Gebt die Gedanken und die Gefühle der Figuren wieder und verwendet wörtliche Rede. Der nebenstehende Tipp hilft euch dabei.

c Erzählt die Geschichte mündlich nach. Eure Zuhörerinnen und Zuhörer sagen euch, ob ihr die Tipps zum Nacherzählen berücksichtigt habt.

Mündliches Nacherzählen

Versetzt euch beim Nacherzählen in die Ereignisse und die Figuren der Geschichte:

- Haltet euch genau an den Handlungsverlauf, erfindet nichts Neues hinzu.
- Erzählt mit euren eigenen Worten.
- Teilt die Gedanken und die Gefühle der Hauptfiguren mit und verwendet die wörtliche Rede.
- Verwendet die Zeitform der Textvorlage (meist Vergangenheit).

Geschichten schriftlich nacherzählen und umerzählen

Achim Bröger

Bruno als Ausreden-Erfinder

Fünfzehn Männer saßen auf ihren Stühlen hinter Bleistiftanspitzmaschinen. Einer davon war Bruno. Er arbeitete noch nicht sehr lange in dieser Abteilung.

Vor den Tischen, auf denen die Bleistiftanspitzmaschinen standen, ging der Abteilungsleiter Pracke hin und her. Voller Stolz erzählte er, dass er nie eine Mine abgebrochen hätte. Herr Pracke nannte sich ein Naturtalent im Bleistiftanspitzen. Und was er genauso wichtig fand, er war sehr gut im Pünktlichkommen.

Leider kam Bruno morgens meistens etwas zu spät. Herr Pracke stand dann vor der Tür und fragte: „Na, schon wieder verschlafen?“

Bruno sah auf den Fußboden und gab keine Antwort. Was sollte er auch sagen? Die anderen vierzehn Bleistiftanspitzer saßen auf ihren Stühlen vor den Maschinen und spitzten. So schnell er konnte, rannte Bruno zu seinem Platz und begann mit dem Arbeiten. Und weil er manchmal sogar noch schneller arbeitete, als er eigentlich konnte, brachen dazwischen Minen ab.

Eines Morgens kam Bruno wieder zu spät. Herr Pracke stand an der Tür und sah streng aus. Seine Stimme klang so, dass sie weh tat. „Herr Bruno, Sie sind bisher 23-mal zu spät gekommen. Ich notierte das genauestens. Insgesamt waren das 38 Minuten. Auch das notierte ich genauestens. Außerdem halten Sie den absoluten Rekord im Minenabbrechen. 24 Stück bisher. Da, in diesem Buch steht alles“, sagte Herr Pracke und schlug mit seiner großen Hand auf ein rotes Notizbuch. „Ja, Pracke ist wachsam. Und falls Sie noch einmal zu spät kommen sollten, möchte ich eine Entschuldigung hören. Ohne Entschuldigung werde ich Sie das nächste Mal beim Oberabteilungsleiter melden. Sie wissen ja, was das bedeutet.“

Bruno bemühte sich. Er stellte seinen Wecker zehn Minuten vor und rannte fast zur Straßenbahn. Ich darf mich nicht verspäten, dachte er ständig. Auf keinen Fall. Zwei Wochen klappte das prima. Herr Pracke sagte schon: „Na, sehen Sie, man muss nur wollen.“

Aber dann verspätete sich Bruno wieder. Herr Pracke stand an der Tür und hielt seine Stoppuhr in der Hand. „Sie sind zwei Minuten zu spät gekommen, Herr Bruno“, sagte er. „Was denken Sie sich eigentlich?“

Bruno ließ die Schultern hängen. Aber plötzlich hatte er einen Einfall. „Herr Pracke, es tut mir ja leid, dass ich mich verspäte. Aber der Wind hat mir meinen Hut vom Kopf gerissen und ich musste ihm nachlaufen. Deswegen konnte ich die Straßenbahn nicht erwischen.“

„Ihr Hut soll davongeflogen sein, Herr Bruno? Ach was, das ist nur eine Ausrede. Sie denken, der Pracke, der glaubt das schon? Der Pracke glaubt aber nur Ausreden, die glaubwürdig klingen. Sehen Sie sich doch Ihren Hut an. Nicht die geringste Dreckspur. Und der soll auf der Straße gelegen haben? Überlegen Sie sich das nächste Mal eine bessere Ausrede!“

„Es stimmt“, sagte Bruno, „die Ausrede war wirklich schlecht. Ab morgen werde ich mir bestimmt bessere Ausreden einfallen lassen.“
Am nächsten Morgen kam Bruno eineinviertel Stunden zu spät. Jetzt lohnt es sich wenigstens, wenn Herr Pracke sich aufregt, dachte er. Die anderen Bleistiftanspitzer saßen mit eingezogenen Köpfen hinter ihren Maschinen. Herr Pracke tobte fürchterlich.
„75 Minuten sind Sie zu spät gekommen!“, schrie er und zerbrach fast seine Brille vor Wut. „Ist Ihnen klar, dass Sie damit einen einzigartigen Rekord aufgestellt haben?“
„Wirklich?“, fragte Bruno. „Das freut mich aber. Sie müssen wissen, das ist der erste Rekord in meinem Leben.“
„Was tragen Sie zu Ihrer Entschuldigung vor, Herr Bruno?“ Herrn Prackes Stimme klang jetzt sehr laut.
„Sie sind doch Kassierer im Tierschutzverein“, sagte Bruno. „Als Tierfreund wissen Sie, dass bei Regen die Regenwürmer aus der Erde kommen. Und viele dieser kleinen Tierchen kriechen auf die Straße. Und alle wären heute Morgen elend zu Grunde gegangen, wenn nicht ich, Bruno, sie vor den grausamen Reifen der Autos gerettet hätte. Sie sollten sich schämen, Herr Pracke, als Kassierer des Tierschutzvereins pünktlich zu kommen, während draußen die Regenwürmer totgefahren werden. So, jetzt wissen Sie, warum ich zu spät gekommen bin. Als Beweis schenke ich Ihnen vier von mir eigenhändig gerettete Regenwürmer.“
Bruno machte das Zuspätkommen jetzt sehr viel Spaß. Abends setzte er sich gemütlich in seinen Sessel und überlegte schöne Ausreden. Er stellte einen Zuspätkommrekord nach dem anderen auf und die Ausreden wurden immer besser.
„Ich habe heute Morgen eine fliegende Untertasse gesehen“, war seine letzte Ausrede. „Wie sah sie denn aus?“, fragte Herr Pracke. „Na, wie eine Untertasse eben, nur größer.“ „Mir reicht's!“, schrie Herr Pracke. „Ich habe schon mit dem Herrn Oberabteilungsleiter über Ihre unverschämten Ausreden gesprochen. Kommen Sie mit, Sie werden entlassen!“
„Sie können verschwinden!“, brüllte der Oberabteilungsleiter. „Ein für alle Mal. Sich jeden Tag neue Ausreden einfallen zu lassen, ist eine Unverschämtheit!“
„Sie schreien mir aus dem Herzen“, stellte Herr Pracke fest und ging aus dem Zimmer.
Bruno zuckte mit den Schultern und wollte auch gehen. Aber der Oberabteilungsleiter zupfte ihn am Ärmel. „Moment“, sagte er und grinste. „Ich hätte da etwas für Sie. Eine neue Stelle. Wir würden zusammenarbeiten und Sie bekämen 50 Euro mehr Gehalt.“
„Was soll ich denn tun?“, fragte Bruno.
„Psst“, machte der Oberabteilungsleiter. „Sie dürfen mit niemandem darüber sprechen. Ab morgen sollen Sie sich Ausreden einfallen lassen, und zwar für mich. Mir fallen nämlich nie welche ein. Und ich brauche massenweise Ausreden. Für alle möglichen Dinge. Sie sind genau der richtige Mann für mich, Herr Bruno.“
Seit diesem Tag hat Bruno eine Arbeit, die ihm Spaß macht. Er ist Ausreden-Erfinder.

1 Welche Textstellen gefallen euch besonders? Begründet eure Wahl.

2 Erklärt, wieso es sich bei „Bruno als Ausreden-Erfinder“ um eine moderne Schelmengeschichte handelt. Orientiert euch am Merkkasten auf Seite 99.

3 Auf die Ausrede Brunos, ihm sei der Hut weggeflogen, antwortet Herr Pracke: „Ach was, das ist nur eine Ausrede. [...] Überlegen Sie sich das nächste Mal eine bessere Ausrede!“ (▸ S. 103, Z. 59–65)
a Überlegt, was eurer Meinung nach gute und was schlechte Ausreden sind.
b Könnt ihr Bruno bei seiner neuen Arbeit helfen? Schreibt Ausreden, die den Oberabteilungsleiter zum Staunen bringen.

Fordern und fördern – Nacherzählen und umerzählen

1 Schreibt zu der Geschichte „Bruno als Ausreden-Erfinder“ (► S. 103–104) eine Nacherzählung. Berücksichtigt hierbei die Informationen im unten stehenden Merkkasten.

▷ Hilfen zu dieser Aufgabe findet ihr auf Seite 106.

2 Was könnte Herr Pracke über Bruno, den Ausreden-Erfinder, denken? Versetzt euch in seine Lage und erzählt die Geschichte aus der Sicht von Herrn Pracke nach. Schreibt in der Ich-Form.

▷ Hilfen zu dieser Aufgabe findet ihr auf Seite 106.

Aus einer anderen Sicht erzählen
- Versetzt euch in die Figur hinein, aus deren Sicht ihr erzählen wollt: Was denkt und fühlt sie? Was könnte sie sagen? Was weiß sie, was weiß sie nicht?
- Um die Sicht der Figur zu verdeutlichen, dürft ihr die Einzelheiten der Geschichte etwas verändern. Den Erzählkern solltet ihr aber beibehalten.

3 a Vergleicht eure Geschichten, die ihr aus der Sicht von Herrn Pracke geschrieben habt, mit dem Originaltext von Achim Bröger (► S. 103–104). Notiert die wichtigsten Unterschiede. Die folgenden Fragen helfen euch:
- Inwiefern ändert sich das Bild von Bruno, wenn ihr eure Geschichte lest?
- Überlegt, ob ihr in euren Geschichten einen anderen Eindruck von Herrn Pracke bekommt.
- Prüft, ob eure Geschichten eine etwas andere Lehre als die von Achim Bröger erteilen.

b Überlegt, warum es interessant sein kann, eine Geschichte aus einer anderen Sicht (Perspektive) zu schreiben. Notiert eure Ideen.

Information **Eine Nacherzählung schreiben**

1 **Die Textvorlage verstehen:** Wenn ihr eine Geschichte nacherzählt, ist es wichtig, dass ihr die ursprüngliche Geschichte genau verstanden habt. Geht so vor:
- Lest die Geschichte mehrmals.
- Notiert in Stichworten Antworten zu den folgenden Fragen:
  - Wer sind die Hauptfiguren der Geschichte?
  - Wo (Ort) und wann (Zeit) spielt das Geschehen?
  - Was geschieht nacheinander (Handlung) und wo liegt der Höhepunkt der Geschichte?

2 **Die Nacherzählung schreiben:** Versetzt euch beim Nacherzählen in die Ereignisse und die Figuren der Geschichte hinein. Geht beim Schreiben so vor:
- Beachtet **die richtige Reihenfolge der Erzählschritte.** Haltet euch an den Handlungsverlauf der ursprünglichen Geschichte.
- Lasst nichts Wichtiges weg und fügt nichts hinzu.
- Erzählt **mit euren eigenen Worten.**
- Schreibt **anschaulich und lebendig.** Gestaltet den Höhepunkt der Geschichte besonders aus.
- Teilt die **Gedanken und** die **Gefühle der Hauptfiguren** mit und verwendet die **wörtliche Rede.**
- Verwendet die **Zeitform der Textvorlage** (meist Vergangenheit).

●●○ Aufgabe 1 mit Hilfen

Schreibt zu der Geschichte „Bruno als Ausreden-Erfinder“ eine Nacherzählung. Berücksichtigt hierbei die Informationen im Merkkasten auf Seite 105.

a Hier findet ihr Notizen zu den Erzählschritten der Geschichte (was nacheinander passiert). Leider sind sie aber durcheinandergeraten. Bringt die Erzählschritte in die richtige Reihenfolge und schreibt sie in euer Heft. Orientiert euch dazu an den unterstrichenen Zeitangaben und beginnt mit diesen jeweils einen neuen Absatz.

- Abteilungsleiter Pracke gab an mit Bleistiftsspitzen und Pünktlichkeit
- Am nächsten Morgen wieder eineinviertel Stunden zu spät, Pracke tobte, neuer Rekord im Zuspätkommen, Bruno freute sich, denn es war der erste Rekord, den er aufgestellt hatte.
- Ausrede: Regen, Regenwürmer kamen auf die Straße, vor den Autos gerettet, als Beweis vier Regenwürmer
- Ausrede: Wind, Hut, deshalb Straßenbahn verpasst
- Bruno arbeitete schnell, Minen brachen ab
- Bruno kam oft zu spät, wurde ausgeschimpft, hatte keine Ausrede
- Bruno versprach bessere Ausrede
- Eines Tages Bruno wieder zu spät, Pracke rechnete vor: 23-mal zu spät, insgesamt 38 Minuten, Rekord im Minenabbrechen (24 Stück), das nächste Mal wollte er Entschuldigung, sonst Meldung beim Oberabteilungsleiter
- Fünfzehn Männer, Bleistiftanspitzmaschinen, einer davon war Bruno
- Letzte Ausrede: fliegende Untertasse, Herr Pracke schrie, hatte schon Gespräch mit Oberabteilungsleiter, Entlassung
- Oberabteilungsleiter hielt Bruno zurück, bietet ihm neue Stelle mit 50 Euro mehr Gehalt, Bruno soll mit niemandem darüber sprechen, gute Ausreden werden dringend gebraucht
- Pracke glaubte das nicht, da Hut ohne Dreck
- Seit diesem Tag war Bruno Ausreden-Erfinder, Arbeit, die ihm Spaß machte
- Zuspätkommen gefiel ihm, neue Rekorde, immer bessere Ausreden
- Zwei Wochen lang war Bruno pünktlich, dann wieder zwei Minuten zu spät

b Schaut euch die Erzählschritte noch einmal genau an. Markiert den Absatz, in dem der Höhepunkt der Geschichte liegt, rot. Kennzeichnet die Erzählschritte, in denen ihr bei eurer Nacherzählung die wörtliche Rede verwenden wollt, grün.

●●○ Aufgabe 2 mit Hilfen

Was könnte Herr Pracke über Bruno, den Ausreden-Erfinder, denken? Versetzt euch in seine Lage und erzählt die Geschichte aus der Sicht von Herrn Pracke nach. Schreibt in der Ich-Form.

a Was verändert sich, wenn Herr Pracke diese Geschichte erzählt? Versetzt euch in die Lage des Abteilungsleiters und lasst das Geschehen wie einem Film vor eurem inneren Auge abspielen: Notiert in eurem Heft, welche Gedanken und Gefühle Herrn Pracke durch den Kopf gehen. Was könnte er sagen?

b Macht euch Stichworte: Wie würde Herr Pracke den Anfang und das Ende dieser Begebenheit erzählen? Was weiß er, was nicht?

Eine Schelmengeschichte in eine Spielszene umschreiben

Die Geschichte „Bruno als Ausreden-Erfinder" (▸ S. 103–104) wirkt besonders komisch, wenn ihr sie als Spielszene aufführt. Dazu könnt ihr so vorgehen:

1. Schritt: Rollen verteilen und Rollenkarten entwerfen

1 Legt fest, welche Rollen ihr besetzen wollt. Ihr könnt Figuren hinzuerfinden oder auch weglassen.

2 Wenn ihr eine Figur spielen wollt, solltet ihr sie gut kennen. Teilt euch in Gruppen auf. Jede Gruppe entwirft für eine Figur eine Rollenkarte. Schreibt in der Ich-Form und beachtet folgende Fragen:
- Wie alt könnte die Figur sein?
- Wie könnte sie aussehen?
- Welche Vorlieben und Sorgen könnte sie haben?
- Welche Gedanken und Gefühle hat sie?
- Wie verhält sie sich gegenüber anderen Figuren?

TIPP: Lest auch noch einmal im Text (▸ S. 103–104) nach, was ihr über die Figur erfahrt.

Rollenkarte für Bruno

- *Jch bin ... Jahre alt.*
- *Jch bin groß/klein, dick/dünn, habe ... Haare und ...*
- ...

2. Schritt: Eine Spielvorlage schreiben

3 Um die Geschichte mit verteilten Rollen zu spielen, müsst ihr eine Spielvorlage erstellen, die ohne einen Erzähler auskommt.
Gliedert die Geschichte in einzelne Szenen (Handlungseinheiten) und schreibt zu jeder Szene einen Dialog mit Regieanweisungen (Anregungen, wie sich die Figuren bewegen, wie sie schauen und sprechen sollen). Verwendet dazu die wörtliche Rede aus dem Originaltext und ergänzt sie.

1. Szene: In der Abteilung „Bleistifte anspitzen"
(Mehrere Personen sitzen auf Stühlen und spitzen Bleistifte an. Vor ihren Tischen geht der Abteilungsleiter Pracke hin und her.) ← Regieanweisungen

PRACKE: Wenn ich euch so sehe! Echte Anfänger! Ich habe noch nie eine Mine abgebrochen. Ich bin überhaupt der beste Bleistiftanspitzer. Und außerdem immer pünktlich. (Bruno kommt verängstigt herein.) — Na, schon wieder verschlafen? (Bruno schaut verschämt auf den Boden, Pracke verlässt den Raum.)
BRUNO (sitzt vor seiner Maschine und arbeitet schnell): Mist, schon wieder eine Mine abgebrochen. Hoffentlich findet das der Pracke nicht heraus ...

3. Schritt: Kostüme und Requisiten besorgen, die Spielvorlage proben und überarbeiten

4 Überlegt gemeinsam: Welche Requisiten (Gegenstände, z. B. Bleistifte, eine Armbanduhr) und Kostüme benötigt ihr? Wie könnt ihr das Klassenzimmer so umgestalten, dass eine Bühne entsteht?

5 Probt euer Stück:
- Sind Mimik (Gesichtsausdruck), Gestik (Körperhaltung und -bewegung) und die Sprechweise gelungen? (▸ Tipps zum szenischen Spiel findet ihr auf Seite 177.)
- An welchen Stellen sollte eure Spielvorlage noch verändert werden?

Testet euch!

Nacherzählen und umerzählen

Der Kulak[1] und der Knecht

Es war einmal ein geiziger, schlauer Kulak, der seine Knechte vom Morgen bis in die Nacht arbeiten ließ und ihnen dabei nur einmal am Tage zu essen gab.

Das ging so zu: Morgens gab der Kulak dem Knecht das Frühstück, setzte ihm aber nicht mehr vor, als auf einer Mückennase Platz hat. Das verzehrte der Knecht, ohne recht zu merken, ob er überhaupt etwas in den Magen kriegte.

„Vielleicht willst du gleichzeitig zu Mittag essen?", fragte der Kulak daraufhin. „Dann brauchst du nichts aufs Feld mitzuschleppen."

„Gut", willigte der Knecht ein, „gib mir auch gleich das Mittagessen." Und hatte er das verzehrt, dann fragte der Kulak wieder: „Willst du vielleicht auch gleich zu Abend essen? Dann verlierst du nach Arbeitsschluss keine Zeit und kannst sofort ins Bett gehen."

„Ja, gib mir auch das Abendessen", sagte der hungrige Knecht, verzehrte es, arbeitete den ganzen Tag und ging dann hungrig zu Bett.

Viele Knechte arbeiteten bei dem geizigen Kulaken, aber länger als eine Woche hielt keiner dieses Leben aus.

Doch einmal fand sich einer, der den Kulaken überlistete. Er frühstückte, aß zu Mittag und zu Abend und fragte dann: „Und wo kann man bei Euch schlafen, Herr?"

„Wieso schlafen?", fragte der Kulak erstaunt. „Und wer macht die Arbeit?"

„Bist du von Sinnen, Herr?", versetzte der Knecht. „Wo hätte man je erlebt, dass anständige Leute nach dem Abendessen zur Arbeit gehen! Nein, nach dem Abendessen gehört man ins Bett."

Und er streckte sich auf dem Sofa aus und schnarchte, was das Zeug hielt.

1 der Kulak: Großbauer in Russland

1 Lest die Geschichte zweimal aufmerksam durch.

2 a Beantwortet in Stichworten folgende Fragen:
- Was erfahrt ihr in der Geschichte über den Kulaken, was über den Knecht? Notiert einige Adjektive, mit denen ihr die beiden Figuren beschreiben könnt.
- In welchem Verhältnis stehen der Kulak und der Knecht zueinander?
- Mit welchem Trick überlistet der Knecht den Kulaken?

b Vergleicht eure Ergebnisse in Partnerarbeit.

3 Schreibt zu der Geschichte „Der Kulak und der Knecht" eine Nacherzählung. Geht so vor:

a Gliedert die Geschichte in einzelne Erzählschritte und haltet den Inhalt in einigen Sätzen fest, dann vergesst ihr nichts Wichtiges bei eurer Nacherzählung, z. B.:
- *Ein geiziger Großbauer gab seinen Knechten nur eine Mahlzeit am Tag, ließ sie aber den ganzen Tag arbeiten.*
- ...

b Vergleicht eure Notizen in Partnerarbeit:
- Entspricht die Reihenfolge eurer Erzählschritte dem Handlungsverlauf der Geschichte?
- Habt ihr nichts Wichtiges vergessen, aber auch nichts hinzuerfunden?

4 Bei der folgenden Nacherzählung ist einiges schiefgegangen.

a Listet auf, welche Fehler in der Nacherzählung gemacht wurden. Nehmt hierzu das Merkwissen von Seite 105 und eure Erzählschritte aus Aufgabe 3 zu Hilfe.

VORSICHT FEHLER!

Nacherzählung: Der Kulak und der Knecht

Einmal legte ein Knecht einen Großbauern herein. Das kam so: Er ging zu einem geizigen Bauern, der seinen Knechten das ganze Essen schon am Morgen gab. Dann müssen sie den ganzen Tag arbeiten und bekommen nichts mehr. Er machte das, weil er Geld sparen wollte. Er sagte den Knechten, dass sie dann nichts mit aufs Feld nehmen müssten. Die Knechte halten das natürlich nicht lange aus, weil sie ständig Hunger haben. Der neue Knecht hat einen Trick. Er lässt sich alle Mahlzeiten geben und legt sich dann ins Bett. Er sagte: „Wo kann ich bei euch schlafen. Jch habe gerade mein Abendessen eingenommen und will jetzt schlafen." Dann schnarchte er auf dem Sofa.

b Überarbeitet die Nacherzählung und schreibt eine verbesserte Fassung in euer Heft. Berücksichtigt das Merkwissen zum Nacherzählen (► S. 105).

c Besprecht eure Nacherzählungen in einer Schreibkonferenz (► S. 343). Was ist gut gelungen und was könnt ihr noch verbessern?

5 Versetzt euch in die Lage des Großbauern (des Kulaken) und erzählt die Geschichte aus seiner Sicht. Schreibt in der Ich-Form.

> Um die Sicht des Großbauern zu verdeutlichen, dürft ihr die Einzelheiten der Geschichte etwas verändern. Den Erzählkern solltet ihr aber beibehalten.

a Sammelt zuerst Ideen:
- Wie hat der Kulak diesen Vorfall erlebt? Was weiß er, was nicht?
- Wie würde er den Anfang und das Ende dieses Erlebnisses erzählen?
- Welche Gedanken und Gefühle bewegen ihn? Was könnte er sagen?

b Schreibt nun die Geschichte aus der Sicht des Großbauern.

c Tauscht eure Erzählungen mit einem Partner oder einer Partnerin und gebt euch gegenseitig eine Rückmeldung darüber, was besonders gut gelungen ist und was ihr noch überarbeiten könnt.

5.3 Fit in ... – Eine Geschichte untersuchen

Die Aufgabenstellung richtig verstehen

Stellt euch vor, ihr bekommt in der nächsten Klassenarbeit folgende Aufgabe:

Untersuche die Schelmengeschichte „Wie Eulenspiegel Erde kaufte“ mit Hilfe der drei Joker (▶ S. 94, 96, 99) und beantworte dann folgende Fragen:

1. Schreibe in wenigen Sätzen auf, was in der Geschichte geschieht.
2. Beschreibe, welche Eigenschaften die Hauptfiguren haben und in welchem Verhältnis sie zueinander stehen.
3. Erkläre, an welchen Stellen der Text zum Schmunzeln oder zum Lachen reizt.

Erich Kästner

Wie Eulenspiegel Erde kaufte

Der Graf von Anhalt war nicht der einzige deutsche Fürst, der Eulenspiegel mit dem Galgen bedrohte. Genau dasselbe tat wenig später der Herzog von Lüneburg. Till hatte nämlich auch im Herzogtum Lüneburg irgendwelche Dummheiten ausgefressen. Und der Herzog hatte ihm daraufhin gesagt: „Mach, dass du über die Grenze kommst! Wenn du wieder einen Fuß auf meinen Boden setzt, wirst du gehängt!“

Eulenspiegel war damals wie der Blitz aus Lüneburg verschwunden. Später aber musste er auf seinen Fahrten doch wieder durch das Gebiet des Herzogs, falls er keinen zu großen Umweg machen wollte. Er kaufte sich deshalb ein Pferd und einen Karren; und in der Nähe von Celle[1] hielt er an einem Acker still[2], den ein Bauer pflügte, und kaufte dem Bauern für einen Schilling so viel Ackererde ab, dass der Karren bis oben voll davon wurde. Dann setzte sich Till in den Karren, sodass nur der Kopf und die Arme aus der Erde hervorschauten. Und so kutschierte Eulenspiegel durch das ihm verbotene Herzogtum. Er sah fast aus wie ein fahrender Blumentopf.

Als er an der Burg Celle vorbeifuhr, begegnete er dem Herzog, der mit seinem Gefolge zur Jagd ritt. Der Herzog hielt an und sagte: „Ich habe dir mein Land verboten. Steig aus! Jetzt wirst du gehängt!“

„Ich bin ja gar nicht in Eurem Land“, erwiderte Eulenspiegel. „Ich sitze in meinem eigenen Land. Ich habe es rechtmäßig von einem Bauern gekauft. Erst gehörte es ihm. Nun gehört es mir. Euer Land ist es nicht.“

Der Herzog sagte: „Scher dich mit deinem Land aus meinem Land, du Galgenstrick! Und wenn du noch einmal hierherkommst, hänge ich dich samt Pferd und Wagen.“

1 Celle: Stadt im Herzogtum Lüneburg
2 stillhalten: (hier) anhalten

1 a Lest euch die Aufgabenstellung auf Seite 110 (im Kasten oben) genau durch.
b Prüft, ob ihr verstanden habt, was ihr erarbeiten sollt. Entscheidet, welche der folgenden Aussagen zutreffen, und schreibt die entsprechenden Buchstaben in euer Heft. Hintereinander gelesen ergeben sie das Lösungswort.

T Ich muss die Schelmengeschichte sorgfältig lesen.
E Ich soll meine Meinung über den Text mitteilen.
I Ich soll die drei Fragen mit Hilfe des Textes beantworten.
L Meine Antworten muss ich mit eigenen Worten und in der Tempusform Präsens (Gegenwart) formulieren.
G Ich soll den Text möglichst spannend nacherzählen.
L Ich muss die Reihenfolge der Fragen beachten.

Den Text verstehen und Ideen sammeln

2 a Lest den Text (▶ S. 110) sorgfältig durch.
b Klärt, ob ihr den Inhalt des Textes verstanden habt. Schreibt die Buchstaben der richtigen Aussagen in euer Heft.
Ergeben die Buchstaben hintereinander ein Lösungswort?

L Die Geschichte spielt hauptsächlich im Herzogtum Lüneburg.
T Die Geschichte spielt hauptsächlich im Land des Grafen von Anhalt.
E Es gibt drei Hauptfiguren.
I Es gibt zwei Hauptfiguren.
S Till denkt sich einen Trick aus, wie er das Herzogtum von Lüneburg durchfahren kann, ohne dass man ihn dafür hängen kann.
M Till denkt sich einen Trick aus, wie er das Herzogtum Lüneburg gar nicht erst betreten muss, und wählt einen Umweg.
O In dieser Geschichte ist der Schelm, Till Eulenspiegel, am Ende der Dumme.
T In dieser Geschichte wird ein mächtiger Herzog von einem Schelm hereingelegt.

3 Lest die Geschichte noch einmal und haltet fest, was ihr zu den Aufgaben 1, 2 und 3 (▶ S. 110) herausfindet. Listet nach folgendem Beispiel auf:

Aufgabe 1: Handlung (Was geschieht?):
- *Einleitung: Der Herzog von Lüneburg will Till nie wieder in seinem Land ...*
- *Hauptteil (Tills Trick): ...*
- *Schluss: ...*

Aufgabe 2: Eigenschaften und Verhältnis der Hauptfiguren:
- *Till Eulenspiegel: ...*
- *Herzog von Lüneburg: ...*

Aufgabe 3: Lustige Textstellen (komische Situation, lustige Figur):
- ...

Den Aufsatz schreiben und den Text überarbeiten

4 Beantwortet nun die drei Aufgaben von Seite 110. Nehmt hierzu die Stichworte aus eurer Tabelle (▶ Aufgabe 3, Seite 111) zu Hilfe und schreibt zu jeder Aufgabe einen zusammenhängenden Text. Die folgenden Formulierungen helfen euch dabei.

Aufgabe 1: Handlung (Was geschieht?)
- *In der Einleitung der Geschichte wird beschrieben/erfährt man ...*
- *Im Hauptteil wird erzählt ... Dazu überlegt er sich folgenden Trick: ... Als der Herzog Till Eulenspiegel in seinem Land trifft ...*
- *Am Ende gelingt es ...*
- *Der Schluss zeigt ...*

Aufgabe 2: Hauptfiguren (Wer spielt mit? In welchem Verhältnis stehen die Figuren?)
- *In dieser Geschichte gibt es ... Hauptfiguren, nämlich ... und ...*
- *Über den Schelm ... wird schon am Anfang der Geschichte gesagt, dass er ...*
- *Die zweite Hauptfigur ist ein mächtiger Herrscher, der Till verboten hat ...*
- *Der Schelm führt ... an der Nase herum.*
- *Weil Till Eulenspiegel aber ... ist, überlegt er sich einen Trick und legt am Ende ...*

Aufgabe 3: Komik (Worüber lachen wir?)
- *Besonders lustig ist die Figur ...*
- *Komisch ist auch die Situation, als Till Eulenspiegel ...*
- *Auch die Antwort von ... ist lustig. Till sagt nämlich, dass ...*
- *Außerdem ist es witzig, als der Herzog sagt, dass ... Man merkt nämlich, dass ...*

5 Überarbeitet euren Aufsatz in Partnerarbeit. Nehmt die Checkliste zu Hilfe.

Checkliste

Eine Schelmengeschichte untersuchen

Aufgabe 1 (▶ S. 110): **Handlung**
- Beschreibt ihr, was in der Einleitung über die Figuren, den Ort und die Ausgangslage der Handlung erzählt wird?
- Stellt ihr dar, was im Hauptteil nacheinander geschieht (Erzählschritte)?
- Beschreibt ihr, wie die Geschichte ausgeht?

Aufgabe 2 (▶ S. 110): **Figuren**
- Sagt ihr, wie die Hauptfiguren heißen und welche Eigenschaften sie haben?
- Geht ihr darauf ein, wie die Figuren reden, denken, fühlen und handeln, wenn dies im Text erwähnt ist?
- Erklärt ihr, in welchem Verhältnis sie zueinander stehen (wer höher und wer niedriger gestellt ist) und wer am Ende gewinnt?

Aufgabe 3 (▶ S. 110): **Komik**
- Beschreibt ihr, welche Figur uns zum Lachen bringt?
- Weist ihr darauf hin, wenn es eine komische Situation gibt?
- Gibt es vielleicht auch ein lustiges Missverständnis?
- Achtet ihr darauf, ob das, was jemand sagt, lustig ist?

6 Es war einmal ... –
Märchen untersuchen und schreiben

1 Kennt ihr die Märchen, die in dem Bild versteckt sind? Erzählt, was euch von diesen Märchen in Erinnerung geblieben ist.

2 Welches Märchen gefällt euch besonders gut, welches weniger? Begründet eure Meinung.

3 Nennt Merkmale von Märchen.

In diesem Kapitel ...

- lernt ihr alte und neue Märchen aus Deutschland und aus anderen Ländern kennen,
- findet ihr heraus, an welchen Merkmalen man ein Märchen erkennen kann,
- schreibt ihr selbst Märchen und erzählt von Heldinnen oder Helden, die Gefahren und Prüfungen bestehen müssen.

6.1 Von Prüfungen, Wünschen und Wundern – Märchen lesen und vergleichen

Märchenmerkmale erkennen

Jacob und Wilhelm Grimm

Prinzessin Mäusehaut

Ein König hatte drei Töchter; da wollte er wissen, welche ihn am liebsten hätte, ließ sie vor sich kommen und fragte sie. Die älteste sprach, sie habe ihn lieber als das ganze Königreich; die zweite, als alle Edelsteine und Perlen auf dieser Welt; die dritte aber sagte, sie habe ihn lieber als das Salz.

Der König war aufgebracht, dass sie ihre Liebe zu ihm mit einer so geringen Sache vergleiche, übergab sie einem Diener und befahl, er solle sie in den Wald führen und töten. Wie sie in den Wald gekommen waren, bat die Prinzessin den Diener um ihr Leben; dieser war ihr treu und würde sie doch nicht getötet haben, er sagte auch, er wolle mit ihr gehen und ganz nach ihren Befehlen tun. Die Prinzessin verlangte aber nichts als ein Kleid von Mäusehaut, und als er ihr das geholt hatte, wickelte sie sich hinein und ging fort. Sie ging geradezu an den Hof eines benachbarten Königs, gab sich für einen Mann aus und bat den König, dass er sie in seine Dienste nehme. Der König sagte es zu und sie solle bei ihm die Aufwartung haben[1]: Abends musste sie ihm die Stiefel ausziehen, die warf er ihr allemal[2] an den Kopf. Einmal fragte er, woher sie sei? „Aus dem Lande, wo man den Leuten die Stiefel nicht um den Kopf wirft.“ Der König wurde da aufmerksam. Endlich brachten ihm die anderen Diener einen Ring: Mäusehaut habe ihn verloren, der sei zu kostbar, den müsse er gestohlen haben. Der König ließ Mäusehaut vor sich kommen und fragte, woher der Ring sei? Da konnte sich Mäusehaut nicht länger verbergen, sie wickelte sich von der Mäusehaut los, ihre goldgelben Haare quollen hervor und sie trat heraus, so schön, aber auch so schön, dass der König gleich die Krone von seinem Kopf abnahm und ihr aufsetzte und sie für seine Gemahlin erklärte.

Zu der Hochzeit wurde auch der Vater der Mäusehaut eingeladen, der glaubte, seine Tochter sei schon längst tot, und erkannte sie nicht wieder. Auf der Tafel aber waren alle Speisen, die ihm vorgesetzt wurden, ungesalzen. Da wurde er ärgerlich und sagte: „Ich will lieber nicht leben als solche Speise essen!“ Wie er das Wort ausgesagt hatte, sprach die Königin

zu ihm: „Jetzt wollt Ihr nicht leben ohne Salz und doch habt Ihr mich einmal wollen töten lassen, weil ich sagte, ich hätte Euch lieber als Salz!“ Da erkannte er seine Tochter und küsste sie und bat sie um Verzeihung und es war ihm lieber als sein Königreich und alle Edelsteine der Welt, dass er sie wiedergefunden hatte.

1 Aufwartung haben: als Dienstmädchen arbeiten

2 allemal: jedes Mal

1 a Lest das Märchen. Erzählt euch gegenseitig, worum es in diesem Märchen geht.
b Klärt gemeinsam die Bedeutung unbekannter Wörter und Ausdrücke, zum Beispiel aus dem Textzusammenhang.

2 a Überlegt, welche Bedeutung das Salz im Märchen hat.
b Bewertet das Verhalten des Vaters, der Prinzessin Mäusehaut und ihrer Schwestern.

3 Gibt es Ähnliches im wirklichen Leben? Begründet eure Meinung.

4 a Woran erkennt ihr, dass der Text „Prinzessin Mäusehaut“ ein Märchen ist? Sucht in Partnerarbeit drei Merkmale, die für ein Märchen typisch sind.
b Vergleicht eure Ergebnisse.

5 Die Hauptfigur eines Märchens muss oft Aufgaben oder Prüfungen bestehen, für die sie am Ende belohnt wird. Nennt Beispiele aus Märchen, die ihr kennt, z. B.:
- *Marie muss im Märchen „Frau Holle“ die Äpfel vom Baum schütteln, Brot aus dem Backofen holen und die Kissen schütteln.*
- …

Jacob und Wilhelm Grimm

Die drei Wünsche

Es war einmal ein Holzfäller, der lebte zusammen mit seiner Frau glücklich und zufrieden in einem kleinen Holzhäuschen mitten in einem großen Wald. Als er einmal gerade eine große Tanne fällen wollte, sah er plötzlich aus einem der Astlöcher das ängstliche Gesicht eines Kobolds hervorlugen: „Was höre ich da? Du willst doch wohl nicht diesen Baum fällen? Das ist mein Haus, hier lebe ich! [...] Wir wollen es so machen: Du fällst den Baum nicht und ich erfülle dir dafür drei Wünsche! Bist du einverstanden?“ Der Mann kratzte sich am Kopf: „Drei Wünsche, sagst du? In Ordnung!“ Und der Holzfäller begann, einen anderen Baum zu bearbeiten.

Am Abend erzählte er seiner Frau von der Begegnung im Wald. Sie begannen, sich ihren Wohlstand und ihr Glück auszumalen, und ließen es sich mit einer Flasche Wein gut gehen. „Köstlich!“, rief die Frau aus und schnalzte mit der Zunge. „Dazu hätte ich jetzt gerne ein paar Würste ...!“ Sie unterbrach sich sofort und biss sich auf die Zunge, aber zu spät! Der Holzfäller, der zu seiner Verblüffung die Würste vor sich auf dem Tisch liegen sah, konnte vor Wut nur stammeln: „Was hast du getan! Du hast einen Wunsch vergeudet! O Frau, wie dumm du bist!“

Und mit wachsendem Zorn fuhr er fort: „Diese verdammten Würste! Ich wollte, du hättest sie an der Nase hängen!“ Das hätte er nicht sagen dürfen: Bei diesen Worten kam Leben in die

Würste, die der Frau an die Nase sprangen und dort hängen blieben. Die Frau war außer sich vor Zorn: „Was hast du nur getan! Du hast einen weiteren Wunsch vergeudet! Du bist ein unglaublicher Dummkopf! Was hätten wir uns alles wünschen können.“

Da brach der arme Mann in ein schallendes Gelächter aus: „Wenn du wüsstest, wie lächerlich du aussiehst mit den Würsten, die an deiner Nase hängen!“ Mit beiden Händen versuchte nun die Frau, sich die Würste von der Nase zu reißen, aber vergebens. Die Würste blieben, wo sie waren. [...]

Schließlich fand der Mann den Mut für den dritten Wunsch: „Ich will, dass sich die Würste von der Nase meiner Frau lösen!“ Sogleich wurde sein Wunsch erfüllt und Mann und Frau umarmten sich weinend. „Wir werden zwar arm bleiben, aber wieder so glücklich sein wie vorher!“ Weil von der wundersamen Begegnung mit dem Kobold nur die Wurstkette übrig geblieben war, fiel ihnen nichts Besseres ein, als sie zu braten und zu essen.

1 a Lest nur die Überschrift und den ersten Absatz des Märchens (▸ Z. 1–15).
b Schreibt auf, worum es in dem Märchen gehen könnte. Begründet eure Vermutung.

2 Lest nun das ganze Märchen. Tauscht euch anschließend darüber aus, welche eurer Vermutungen dem Original ähnlich sind.

3 Wie gehen die Eheleute miteinander um? Beschreibt ihr Verhalten.

4 Geht das Märchen gut aus? Begründet eure Meinung.

5 a Arbeitet gemeinsam in Gruppen. Übertragt die Tabelle in euer Heft und ergänzt die beiden Spalten „Die drei Wünsche" sowie „Schneewittchen".

Märchenmerkmale	Die drei Wünsche	Schneewittchen	?
Orte	...	*hinter den sieben Bergen* *Schloss*	...
Figuren und Eigenschaften	...	*böse Stiefmutter, ...*	...
magische Gegenstände	...	*Spieglein an der Wand* ...	...
magische Zahlen	...	...	...
Ende: gut, offen oder schlecht?	...	...	...

b Sucht ein weiteres Märchen, das ihr gut kennt, und füllt die dritte Spalte der Tabelle aus.

c Stellt eure Ergebnisse in der Klasse vor und vergleicht sie. Welche Märchenmerkmale kommen besonders häufig vor?
Der folgende Merkkasten hilft euch:

Information **Merkmale von Märchen**

Märchen haben immer wiederkehrende Merkmale, an denen man sie gut erkennen kann. Dabei sind natürlich nicht in jedem Märchen alle diese Merkmale zu finden.

Ort und Zeit

- Ort und Zeitpunkt der Handlung sind nicht durch genaue Angaben festgelegt, z. B.: *hinter den sieben Bergen, vor langer Zeit.*

Figuren

- Es treten typische Figuren auf, z. B. *König und Königin, Prinz und Prinzessin, Handwerker und Bauern, die böse Stiefmutter,* aber auch fantastische Figuren, z. B. *sprechende Tiere, Feen, Hexen, Riesen, Zwerge, Zauberer, Drachen* usw.
- Die Figuren sind häufig auf wenige Eigenschaften festgelegt, z. B.: *die gute Fee, die böse Hexe, die schöne Königstochter.*

Handlung

- Meist siegt am Ende das Gute und das Böse wird bestraft.
- Der Held/Die Heldin muss Prüfungen bestehen oder Aufgaben erfüllen (häufig drei).
- Im Märchen geschehen wunderbare Dinge: Tiere können sprechen, es gibt magische Gegenstände (z. B. *einen Wundertisch, ein Zauberkästchen*) und Zauberei.

Erzählweise

- Oft enthalten Märchen feste sprachliche Formeln, z. B.: *Es war einmal ..., Und wenn sie nicht gestorben sind ...*
- Die Zahlen Drei, Sieben, Zwölf spielen häufig eine besondere Rolle, z. B. *drei Wünsche, sieben Zwerge, zwölf Gesellen.*
- Oft gibt es Reime oder Zaubersprüche, z. B.: *Ach wie gut, dass niemand weiß, dass ich Rumpelstilzchen heiß!*

Verschiedene Märchenfassungen vergleichen

Jacob und Wilhelm Grimm

Die Königstochter und der verzauberte Prinz (1810)

Die jüngste Tochter des Königs ging hinaus in den Wald und setzte sich an einen kühlen Brunnen. Darauf nahm sie eine goldene Kugel und spielte damit, als diese plötzlich in den Brunnen hinabrollte. Sie sah, wie sie in die Tiefe fiel, und stand an dem Brunnen und war sehr traurig.

[...]

Jacob und Wilhelm Grimm

Der Froschkönig oder der eiserne Heinrich (1837)

In den alten Zeiten, wo das Wünschen noch geholfen hat, lebte ein König, dessen Töchter waren alle schön, aber die jüngste war so schön, dass sich die Sonne selber, die doch so vieles gesehen hat, darüber verwunderte, sooft sie ihr ins Gesicht schien. Nahe bei dem Schlosse des Königs lag ein großer dunkler Wald und in dem Walde unter einer alten Linde war ein Brunnen. Wenn nun der Tag recht heiß war, so ging das Königskind hinaus in den Wald und setzte sich an den Rand des kühlen Brunnens, und wenn sie Langeweile hatte, so nahm sie eine goldene Kugel, warf sie in die Höhe und fing sie wieder; und das war ihr liebstes Spielwerk.

Nun trug es sich einmal zu, dass die goldene Kugel der Königstochter nicht in das Händchen fiel, das sie ausgestreckt hatte, sondern vorbei auf die Erde schlug und geradezu ins Wasser hineinrollte. Die Königstochter folgte ihr mit den Augen nach, aber die Kugel verschwand und der Brunnen war tief und gar kein Grund zu sehen.

[...]

1 Kennt ihr das Märchen vom Froschkönig? Erzählt es zu Ende.

2 Das Märchen „Die Königstochter und der verzauberte Prinz" ist die erste, ursprüngliche Fassung des bekannten Märchens „Der Froschkönig oder der eiserne Heinrich".
a Lest den Anfang der beiden Märchenfassungen und vergleicht sie.
b Welche Märchenvariante des Froschkönigs gefällt euch besser? Begründet eure Meinung.

3 Listet die Unterschiede der beiden Märchenfassungen in einer Tabelle auf. Berücksichtigt hierbei
– die Erzählweise (z. B. märchenhafte Formeln, sprachliche Ausgestaltung),
– die Darstellung der Prinzessin,
– die Einzelheiten der Handlung.

Die Märchensammler: Jacob Grimm und Wilhelm Grimm

Louis Katzenstein: Die Brüder Grimm bei der Märchenfrau

Viele Märchen sind vor langer Zeit, noch vor der Zeit des Buchdrucks (15. Jahrhundert), entstanden und man weiß nicht, wer sie zuerst erzählt hat, wer also ihr Autor oder ihre Autorin ist. Solche Volksmärchen gibt es in fast allen Ländern. Sie wurden auf Marktplätzen, in Wirtshäusern oder abends im Kreise der Familie mündlich weitererzählt.

Erst vor 200 Jahren, also Anfang des 19. Jahrhunderts, sammelten Schriftsteller und Gelehrte diese Volksmärchen und schrieben sie auf.

Die bekanntesten Märchensammler in Deutschland sind die Brüder Jacob Grimm (1785–1863) und Wilhelm Grimm (1786–1859). Sie waren fasziniert von diesen Geschichten, ließen sich die Volksmärchen erzählen und schrieben sie auf. 1812 haben sie ihre Märchensammlung als Buch veröffentlicht, damit möglichst viele Kinder und auch Erwachsene diese schönen Texte hören, lesen und vorlesen können. Das Buch mit dem Titel „Kinder- und Hausmärchen" enthält über 200 Märchen, wurde weltberühmt und ist inzwischen in 140 Sprachen übersetzt worden.

Weil viele Märchen sehr kurz und schmucklos erzählt wurden, haben Jacob und Wilhelm Grimm die aufgeschriebenen Märchentexte immer wieder überarbeitet und nach ihren Vorstellungen verändert. Dabei schmückten sie die Märchen aus, indem sie z. B. Lücken im Handlungsverlauf füllten, Teile aus anderen Märchen einfügten und vor allem ihren Märchen einen besonderen Märchenton (einen einheitlichen Erzählstil) gaben, indem sie zum Beispiel den meisten Märchen die bekannte Eingangsformel „Es war einmal ..." voranstellten.

1 Welche der folgenden Aussagen geben wichtige Aussagen des Textes wieder? Begründet eure Auswahl mit Hilfe des Textes.

A Volksmärchen gibt es nur bei uns in Deutschland.
B Wer die Volksmärchen erfunden hat, ist nicht bekannt.
C Die Brüder Grimm haben die Märchen selbst erfunden und dann aufgeschrieben.
D Die Brüder Grimm haben die Märchen gehört und dann aufgeschrieben.
E Die Brüder Grimm haben die Märchen verändert und ausgeschmückt.

2 Beschreibt und erklärt die Szene auf dem Bild. Berücksichtigt dabei den Titel des Bildes.

3 Schaut euch noch einmal die beiden Märchenanfänge vom „Froschkönig" (▸ S. 118) an. Könnt ihr erklären, was den Grimm'schen Märchenton ausmacht und welche Wirkung er auf die Zuhörer/-innen und Leser/-innen hat?

4 Erläutert, wie es zu den unterschiedlichen Märchenfassungen vom „Froschkönig" (▸ S. 118) gekommen ist. Begründet eure Aussage mit Hilfe des Textes und des Bildes (▸ S. 119).

Tierverwandlungen – Märchen aus aller Welt vergleichen

Der kleine Frosch (aus Chile)

Es war einmal ein ziemlich geiziger König, der hatte drei Söhne: Pedro, Diego und Juanito. Die Jungen mussten hart arbeiten, da der Vater kein Geld für Knechte herausrücken wollte. Sie aber wurden die Behandlung leid und neugierig, wie der Rest der Welt wohl aussähe, beschlossen sie, sich die Leute jenseits der Grenzen des Vaterlandes anzuschauen.
Der König war erbost und behauptete, sie hätten sich noch nicht bewährt. Da er sie aber nicht halten konnte, bestand er darauf, sie müssten binnen Jahresfrist eine gehörige Menge Silber heimbringen.
Der Älteste ging als Erster. Er war noch nicht lange unterwegs, da hörte er eine Stimme, die wunderschön sang. Er fand heraus, dass sie aus einer armseligen Hütte am Wege kam. Davor saß ein alter Mann, den er grob anfuhr: „Ist das deine Tochter, die da singt? Wenn ja, muss ich sie heiraten, falls sie noch ledig ist."
Traurig erwiderte der alte Mann: „Ja, was du da hörst, ist meine Tochter. Sie ist noch ledig, doch heiraten kann sie nicht." Verärgert über eine solche Antwort, rief Pedro: „Warum nicht, du Narr? Ich bin ein Prinz und will sie heiraten. Ruf sie mir auf der Stelle heraus."
Der alte Mann rief seine Tochter und seufzte, als ein kleiner Frosch aus dem Haus hüpfte und sich vor dem Prinzen auf den Weg setzte. Pedro fand ihn so widerlich, dass er schrie: „Du also vergeudest meine Zeit. Weg da, schrumpliges Ding!" Und er stieß ihn mit dem Fuß zur Seite.
Als Nächster brach Diego auf und auch er wurde gefangen von dem wunderschönen Gesang, der aus der Hütte tönte. Er stellte dem alten Mann dieselbe Frage und erhielt dieselbe Antwort. „Was meinst du damit, dass sie mich nicht heiraten kann? Ich bin ein Prinz und werde sie heiraten, wenn ich will. Befiehl ihr, augenblicklich herauszukommen."
Heraus hüpfte der kleine runzlige Frosch und setzte sich vor ihm auf den Weg. Diego brüllte vor Lachen, als er das Geschöpf sah: „Was!?

Heißt das, dies hässliche Ding hat mich genarrt? Weg mit dir!" Und er trat noch heftiger nach ihm als sein Bruder.

Der jüngste Prinz ging als Letzter; auch er hielt inne, dem Gesang zu lauschen. Er stieg vom Pferd und fragte den Alten, ob diese Stimme seiner Tochter gehöre. „Ja, sie ist meine ledige Tochter, kann dich aber nicht heiraten."

Juanito rief aus: „Ich werde sie heiraten, wegen der Schönheit ihrer Stimme und ihres lieblichen Gesangs. Nichts soll mich hindern!"

Während er noch sprach, kam der Frosch herausgehüpft. Der Prinz starrte hinab auf ihn; und obwohl er niedergeschlagen war über die Froschgestalt, konnte er den Gesang nicht vergessen. Deshalb rief er nach einem Priester, der sie sogleich traute. Und wann immer Juanito traurig wurde über das Aussehen seiner Frau, sang sie für ihn und munterte ihn auf.

So verging das Jahr und die Prinzen wussten, sie müssten nach Haus und sich vor ihrem Vater bewähren. Die beiden älteren hatten schöne Frauen gefunden, dazu Säcke voll Silber. Als sie heimritten, kamen sie an der bescheidenen Hütte ihres Bruders vorbei und lachten verächtlich.

Juanito wusste nicht, was tun. Er hatte kein Silber erworben. „Mach dir darum keine Sorgen", beschwor ihn seine Froschfrau. „Leg etwas Kohle in diesen alten Sack und ein Holzscheit aus dem Herd dazu." Juanito tat's und nahm verzweifelt Abschied. „Öffne den Sack nur unterwegs nicht", rief seine Frau ihm nach.

Der König war erfreut über das Silber, das Pedro und Diego heimbrachten. „Wo aber ist deines?", fragte er seinen jüngsten Sohn, der mit langem Gesicht danebenstand. Die Brüder verspotteten Juanito, während der Vater dessen Sack öffnete, verstummten aber, als Silberstücke zum Vorschein kamen.

„Damit du dich im Spiegel anschauen kannst, habe ich auch ein glänzendes Stück Gold mitgebracht", erklärte Juanito, als er es unter dem Silber hervorsuchte.

Überglücklich wandte sich der König an seine älteren Söhne: „Seht, was euer kleiner Bruder gefunden hat!" Pedro und Diego waren ärgerlich und sie beschlossen, Juanito auszustechen.

Am Sonntag kamen die drei Brüder in den Königspalast zu einem Festmahl mit ihrem Vater. Die beiden älteren Brüder konnten gar nicht genug prahlen mit ihren Frauen. „Meine Frau webt fein wie eine Spinne", sagte Pedro. „Meine Frau stickt noch viel geschickter", sagte Diego. Ihre Mutter, die Königin, wollte das erproben. Sie gab jedem ein Stück Stoff mit dem Auftrag: „Jede eurer Frauen muss mir ein Tischtuch nähen."

Als seine Brüder davongaloppierten und ihm zum Abschied Beleidigungen an den Kopf warfen, dachte Juanito hoffnungslos: „Wie kann ein Frosch solch einen Stoff nähen?"

Seine Frau, der er diese Sorge erzählte, schnappte ihm das Tuch aus der Hand und riss es in Fetzen. „So ein Unsinn!", rief sie. „Sorge dich nicht. Leg dich hin, ich singe für dich."

Als es an der Zeit war, machte Juanito sich sorgenvoll bereit, mit seinen Tuchfetzen zum Palast zu gehen. Wie er sich aber von der Fröschin verabschiedete, sagte sie: „Juanito, nimm diese kleine Schachtel mit. Aber öffne sie ja nicht unterwegs."

So kehrte er zum Palast zurück und sah die Prachtdecken, die seine Schwägerinnen gefertigt hatten. Er reichte seiner Mutter die winzige Schachtel und war ebenso überrascht wie sie, als sie sie öffnete und ein wunderschönes Tischtuch herauszog.

„Das ist ein wahres Kunstwerk!", rief die Königin. „Nie habe ich dergleichen gesehen. Ich werde dieses Tuch für meinen Tisch behalten und die anderen meinen Dienerinnen geben."

Das verdross die Brüder sehr und sie schmähten ihren jüngsten Bruder umso mehr: „Du elender kleiner Lump von Froschgemahl! Geh zurück in den Sumpf, wo du hingehörst!" Sie nahmen sich fest vor, bei der nächsten Aufgabe über ihn zu triumphieren.

Die Hündin der Königin hatte drei Welpen geworfen. Jedem Sohn gab sie einen mit den Worten: „Bring ihn deiner Frau zur Dressur."

Zuversichtlich nahmen Pedro und Diego die Welpen mit nach Hause, Juanito aber quälte sich mit dem Gedanken, was wohl ein Frosch mit einem Welpen anfange.

Als er seiner Froschfrau die Aufgabe erklärte, nahm diese den Welpen, warf ihn an die Wand und sprach: „Juanito, das ist dummes Zeug. Leg dich nur schlafen", und sang ihr wundervolles Lied.

Der Tag nahte, an dem die abgerichteten Hunde zum Palast zu bringen waren. Juanito dachte voller Trübsinn: „Was mache ich nur? Meine Brüder werden mich erbarmungslos verhöhnen." Doch als er ging, sagte die Fröschin: „Nimm besser etwas mit. Hier, bring deiner Mutter diesen kleinen Kasten mitsamt dem Schlüsselchen."

„Beeil dich!", riefen seine Brüder ihm im Vorüberreiten zu; Juanito folgte wie üblich nach und traf gerade ein, als die wohlerzogenen Hunde der Königin vorgeführt wurden. Sie fragte Juanito: „Und was kann dein Welpe, mein Kleiner?"

Der arme Bursche wusste nichts zu sagen, gab aber seiner Mutter den Kasten und trat ängstlich zurück, als sie ihn aufschloss. Stellt euch seine Verwunderung vor, als ein Welpe heraussprang und auf seinen Hinterbeinen tanzte, während eine weiße Taube über ihm schwebte. Die Königin war über die Maßen entzückt von den Künsten des Hundes. Das Tierchen sprang ihr auf den Schoß und blieb zufrieden dort sitzen. Die beiden Brüder aber wussten nicht, wo sie vor Ärger hinschauen sollten.

In diesem Augenblick verkündete der König seinen Söhnen: „Nun befehle ich euch, eure Frauen an den Hof zu bringen, denn jetzt, wo wir ihre Begabungen gesehen haben, müssen wir sie leibhaftig kennen lernen. Ich erwarte euch nächsten Sonntag hier zu einem Fest. Enttäuscht mich nicht!"

Pedro und Diego eilten freudig davon, kannten sie doch die Schönheit ihrer Frauen. Als Juanito seiner Froschfrau von der Einladung ins Schloss berichtete, sagte sie: „Gut, gehen wir einfach hin. Mach dir nur keine Gedanken darüber."

Der Sonntag kam, die Ochsen wurden vor den alten Karren gespannt und sie fuhren los. Beim Dahinrumpeln sank Juanito in tiefen Schlaf. Wie er erwachte, sah er voll Erstaunen, dass er in einer prächtigen Kutsche fuhr, die nicht von Ochsen, sondern von weiß schimmernden Pferden gezogen wurde. Neben ihm saß auch keine Fröschin mehr, sondern, leise singend, die allerschönste Prinzessin.

Sie erreichten den Palast und wie ärgerten sich die Brüder, als sie die stattliche Kutsche sahen! Hatten sie doch erwartet, ein alter Bauernkarren würde die glitschige Froschfrau zu Hofe fahren. Solche Freude herrschte dort über die Ankunft Juanitos und seiner liebreizenden Gemahlin, dass Pedro und Diego rasch zur Seite gedrängt wurden. Der König war bezaubert von der schönsten seiner drei Schwiegertöchter, als sie ihm und seiner Gemahlin Blumen überreichte. Nach dem Festmahl tanzte das Königspaar, während Juanitos Frau die

Brust ihres Gemahls mit den Knochen bedeckte, die auf ihrem Teller geblieben waren. Die beiden anderen Frauen taten es ihr nach, ohne zu wissen, warum.

Dann befahl der König, die Ehefrauen sollten spielen, singen und tanzen. „Die Frauen von Pedro und Diego werden Juanito und seine Frau beim Tanz begleiten", erklärte er. Die Froschprinzessin tanzte voller Anmut und die Knochen verwandelten sich in Perlen und Blumen, die im Saal zu Boden fielen. Die anderen Prinzessinnen versuchten, sie zu übertreffen, doch als sie tanzten, verstreuten sie statt Blüten Pferdeäpfel.

Pedro und Diego waren höchst verdrossen. „Um alles in der Welt, weshalb nahm ich nicht den hässlichen Frosch?", stöhnte Pedro auf. Sein Bruder stimmte zu: „Ja, was waren wir für Dummköpfe, uns solch eine Chance entgehen zu lassen."

Gegen Ende des dritten Festtages gab der König bekannt: „Nun weiß ich, was ich wissen muss, und ich will Juanito und seine Frau besuchen. Ich werde mit ihnen reiten." So brachen alle auf nach der Hütte der Froschfrau.

Die Hütte jedoch war nirgends zu finden; an ihrer Stelle stand der prächtigste Palast, kostbarer als der des Königs. Höchst überrascht sprach der König zu Juanito: „Wenn das dein Palast ist, begehre ich nicht, in meinen zurückzukehren."

Die Prinzessin, befreit von der Froschgestalt, entzückte jeden mit der Schönheit ihrer Lieder und lebte glücklich mit Juanito bis zu ihrem Tode.

1 Nennt Figuren in diesem Märchen, die euch aus anderen Märchen bekannt sind.

2 Tauscht euch über den Inhalt des Märchens aus:
- a Benennt die Eigenschaften des Königs und der drei Söhne.
- b Beschreibt kurz, welche Aufgaben die drei Söhne erfüllen müssen.
- c Erklärt, was man aus dem Märchen lernen kann.

3
- a Gliedert das Märchen in Abschnitte und findet zu jedem Abschnitt eine Überschrift, die den jeweiligen Inhalt wiedergibt.
- b Vergleicht eure Ergebnisse.

4 Tragt zusammen, welche Märchenmerkmale der Text enthält. Der Merkkasten auf Seite 117 hilft euch dabei.

5 Teilt euch in Gruppen auf und vergleicht das Märchen „Der kleine Frosch" (▸ S. 120–123) aus Chile mit dem deutschen Volksmärchen „Prinzessin Mäusehaut" (▸ S. 114–115). Haltet die Gemeinsamkeiten und die Unterschiede fest.

Kemanta (ein indianisches Märchen)

Vor langer Zeit lebte an der Küste des großen Meeres der Indianerjunge Kemanta. Mit seinen Eltern wohnte er in einem Zelt aus Leder. Er war ein guter Jäger. Manchmal brachte er mehr Füchse und Lamas nach Hause als die erwachsenen Indianer.

Nur zum Fischfang ging er nie. Lieber half er den Frauen bei der Arbeit. Kemanta fürchtete sich vor dem Wasser. Er versteckte sich vor dem Regen. Er ging nie baden. Und wenn die anderen Jungen im flachen Wasser herumtobten, lief er davon. Bald lachten ihn alle aus. Sein Vater und seine Brüder waren böse auf ihn. Und eines Tages jagten sie ihn aus dem Haus. Nur seine Mutter brachte ihm heimlich etwas zu essen, damit er nicht verhungerte.

Kemanta lebte hinter dem Dorf in einer kleinen Hütte, die er sich selbst gebaut hatte. Er wurde immer trauriger und wollte gern zu seinen Eltern und Geschwistern zurück. Doch die Angst vor dem Wasser war zu groß. Da sprach er zu sich selbst: „Mein Vater und meine Brüder haben Recht. Ich bin ein Feigling. Deshalb braucht mich niemand. Ich will hier auf meinen Tod warten.“

Nach einer Weile saß plötzlich ein merkwürdiger Mann neben ihm. Seine Hände und Füße waren aus Fischschuppen, seine Zähne waren groß und seine runden Fischaugen glänzten wie das Wasser des Meeres. „Fürchte dich nicht!“, sagte der Mann. „Ich bin der Meergeist und will dir helfen.“ „Mir kann niemand helfen“, antwortete Kemanta traurig. „Ich habe Angst vor dem Wasser. Ich werde niemals schwimmen lernen.“ Doch der alte Mann gab Kemanta eine runde schwarze Muschel und sagte: „Iss morgen früh diese Muschel! Dann wird deine Angst vor dem Wasser verschwinden. Ich werde dich das Schwimmen lehren und du wirst schon bald der beste Schwimmer sein.“

Am nächsten Morgen aß Kemanta die schwarze Muschel und lief zum Meer hinunter. Die Männer aus dem Dorf waren auch schon am Strand. Sie bereiteten ihre Kanus zum Fischfang vor. Sie sahen den Jungen, der ohne Angst in das Wasser lief. Zuerst ging er bis zum

Bauch in das Wasser, dann bis zur Schulter und dann war er ganz verschwunden. „Das war Kemanta! Er ist ertrunken!", riefen die Männer erschrocken.
Doch das stimmte nicht. Denn plötzlich ritt Kemanta auf einer Welle bis zum Ufer. Und dann sprang er wieder in das Wasser hinein. Das Spiel wiederholte sich ein paar Mal: Der Junge ritt fröhlich auf einer Welle und sprang danach gleich wieder in das Wasser. Die Männer am Ufer staunten: „Kemanta hat keine Angst mehr vor dem Wasser."
Doch dann beobachteten sie, wie sich Kemantas Körper langsam veränderte. Seine Hände und Füße verwandelten sich in starke Flossen, der Hals wurde immer kürzer und verschwand. Die Nase und der Mund wurden zu einem Fischmaul. Immer mehr sah er aus wie ein Delfin – und dann verschwand er im Meer.
Seit diesem Tag begleitete der Delfin Kemanta die Boote der Indianer beim Fischfang. Er trieb ihnen viele Fische in ihre Netze. Manchmal schwamm er ein Stück von den Kanus fort und sprang hoch in die Luft. Gesprungen ist er eigentlich nicht. Der Meergeist spielte mit dem Delfin Kemanta und warf ihn dabei in die Höhe. Und wie der Meergeist mit Kemanta spielte, so spielt er noch heute mit den vielen Delfinen. Das sind die Kinder Kemantas.

1 In dem Märchen wird erzählt, wie Kemanta immer trauriger wird (► S. 124, Z. 19–21).
Erklärt Kemantas Traurigkeit.

2 a Beschreibt, wie die Begegnung zwischen Kemanta und dem Meergeist verläuft.
b Tauscht euch aus, welche Folgen diese Begegnung hat.

3 Geht das Märchen gut aus? Begründet eure Meinung mit Hilfe des Textes.

4 Erzählt das Märchen nach. Geht so vor:
a Lest das Märchen mehrmals halblaut durch.
b Gliedert das Märchen in vier große Abschnitte und fasst jeden Abschnitt in einer Überschrift oder in Stichworten zusammen.
c Erzählt das Märchen dann vor der Klasse nach. Haltet euch dabei möglichst eng an den Wortlaut und versucht, mit eurer Stimme deutlich zu machen, wann welche Figur im Text spricht.

5 Sucht zu Hause oder in der Bücherei ein Märchen aus, das ihr in der Klasse frei nacherzählen wollt. Die Informationen im unten stehenden Kasten helfen euch bei eurer Vorbereitung.

Methode **Ein Märchen nacherzählen**

- Lest das Märchen zu Hause mehrmals laut durch und prägt euch den Handlungsverlauf und den „Märchenton" (die Sprache, in der das Märchen erzählt ist) genau ein.
- Gliedert das Märchen in Abschnitte und sucht für jeden Abschnitt eine treffende Überschrift. So habt ihr einen roten Faden für euren Vortrag.
- Lernt wichtige Textstellen (z. B. Anfangs- und Schlussformel, Zaubersprüche, wiederkehrende Formulierungen) auswendig.
- Versucht, mit eurer Stimme deutlich zu machen, wann welche Figur im Text spricht.
- Übt das Nacherzählen zu Hause: Tragt das Märchen – ohne in den Text zu blicken – ein- oder zweimal laut vor, zum Beispiel euren Geschwistern, Freunden, Eltern, oder übt vor dem Spiegel.

Testet euch!

Märchen verstehen

1 a Richtig oder falsch? Schreibt die Buchstaben der richtigen Aussagen hintereinander in euer Heft. Lest genau, denn manchmal kommt es auf einzelne Wörter an.

A In allen Märchen kommen Hexen vor.
D In Märchen sind oder werden Menschen manchmal verwandelt, z. B. in ein Tier.
R In Märchen siegt am Ende das Gute.
M Die Zahl Vier hat in Märchen eine besondere Bedeutung.
E In den Märchen aus anderen Ländern finden sich manchmal die gleichen Figuren wie in den Volksmärchen der Brüder Grimm.
F Märchen gibt es nur in Deutschland. In anderen Ländern nennt man diese Geschichten Sagen.
I Die Brüder Grimm haben die Märchen, die sie von anderen gehört haben, aufgeschrieben und dann verändert.
G Heute weiß man genau, wer welches Märchen erfunden hat.

b Überprüft eure Ergebnisse. Ergeben die Buchstaben ein magisches Lösungswort?

2 Wie ein Zaubertrank braucht auch ein Märchen die richtigen Zutaten.
a Übertragt die Märchenkarten in euer Heft und ergänzt sie mit Beispielen, die in einem Märchen vorkommen könnten.

Held oder Heldin
– *der Sohn/die Tochter eines armen Fischers*

böser Gegenspieler oder böse Gegenspielerin
– …

helfende Märchenfigur
– …

magischer Gegenstand
– …

Aufgaben (oft drei) des Helden oder der Heldin
– …

b Stellt eure Märchenkarten vor und prüft, ob man aus euren Ideen ein Märchen zaubern könnte.

6.2 Schreibwerkstatt – Märchen selbst erzählen

Einen Märchenanfang fortsetzen

Jacob und Wilhelm Grimm

Die drei Federn

Es war einmal ein König, der hatte drei Söhne, davon waren zwei klug und gescheit, aber der dritte sprach nicht viel, war einfältig und wurde nur der Dummling genannt. Als der König nun so alt wurde, dass er an sein Ende dachte, wusste er nicht, welcher von seinen Söhnen nach ihm das Reich erben sollte. Da sprach er zu ihnen: „Ziehet aus, und wer mir den feinsten Teppich bringt, der soll nach meinem Tod König sein." Und damit es keinen Streit unter ihnen gab, führte er sie vor sein Schloss, blies drei Federn in die Luft und sprach: „Wie die fliegen, so sollt ihr ziehen." Die eine Feder flog nach Osten, die andere nach Westen, die dritte flog aber geradeaus und flog nicht weit, sondern fiel zur Erde. Nun ging der eine Bruder rechts, der andere ging links und sie lachten den Dummling aus, der da bei der dritten Feder auf der Erde bleiben musste.

Der Dummling setzte sich nieder und war traurig, da sah er auf einmal neben der Feder eine Türe in der Erde. Er machte sie auf, stieg eine Treppe hinab und ...

1 Lest den Anfang des Märchens und sammelt anschließend alle Märchenmerkmale (Figuren, Hinweise zur Handlung ...), die ihr gefunden habt.

2 Schreibt eine Fortsetzung des Märchens. Geht so vor:

a Notiert in Stichworten, welche Vorgaben (Titel, Figuren und ihre Eigenschaften, Hinweise zur Handlung ...) dieser Märchenanfang euch gibt, z. B.:

Titel: Die drei Federn
Figuren: ein König, ...

Handlung:
1) König weiß nicht, welchem Sohn ...
2) ...

Ein Märchen planen
- Welche Märchenfiguren kommen vor und welche Eigenschaften haben sie?
- Welche Aufgabe(n) muss der Held oder die Heldin bewältigen?
- Benötigen sie die Hilfe einer Fee, eines Drachen, eines Zwergs ...?
- Gibt es einen magischen Gegenstand?
- Was sagen die Figuren?
- Wie geht das Märchen aus?

b Wie soll das Märchen weitergehen? Ergänzt die Handlung in Stichworten. Die Fragen im Kasten helfen euch.

c Schreibt das Märchen weiter, indem ihr eure Ideen ausgestaltet.

3 Lest eure Märchenfortsetzungen vor und gebt euch Rückmeldung zu den folgenden Fragen:
- Welche Märchenmerkmale enthält der Text?
- Habt ihr den Märchenton getroffen?
- Was ist besonders gut gelungen?
- Welche Verbesserungsvorschläge habt ihr?

Ein modernes Märchen schreiben

Cornelia Funke

Die geraubten Prinzen

Es war einmal eine schreckliche Riesin namens Grauseldis, die sammelte schöne Prinzen. Sie raubte sie aus ihren Schlössern und grapschte sie von ihren Pferden. Sie stopfte sie in ihre riesige Handtasche und schleppte sie dann in ihr Schloss, hoch auf dem Gipfel eines Berges.

Manche Prinzen schafften sich bissige Hunde an. Einige ließen ihr Schloss von hundert Rittern bewachen, andere verkleideten sich als arme Bauern, aber Grauseldis schnappte sie alle.

In ihrem Schloss hatte die Riesin ein Puppenhaus mit vielen kleinen Zimmern. Dort steckte sie die Prinzen hinein. Die schönsten bekamen die größten Zimmer und die klügsten benutzte Grauseldis als Schachfiguren. Sie kochte ihnen köstliche Mahlzeiten und spielte ihnen auf der Laute vor, aber das Puppenhaus durften sie erst wieder verlassen, wenn sie der Riesin nicht mehr gefielen ...

Jahrelang ging das so.

Bis Grauseldis eines Tages den schönen Prinzen von Kleinpistazien raubte. Er bewunderte sich gerade im Spiegel, als Grauseldis mit ihren Riesenfingern durchs Fenster griff und ihn in ihre Handtasche stopfte.

Seine Mutter, Königin Adelheit, war verzweifelt. Eine Million Goldstücke bot sie dem, der ihren Sohn befreien würde.

Es meldeten sich viele Ritter, aber nicht einer kehrte vom Schloss der furchtbaren Riesin zurück. Grauseldis warf sie alle in einen dunklen, feuchten Kerker.

Königin Adelheits Verzweiflung war grenzenlos und tränenreich. Aber eines Morgens wurde ihr wieder ein Ritter gemeldet. In roter Rüstung trat er vor ihren Thron.

„Ich werde Euren Sohn befreien", sagte er, ohne seinen Helm zu öffnen. „Aber nur unter einer Bedingung. Dass Ihr ihn mir zum Mann gebt."

„Wie bitte?", rief die Königin.

Da nahm der blutrote Ritter seinen Helm ab und zum Vorschein kam eine wunderschöne Frau.

„Ich bin die Ritterin Frieda Ohnefurcht", sagte sie. „Unbesiegt in vielen Kämpfen. Ich werde Euren Sohn befreien, wenn Ihr mir versprecht, was ich verlange."

„Aber ja!", rief die Königin. „Aber ja doch, alles, was Ihr wollt, meine Teure, nur bringt ihn zurück!"

Da schwang sich Frieda Ohnefurcht auf ihr weißes Pferd. Sie ritt drei Tage und drei Nächte, bis sie zu dem Berg kam, auf dem das Schloss der Riesin stand. Bleich stand der Mond über den spitzen Türmen. Das Schnarchen von Grauseldis war bis zum Fuß des Berges zu hören. Schnell wie der Wind ritt Frieda Ohnefurcht zum Schloss hinauf. Vor dem Tor sprang ihr knurrend der fünfköpfige Wachhund der Riesin entgegen. Aber die rote Ritterin knotete ganz einfach seine fünf Hälse zusammen und ließ ihn den steilen Berg hinunterrollen. Dann ritt sie in den großen Schlosssaal.

„Grauseldis!", rief sie. „Komm her!"

„Wer brüllt so frech in meinem Schloss herum?", knurrte die Riesin. Sie rollte aus ihrem Bett und polterte die Treppe hinunter.

„Rück die Prinzen raus, Grauseldis!", rief die Ritterin. „Oder du wirst die Sonne nicht aufgehen sehen."

„Hahaaa!", lachte die Riesin und klatschte in die Hände. „Ich glaube, ich werde dich auch behalten. Du bringst mich zum Lachen!"

Frieda streifte sich einen Handschuh von der Hand. Aus ihrem Ärmel kroch eine kleine Spinne.

Die Riesin wurde bleicher als der Mond. „Nimm sie weg!", schrie sie und kletterte ängstlich auf einen Stuhl. „Nimm sie weg!"

Frieda Ohnefurcht flüsterte der Spinne etwas zu und setzte sie zu Boden. Das kleine Tier krabbelte auf die Riesin zu. Grauseldis sprang wild von einem Bein aufs andere und versuchte, die Spinne zu zertreten. Immer wilder stampfte die Riesin. Das Schloss bebte. Alle Kronleuchter fielen von der Decke und die Prinzen im Puppenhaus plumpsten aus ihren Betten.

Die kleine Spinne krabbelte der Riesin ungerührt auf den Fuß und kletterte ihr Bein hinauf.

„Aaaah!", kreischte Grauseldis.

Und dann passierte es: Stück für Stück erstarrte die furchtbare Riesin zu Stein, bis sie grau und reglos in der Schlosshalle stand.

„Geschafft!", sagte Frieda Ohnefurcht. Sie zog ihren Handschuh wieder an und klemmte sich den roten Helm unter den Arm. Dann befreite sie die Prinzen aus dem Puppenhaus und die Ritter aus dem Kerker.

Und den schönen Prinzen von Kleinpistazien? Den hat sie doch nicht geheiratet, denn einer der Ritter gefiel ihr noch viel besser.

Friedas Spinne blieb im Schloss und baute sich ein wunderschönes Netz. Direkt hinter dem Ohr der versteinerten Grauseldis.

1 a Lest die Überschrift und die ersten drei Abschnitte des Märchens (▶ S. 128, Z. 1–21). Stellt Vermutungen an, wie das Märchen weitergehen könnte.

b Lest nun das ganze Märchen. Was hat euch überrascht?

2 a Untersucht, welche Märchenmerkmale der Text enthält.

b Woran erkennt ihr, dass dieses Märchen ein modernes Märchen ist? Sucht Beispiele im Text.

c Beurteilt, ob es sich um ein typisches Märchenende handelt.

Fordern und fördern – Ein modernes Märchen schreiben

●●● **1** Schreibt selbst ein modernes Märchen wie Cornelia Funke. Nehmt das Märchen „Die drei Wünsche“ (▶ S. 116) als Ausgangstext und erzählt es neu. Geht folgendermaßen vor:

a Lest das Märchen „Die drei Wünsche“ (▶ S. 116) noch einmal genau durch und macht euch Notizen zu den Figuren und zur Handlung des Märchens.

▷ Eine Hilfe zu dieser Aufgabe findet ihr unten.

b Überlegt, was ihr in dem Märchen verändern wollt, damit ihr eine neue, moderne Märchenvariante erzählen könnt. Sammelt eure Ideen, z. B. in einem Cluster (▶ S. 342).

▷ Ihr wisst nicht genau, wie ihr das Märchen verändern könnt? Eine Hilfe findet ihr auf Seite 131.

c Plant euer Märchen, indem ihr einen Schreibplan anlegt. Berücksichtigt dabei folgende Punkte: Titel, Figuren und ihre Eigenschaften, Handlung, moderne Märchenelemente.

▷ Wenn ihr nachschauen wollt, wie so ein Schreibplan aussehen könnte, schaut auf Seite 131 nach.

d Schreibt nun eine moderne Variante des Märchens „Die drei Wünsche“. Schreibt in einem „Märchenton“, gebt die Gedanken und Gefühle der Figuren wieder und verwendet die wörtliche Rede. Erzählt im Präteritum.

▷ Anregungen zum Schreiben der modernen Märchenvariante findet ihr auf Seite 131.

●●○ **Aufgabe 1 mit Hilfen**

Schreibt selbst ein modernes Märchen, indem ihr das Märchen „Die drei Wünsche“ (▶ S. 116) neu erzählt. Geht folgendermaßen vor:

a Lest das Märchen „Die drei Wünsche“ (▶ S. 116) noch einmal aufmerksam durch und macht euch Notizen zum Inhalt.
- Haltet fest, an welchem Ort das Märchen spielt und welche Figuren in dem Märchen auftreten.
- Macht euch dann Notizen zum Inhalt des Märchens, indem ihr es in fünf Abschnitte gliedert und jeden Abschnitt knapp zusammenfasst, z. B.:

> ***Figuren:*** *Holzfäller und seine Frau*
>
> ***Ort:*** *...*
>
> ***Handlung:***
> 1) *Kobold verspricht drei Wünsche. Dafür soll der Holzfäller nicht den Baum fällen, in dem der Kobold lebt.*
> 2) *Der Holzfäller und seine Frau malen sich schon aus, ...*
> 3) *...*
> 4) *...*
> 5) *...*

b Wie könnt ihr das Märchen „Die drei Wünsche“ moderner gestalten? Sammelt eure Ideen, z. B. in einem Cluster (▶ S. 342). Die folgenden Fragen helfen euch:
- Wollt ihr den Ort des Märchens verändern, z. B. eine Großstadt, ein Kletterwald …?
- Welche Figuren treten auf? Haben sie einen Beruf, der in unsere heutige Zeit passt?
- Wollt ihr den Kobold in eurem Märchen durch eine zeitgemäße Figur ersetzen?
- Welche modernen Gegenstände könnten in eurem Märchen eine Rolle spielen (z. B. ein feuerrotes Sportauto, eine lilafarbener Rucksack …)?
- Welche Wünsche könnten ausgesprochen werden (z. B. ein neuer Fernseher …)?
- Was geschieht in eurem Märchen und wie endet es?

c Plant euer Märchen und legt einen Schreibplan an.

Schreibplan

Titel: …
Figuren: …
Typisch für ein modernes Märchen: …

Handlung:

1) Einleitung (Wie beginnt das Märchen?):
- …

2) Hauptteil (Was geschieht?):
- …

3) Schluss (Wie endet das Märchen?):
- …

d Schreibt nun eine moderne Variante des Märchens „Die drei Wünsche“. Nehmt euren Schreibplan zu Hilfe und erzählt im Präteritum.

Tipps zum Märchenschreiben	Beispiele
Benutzt märchenhafte Wendungen.	*Es war einmal …* *Eines Tages …* *Und wenn sie nicht gestorben sind, dann …* *Fortan lebten sie glücklich und zufrieden.*
Macht deutlich, was eure Figuren zueinander sagen und was sie denken.	*Der … schrie: „…!“* *Auf einmal lachte die … und flüsterte: „…“* *Wenn ich nun …, dachte der …*
Verwendet Adjektive und Verben, die euer Märchen anschaulich machen.	*Adjektive: groß, mächtig, dunkel, riesig, feuerrot, schnell, ängstlich, vorsichtig, freundlich, neugierig, zornig …* *Verben: flüstern, schreien, murmeln, rufen, verstecken, lachen, glauben, rennen, rasen, laufen, helfen …*

6.3 Fit in ... – Ein Märchen fortsetzen

Die Aufgabenstellung verstehen

Stellt euch vor, ihr bekommt in der nächsten Klassenarbeit folgende Aufgabenstellung:

Schreibe das Märchen „Die drei Fledermäuse" weiter und ergänze es zu einem vollständigen Märchen. Berücksichtige hierbei typische Märchenmerkmale.

Die drei Fledermäuse

Es war einmal eine Mutter, die hatte drei Söhne und eine Tochter. Ihre Tochter half gerne auf dem Hof, ihre drei Söhne aber faulenzten oft den ganzen Tag. Eines Abends wurde es der Mutter zu viel und sie verfluchte ihre drei Söhne und rief vor lauter Wut: „Mir wären drei Fledermäuse als Söhne lieber als solche Nichtsnutze, wie ihr es seid." Kaum hatte sie dies ausgesprochen, sah sie drei Fledermäuse durch den halbdunklen Abendhimmel davonschwirren. Nun tat es ihr doch leid um ihre faulen, aber liebenswerten Söhne und sie erzählte ihrer Tochter von ihrem Missgeschick.

Das Mädchen versprach der Mutter, die drei Jungen zu suchen und zu erlösen. So machte sie sich auf den Weg. Als das Mädchen zwei Tage lang unterwegs war, begegnete ihr ...

1 a Lest euch die Aufgabenstellung genau durch.

b Wisst ihr, was die Aufgabenstellung von euch verlangt? Wählt die zwei richtigen Aussagen aus und schreibt sie in euer Heft.

Ich soll ...
- ein modernes Märchen schreiben.
- das Märchen weiterschreiben.
- die Vorgeschichte zu diesem Märchen erzählen.
- in der Märchenfortsetzung typische Märchenmerkmale verwenden.

Ideen sammeln

2 Eure Märchenfortsetzung soll zu dem Anfang des Märchens passen.
Notiert in Stichworten, welche besonderen Vorgaben dieser Märchenanfang euch gibt. Ihr könnt den folgenden Cluster in euer Heft übertragen und ergänzen.

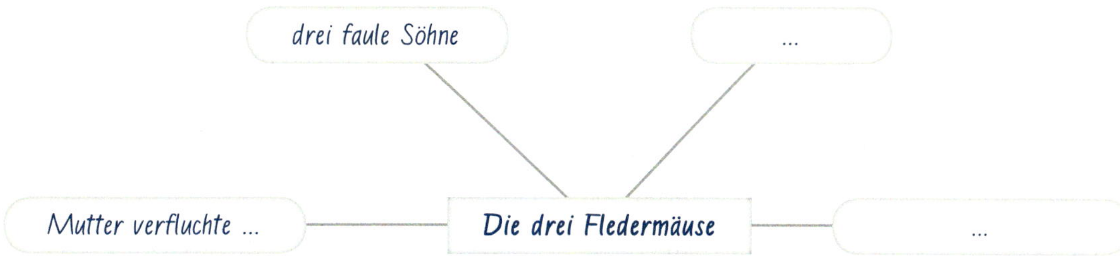

3 a Wie könnte das Märchen von den drei Fledermäusen weitergehen? Wählt aus den folgenden Ideen jeweils eine aus und ergänzt eure Ideensammlung, z. B. den Cluster.

Welche Figur sollte in der Fortsetzung des Märchens im Mittelpunkt stehen?
- die Mutter
- die drei Fledermäuse
- die fleißige Schwester

Welche der folgenden Handlungen passen zu dem Märchenanfang?
- Verwandlung der Schwester in eine Fledermaus
- Verzauberung der Mutter
- Erfüllen von drei Aufgaben

b Überlegt euch weitere Ideen für die Fortsetzung des Märchens und haltet diese fest. Die Fragen im Tippkasten helfen euch.

Einen Märchenanfang fortsetzen
- Welche Aufgaben muss die Hauptfigur (der Held / die Heldin) lösen?
- Wer hilft bei der Lösung der Aufgaben, z. B. ein Tier, ein Zauberwesen ...?
- Soll es einen magischen Gegenstand geben?
- Wie sieht der Schluss des Märchens aus?

Einen Schreibplan erstellen

4 Ein Schreibplan hilft euch, beim Verfassen des Märchens nicht den roten Faden zu verlieren. Erstellt in eurem Heft einen Schreibplan für euer Märchen. Verwendet die Ideen, die ihr für die Fortsetzung des Märchens gesammelt habt.

> *Schreibplan*
>
> ***Titel:*** *Die drei Fledermäuse*
> ***Figuren:*** *eine Mutter, drei faule Söhne, ...*
> ***Typische Märchenmerkmale in meinem Text:***
> *- ...*
>
> ***Handlung:***
> *Einleitung (Wie beginnt das Märchen?):*
> *- Mutter verwünscht ihre drei Söhne. Sie verwandeln sich in Fledermäuse.*
> *- Ihre Schwester will sie suchen und erlösen.*
> *Hauptteil: (Was geschieht?):*
> *1) Das Mädchen trifft ...*
> *2) ...*
> *...*
> *Schluss: (Wie endet das Märchen?):*
> *- Das Mädchen findet die drei Brüder und ...*

5 Das Mädchen trifft bestimmt auf ein sprechendes Tier oder ein anderes Zauberwesen. Worüber sprechen die beiden? Verfasst einen kurzen Dialog.
Die Wörter in der Wortliste unten helfen euch dabei, als Redebegleitwörter nicht nur „sagen" und „fragen" zu verwenden, z. B.:

„Bitte hilf mir! Ich irre nun schon seit zwei Tagen durch diesen dunklen Wald und ...", sprach das Mädchen ängstlich.
„Gerne will ich dir ...", antwortete ...

stammeln stottern auffordern sich erkundigen sich wundern raunen sprechen
sagen flüstern reden fragen antworten entgegnen erklären

Das Märchen fortsetzen und überarbeiten

6 a Schreibt nun die Fortsetzung des Märchens. Erzählt im Präteritum und gestaltet die Handlung märchenhaft.

b Überarbeitet gemeinsam mit einem Partner oder einer Partnerin eure Märchenfortsetzungen mit Hilfe der folgenden Checkliste:

Checkliste

Ein Märchen fortsetzen

- Passt die Fortsetzung zum Anfang des Märchens (Figuren, Ausgangssituation)?
- Erzählt ihr im Hauptteil z. B. von Aufgaben oder Prüfungen, die der Held oder die Heldin bewältigen muss?
- Lasst ihr am Schluss das Gute siegen?
- Sind die Figuren und die Handlung märchenhaft (typische Märchenfiguren, magische Gegenstände, besondere Zahlen wie Drei, Sieben oder Zwölf)?
- Enthält euer Text typische Märchenformulierungen, z. B.: *Fortan lebten sie ...*?
- Habt ihr die wörtliche Rede verwendet?
- An welchen Stellen kann man treffendere Verben oder anschaulichere Adjektive einsetzen?
- Ist das Märchen im Präteritum (1. Vergangenheit) erzählt?

7 Leseratten und Bücherwürmer – Jugendbücher lesen und vorstellen

1 a Beschreibt, was ihr auf dem Bild entdecken könnt. Welche Erfahrungen, die man beim Lesen machen kann, werden hier dargestellt?
b Findet einen Titel für das Bild.

2 a Tauscht euch darüber aus, wann und wo ihr lest.
b An welches Buch, das ihr in letzter Zeit gelesen habt, könnt ihr euch erinnern? Erzählt davon.

3 Zählt ihr euch eher zu den Leseratten oder zu den Lesemuffeln? Schreibt eure Meinung auf und erklärt sie den anderen: *Ich bin eine Leseratte, weil …*
Ich bin ein Lesemuffel, weil …

In diesem Kapitel …

- lest ihr Auszüge aus zwei Jugendbüchern und vergleicht sie miteinander,
- erfahrt ihr, welches Angebot eine Bibliothek hat und wie ihr dort gezielt nach Büchern, CDs und anderen Medien suchen könnt,
- stellt ihr euch gegenseitig euer Lieblingsbuch vor.

7.1 Abenteuer – Spannend und lustig erzählt

Den Aufbau einer Geschichte untersuchen – Erzählschritte

Mark Twain

Der amerikanische Schriftsteller Mark Twain (1835–1910) wuchs in einer kleinen Hafenstadt am Mississippi auf. Als sein Vater starb, musste er mit zwölf Jahren die Schule abbrechen, um in einer Druckerei zu arbeiten. Mit 17 Jahren begann Mark Twain, ein Wanderleben zu führen: Er reiste durch Amerika, arbeitete als Drucker, wurde Lotse auf einem Mississippi-Dampfer, war kurze Zeit Soldat und ging als Silbersucher in den Wilden Westen. Erst mit 30 Jahren begann er zu schreiben. Weltberühmt wurde er durch seinen Roman „Tom Sawyers Abenteuer", um das es in diesem Teilkapitel geht.

Mark Twain

Tom Sawyers Abenteuer: Tom Sawyer und der Gartenzaun

Tom wächst als Waise mit seinem jüngeren Halbbruder Sid bei seiner Tante Polly in St. Petersburg, einer Kleinstadt am Mississippi, auf. Im Gegensatz zu Sid, der ein wahrer Musterknabe ist, ist Tom ein Rumtreiber und Raufbold. Er schwänzt gerne die Schule und treibt mit seinen Streichen seine Tante Polly, die ihn von Herzen liebt, immer wieder zur Verzweiflung. Als er sich wieder einmal spätabends nach einer Prügelei in sein Zimmer schleichen will, fängt sie ihn ab und brummt ihm eine Strafe auf: Tom soll an einem sommerlichen, schulfreien Samstag den Gartenzaun streichen.

Tom trat mit einem Eimer Kalkfarbe und einem langstieligen Malerpinsel auf den Gehweg. Er betrachtete den Zaun und alle Fröhlichkeit wich von ihm. Tiefe Schwermut senkte sich auf seine Seele. Fünfundzwanzig Meter Bretterzaun, über zweieinhalb Meter hoch. Das Leben erschien ihm leer, das Dasein eine Last. Seufzend tunkte er seinen Pinsel in die Farbe und strich damit über das oberste Brett, wiederholte den Vorgang, tat es noch einmal, verglich den unbedeutenden Farbstreifen mit dem riesigen Kontinent noch ungestrichenen Zauns und setzte sich entmutigt auf eine Holzkiste, die zum Schutz um einen Baumstamm herum gebaut war. [...]

Ihm fielen die ganzen Vergnügungen ein, die er für diesen Tag geplant hatte, und sein Kummer wuchs ins Unermessliche. Bald würden die Jungen, die frei hatten, vorbeigetrabt kommen, unterwegs zu allen möglichen wunderbaren Unternehmungen, und sie würden eine Welle des Spotts über ihn ausgießen, weil er arbeiten musste – schon die Vorstellung brannte in ihm wie Feuer. Er kramte seine weltliche Habe aus den Taschen und sah sie sich an –

Spielzeugteile, Murmeln und Plunder. Vielleicht genug, um dafür eine andere Arbeit einzutauschen, aber nicht annähernd genug, um sich auch nur für eine halbe Stunde freizukaufen. Er steckte seine beschränkten Mittel wieder zurück und gab die Idee auf, Jungen anzuheuern. In diesem düsteren und ausweglosen Augenblick hatte er eine unverhoffte Eingebung! Nichts weniger als eine großartige, glorreiche Eingebung.

Er nahm seinen Pinsel auf und ging ruhig an die Arbeit. Bald tauchte Ben Rogers auf – von allen Jungen ausgerechnet der, dessen Spott er am meisten fürchtete. Ben bewegte sich in einem Hüpf- und Hopsgang vorwärts – Beweis dafür, dass sein Herz fröhlich und seine Erwartungen groß waren. Er aß einen Apfel und gab in Abständen ein langes Tuten von sich, dem ein tiefes Ding-Dong-Dong, Ding-Dong-Dong folgte, denn er verkörperte einen Raddampfer. Als er näher kam, drosselte er die Fahrt, steuerte zur Straßenmitte, lehnte sich stark nach Steuerbord und drehte schwerfällig und mit beträchtlichem Aufwand und Getöse bei – denn er war in diesem Moment die „Big Missouri“ mit einem Tiefgang von neun Fuß. Er war Dampfer, Kapitän und Maschinenglocken zugleich, sodass er auf seinem eigenen Oberdeck stand, Kommandos gab und sie ausführte [...].

Tom malte weiter – schenkte dem Dampfschiff keinerlei Beachtung. Ben starrte ihn einen Moment lang an und sagte: „Heho! Du bist ganz schön angeschmiert, oder?“

Keine Antwort. Tom musterte seinen letzten Pinselstrich mit kritischem Künstlerblick, dann wischte er mit dem Pinsel noch einmal leicht darüber und betrachtete das Ergebnis wie zuvor. Ben stellte sich neben ihn. Der Apfel ließ Tom das Wasser im Mund zusammenlaufen, aber er blieb in seine Arbeit vertieft. Ben sagte: „Hallo, altes Haus, du musst arbeiten, was?“

Tom drehte sich überrascht um und sagte: „Ach, du bist's, Ben! Ich hab dich gar nicht bemerkt.“

„Hör mal, ich geh jetzt schwimmen. Hättest du nicht Lust mitzukommen? Nee, du arbeitest natürlich lieber, oder? Aber sicher!“

Tom sah den Jungen ein Weilchen an und sagte: „Was nennst du denn Arbeit?“

„Wieso, ist das hier keine Arbeit?“

Tom wandte sich wieder dem Streichen zu und sagte gleichgültig: „Vielleicht, vielleicht auch nicht. Ich weiß nur, dass es für Tom Sawyer genau das Richtige ist.“

„Ach, komm, du willst mir doch nicht weismachen, dass dir das Spaß macht?“

Der Pinsel blieb in Bewegung.

„Spaß? Ich wüsste nicht, warum es mir keinen Spaß machen sollte. Hat'n Junge denn jeden Tag die Chance, 'nen Zaun zu streichen?“

Das rückte die Sache in ein anderes Licht. Ben hörte auf, an seinem Apfel zu nagen. Tom strich mit dem Pinsel kunstvoll hin und her, trat einen Schritt zurück, um die Wirkung zu prüfen, fügte an der einen oder anderen Stelle einen Tupfer hinzu und begutachtete die Wirkung erneut. Ben verfolgte jede Bewegung mit wachsendem Interesse und immer größerer Spannung. Plötzlich sagte er: „Hör mal, Tom, lass mich mal'n bisschen streichen.“

Tom überlegte, war schon beinahe einverstanden, aber er änderte seine Meinung: „Nee, nee, ich glaube, das geht nicht, Ben. Weißt du, Tante Polly nimmt's sehr genau mit dem Zaun – gerade hier auf der Straßenseite, verstehst du – wenn es die Rückseite wär, dann hätt' ich nix dagegen und sie auch nicht. Ja, sie nimmt's schon verdammt genau mit dem Zaun. Es muss sehr sorgfältig gemacht werden. Ich schätze, unter tausend, vielleicht zweitausend Jungen gibt es keinen, der's so machen kann, wie's sein muss." [...]

„Ach, Blödsinn! Ich pass genauso gut auf. Jetzt lass mich mal probieren. Ich geb dir auch meinen Apfelbutzen."

„Na, von mir aus, hier ... Nein, Ben, lieber doch nicht. Ich hab doch Angst ..."

„Ich geb dir den ganzen!"

Tom gab den Pinsel her, mit Widerstreben im Gesicht und Genugtuung im Herzen. Und während der ehemalige Dampfer „Big Missouri" in der Sonne arbeitete und schwitzte, saß der Künstler im Ruhestand auf einem Holzfass im Schatten nahebei, ließ die Beine baumeln, mampfte seinen Apfel und plante das Schlachten weiterer unschuldiger Opfer.

Es gab keinen Mangel an Kandidaten, alle paar Minuten kam ein Junge vorbei. Sie kamen zum Sticheln und blieben zum Streichen. Als Ben keine Kraft mehr hatte, bekam Billy Fisher die nächste Runde für seinen noch gut erhaltenen Drachen, und als Billy fertig war, kaufte sich Johnny Miller mit einer toten Ratte ein, nebst einer Schnur, an der man sie kreisen lassen konnte – und so weiter und so fort, Stunde um Stunde. Und am späten Nachmittag schwamm Tom, der am Morgen noch von Armut gebeutelt gewesen war, buchstäblich im Überfluss. Er hatte neben den schon erwähnten Dingen zwölf Murmeln, ein Stück einer Maultrommel, eine blaue Glasscherbe zum Durchgucken, eine kleine Schleuder, einen Schlüssel, der in kein Schloss passte, ein Stück Kreide, den Glasstöpsel einer Karaffe, einen Zinnsoldaten, ein paar Kaulquappen, sechs Knallfrösche, ein einäugiges Kätzchen, einen Türknauf aus Messing, ein Hundehalsband ohne Hund, einen Messergriff, fünf Stück Orangenschale sowie einen morschen Fensterrahmen.

Er hatte sich währenddessen blendend die Zeit vertrieben, hatte nichts getan und jede Menge Gesellschaft gehabt – und der Zaun war mit drei Schichten Kalkfarbe angestrichen! Wäre die Farbe nicht ausgegangen, hätte er jeden Jungen im Dorf bankrott gemacht.

1 a Lasst euch die Geschichte (▶ S. 136–138) vorlesen und hört gut zu. Schreibt anschließend auf, worum es in der Geschichte geht.
b Lest euch gegenseitig vor, was ihr notiert habt. Haltet gemeinsame Ergebnisse fest.

2 Sicher ist euch aufgefallen, dass sich Toms Stimmung im Verlauf der Geschichte grundlegend ändert.
a Lest den Text (▶ S. 136–138) noch einmal gründlich und notiert die Zeilenangaben der Textstelle, in der dieser Stimmungsumschwung eintritt.
b Erklärt, warum seine Stimmung wechselt. Beschreibt dazu die Situation, in der sich Tom vorher und nachher befindet.

3 Wie würdet ihr Toms Verhalten beurteilen: als gemeinen Betrug, als listige Falle, als lustigen Streich oder ...? Begründet eure Meinung mit Hilfe des Textes.

4 a Gliedert die Geschichte in einzelne Erzählschritte und fasst das Geschehen jeweils in einem Satz zusammen, z. B.:

> *Z. 1–x: Tom ist schlecht gelaunt, weil er an einem schulfreien Samstag einen Gartenzaun streichen muss.*
> *Z. x–y: ...*

b Gebt den Inhalt der Geschichte mündlich wieder. Nutzt dazu eure Notizen zu den einzelnen Erzählschritten.

5 Spielt die Szene zwischen Tom Sawyer und Ben Rogers (▶ Z. 36–122) als Rollenspiel. Arbeitet zu zweit und geht so vor:
a Lest noch einmal den Textabschnitt, in dem die beiden sich begegnen (▶ Z. 36–122). Achtet darauf, was Ben und Tom tun und was sie sagen. Verfasst dann mit Hilfe des Textes einen Dialog zwischen Tom und Ben.
b Übt euer Rollenspiel. Versetzt euch dabei in die beiden Figuren und achtet bei eurem Spiel auch auf eure Sprechweise, eure Mimik (Gesichtsausdruck) und eure Gestik (Körperbewegung). Wie könnten zum Beispiel Toms Mimik und Gestik vor, während und nach seinem Einfall aussehen?
c Führt eure Rollenspiele vor. Was ist euch besonders gut gelungen?

Information **Erzählschritte in einer Geschichte**

Jede Geschichte besteht in der Regel aus mehreren Erzählschritten, die man auch Handlungsabschnitte nennt. Ein **neuer Erzählschritt** beginnt häufig dann, **wenn** z. B.:
- der **Ort** der Handlung **wechselt,** z. B.: *Auf der Insel angekommen ...*
- ein **Zeitsprung** stattfindet, z. B.: *Am nächsten Morgen ...*
- eine **neue Figur** auftaucht, z. B.: *Bald tauchte Ben Rogers auf ...*
- die Handlung eine **Wendung** erfährt, z. B.: *Auf einmal ...*
- ein **Wandel in den Gedanken und Gefühlen** der Hauptfigur stattfindet, z. B.: *Ich fühlte mich plötzlich leicht und fröhlich ...*

Die Figuren einer Geschichte kennen lernen

Mark Twain

Tom Sawyers Abenteuer: Huckleberry Finn und die tote Katze

Kurz darauf traf Tom den jugendlichen Paria[1] des Städtchens, Huckleberry Finn, den Sohn eines stadtbekannten Säufers. Huckleberry war bei allen Müttern herzlich verhasst und gefürchtet, weil er faul war und gesetzlos und ordinär[2] und böse – und weil ihre Kinder ihn bewunderten und seine verbotene Gesellschaft suchten und wünschten, sie brächten den Mut auf, wie er zu sein. Tom glich darin den anderen wohlerzogenen Jungen, er beneidete Huckleberry um sein abenteuerliches Außenseiterdasein und hatte strikte Anweisung, nicht mit ihm zu spielen. Darum spielte er mit ihm, sooft sich die Gelegenheit bot. Huckleberry trug immer die abgelegte Kleidung erwachsener Männer und sie wurde nie gewechselt und hing in Fetzen an ihm herunter. Sein Hut war eine geräumige Ruine mit einem sichelförmigen Loch in der breiten Krempe. Seine Jacke, wenn er eine trug, hing ihm fast bis auf die Fersen und die hinteren Knöpfe saßen unterhalb des Rückens. Seine Hose wurde von nur einem Hosenträger gehalten, der Hosenboden war ausgebeult mit nichts drin und die ausgefransten Hosenbeine schleiften im Schmutz, wenn sie nicht hochgekrempelt waren.

1 der Paria: Außenseiter

2 ordinär: unanständig, unfein

Huckleberry kam und ging, wie es ihm beliebte. Bei schönem Wetter schlief er in Hauseingängen und bei schlechtem in leeren Zuckerfässern. Er musste nicht zur Schule oder in die Kirche gehen, niemand konnte ihm befehlen und er brauchte niemandem zu gehorchen. Er konnte angeln und schwimmen gehen, wann und wo er wollte, und so lange bleiben, wie es ihm Spaß machte. Niemand verbot ihm zu raufen. Er konnte so lange aufbleiben, wie es ihm gefiel. Er war immer der erste Junge, der im Frühling barfuß lief, und der letzte, der im Herbst Schuhe trug. Er musste sich weder waschen noch saubere Sachen anziehen. Er konnte herrlich fluchen. In einem Wort, alles, was das Leben lebenswert macht, hatte dieser Junge. Das empfand jeder geplagte, eingezwängte, ehrbare Junge in St. Petersburg.

Tom begrüßte den stolzen Außenseiter: „Hallo, Huckleberry!“

„Selber hallo, und guck mal, ob sie dir gefällt.“

„Was hast du denn da?“

„Ne tote Katze.“

„Lass mal sehen, Huck. Ui, die ist ja schon richtig steif. Wo hast du sie her?“

„Nem Jungen abgekauft.“

„Was hast du bezahlt?“

„Nen blauen Zettel und ne Schweinsblase aus'm Schlachthaus.“

„Wo hattest du den blauen Zettel her?“

„Hab ihn vor zwei Wochen Ben Rogers für nen Stock zum Reifentreiben abgekauft.“

„Sag mal, wofür sind tote Katzen eigentlich gut, Huck?“

„Wofür? Kann man Warzen mit wegmachen.“

„Ehrlich? [...] Aber sag mal, wie kriegt man sie denn mit toten Katzen weg?“

„Na ja, du nimmst deine Katze und gehst ungefähr um Mitternacht auf'n Friedhof, wenn jemand Böses begraben worden ist. Und wenn's Mitternacht ist, kommt'n Teufel oder vielleicht sogar zwei oder drei, aber man kann sie nicht sehn, man hört sie nur wie Wind oder so ähnlich oder vielleicht hört man sie reden. Und wenn sie den Burschen wegschleppen, dann schmeißt du deine Katze hinterher und rufst: ‚Teufel geh zur Leich, Katze geh zum Teufel, Warzen geht zur Katz, ich bin euch los!‘ Das haut jede Warze weg.“

„Klingt gut. Hast du's schon mal ausprobiert, Huck?“

„Nee, aber die alte Mutter Hopkins hat's mir erzählt.“

„Ja, dann schätz ich, dass es stimmt. Denn die Leute sagen ja, sie ist ne Hexe.“

„*Sagen*? Mensch, Tom, ich weiß, dass sie eine ist. Sie hat Pa verhext. Pa hat's selbst gesagt. Er ist mal vorbeigekommen und hat gesehen, dass sie ihn verhexen wollte, also hat er nen Stein genommen, und wenn sie sich nicht geduckt hätte, dann hätt er sie erwischt. Und genau an dem Abend rollt er von nem Schuppen, wo er seinen Rausch ausschlafen wollte, und bricht sich den Arm.“

„Das ist ja grauenhaft. Und wie hat er gemerkt, dass sie ihn verhext?“

„Na, Pa merkt das ganz leicht. Pa sagt, wenn sie einen so lange starr anschauen, dann verhexen sie einen. Besonders wenn sie dabei irgendwas grummeln. Weil, wenn sie grummeln, dann sagen sie's Vaterunser rückwärts.“

„Sag mal, Hucky, wann willst du das mit der Katze ausprobieren?“

„Heut Nacht. Ich glaub, sie sind heut Nacht hinter Hoss Williams her.“

„Aber der ist doch am Samstag begraben worden, Huck. Haben sie den denn nicht schon am Samstag geholt?“

„Wie du daherredest! Wie können sie denn vor Mitternacht schon zaubern? Und dann ist doch schon Sonntag. Teufel treiben sich nicht viel rum am Sonntag, schätz ich mal.“

„Das stimmt, daran hab ich nicht gedacht. Kann ich mitkommen?“

„Klar – wenn du keine Angst hast.“

„Angst? Woher denn!“

1 Erklärt, was Huckleberry Finn mit der toten Katze vorhat. Was haltet ihr von Hucks Idee?

2 In diesem Textauszug lernt ihr Toms besten Freund Huck kennen. Macht euch ein genaues Bild von ihm. Erstellt dazu einen Steckbrief.

Steckbrief zu Huckleberry Finn

Name: ...
Aussehen: ...
Lebensumstände: ...
Verhaltensweisen/Gewohnheiten: ...

3 Ihr erfahrt auch etwas über das Ansehen von Huckleberry Finn in der Stadt St. Petersburg. Macht in einer Figurenskizze deutlich, in welcher Beziehung Huck Finn zu den Erwachsenen und zu den Kindern von St. Petersburg steht. Übertragt dazu das folgende Schaubild in euer Heft und notiert eure Eindrücke.

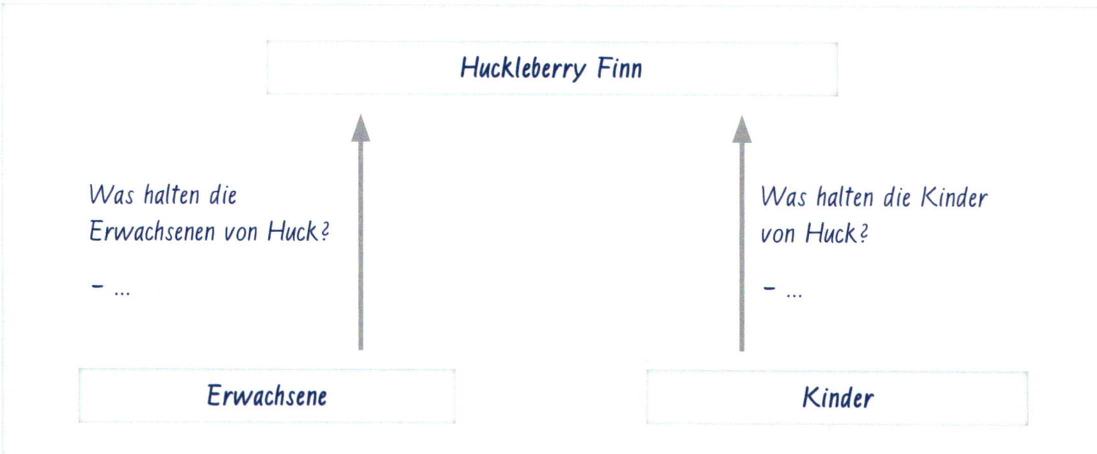

4 Möchtet ihr mit Huck befreundet sein? Schreibt eure Meinung auf und begründet, ob ihr euch eine Freundschaft mit ihm vorstellen könnt oder nicht.

5 Was könnten die beiden Freunde, Tom und Huck, nachts auf dem Friedhof erleben? Erzählt die Geschichte weiter.

Information **Die Figuren einer Geschichte untersuchen**

Die **Personen**, die **in einer Geschichte** vorkommen bzw. handeln, **nennt man Figuren.** In vielen Geschichten gibt es eine **Hauptfigur,** über die der Leser besonders viel erfährt.
Um eine Geschichte zu verstehen, solltet ihr euch ein klares Bild von den einzelnen Figuren machen. Geht dabei so vor:

- Führt euch ihr Aussehen, ihre Lebensumstände, ihre Verhaltensweisen, Gefühle und ihre Gewohnheiten vor Augen. Legt dazu z. B. einen Figurensteckbrief an.
- Achtet auch darauf, welche Beziehungen die Figuren zueinander haben und was sie übereinander denken: Sind die Figuren befreundet oder ist ihr Verhältnis eher schlecht?
  TIPP: In einer Figurenskizze könnt ihr die Beziehung der Figuren deutlich machen.

Wenn ihr als Leser/-innen all das beachtet, entwickelt ihr selbst eine Haltung zu den Figuren, (z. B. Sympathie oder Ablehnung), die ihr dann begründen könnt.

Wer erzählt? – Erzählformen unterscheiden

Mark Twain

Tom Sawyers Abenteuer: Die Abenteuer auf der Mississippi-Insel

Als Tom sich von seiner Tante Polly wieder einmal ungerecht behandelt fühlt und außerdem das Mädchen aus seiner Klasse, das er sich als Freundin wünscht, nichts von ihm wissen will, kommt er sich ganz einsam und verlassen vor. Er trifft Joe Harper, einen seiner Freunde, der in derselben Stimmung ist, weil er gerade von seiner Mutter verprügelt worden ist. Gemeinsam beschließen sie, ihre Heimat zu verlassen und als Piraten ein wildes Leben zu führen.

Drei Meilen unterhalb von St. Petersburg, an einer Stelle, wo der Mississippi etwas über eine Meile breit war, gab es eine lange, schmale, bewaldete Insel mit einer flachen Sandbank an der Spitze, die sich wunderbar als Landepunkt eignete. Sie war unbewohnt und lag nah am anderen Ufer, gegenüber einem dichten, fast unbewohnten Wald. Also entschieden sich Tom und Joe für Jackson's Island. Wer Opfer ihrer Piratenzüge werden sollte, diese Frage stellte sich ihnen nicht. Dann suchten sie Huck Finn auf und er schloss sich ihnen sofort an, denn für ihn war ein Beruf wie der andere; er scherte sich nicht darum. Sie gingen auseinander, um sich an einer Stelle zwei Meilen oberhalb des Dorfs zur bevorzugten Stunde zu treffen – also um Mitternacht. Dort lag ein kleines Floß aus Baumstämmen, das sie kapern wollten. Jeder wollte Haken und Fischleinen und so viel Verpflegung mitbringen, wie er auf möglichst dunkle und geheimnisvolle Weise stehlen konnte – ganz so, wie es sich für Banditen gehörte. [...]

Um Mitternacht erschien Tom mit einem gekochten Schinken und ein paar Kleinigkeiten und hielt im dichten Gestrüpp einer kleinen Anhöhe am Steilufer an, von wo man den Treffpunkt überblicken konnte. Es herrschte Sternenlicht und tiefe Stille. Der mächtige Fluss ruhte wie ein Ozean. Tom lauschte einen Moment, aber kein Laut störte die Ruhe. Dann ließ er einen leisen, scharfen Pfiff ertönen. Er wurde von unten beantwortet. Tom pfiff noch zweimal und erneut kam die gleiche Erwiderung. Dann sagte eine leise Stimme: „Wer da?"

„Tom Sawyer, der Schwarze Rächer der spanischen Armada[1]. Nennt eure Namen."

„Huck Finn, die Bluthand, und Joe Harper, der Schrecken der Meere." Tom hatte diese Namen aus seinen Lieblingsbüchern übernommen.

„Recht so. Gebt die Parole[2]."

Zwei heisere Flüsterstimmen sandten das entsetzliche Wort gleichzeitig in die brütende Nacht: „BLUT!"

Tom ließ seinen Schinken das Steilufer hinunterpurzeln und rutschte dann hinterher, wobei sowohl seine Kleidung als auch seine Haut etwas in Mitleidenschaft gezogen wurden. Es gab einen bequemen Pfad am Fluss unterhalb des Steilufers, der aber auf Grund seines Mangels an Beschwernis und Gefahr, woran Piraten so gelegen war, nicht in Frage kam.

1 die Armada: mächtige Kriegsflotte des spanischen Königs Philipps II. (1527–1598)

2 die Parole: Kennwort

Der Schrecken der Meere hatte eine ganze Speckseite mitgebracht und sich beim Herschleppen fast vollständig verausgabt. Finn, die Bluthand, hatte eine Bratpfanne geklaut und außerdem eine Ration geräucherten Blatttabak und ein paar Maiskolben mitgebracht, aus denen man Pfeifen machen konnte. Außer ihm selbst rauchte oder „kaute“[3] keiner der Piraten. Der Schwarze Rächer der spanischen Armada sagte, es hätte keinen Sinn, die Sache ohne Feuer zu beginnen. Das war ein weiser Gedanke; in jenen Tagen waren Streichhölzer so gut wie unbekannt. Auf einem großen Floß hundert Meter flussaufwärts sahen sie ein Feuer glimmen und sie schlichen heimlich hin und besorgten sich ein Scheit. Sie machten ein gewaltiges Abenteuer daraus, sagten alle naselang „Pst!“ und hielten plötzlich an, den Finger auf den Lippen, mit imaginären[4] Dolchen fuchtelnd und düstere Befehle flüsternd, wenn „der Feind“ sich rühre, solle er „ihn bis ans Heft[5] spüren“, denn „Tote reden nicht“. Sie wussten nur zu gut, dass die Flößer alle im Städtchen waren, um Besorgungen oder eine Zechtour zu machen, aber das war kein Grund, ihr Vorhaben unpiratentiös durchzuführen.

Dann stießen sie ab. Tom hatte das Kommando, Huck stand am hinteren, Joe am vorderen Ruder. Tom stand mittschiffs, mit finsterer Miene und verschränkten Armen, und gab in strengem Flüsterton seine Befehle: „Luven[6] und bringt sie an den Wind!“ [...]

Um zwei Uhr morgens lief das Floß ungefähr zweihundert Meter oberhalb der Inselspitze auf der Sandbank auf und sie wateten hin und her, bis sie ihre Fracht an Land gebracht hatten. Zu dem kleinen Floß gehörte auch ein altes Segel und dieses breiteten sie über eine Lücke im Gebüsch, sodass sie ein Zelt für ihren Proviant hatten. Sie selbst wollten bei gutem Wetter im Freien schlafen, wie es sich für Gesetzlose geziemte[7].

Sie machten Feuer neben einem großen Baumstamm, der zwanzig oder dreißig Schritt weiter im finsteren Waldinneren lag, und brieten sich in der Pfanne etwas Speck und verzehrten die Hälfte des mitgebrachten Maisbrots. Es machte einen Riesenspaß, so zwanglos und frei im unberührten Wald einer unerforschten und menschenleeren Insel zu schmausen, weitab von den Menschen, und sie sagten, sie würden nie wieder in die Zivilisation[8] zurückkehren. Das hochflackernde Feuer beleuchtete ihre Gesichter und warf seinen roten Schimmer auf die Baumsäulen ihres Waldtempels und auf das glänzende Blattwerk und die Rankengirlanden.

Als das letzte Stück knusprigen Specks verzehrt und das letzte Stück Maisbrot verschlungen war, streckten sich die Jungen zufrieden auf dem Gras aus. Sie hätten einen kühleren Ort aufsuchen können, aber nie hätten sie auf etwas so Romantisches wie das sengende Lagerfeuer verzichtet.

„Ist das nicht toll?“, sagte Joe.

„Es ist Wahnsinn!“, sagte Tom. „Was würden die Jungen sagen, wenn sie uns sehen könnten?“ [...]

Als Tom am Morgen aufwachte, wusste er gar nicht, wo er war. Er setzte sich auf, rieb sich die Augen und sah sich um. Dann wurde es ihm klar. Es herrschte noch kühle graue Dämmerung und ein wunderbarer Frieden lag in der alles umschließenden Stille des Waldes. Kein Blatt regte sich, kein Laut störte die Andacht der großen Natur. An den Blättern und Grashalmen hingen Tauperlen. Eine weiße Ascheschicht bedeckte das Feuer und ein dünner bläulicher Rauchfaden stieg in die Luft. Joe und Huck schliefen noch. [...]

Tom weckte die anderen Piraten und mit lautem Geschrei tollten sie los, hatten im Nu die Kleider abgeworfen und jagten sich und pur-

3 Gemeint ist hier das Kauen von Kautabak.

4 imaginär: nur vorgestellt, nur in der Fantasie bestehend

5 das Heft: Griffstück eines Dolchs

6 luven: Begriff aus der Seemannssprache; das Schiff (oder hier das Floß) nach Luv (in den Wind) drehen

7 wie es sich geziemte: wie es sich gehörte; wie es angemessen war

8 die Zivilisation: Gesellschaft

zelten übereinander im flachen, klaren Wasser der weißen Sandbank. Sie hatten keinerlei Sehnsucht nach dem kleinen schlafenden Städtchen jenseits der riesigen leeren Wasserfläche. Eine unstete Strömung oder ein leichter Anstieg des Wassers hatte ihr Floß fortgeschwemmt. Aber das war ihnen nur recht, denn damit war die letzte Brücke zwischen ihnen und der Zivilisation abgebrochen.

1 a Lasst euch das Abenteuer der drei Freunde Tom, Joe und Huck vorlesen.
b Wenn ihr genau zugehört habt, könnt ihr bestimmt folgende Fragen beantworten:
– Warum schließt sich Huck Finn seinen Freunden Tom und Joe an?
– Wie kommen die drei Freunde auf die Insel?
– Womit verpflegen sie sich?
– Was stellen sich die drei vor, zu sein?

2 Im zweiten Textabschnitt wird erzählt, wie Tom nachts zum vereinbarten Treffpunkt kommt. Lest noch einmal die Zeilen 24–35 (▸ S. 143).
a Versetzt euch in Toms Lage und erzählt diese Szene aus seiner Sicht. Schreibt in der Ich-Form und schildert Gedanken und Gefühle, z. B.: *Pünktlich um Mitternacht war ich am vereinbarten Treffpunkt. Aus Tante Pollys Speisekammer hatte ich einen gekochten Schinken ...*
b Vergleicht euren Text mit dem Originaltext. Welche Unterschiede könnt ihr feststellen? Lest hierzu auch die Informationen im unten stehenden Merkkasten.

3 Setzt die Geschichte von dem Inselabenteuer fort. Geht so vor:
a Entscheidet, ob ihr in der Ich-Form oder in der Er-/Sie-Form schreiben wollt.
b Haltet dann in Stichworten fest, wie das Inselabenteuer weitergehen könnte.
c Schreibt nun mit Hilfe eurer Notizen eine Fortsetzung der Geschichte.

4 a Schaut euch noch einmal alle drei Textauszüge (▸ S. 136–138; S. 140–141; S. 143–145) an: Beschreibt, worin sich das Leben der Figuren aus dem Roman von eurem Leben unterscheidet.
b Möchtet ihr mit den Figuren aus dem Roman tauschen? Schreibt auf, was dafür und was dagegen spricht.

5 Reizen euch die Geschichten um Tom und seine Freunde dazu, den ganzen Roman zu lesen? Begründet eure Meinung.

6 Sucht im Internet nach Informationen zu dem Roman „Tom Sawyers Abenteuer“ von Mark Twain. Stellt eure Ergebnisse der Klasse vor (▸ Tipps zur Internetrecherche, Seite 341).

Information **Ich-Erzähler oder Er-/Sie-Erzähler**

- Der **Ich-Erzähler** (oder die Ich-Erzählerin) ist selbst als handelnde Figur in das Geschehen verwickelt. Er/Sie schildert die Ereignisse aus seiner/ihrer persönlichen Sicht, z. B.: *An diesem Tag geschah etwas, was ich nie für möglich gehalten hätte. Meine Schwester hatte ...*
- Der **Er-/Sie-Erzähler** ist nicht am Geschehen beteiligt und erzählt von allen Figuren in der Er-Form bzw. in der Sie-Form. *An diesem Tag geschah etwas, das David nie für möglich gehalten hätte. Seine Schwester hatte ...*

Ein weiteres Inselabenteuer – Texte vergleichen

Uwe Timm

Der Schatz auf Pagensand

Die vier Freunde Benno, Georg, Jan und Jutta beschließen, in den Sommerferien auf Schatzsuche zu gehen. Auf der kleinen, unbewohnten Insel Pagensand, die in der Elbe liegt, soll der 500 Jahre alte Schatz des berühmten Seeräubers Störtebeker vergraben sein. Von ihren Ersparnissen kaufen sie ein altes Segelboot, machen es wieder seetüchtig, schwindeln ihren Eltern andere Ferienunternehmungen vor und stechen in See. Nach einigem Herumkreuzen in der Elbe geraten sie vor der Insel Pagensand bei einem schweren Unwetter in Seenot.

Erzählt wird die Geschichte aus Juttas Sicht.

Dann brachen sich die Wellen. Wir kamen in die Brandung. Und in dem Moment wurde das Boot mit großer Wucht auf den Grund geschleudert. Es krachte. Die Planken barsten[1]. Der restliche Mast zersplitterte am Mastfuß. Und wieder wurde das Boot mit so großer Wucht auf den Grund geschleudert, dass ich durch den Stoß losgerissen wurde. Die Brandungswelle riss mich in die Tiefe. Ich war zum Schwimmen viel zu schwach, hatte Wasser geschluckt und ließ mich einfach treiben. Eine große Gleichgültigkeit überkam mich. Aber die Schwimmweste machte mich zu einem Korken. Wenn die Wellen über mir zusammenschlugen, wurde ich wieder hochgerissen, bis ich Grund unter den Füßen spürte und mich durch die Gischt[2] an den Strand schleppte. Ich warf mich in den nassen Sand, lag da in dem peitschenden Regen und musste mich übergeben, spuckte das geschluckte Wasser aus.

Am liebsten wäre ich liegen geblieben, aber dann dachte ich an Benno, Georg und Jan. Die hatten ja keine Schwimmweste an. Ich rappelte mich hoch und hielt nach ihnen Ausschau. Das Boot lag weiter draußen in der Brandung, wurde von jeder Welle gehoben und wieder auf Grund geschleudert, aber zugleich auch weiter zum Strand geschoben. Ich entdeckte den hellblonden Schopf von Georg, dann Benno und schließlich auch Jan, sie schwammen an Land, wurden immer wieder von den sich brechenden Wellen überspült. Ich lief zu ihnen, half ihnen, ganz an den Strand zu kommen, dort ließen sie sich in den Sand fallen. So lagen wir vier eine lange Zeit da.

Wir hatten den Pagensand erreicht, aber als Schiffbrüchige.

Lange lagen wir noch im Regen am Strand, erschöpft und elend. Endlich richtete sich Georg auf und sagte zu Jan: Los, zieh deine Ölzeughose aus.

Ich bin doch nicht blöd.

Nun mach schon!

Warum?

Wir müssen das Wasser auffangen. Wir können doch nicht das Elbwasser trinken. Da kannst du dich gleich vergiften.

Mir wurde richtig schlecht, denn ich hatte ja so viel Wasser geschluckt.

Keine Angst, sagte Georg, das hast du schon wieder ausgekotzt.

Jan zog mosernd die Ölzeughose aus. Georg machte Knoten in beide Hosenbeine, steckte das Oberteil der Hose auf vier Stöcke, legte die Beine auf dem Boden aus, dann ließ er uns die

1 bersten: auseinanderbrechen

2 Gischt: Wellenschaum

Regencapes so halten, dass deren Halslöcher wie Trichter in die Ölhose führten.
Wir standen an unserem Wasserfänger, schnatternd vor Kälte, beobachteten gespannt, wie sich unter dem dicht fallenden Regen die Hose füllte. Sie sah aus wie eine Doppelwurst. Jan hatte Angst, die Hosenbeine könnten platzen. Die Hose gehörte nämlich seinem Vater und der würde überhaupt keinen Spaß verstehen, wenn die Segelhose ruiniert wäre. [...]

(Nachdem sich das Wetter gebessert hat, schwimmen die vier Schiffbrüchigen zum Wrack ihres Bootes. Sie können ein paar Äpfel, etwas Werkzeug und ein Segel bergen, aus dem sie ein Zelt errichten. So haben sie für die erste Nacht immerhin einen geschützten Schlafplatz.)

Ich wurde früh wach. Benno war nicht mehr im Zelt. Georg und Jan schliefen noch. Draußen war die Sonne aufgegangen. Keine Wolke war am Himmel. Es würde ein heißer Tag werden. Ich trank etwas Wasser und holte meine Sachen, die über Nacht beinah getrocknet waren. [...]
Ich suchte nochmals den Strand ab und fand zwei Pakete der eisernen Ration, die Benno gekauft hatte. Durch die Kunststoffverpackung konnte ich den Inhalt sehen: trockene Salzkekse, eine kleine Dose mit Honig, Käse und Wurst, und dann gab es noch Brausepulver und ein paar Bonbons. Es war ein kleiner Schatz, den ich da gefunden hatte. Ich lief zum Zelt, Georg war inzwischen auf und schnitzte an einem Holzstück. Jan döste noch, wurde aber hellwach, als er die beiden Päckchen sah. Mensch, da können wir sogar Limonade machen.

Aber Georg wollte auf Benno warten. Genau genommen gehörte die eiserne Ration ja ihm. Georg bastelte an dem Drillbohrer[3]. Er hatte sich einen Weidenzweig geschnitten, dessen Enden er gebogen und mit Takelgarn[4] wie zu einem Flitzbogen zusammengebunden hatte. Das Band war um den Erlenstab geschlungen, und zwar so, dass das Band den Stab schnell drehte, wenn man den Flitzbogen hochhob und dann wieder herunterzog.
Aber alles, was Georg bisher an brennbarem Material gesammelt hatte, wollte sich nicht entzünden. Es war vom gestrigen Regen noch zu feucht. Wir aßen den halben Apfel, der jedem von uns zustand, und tranken etwas Wasser.
Jan überlegte, ob er nicht mit dem Bau eines Floßes beginnen solle: Wenn uns hier keiner abholt, sagte er, dann fahr ich los und hol Hilfe. Es gibt ja genug Treibholz und dann haben wir auch noch die Teile von dem Boot.

3 der Drillbohrer: Handbohrer

4 das Takelgarn: gewachste Leine

1 Lest den Textauszug aus dem Jugendbuch „Der Schatz auf Pagensand“. Nennt Textstellen, die ihr besonders spannend findet.

2 Beschreibt genau, wie die vier Schiffbrüchigen ihr Überleben auf der Insel organisieren. Notiert in Partnerarbeit, was die Kinder im Einzelnen unternehmen und welchen Sinn und Zweck diese Maßnahmen haben, z. B.: *Die Ölzeughose und die Regencapes werden so aufgestellt, dass ... Damit soll ...*

Fordern und fördern – Geschichten vergleichen

●●● 1 Die Texte „Die Abenteuer auf der Mississippi-Insel" (▸ S. 143–145) und „Der Schatz auf Pagensand" (▸ S. 146–147) erzählen beide von einem Inselabenteuer.
Vergleicht die beiden Geschichten und haltet Gemeinsamkeiten und Unterschiede in einer Tabelle fest. Orientiert euch dabei an den nebenstehenden Fragen.

Wer? | Wo? | Gegenstände? | Wie? | Gefühle? | Warum?

▷ Wenn ihr Hilfen zu dieser Aufgabe benötigt, schaut auf Seite 149 nach.

●●● 2 In einer Geschichte kann es Textstellen geben, die besonders spannend oder lustig erzählt sind. Sucht in den beiden Textauszügen (▸ S. 143–145 und S. 146–147) nach Beispielen für spannendes und lustiges Erzählen. Legt für jeden Text eine Tabelle nach folgendem Muster an und haltet eure Ergebnisse fest.

Mark Twain: Die Abenteuer auf der Mississippi-Insel

Textstelle	spannend	lustig	Begründung
S. 143, Z. 24–35	*X*		*Mitternacht, Sternenlicht, tiefe Stille (unheimliche Zeit, kein Geräusch ist zu hören)*
S. …	…	…	…

▷ Wenn ihr eine Hilfe zu dieser Aufgabe benötigt, schaut auf Seite 149 nach.

3 In den beiden Inselabenteuer-Geschichten (▸ S. 143–145; S. 146–147) werden unterschiedliche Erzählformen verwendet. Bestimmt die Erzählformen in den beiden Texten.
TIPP: Informationen zu den Erzählformen findet ihr auf Seite 145.

4 Versetzt euch in einen der drei Freunde von Jutta und erzählt in der Ich-Form, wie er von dem kenternden Schiff an den Strand gelangt und was er dabei empfindet. Geht so vor:

a Lest die ersten Abschnitte (▸ S. 146, Z. 1–36) aus „Der Schatz auf Pagensand".

b Bereitet eure Erzählung vor und macht euch Notizen zu den nebenstehenden Fragen.

c Schreibt eure Ich-Erzählung. Erzählt, was der Junge erlebt, denkt und fühlt.

- *Hat der Junge eine Schwimmweste an?*
- *Wird er durch die Wellen in die Tiefe gerissen? Wie gelangt er wieder an die Oberfläche?*
- *Wie fühlt er sich und woran denkt er?*
- *Wann spürt er Land unter den Füßen?*
- *Wie erlebt er die Hilfe von Jutta?*
- *Welche Gedanken gehen ihm durch den Kopf, als er endlich den Strand erreicht?*

Aufgabe 1 mit Hilfen

Die Texte „Die Abenteuer auf der Mississippi-Insel“ (▸ S. 143–145) und „Der Schatz auf Pagensand“ (▸ S. 146–147) erzählen beide von einem Inselabenteuer. Vergleicht die beiden Geschichten und haltet Gemeinsamkeiten und Unterschiede fest. Geht so vor:

a Lest die beiden Texte und notiert Stichworte zu den W-Fragen. Übertragt dazu die folgende Tabelle in euer Heft:

W-Fragen	„Die Abenteuer auf der Mississippi-Insel“	„Der Schatz auf Pagensand“
Wer nimmt an dem Abenteuer teil?	…	…
Wo spielt das Geschehen?	…	…
Warum brechen die Freunde auf?	*Lust auf ein Abenteuer*	*wollen auf Schatzsuche gehen*
Wie gelangen die Abenteurer auf die Insel?	…	…
Wie versorgen sie sich?	…	…
Was machen die Freunde auf der Insel?	…	…
Wie fühlen sie sich?	*vergnügt, frei, abenteuerlustig*	*erschöpft, besorgt, aufgeregt*

b Unterstreicht in der Tabelle Gemeinsamkeiten und Unterschiede in zwei verschiedenen Farben.

Aufgabe 2 mit Hilfe

Wo wird spannend, wo lustig erzählt? Sucht in den beiden Textauszügen (▸ S. 143–145; S. 146–147) nach Beispielen für spannendes und lustiges Erzählen. Legt für jeden Text eine Tabelle nach folgendem Muster an und haltet eure Ergebnisse fest. Der Merkkasten unten hilft euch dabei.

Mark Twain: Die Abenteuer auf der Mississippi-Insel

Textstelle	spannend	lustig	Begründung
S. 143, Z. 24–35	*X*		*Mitternacht, Sternenlicht, tiefe Stille (unheimliche Zeit, kein Geräusch ist zu hören)*
S. …	…	…	…

Information **Erzählweisen unterscheiden**

Spannend wird erzählt, wenn z. B.:
- Zeit und/oder Ort unheimlich wirken.
- von einer gefährlichen Situation erzählt wird.
- Rätselhaftes geschieht oder der Ausgang eines Geschehens ungewiss bleibt.
- spannungssteigernde Wörter und Wendungen verwendet werden, z. B.: *schlagartig, auf unheimliche Weise.*

Lustig wird erzählt, wenn z. B.:
- eine Situation zum Lachen reizt.
- eine Figur auftaucht, die durch ihr Aussehen, ihre Redeweise oder ihr Verhalten komisch wirkt.
- lustige Namen verwendet werden.
- etwas stark übertrieben wird.
- eine Sprache verwendet wird (z. B. eine besonders vornehme), die nicht zur Situation passt.

Testet euch!

Rund ums Erzählen

TESTBOGEN *für Leseratten und Bücherwürmer*

1 Jede Geschichte besteht in der Regel aus mehreren Erzählschritten.
Welche der folgenden Aussagen sind richtig?
Schreibt die entsprechenden Buchstaben in euer Heft und ihr erhaltet ein Lösungswort.
TIPP: Lest genau, denn manchmal kommt es auf einzelne Wörter an.

H Ein neuer Erzählschritt kann zum Beispiel durch einen Ortswechsel gekennzeichnet sein.

A Jeder neue Absatz im Text ist auch ein neuer Erzählschritt.

U Wenn eine neue Figur auftaucht, beginnt oft ein neuer Erzählschritt.

C Ein neuer Erzählschritt kann an einem Zeitsprung im Handlungsverlauf erkennbar sein.

E Einen neuen Erzählschritt erkennt man immer daran, dass die Hauptfigur in eine bedrohliche Situation gerät.

K Wenn die Handlung eine entscheidende Wendung erfährt, beginnt meist ein neuer Erzählschritt.

2 Wie bezeichnet man die Personen, die in einer Geschichte vorkommen?
Beantwortet diese Frage schriftlich, indem ihr den folgenden Satz richtig ergänzt.

Die Personen, die in einer Geschichte vorkommen oder handeln, nennt man ...

A Schauspieler	**B** Wesen	**C** Darsteller	**D** Figuren

3 a Schreibt auf, welche zwei Erzählformen man unterscheiden muss.
b Notiert zu jeder Erzählform einen kurzen Beispielsatz.

4 In einer Geschichte kann es spannende und lustige Textstellen geben. Nennt zwei Merkmale, an denen ihr eine spannende und eine lustige Erzählweise erkennen könnt.
Ergänzt dazu die folgenden Sätze:
– Spannend wird erzählt, wenn zum Beispiel ...
– Lustig wird erzählt, wenn zum Beispiel ...

5 Vergleicht eure Testergebnisse mit dem Lösungsteil auf Seite 345.

7.2 Hier gibt es viel zu entdecken – In der Bibliothek

1 a Auf diesem Bild erhaltet ihr einen Einblick in eine Bibliothek (Bücherei). Beschreibt wichtige Einzelheiten, die ihr auf dem Bild erkennen könnt: Wie ist die Bibliothek aufgebaut? Was kann man dort tun? Welche Medien (Bücher, CDs ...) könnt ihr hier finden? ...

b Erklärt, wie ihr in der abgebildeten Bibliothek vorgehen könnt, um einen Abenteuerroman, z. B. „Tom Sawyers Abenteuer" von Mark Twain, oder ein Sachbuch, z. B. zum Thema „Regenwald", auszuleihen.

2 Berichtet von euren Erfahrungen: In welcher Bibliothek wart ihr? Was habt ihr dort gesucht und wie seid ihr vorgegangen?

In der Bibliothek nach Büchern und anderen Medien suchen

Wenn ihr in einer Bibliothek seid, könnt ihr in Ruhe nach Büchern, Zeitschriften oder anderen Medien, z. B. DVDs, CDs, CD-ROMs oder Spielen, stöbern. Aber wenn ihr etwas ausleihen wollt, müsst ihr euch zuvor anmelden. Erst danach bekommt ihr einen Benutzer- oder Leseausweis, den ihr immer dann vorzeigen müsst, wenn ihr etwas ausleihen oder zurückgeben wollt. Das Ausleihen ist für Jugendliche unter 18 Jahren in der Regel kostenlos. Nur wenn ihr die ausgeliehenen Bücher, CDs etc. zu spät zurückbringt oder beschädigt, müsst ihr etwas bezahlen.

In einer Bibliothek werden die Bücher nicht nach dem Alphabet aufgestellt, sondern sie sind nach Sachgebieten geordnet. Solche Sachgebiete sind z. B. „Sport“, „Technik“, „Abenteuer“, „Fremde Länder“, „Fremdsprachige Bücher“. Große Schilder an den Regalen weisen meist auf die verschiedenen Sachgebiete hin.

In einer Bibliothek ist es oft nicht einfach, bestimmte Bücher und andere Medien zu finden. Deshalb gibt es dort so genannte Kataloge (Verzeichnisse), die euch einen Überblick über den gesamten Bestand der Bibliothek (Bücher, Zeitschriften, CDs usw.) geben.

1. Handkatalog (Zettelkatalog)

In manchen Bibliotheken gibt es noch einen Handkatalog. Er besteht aus vielen Schubladen, die alphabetisch geordnete Karteikarten (Zettel) enthalten. Zu jedem Buch findet ihr hier eine Karteikarte, die über den Autor/die Autorin, den Titel des Buches, sein Erscheinungsjahr usw. informiert. Auf dieser Karteikarte ist auch die Signatur des Buches (eine Kombination aus Buchstaben und Ziffern) vermerkt, die den Standort des Buches in der Bibliothek angibt. Mit Hilfe dieser Signatur, die auch auf dem Buch steht, könnt ihr das Buch in der Bibliothek finden.

Ab24	Tw Abenteuer
Mark Twain	
Tom Sawyers Abenteuer	
München 2005	
Deutscher Taschenbuch Verlag	

2. Online-Katalog (OPAC)

Heute bieten die meisten Bibliotheken die Suche über den Computer an. Dabei hilft der OPAC (Online Public Access Catalogue). Genau wie der Handkatalog gibt der OPAC Auskunft über den gesamten Bestand der Bibliothek (Bücher, Zeitschriften, CDs usw.). Der OPAC funktioniert ähnlich wie eine Suchmaschine im Internet. Auf dem Computerbildschirm findet ihr eine Suchmaske, die wie ein Formular aufgebaut ist. Hier könnt ihr verschiedene Suchbegriffe eingeben, z. B.

- den Namen des Autors oder der Autorin (Verfasser/-in),
- den Titel des Buches oder
- ein bestimmtes Schlagwort bzw. einen Suchbegriff (z. B. Dinosaurier, Abenteuerbücher).

Der Vorteil der Computersuche besteht darin, dass ihr häufig auch noch Hinweise zum Inhalt des Buches bekommt und dass ihr die Suche meist verfeinern könnt, indem ihr eine bestimmte Medienart auswählt (z. B. Buch, CD, DVD usw.).

1 a Lest den Text ein erstes Mal aufmerksam durch. Was wusstet ihr schon, welche Informationen sind für euch neu?

b Lest den Text nun Abschnitt für Abschnitt. Klärt nach jedem Textabschnitt Wörter, die ihr nicht versteht. Fasst dann zusammen, worum es in dem jeweiligen Abschnitt geht.

2 Welche Informationen findet ihr auf der Karteikarte aus dem Handkatalog (▶ S. 152)? Zeichnet die Karte ab und beschriftet sie mit folgenden Begriffen: *Erscheinungsort und Erscheinungsjahr, Verfasser, Verlag, Signatur, Titel, Schlagwort*

3 Vergleicht die Karte aus dem Handkatalog (▶ S. 152) mit der Suchmaske (▶ S. 152). Welche Angaben kennt ihr schon?

ISBN ist die Abkürzung für „Internationale Standardbuchnummer". Jeder Buchtitel hat eine eigene ISBN, damit man ihn nicht mit ähnlichen Titeln verwechselt.

4 **Bibliotheksquiz:**

a Jede Gruppe denkt sich drei Fragen zum Thema „Bibliothek" aus, die man mit Hilfe des Textes (▶ S. 152) beantworten kann. Schreibt jede Frage auf eine eigene Karteikarte oder einen Zettel. Auf die Rückseite schreibt ihr die Lösung.

b Sammelt nun alle Karten oder Zettel ein und veranstaltet in der Klasse ein Bibliotheksquiz.

5 Erklärt: Wie würdet ihr vorgehen, um mit Hilfe der Suchmaske auf Seite 152 ...
- den Film zu dem Buch „Tom Sawyers Abenteuer" von Mark Twain zu finden?
- nachzuschauen, welche Bücher von Mark Twain ihr in der Bibliothek ausleihen könnt?
- ein Buch zum Thema „Vulkane" zu finden?
- herauszufinden, welcher Autor/welche Autorin das Buch „Tintenherz" geschrieben hat?

Methode **Mit dem Computer Bücher und andere Medien suchen**

1. Schritt: Gebt in das entsprechende Feld der Suchmaske einen Suchbegriff ein, z. B. den Namen des Autors/der Autorin, den Titel des Buches, einen Sachbegriff/ein Schlagwort (z. B. Dinosaurier, Abenteuerbuch). Verfeinert, wenn möglich, die Suche, indem ihr eine bestimmte Medienart (z. B. Buch, CD, DVD) auswählt.

2. Schritt: Startet die Suche, indem ihr die Enter-Taste des Computers drückt oder mit einem Mausklick das Feld für die Suche anklickt.

3. Schritt: Ihr erhaltet nun Angaben zu dem gesuchten Titel oder eine Liste mit Suchergebnissen. Klickt den Titel an, zu dem ihr genauere Informationen haben wollt, z. B. eine Kurzbeschreibung des Inhalts, Angaben darüber, ob das Buch vorhanden oder ausgeliehen ist.

4. Schritt: Wenn ihr den gesuchten Titel gefunden habt, müsst ihr euch die Signatur aufschreiben, z. B.: *Ab 24 Tw*. Sie gibt euch den Standort des Buches, der CD etc. in der Bibliothek an.

5. Schritt: Orientiert euch in der Bibliothek, in welchem Regal ihr euer Buch, die CD etc. findet, z. B.: *Ab 24 Tw* (Ab = Abenteuer; 24 = Regalstellplatz; Tw = Autor, hier Mark Twain).

Suchen um die Wette – Eine Bibliotheksrallye durchführen

Bibliotheksrallye für die Klasse 5

1 Wann müsst ihr ein ausgeliehenes Buch zurückbringen oder es verlängern lassen?

2 Es gibt einen Jugendbuchautor namens Kordon. Welchen Vornamen hat er?

3 Wie viele Bücher von Andreas Steinhöfel gibt es in der Bibliothek?

4 Ihr kennt sicher den Jugendbuchautor Erich Kästner, der z. B. „Emil und die Detektive“ oder „Pünktchen und Anton“ schrieb. Kästner veröffentlichte seine Bücher nicht immer unter seinem wirklichen Namen. Findet mindestens einen der erdachten Namen heraus, unter dem Erich Kästner seine Texte veröffentlichte.
TIPP: Nachschlagewerke (Lexika), wie z. B. der Brockhaus, helfen euch weiter.

5 Unter welcher Buchstabengruppe findet ihr in der Bibliothek Abenteuerromane für Jugendliche?

6 Findet die Signaturen der folgenden Bücher heraus. Notiert die Signaturen und sucht dann den Standort der einzelnen Bücher in der Bibliothek. Was zeigen die Titelbilder?
- Hanna Jansen: Gretha auf der Treppe
- Andreas Steinhöfel: Paul Vier und die Schröders
- Cornelia Funke: Hände weg von Mississippi
- Erich Kästner: Emil und die Detektive

1 Führt die Bücherrallye in eurer Schulbibliothek oder in der Stadtbibliothek durch. Geht so vor:
a Teilt euch in Gruppen auf. Jede Gruppe erhält eine Kopie der Bibliotheksrallye.
b Legt eine Zeit für eure Bibliotheksrallye fest. Startet mit eurer Rallye und bearbeitet die Aufgaben. Schreibt eure Lösungen gut lesbar auf.
c Trefft euch zum vereinbarten Zeitpunkt und vergleicht eure Ergebnisse.

2 Formuliert Fragen und Aufgaben für eine eigene Bibliotheksrallye. Diese Bibliotheksrallye könnt ihr dann in eurer Klasse oder mit eurer Parallelklasse durchführen.
a Teilt euch in Gruppen auf. Jede Gruppe beschäftigt sich mit einem Sachgebiet (z. B. Abenteuerromane, Sachbücher ...).
b Entwickelt in Gruppenarbeit Fragen oder Rätsel zu eurem Sachgebiet.
c Alle Gruppen treffen sich zu einem verabredeten Zeitpunkt wieder. Geht dann die Fragen gemeinsam durch und überlegt, ob sie für andere lösbar sind.
TIPP: Ihr könnt euch dabei auch gegenseitig als Testpartner einsetzen und die Fragen von einer anderen Gruppe prüfen lassen.

7.3 Das solltet ihr lesen! – Ein Buch vorstellen

Ewald Mittermeier ist 13 Jahre alt und lebt mit seiner Schwester Sybille und seinen Eltern in Wien. Bald gibt es Zeugnisse und bei Familie Mittermeier ist dicke Luft, denn Ewald wird in diesem Jahr „nur" eine Drei in Englisch bekommen. Deshalb haben Ewalds Eltern einen englischen Austauschschüler eingeladen. Wie ein Orkan bricht dieses „Austauschkind", genannt Jasper, in das Familienleben der Mittermeiers ein. Der chaotische, verfressene und unmögliche Junge stellt das ganze Familienleben auf den Kopf. Er verlangt immer nur „Fish and Chips", braucht viel Geld, um es in Spielautomaten zu stecken, und verliebt sich schließlich auch noch unsterblich. Oh dear!

Die Österreicherin Christine Nöstlinger (geboren 1936) ist eine sehr bekannte Kinder- und Jugendbuchautorin. Ihre Bücher sind in mehr als 20 Sprachen übersetzt worden und werden auf der ganzen Welt gelesen.

1 Begründet: Wie gefällt euch das Titelbild des Buches „Das Austauschkind"? Macht euch der Klappentext neugierig auf die Geschichte oder eher nicht?

Der **Klappentext** ist ein Informationstext, der auf den Umschlagklappen oder auf der Rückseite des Buches abgedruckt ist.

2 Überlegt, welche Funktion der Klappentext eines Buches hat. Welche Informationen sollten in ihm stehen, welche nicht?

3
a Berichtet, wie oder von wem ihr Lesetipps für interessante Bücher bekommt.
b Welches Buch könnt ihr anderen empfehlen? Begründet eure Meinung.

4 In einem Buch-Steckbrief habt ihr alle wichtigen Informationen über euer Lieblingsbuch im Blick.
a Übertragt den Steckbrief in euer Heft und ergänzt ihn mit Hilfe der Angaben auf dem Titelbild und der Informationen aus dem Klappentext (▸ siehe oben).
b Erstellt einen Steckbrief zu eurem Lieblingsbuch.

Buch-Steckbrief

Titel: …
Autor/Autorin: …
Hauptfiguren: …
Ort der Handlung: …
Darum geht es: …

Bei einer **Buchvorstellung** könnt ihr nicht nur euer Lieblingsbuch empfehlen, sondern ihr bekommt auch selbst Ideen für neues „Lesefutter". Wählt ein Buch aus, das ihr gerne in der Klasse vorstellen möchtet, und bereitet eine Buchvorstellung vor.

1. Schritt: Einen Buch-Steckbrief erstellen

1 Erstellt einen Buch-Steckbrief (▸ S. 155) mit den wichtigsten Informationen zum Buch.
TIPP: Der Klappentext des Buches kann euch dabei helfen.

2. Schritt: Einen Textausschnitt für die Leseprobe auswählen

2 Anhand einer Leseprobe können sich eure Zuhörerinnen und Zuhörer ein genaueres Bild von dem Buch machen.

a Wählt einen Textausschnitt aus, der sich als Leseprobe eignet.

b Übt das Vorlesen. Macht dazu eine Kopie des Textes und verseht sie mit Betonungszeichen. Tipps hierzu findet ihr auf Seite 343.

> Als **Leseprobe** eignet sich eine kurze, interessante Textstelle, in der die Hauptfiguren vorkommen und das Thema des Buches deutlich wird.

3. Schritt: Die Buchempfehlung begründen

3 Natürlich solltet ihr euren Zuhörerinnen und Zuhörern auch sagen, warum ihr gerade dieses Buch weiterempfehlen möchtet. Formuliert ein oder zwei Sätze, in denen ihr eure Buchauswahl begründet, z. B.: *Mir hat das Buch gefallen, weil ...; Wenn ihr etwas Lustiges lesen wollt, ...*

4. Schritt: Den Vortrag üben

4 Probt den Vortrag, indem ihr eure Buchvorstellung einer Freundin, einem Freund, euren Geschwistern oder Eltern vortragt. Ihr könnt auch alleine vor einem Spiegel üben.

> **Tipps zum Vortragen**
> - Sprecht laut, deutlich und nicht zu schnell.
> - Versucht, möglichst frei vorzutragen.
> - Schaut eure Zuhörer an, dann seht ihr, ob es Zwischenfragen gibt.

1. Jnformationen zum Buch (Buch-Steckbrief)
Heute möchte ich euch ein Buch von der österreichischen Kinderbuchautorin Christine Nöstlinger vorstellen. Das Buch hat den Titel „Das Austauschkind". Es geht aber nicht um einen Kindertausch, sondern um einen Schüleraustausch. Die Geschichte handelt von ...

2. Leseprobe:
Jch lese euch jetzt eine Stelle aus dem Buch vor, in der erzählt wird, wie sich der englische Austauschschüler Jasper in der Familie Mittermeier verhält.

3. Persönliche Bewertung
Das Buch „Das Austauschkind" solltet ihr lesen, weil ...

5 Stellt euch eure Lieblingsbücher vor. Gebt euch gegenseitig eine Rückmeldung darüber, was euch bei dem Vortrag besonders gut gefallen hat.

8 Tierisches Vergnügen –
Gedichte vortragen und gestalten

Reinhard Döhl

Apfel

1 Schaut euch das Bildgedicht „Apfel“ von Reinhard Döhl genau an. Erklärt, aus welchen Wörtern dieses Gedicht besteht und wie es gestaltet ist.

2 Vergleicht das Bild mit dem Bildgedicht. Worin stimmen beide überein? Was ist die besondere Idee des Bildgedichts?

3 **a** Sammelt Merkmale, die eurer Meinung nach ein Gedicht kennzeichnen.
b Ist das Bildgedicht ein „richtiges“ Gedicht? Begründet eure Meinung.

In diesem Kapitel ...

- lernt ihr die Merkmale von Gedichten kennen,
- übt ihr, Gedichte vorzutragen, auswendig zu lernen und zu spielen,
- schreibt ihr selbst Gedichte, gestaltet sie mit Hilfe des Computers und stellt ein Gedichtbuch zusammen.

8.1 Der Salamanderchor – Form und Klang von Gedichten entdecken

Strophe, Vers, Reim und Metrum – Merkmale von Gedichten untersuchen

Wilhelm Busch

Naturgeschichtliches Alphabet

Im **A**meishaufen wimmelt es,
Der **Aff'** frisst nie Verschimmeltes.

Die **M**aus tut niemand was zu Leide,
Der **M**ops ist alter Damen Freude.

Der **O**rang-Utan ist possierlich,
Der **O**chs benimmt sich unmanierlich.

Der ? hat keine Ohren,
Der ? ist meist halb geschoren.

1 a Erklärt, was euch an diesem Gedicht auffällt.
b Schaut euch die letzte Abbildung genau an. Um welche Tiere handelt es sich und für welche Buchstaben des Alphabets stehen sie? Ergänzt die beiden Wörter und lest die Zeilen laut vor.

2 In dem „Naturgeschichtlichen Alphabet" kommen noch viele andere Tiere vor. Die folgenden Verszeilen sind durcheinandergeraten. Schreibt sie in der richtigen Reihenfolge des Alphabets so in euer Heft, dass sie sich am Ende reimen.

Die Lerche in die Lüfte steigt, Der Uhu schläft zwölf Stunden täglich.	Die Unke schreit im Sumpfe kläglich, Der Löwe brüllt, wenn er nicht schweigt.

3 Schreibt selbst ein naturgeschichtliches Alphabet. Geht so vor:
a Notiert das Alphabet untereinander in euer Heft und sucht zu jedem Buchstaben zwei Tiere, z. B.: *A = Antilope, Affe; B = Biene, Bär; C = Chamäleon, Clownfisch; D = ...*
b Teilt die Buchstaben des Alphabets auf, sodass ihr zu zweit zwei Buchstaben bearbeitet.
c Schreibt in Partnerarbeit eure gereimten Zweizeiler auf ein DIN-A4-Blatt und zeichnet zu euren Versen Bilder, ähnlich wie Wilhelm Busch.
d Ordnet nun eure DIN-A4-Blätter nach dem Alphabet.

Robert Gernhardt

Wenn die weißen Riesenhasen

Wenn die weißen Riesenhasen abends übern
Rasen rasen und die goldnen Flügelkröten still
in ihren Beeten beten, wenn die schwarzen
Buddelraben tief in ihrem Graben graben und
die feisten Felsenquallen kichernd in die Fallen
fallen –;
dann schreibt man, wie jedes Jahr,
den hundertzwölften Januar.

Was? Ihr kennt ihn nicht,
den Tag? Schaut mal im Kalender nach!

1 Ihr habt es bestimmt sofort bemerkt: Das Gedicht ist falsch abgedruckt. Die Verszeilen enden nicht immer mit den Reimwörtern.

a Schreibt das Gedicht so in euer Heft, dass jede Zeile mit einem Reimwort endet. Lest dazu das Gedicht halblaut, dann hört ihr die Reimwörter.
TIPP: Das Gedicht besteht aus zwölf Verszeilen.
Wenn die weißen Riesenhasen
abends ...

b Unterstreicht die Reimwörter am Ende jeder Verszeile. Bezeichnet dann die Wörter, die sich aufeinander reimen, mit dem gleichen Kleinbuchstaben (a, a, b, b, c ...), z. B.:
Wenn die weißen Riesenhasen — *a*
abends übern Rasen rasen — *a*
und die ... — *b*

2 a Versucht zu erklären, wann sich zwei Wörter reimen.
b Sprecht die beiden letzten Verse des Gedichts von Robert Gernhardt so, dass sie sich reimen.

3 a Beschreibt, wodurch das Gedicht von Robert Gernhardt lustig wirkt. Achtet hierbei auf den Klang der Wörter.
b Tragt das Gedicht in der Klasse so vor, dass diese lustige Stimmung zum Ausdruck kommt.

Günter Strohbach

Verschieden, aber zufrieden

Der Leopard hat Flecken,
der Papagei ist dreist,
das Nashorn, das hat ? ,
das Nilpferd, es ist ? .

Der Hai hat scharfe ? ,
und Krallen hat der ? ,
der Elch hat eine ? ,
der Wal ist träg und ? .

Sie alle sind ? ,
am Kopf am Hals, am ? ,
und doch mit sich ? ,
ich hoff, du bist es ? .

schwer Zecken Mähne
feist[1] auch zufrieden
Zähne Bär verschieden
Bauch

1 feist: dick, kräftig

1 In diesem Gedicht fehlen die Reimwörter an den Versenden.

a Schreibt das Gedicht in euer Heft und setzt dabei die fehlenden Reimwörter aus dem Wortspeicher ein.

b Unterstreicht die Wörter, die sich reimen. Prüft, ob ihr ein Muster erkennen könnt.

2 Erklärt, was die letzte Strophe des Gedichts bedeutet.

3 a Ergänzt das Gedicht vor der letzten Strophe um eine weitere Strophe. Behaltet die Reimform des Gedichts bei. Arbeitet gemeinsam mit einem Partner oder einer Partnerin.

b Lest eure Strophen in der Klasse vor. Achtet dabei auf die Reimanordnung.

Johann Wolfgang Goethe

Die Frösche

Ein großer Teich war zugefroren;
die Fröschlein, in der Tiefe verloren,
durften nicht ferner quaken noch springen,
versprachen sich aber, im halben Traum:
Fänden sie nur da oben Raum,
wie Nachtigallen wollten sie singen.
Der Tauwind kam, das Eis zerschmolz,
nun ruderten sie und landeten stolz
und saßen am Ufer weit und breit
und quakten wie vor alter Zeit.

1 Lest das Gedicht zweimal durch und überlegt, worum es darin geht. Kennt ihr Menschen, die man mit den Fröschen vergleichen könnte? Beschreibt sie.

2 a Schreibt das Gedicht in euer Heft und kennzeichnet zusammengehörige Reimwörter mit den gleichen Kleinbuchstaben (a, b, c ...).

b Erklärt, was der Wechsel in der Reimform in den Versen 3 bis 6 bewirkt.

Mascha Kaléko

Herr Schnurrdiburr

Schnurrdiburr, das Katertier,
Ist ein echter Kavalier.
Hockt getreulich vor dem Garten,
Meine Heimkehr zu erwarten,
Schnurrt, wo ich auch geh und steh,
Weil ich Katzen-Deutsch versteh.

Schwänzchen wedeln heißt: „Hurra!"
Buckel krümmen aber: „Na!"
Und was heißt wohl Pfötchen krallen?
„Das laß ich mir nicht gefallen."
Schnurrt der Kater, dann ist's gut.
Knurrt er, das bedeutet: Wut. R

(gekürzte Fassung
▸ Fortsetzung S. 345)

1 Versteht ihr auch „Katzen-Deutsch"? Erzählt von weiteren Katzenäußerungen, die ihr kennt.

2 Stellt fest, welche Reimform in dem Gedicht „Herr Schnurrdiburr" vorliegt.

3 Die Zeilen eines Gedichts sind häufig nach einer regelmäßigen Abfolge von betonten und unbetonten Silben gegliedert. Dies wird auch Versmaß genannt. Untersucht das Versmaß in Kalékos Gedicht. Geht so vor:
- a Lest die ersten beiden Verszeilen des Gedichts gemeinsam laut vor und klatscht bei jeder betonten Silbe in die Hände. Wie viele Betonungen hat jeder Vers?
- b Schreibt die erste Strophe des Gedichts in euer Heft. Lasst über jeder Gedichtzeile eine Zeile frei.
- c Setzt über jede Silbe ein *X* ein und markiert jede Silbe, bei der ihr geklatscht habt, mit einem Betonungszeichen *X́*, z. B.:

  X́ XX́ X X́ X X́
  Schnurrdiburr, das Katertier,

4 Setzt das Gedicht vom Kater Schnurrdiburr fort, indem ihr eine weitere Strophe ergänzt.
- a Findet für eure Gedichtstrophe drei Reimpaare. Ihr könnt auch Reimpaare aus dem Wortschatzkasten verwenden.
- b Schreibt mit euren Reimwörtern eine weitere Gedichtstrophe. Versucht, das Versmaß des Gedichts zu berücksichtigen.
- c Vergleicht eure Gedichtstrophen mit weiteren Originalstrophen von Mascha Kaléko (▸ S. 345).

Katertier	heiter	Ball
vier	weiter	überall
gestohlen	rief	dumm
versohlen	schlief	herum
dreht	Wort	Tisch
steht	fort	erwisch

Information **Merkmale von Gedichten: Vers, Strophe, Reim und Versmaß (Metrum)**

In Gedichten könnt ihr einige sprachliche Besonderheiten entdecken.

Vers:
Die Zeilen eines Gedichts heißen Verse.

Strophe:
Eine Strophe ist ein Gedichtabschnitt, der aus mehreren Versen besteht. Die einzelnen Strophen eines Gedichts sind durch eine Leerzeile voneinander getrennt. Häufig bestehen Gedichte aus mehreren, gleich langen Strophen.

Reim:
Oft werden die einzelnen Verse (Gedichtzeilen) durch einen Reim miteinander verbunden. Zwei Wörter reimen sich, wenn sie vom letzten betonten Vokal an gleich klingen, z. B.: *Haus – Maus, singen – entspringen.*
Die regelmäßige Abfolge von Endreimen ergibt verschiedene Reimformen. Dabei werden Verse, die sich reimen, mit den gleichen Kleinbuchstaben gekennzeichnet, z. B.:

- **Paarreim:** Wenn zwei aufeinanderfolgende Verse sich reimen, sprechen wir von einem Paarreim (a, a, b, b):
  ... Katertier a
  ... Kavalier a
  ... Garten b
  ... erwarten b
- **Kreuzreim:** Reimen sich – über Kreuz – der 1. und der 3. sowie der 2. und der 4. Vers, dann nennt man das Kreuzreim (a, b, a, b).
  ... verschieden a
  ... Bauch b
  ... zufrieden a
  ... auch b
- **umarmender Reim:** Wird ein Paarreim von zwei Versen umschlossen (umarmt), die sich ebenfalls reimen, heißt dies umarmender Reim (a, b, b, a).
  ... springen a
  ... Traum b
  ... Raum b
  ... singen a

Versmaß (Metrum):
Die Zeilen eines Gedichts sind häufig nach einer regelmäßigen Abfolge von betonten (X́) und unbetonten Silben (X) gegliedert.
Dies wird auch Versmaß (Metrum) genannt.

X́ X X́ X X́ X X́
Schnurrdiburr, das Katertier,

X́ X X́ X X́ X X́
Ist ein echter Kavalier.

Gedichte vortragen, auswendig lernen und szenisch ausgestalten

Robert Gernhardt

Heut singt der Salamanderchor

Heut singt der Salamanderchor
die allerschönsten Lieder.
Doch da er gar nicht singen kann,
hallt es entsetzlich wider.

Rings um das Haus ist's warm und still,
drin schrein die Salamander.
Sie brüllen, lärmen, plärrn, krakeeln
und alle durcheinander.

Die Katze schaut ins Zimmer rein,
da wird's auf einmal leiser.
„Ich bitt' euch", sagt sie, „schreit nicht so!
Ihr seid ja schon ganz heiser!"

Die Katze geht. Es ist sehr still.
Man hört die Hummeln brummen.
Ein Kuckuck ruft. Fern bellt ein Hund.
Doch dann ertönt ein Summen.

Ein Summen erst und dann ein Schrein –
das sind die Salamander.
Schon sind sie wieder voll in Fahrt
Und brüllen durcheinander:

„Hier singt der Salamanderchor
die allerschönsten Lieder.
Auch wenn es manchem gar nicht passt:
Wir singen immer wieder!"

1 Lest das Gedicht einmal leise, dann halblaut.

2 a Welche Stellen in dem Gedicht gefallen euch besonders gut? Begründet eure Meinung.
b Beschreibt, wie dieses Gedicht auf euch wirkt. Verwendet hierzu Adjektive, z. B. *lustig, heiter, ernst, laut, ruhig* ...

3 Das Gedicht „Heut singt der Salamanderchor" erzählt eine kleine Geschichte. Fasst den Inhalt jeder Strophe knapp zusammen, z. B.:
- *Strophe 1: Die Salamander singen im Chor Lieder, können aber nicht singen.*
- *Strophe 2: ...*

4 Beschreibt den Aufbau und die Form des Gedichts (▸ S. 163). Verwendet hierzu die Begriffe „Vers“, „Strophe“, „Reimform“ und „Versmaß“. Wenn ihr Hilfe braucht, schaut noch einmal im Merkkasten auf Seite 162 nach.

5 In dem Gedicht (▸ S. 163) spielen Geräusche und Laute eine wichtige Rolle.
Schreibt in Partnerarbeit alle Verben, Adjektive und Nomen mit Versangabe aus dem Gedicht heraus, mit denen die Geräusche der Tiere beschrieben werden. Übertragt dazu die folgende Tabelle in euer Heft.

Robert Gernhardt: Heut singt der Salamanderchor

Verben	Adjektive	Nomen
singt (Vers 1)	...	...
...	...	...

6 a Bereitet das Gedicht für einen Vortrag vor. Versucht, bei eurem Vortrag die einzelnen Geräusche, Laute und die wörtliche Rede der Tiere hörbar zu machen. Nutzt hierzu die unten stehende Anleitung.

b Übt den Gedichtvortrag in Partnerarbeit. Probiert verschiedene Möglichkeiten aus, wie ihr das Gedicht vortragen könnt, und gebt euch gegenseitig Tipps zur Betonung und Aussprache.

7 Gestaltet das Gedicht „Heut singt der Salamanderchor“ (▸ S. 163) in einem szenischen Vortrag, indem ihr es mit verteilten Rollen sprecht und die Handlung spielt. Geht so vor:
- Besetzt wie in einem Theaterstück den Text mit verschiedenen Rollen, z. B. Erzähler/-in, Katze, Mitglieder des Salamanderchors.
- Überlegt, welche Gestik (Körperhaltung) und Mimik (Gesichtsausdruck) zu den Rollen passen.
- Findet einfache Requisiten (Gegenstände), die ihr verwenden könnt.
- Mit Geräuschen und Lauten (z. B. dem Brummen der Hummeln) könnt ihr euren szenischen Vortrag an geeigneten Stellen untermalen. Ihr könnt diese Geräusche auch vorher aufnehmen.

Methode **Einen Gedichtvortrag vorbereiten**

1 Lest das Gedicht mehrmals leise und auch laut. Versetzt euch in die Stimmung des Gedichts und macht euch klar, worum es geht.
2 Kopiert das Gedicht oder schreibt es übersichtlich ab.
3 Bereitet den Vortrag vor, indem ihr das Gedicht mit Betonungszeichen verseht.
   - **Betonung:** Unterstreicht Wörter, die ihr besonders betonen wollt, z. B.: <u>entsetzlich</u>.
   - **Pausen:** Markiert Textstellen, an denen ihr eine kurze Pause (|) oder eine längere Pause (||) machen wollt, z. B. um Spannung oder Nachdenklichkeit zu erzeugen.
   - **Lautstärke:** Wenn ihr an einer Stelle lauter werden wollt, setzt ◄, wenn ihr leiser werden wollt, ►.
   - **Sprechgeschwindigkeit:** Kennzeichnet Textstellen, an denen ihr euer Sprechtempo erhöhen wollt, mit ———► und solche, an denen ihr langsamer sprechen wollt, mit ◄———.

Christine Nöstlinger

Haustierärger

Es war einmal ein guter Vater,
dessen Haustier war ein Kater.
Der war garantiert nicht krank,
lag aber immer auf der Ofenbank.
Der Vater rief: „Raus – raus – raus!
Fang Mäuse im Garten vorm Haus!“
Der Kater sprach: „Ich bin im Tierschutzverein!
Ist mir unmöglich, ein elender Mörder zu sein!“

Eva Rechlin

Über das Heulen von Eulen

Es sitzt die Eule in dem Turm
Und heult so schaurig wie der Sturm.
Sie jammert laut: Huhuu! Huhuu!
Da hält man sich die Ohren zu
Und schließt geschwinde alle Fenster
Und sieht vor lauter Angst Gespenster.

Hast du noch nie gedacht, mein Kind,
Dass Eulen auch mal hungrig sind?
Die Eule nämlich in dem Turm
Schreit nur nach einem Regenwurm.

1 a Lest die beiden Gedichte.
b Beschreibt mit Hilfe von Adjektiven, wie die Gedichte auf euch wirken, z. B.: *lustig, unheimlich* ...

2 Die beiden Gedichte von Nöstlinger und Rechlin eignen sich für einen szenischen Vortrag. Wählt eines der Gedichte für einen szenischen Vortrag aus. Geht so vor, wie in Aufgabe 7 (▸ S. 164) beschrieben.

3 Wenn ihr ein Gedicht auswendig gelernt habt, könnt ihr es noch besser vortragen.
a Lest die unten stehenden Tipps zum Auswendiglernen. Kennt ihr noch weitere Tipps?
b Lernt euer Gedicht auswendig und probiert dabei eine der Hilfen aus.

4 a Wählt ein Gedicht aus diesem Teilkapitel aus (▸ S. 158–165), das ihr vortragen möchtet.
b Bereitet euren Gedichtvortrag vor. Geht hierbei so vor wie auf Seite 164 beschrieben.

Methode **Tipps zum Auswendiglernen**

- **Der Trick mit dem Aufnehmen**
  Ihr könnt das Gedicht aufnehmen und es euch dann immer wieder anhören. Ihr könnt auch nur die ersten Worte der Strophen oder der Verse aufnehmen und dann eine Pause lassen, sodass ihr beim Hören jeweils den Rest ergänzen müsst.
- **Die Abdeckmethode**
  Nehmt ein Blatt und deckt die rechte Hälfte des Gedichts ab, sodass ihr nur den Anfang jedes Verses seht: Könnt ihr die Verse vollständig aufsagen? Dann deckt ihr die linke Hälfte des Gedichts ab, sodass ihr nur die Versenden seht. Ergänzt nun die fehlenden Versanfänge.
- **Die Spickzettelhilfe**
  Fertigt euch einen Spickzettel als Gedankenstütze an. Dort dürfen aber nur einzelne Wörter des Gedichts stehen, also z. B. die Versanfänge oder die Reimwörter. Wenn ihr das Gedicht aufsagt, dürft ihr auf den Zettel schauen. Später klappt es dann auch ohne Spickzettel.

Testet euch!

Gedichte untersuchen

Georg Bydlinski

Nachts beim offenen Fenster

Ich ahne vieles, was ich nicht seh:
Am Rande des Waldes steht ein Reh –
Die Vögel schlafen im Geäst,
Leuchtkäfer feiern Sommerfest
auf meiner Wiese.

Die Steine werden kühl und schwer,
ruhn von der Tageshitze aus –
Der Himmel ist ein dunkles Meer,
als Leuchtturm glänzt der Mond heraus –

Ich wünsch mir viele Sommernächte,
so schön wie diese.

1 a Lest die Testaufgaben zum Gedicht. Schreibt die Lösungen in euer Heft.
b Vergleicht eure Ergebnisse mit dem Lösungsteil auf Seite 345. Errechnet dann eure Gesamtpunktzahl.

Testaufgaben zum Gedicht	Punkte
1. a) Aus wie vielen Strophen besteht das Gedicht?	1
b) Notiere die Anzahl der Verse in den einzelnen Strophen.	1
2. a) Betrachte die ersten vier Zeilen der ersten Strophe. Benenne die Reimform.	2
b) Benenne die Reimform der zweiten Strophe.	2
3. Welche der folgenden Adjektive treffen die Stimmung des Gedichts? Notiere aus der Auswahl zwei Adjektive. *friedlich, grimmig, traurig, glücklich, spannend*	2
4. Was bedeutet das Sprachbild „als Leuchtturm glänzt der Mond heraus“? Wähle die richtige Erklärung aus und schreibe sie auf. *Der Mond hat die Form eines Leuchtturms.* *Ein Leuchtturm sendet Signale auf das dunkle Meer.* *Der Mond beleuchtet den nächtlichen Himmel.* *Der Leuchtturm glänzt im Mondschein.*	2

10–9 Punkte: Du kennst dich sehr gut mit Gedichten aus!
8–7 Punkte: Du kennst dich gut aus!
7–5 Punkte: Du hast einiges, aber noch nicht alles gelernt!
4–0 Punkte: Du solltest noch einmal auf der Seite 162 nachlesen, welche besonderen Merkmale Gedichte haben.

8.2 Mit Sprache spielen – In Versen dichten

Ein Gedicht weiterschreiben

James Krüss

Der Mops von Fräulein Lunden

Der Mops von Fräulein Lunden
War eines Tags verschwunden.

Sie pflegte – muss man wissen –
Tagtäglich ihn zu küssen.

Das hat dem Mops wie allen,
Die ehrlich sind, missfallen.

Der Küsse überdrüssig,
? bissig.

?

1 Lest den Anfang des Gedichts. Warum verschwindet der Mops von Fräulein Lunden?

2 a Bestimmt die Reimform und das Versmaß (Metrum) des Gedichts. Wenn ihr Hilfe braucht, schaut im Merkkasten auf Seite 162 nach.
b Wie könnte die 2. Verszeile der 4. Strophe lauten? Findet einen Vers und berücksichtigt dabei die vorliegende Reimform und das Versmaß des Gedichts.

3 a Sicher habt ihr selbst Ideen, wie das Gedicht weitergehen könnte. Dichtet in Partnerarbeit weitere Strophen hinzu.
b Tragt eure Strophen vor der Klasse vor. Was ist in euren Versen besonders gut gelungen?

Mit Reimpaaren dichten

4 Mit Hilfe von vorgegebenen Reimwörtern soll ein Gedicht entstehen.
a Findet in Gruppen vier Reimpaare und schreibt sie auf ein Blatt Papier, z. B.:

Tisch *tanzen* *Schwein* *lachen*
Fisch *Wanzen* … …

b Jede Gruppe gibt ihre Reimpaare an die nächste Gruppe weiter.
c Wählt in eurer Gruppe zwei Reimpaare aus und schreibt mit ihnen ein vierzeiliges Gedicht, z. B.:

Am großen, alten Marmortisch
sitzt Kater Max und schlachtet Fisch,
? *tanzen*
?

Ein Lautgedicht schreiben

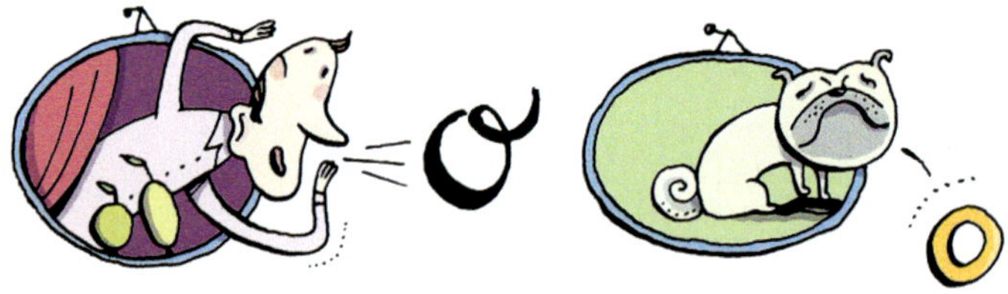

Ernst Jandl

ottos mops

ottos mops trotzt
otto: fort mops fort
ottos mops hopst fort
otto: soso

otto holt koks
otto holt obst
otto horcht
otto: mops mops
otto hofft

ottos mops klopft
otto: komm mops komm
ottos mops kommt
ottos mops kotzt
otto: ogottogott

1 Bei einem Lautgedicht ist der Klang der Wörter wichtiger als deren Bedeutung. Probiert es selbst aus! Lest das Gedicht von Ernst Jandl vor und experimentiert dabei mit verschiedenen Sprechweisen.

2 Schreibt selbst ein Lautgedicht.

a Entscheidet euch für einen Vokal (a, e, i, o, u) oder einen Diphthong (ei, au, äu, eu), den ihr in eurem Gedicht zum Klingen bringen wollt, und sammelt Wörter für euer Gedicht, z. B.:
a: Aal, Anna, Saal, befahl, kahl, Tal, Pfahl … *au: Maus, Haus, raus …*

b Schreibt euer Lautgedicht. Spielt mit dem Klang der Wörter, z. B.:
Annas Aal betrat das Tal … *Maus: raus aus Haus …*

Mit Worten spielen

Eugen Gomringer

worte

worte sind schatten
schatten werden worte
worte sind spiele
spiele werden worte
sind schatten worte
werden worte spiele

1 a Untersucht, wie das Gedicht gestaltet ist.
– Aus wie vielen Wörtern besteht es insgesamt? Wie viele Verben, wie viele Nomen findet ihr?
– Wie sind die Nomen in den einzelnen Strophen angeordnet? Bezeichnet jedes Nomen mit einem Großbuchstaben und entwerft einen „Bauplan" für das Gedicht nach dem nebenstehenden Muster.

b Schreibt selbst ein Gedicht nach diesem Muster.

A sind B
B werden A

A sind C
C …

2 a Verändert euer Gedicht, indem ihr Adjektive ergänzt, z. B.: *schnell, dunkel …*

b Vergleicht eure Gedichte. Wie verändert sich die Wirkung durch die Adjektive?

Fordern und fördern – Gedichte nach Clustern schreiben

1 a Wählt euch ein Foto aus und versetzt euch in die abgebildete Situation. Was hört ihr, was fühlt ihr, was seht und riecht ihr?
b Sammelt in einem Cluster Wörter (vor allem Nomen, Verben und Adjektive), die ihr mit dieser Situation verbindet.

▷ Wenn ihr zu dieser Aufgabe eine Hilfe braucht, schaut auf Seite 170 nach.

2 Schreibt mit Hilfe eurer Ideensammlung aus Aufgabe 1 b ein Gedicht. Probiert hierbei die Gedichtform des Rondells aus. Der Tipp hilft euch dabei:

▷ Eine Hilfe zu dieser Aufgabe findet ihr auf Seite 170.

Ein Rondell verfassen
Ein Rondell ist eine Gedichtform, die aus acht Versen (Zeilen) besteht. Dabei werden bestimmte Verse nach einem festen Muster wiederholt: Die Verse 1, 4 und 7 sind gleich, ebenso die Verse 2 und 8.

Aufgabe 1 mit Hilfen

a Auf der Seite 169 seht ihr zwei Fotos. Sucht euch eines aus und schaut es euch genau an. Versetzt euch in die Situation, die das Bild zeigt. Was hört ihr, was fühlt ihr, was seht und riecht ihr?

b Sammelt nun in einem Cluster Wörter, die ihr mit dieser Situation (Gewitter oder Feuer) verbindet. Schreibt vor allem Nomen (Hauptwörter), Verben (Tätigkeitswörter) und Adjektive (Eigenschaftswörter) auf.

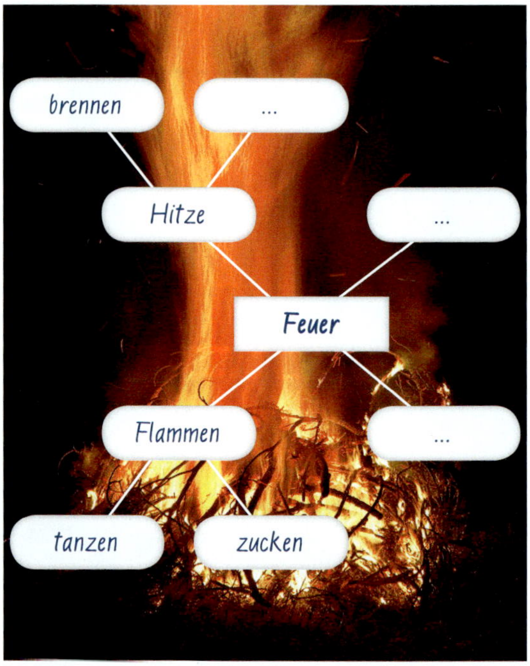

Aufgabe 2 mit Hilfen

Schreibt mit Hilfe eurer Ideensammlung aus dem Cluster ein Gedicht. Probiert hierbei die Gedichtform des Rondells aus, z. B.:

Vers 1	Das Feuer ...
Vers 2	Die Flammen ...
Vers 3	...
Vers 4	Das Feuer ...
Vers 5	...
Vers 6	...
Vers 7	Das Feuer ...
Vers 8	Die Flammen tanzen und zucken.

Ein Rondell verfassen

Ein Rondell ist eine Gedichtform, die aus acht Versen (Zeilen) besteht. Dabei wiederholen sich bestimmte Verszeilen:

- die Verse 1, 4 und 7 sind gleich,
- die Verse 2 und 8 sind gleich,
- die Verse 3, 5 und 6 könnt ihr frei ergänzen.

8.3 Gedichte mit Hilfe des Computers gestalten

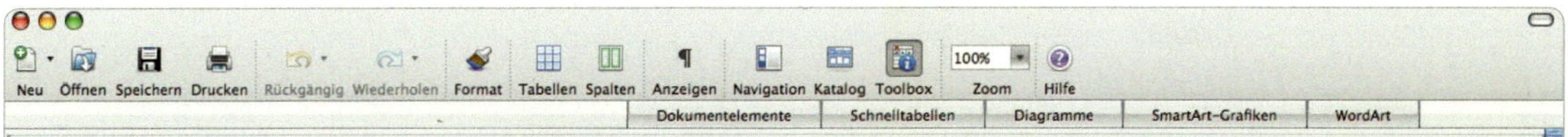

Ausschneiden und einfügen: Text mit der Maus markieren, auf die Schaltfläche Ausschneiden klicken und an anderer Stelle wieder einfügen (Symbol „Einfügen").

Kopieren: Text markieren, auf die Schaltfläche Kopieren klicken und an anderer Stelle wieder einfügen (Symbol „Einfügen").

Schriftart verändern: Text/Textstelle markieren, auf den Pfeil neben dem Auswahlfeld für Schriftarten klicken und Schriftart durch Anklicken auswählen.

Schriftgröße verändern: Text/Textstelle markieren, auf den Pfeil neben dem Auswahlfeld für Schriftgröße klicken und Schriftgröße durch Anklicken auswählen.

Fett, *kursiv* schreiben und <u>unterstreichen</u>: Text/Textstelle markieren, dann auf die Schaltfläche für fette, kursive oder unterstrichene Schrift klicken.

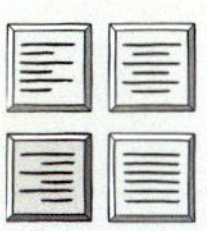

Textausrichtung festlegen: Text markieren, dann auf die Schaltfläche für linksbündige, zentrierte oder rechtsbündige Textausrichtung klicken oder Blocksatz auswählen.

Schriftfarbe festlegen: Text markieren, dann auf die Schaltfläche für die Schriftfarbe klicken und die Farbe durch Anklicken auswählen.

1 a Wer von euch hat schon einmal einen Text mit dem Computer geschrieben? Berichtet von euren Erfahrungen.
b Schaut euch die oben abgebildete Menüleiste an und lest die Informationen zu den einzelnen Schaltflächen. Welche Befehle kennt ihr schon, welche sind euch neu?

2 Wählt eines eurer selbst geschriebenen Gedichte aus, tippt es ab und gestaltet es mit Hilfe des Computers. Probiert unterschiedliche Schriftarten, Schriftgrößen, Farben etc. aus.

Wenn man einen Text am Computer schreiben möchte, muss man zunächst eine Datei anlegen, und das geht so:
- Computer starten, Textprogramm (z. B. Word) auswählen,
- in der Menüleiste auf Datei und Neu klicken,
- Text schreiben und die Datei unter einem Namen speichern (in der Menüleiste Datei anklicken und Speichern unter auswählen).

Elfchen schreiben

Braun
Deine Augen
Schauen mich an
Fühl mich bei dir
Geborgen

Schwarz
meine Katze
sie schleicht davon
ich höre sie fauchen
geheimnisvoll

Ein **Elfchen** besteht, wie der Name schon sagt, aus elf Wörtern:

1. Zeile: **ein Wort**	(z. B. eine Farbe, eine Eigenschaft)
2. Zeile: **zwei Wörter**	(z. B. ein Gegenstand, ein Lebewesen)
3. Zeile: **drei Wörter**	(eine Aussage über Vers 2)
4. Zeile: **vier Wörter**	(eine Aussage über dich)
5. Zeile: **ein Wort**	(ein Schlusswort, das alles zusammenfasst)

Bildgedichte gestalten

F
A
L
L
E
N

U o r d
n u n
g
N

Luftball O **n**

Roll-
Rolltreppe
Rolltreppe abwärts
Rolltreppe abwärts und schon
Rolltreppe abwärts und schon bist du
Rolltreppe abwärts und schon bist du unten

MauerMauerMauerMauerMauer
MauerMauerMauerMauerMauer
MauerMauerMauerMauerMauer
MauerMauerL**o**ch MauerMauer
MauerMauerMauerMauerMauer
MauerMauerMauerMauerMauer

3 a Beschreibt, wie in diesen Gedichten mit Buchstaben und Wörtern gespielt wird.
b Das Textverarbeitungsprogramm des Computers ist sehr gut dazu geeignet, Wörter umzustellen, auszutauschen, farbig hervorzuheben ... Nutzt die Anregungen auf dieser Seite sowie die Hinweise auf Seite 171 und gestaltet selbst Gedichte am Computer.

4 Druckt eure Gedichte aus (am besten mit einem Farbdrucker) und gestaltet dann ein Heft oder ein Büchlein. Nehmt auch noch Bilder oder Fotos auf und fertigt ein schönes Deckblatt an.

9 Theater spielen –
Dialoge in Szene setzen

1 Was fällt euch zum Stichwort „Theater" ein? Notiert eure Einfälle und erklärt sie.
Beim Stichwort „Theater" denke ich an ...

2 a Habt ihr schon einmal eine Theateraufführung besucht oder sogar selbst schon einmal Theater gespielt? Erzählt von euren Erfahrungen und Erlebnissen.
b Erklärt, was eurer Meinung nach das Besondere am Theaterspielen ist.

3 Kennt ihr schon einige Begriffe, die für das Theater von Bedeutung sind? Sammelt sie und erläutert, was sie bedeuten, z. B.: *Bühne, Maske, ...*

In diesem Kapitel ...

- lernt ihr wichtige Gestaltungsmittel des Theaters kennen,
- lest und spielt ihr Dialoge so, wie man sie auf der Bühne aufführen würde,
- schreibt ihr selbst Theaterszenen,
- plant ihr eine Theateraufführung.

9.1 Alles Theater?! – Szenen spielerisch erfassen

Helen Gori

Ein Mensch vor dem Gericht der Tiere (1)

(Im Gerichtssaal sind fast alle Tiere versammelt. Der angeklagte Mensch wird vom Schwein hereingeführt.)

Richter (Löwe): Darf ich Sie um Ihre Personalien bitten?

Mensch: Mensch, geborener Affe, auf die Welt gekommen vor etwa 40 000 Jahren, wohnhaft überall auf der Erde.

Schreiber (Tintenfisch): Mensch, Sie sind angeklagt, eine unermesslich große Zahl von unschuldigen Tieren umgebracht, gefressen, gequält, geschlachtet, hingerichtet, gejagt, erschossen und überfahren zu haben. Wegen Ihrer untierischen Quälereien und Massenmorde stehen Sie vor dem Gericht der Tiere.

Löwe: Bekennen Sie sich schuldig?

Mensch: Nicht schuldig.

Löwe: Dann schreiten wir zur Einvernahme der Zeugen. Herr Staatsanwalt, darf ich bitten?

Fuchs (Staatsanwalt/Ankläger): Mein erster Zeuge ist der Igel.

Igel *(weinerlich)*: Ich wollte eigentlich gar nicht zu dieser Gerichtsverhandlung kommen. Gerade in der heutigen Nacht ist mein lieber Mann, der unvergessliche Kasimir, von einem Eisenteufel überfahren worden. Und ein Mensch saß drin und kümmerte sich überhaupt nicht um ihn.

Löwe: Wir werden Sie in der Gerichtsverhandlung schonen, wenn es möglich ist. *(Zu Fuchs und Katze, Verteidiger)* Haben Sie noch Fragen an unseren Igel?

Fuchs/Katze: Nein!

Löwe: Wer ist Ihr nächster Zeuge, Herr Staatsanwalt?

Fuchs: Der Frosch.

Frosch: Es ist doch wirklich eine Schweinerei ...

Schwein: Ich protestiere, mein Name darf nicht so missbraucht werden!

Frosch: Entschuldigung, ich wollte niemanden beleidigen. Es ist doch wirklich eine Menscherei, wie die Menschen unsere Weiher und kleinen Seen verschmutzen! In diesem Waschmittelschaum kann doch niemand mehr leben! Aber noch schlimmer ist, dass jedes Frühjahr Millionen von Fröschen überfahren werden von diesen merkwürdigen Blechbüchsen, in denen Menschen sitzen.

Fuchs: Das ist ja schrecklich! Und was passiert sonst noch mit deinen Freunden und Verwandten?

Frosch: Ach ja, die schlimmste Quälerei habe

ich doch beinahe vergessen. Diese gemeinen Hunde …

Hund: Also, ich bin mit diesem Wort wohl kaum gemeint …

Frosch: Oh, Entschuldigung, diese gemeinen Menschen reißen uns Fröschen bei lebendigem Leib die Beine aus und braten sie, um sie dann als so genannte Delikatesse zu verspeisen. Wir armen Frösche müssen in einem stundenlangen Todeskampf zu Grunde gehen. Ich bin dafür, dass man auch einem Menschen alle seine Beine ausreißt …

Löwe: Den Strafantrag stellt später der Staatsanwalt, dazu haben Sie nichts zu sagen! Sind noch Fragen an den Zeugen Frosch?

Verteidiger (Katze): Haben Sie auch schon die kleinen Zäune gesehen, die von den Menschen nur darum gemacht wurden, damit die Frösche nicht überfahren werden?

Frosch: Ja, schon, aber die sind doch nur da, weil die Menschen uns lieber essen als überfahren!

Fuchs: Meine nächste Zeugin ist die Schnecke.

Schwein: Die Schnecke ist leider noch nicht da, ich glaube, sie hat sich ein wenig verspätet.

Fuchs: Gut, dann rufe ich zuerst die Schlange in den Zeugenstand.

1 a Lest den Text mit verteilten Rollen. Ihr benötigt neun Sprecher/-innen, die die folgenden Rollen übernehmen: Löwe, Mensch, Tintenfisch, Fuchs, Igel, Katze, Frosch, Schwein und Hund.
b Worum geht es in diesem Theaterstück? Benennt das Thema.

2 a Nennt die Klagen, die von den Tieren ausgesprochen werden.
b Haltet ihr die Vorwürfe der Tiere für berechtigt? Begründet eure Meinung.

3 a Sicherlich habt ihr schon einmal eine Gerichtsverhandlung im Fernsehen verfolgt. Welche Personen können in einer Gerichtsverhandlung auftreten und welche Aufgaben (Rollen) haben sie?
b In Helen Goris Theaterstück treten Tiere auf und leiten die Gerichtsverhandlung. Notiert, welche Rolle die einzelnen Tiere haben, z. B.: *Löwe* = …
c Findet ihr, dass die einzelnen Rollen zu den Tieren passen? Begründet eure Meinung.

4 In diesem Theatertext gibt es auch Stellen, die zum Lachen reizen. Sucht solche Textpassagen und begründet, warum diese komisch wirken.

5 Sammelt in einer Tabelle weitere Tiere, die als Ankläger gegen den Menschen auftreten könnten. Notiert auch, welche Klagen die einzelnen Tiere vorbringen.

Tiere, die den Menschen anklagen	Grund der Anklage
…	…

Information **Die Rolle**

Rolle nennt man die **Figur, die eine Schauspielerin oder ein Schauspieler in einem Theaterstück verkörpert,** z. B. die Rolle des Löwen, die Rolle des Menschen usw. Auch im Alltag kennen wir den Begriff „Rolle". „Aus der Rolle fallen" sagt man, wenn sich jemand unpassend verhält.

Helen Gori

Ein Mensch vor dem Gericht der Tiere (2)

Fuchs: Gut, dann rufe ich zuerst die Schlange in den Zeugenstand.

Schlange: Dass ich jetzt noch lebe und zu Ihnen sprechen kann und dass ich nicht schon in Form eines Geldbeutels oder einer Damenhandtasche vor Ihnen stehe, habe ich nur meiner Intelligenz und meinem feinen Tastsinn zu verdanken, sonst hätten mich die Menschen schon lange umgebracht ...

Katze: Aber Sie waren doch einst sehr gut befreundet mit den Menschen und haben auch aus dem Paradies einen Schweinestall gemacht!

Schwein: Ich protestiere ...

Katze *(zustimmend nickend)*: Ja natürlich, ich entschuldige mich in aller Form, ich meine natürlich, einen Menschenstall!

Fuchs: Ich bitte das Huhn in den Zeugenstand.

Huhn: Ja, ich warte schon lange darauf, endlich einmal auszupacken! Ich lebe unter unhühnlichen Verhältnissen in einer Geflügelbatterie. Meine ungeborenen Kinder werden mir weggenommen und von den Menschen als Eier gegessen. Mit fünf anderen Hühnern bin ich in einem kleinen Käfig eingesperrt. Ich hoffe nur, möglichst bald als Brathuhn gegessen zu werden, damit diese Qual endlich ein Ende hat.

Katze: Aber wer bringt dir jeden Tag das Futter?

Huhn: Die Menschen natürlich, aber die füttern mich nicht aus reiner Nächstenliebe, sondern weil sie nicht gern zu Skeletten abgemagerte Hühner essen!

Fuchs: Mein nächster Zeuge ist der Blaubock. *(Niemand erscheint, die Tiere werden unruhig.)*

Löwe: Ich glaube, Herr Staatsanwalt, es ist Ihrer Aufmerksamkeit entgangen, dass der Blaubock von den Menschen ausgerottet wurde. *(Entrüstungssturm, die Tiere sprechen durcheinander.)*

1 Lest diese Szene mit verteilten Rollen. Versucht dabei, die Eigenheiten der einzelnen Tiere deutlich zu machen.

Szene: Ein kurzer, abgeschlossener Teil eines Theaterstücks.

2 a Ein Theaterstück wird vor einem Publikum auf einer Bühne aufgeführt. Dabei ist vor allem entscheidend, wie etwas gesprochen und gespielt wird.
Welche Angaben in dem Text geben euch hierzu Hinweise?

b Überlegt, wie man die Regieanweisungen in dieser Szene umsetzen kann. Probiert gemeinsam verschiedene Möglichkeiten aus.

Information **Regieanweisungen**

Regieanweisungen geben Hinweise darauf, wie die Figuren reden und sich verhalten sollen. Sie stehen oft in Klammern und/oder sind *kursiv* (schräg) gedruckt.

3 Bereitet in Kleingruppen den Text zum Vorspielen vor, indem ihr weitere Regieanweisungen ergänzt. Geht so vor:

a Überlegt, wie die einzelnen Tiere sprechen und was sie tun sollen. Probiert verschiedene Sprechweisen sowie Körperhaltungen und -bewegungen aus. Der unten stehende Tippkasten gibt euch einige Anregungen.

b Schreibt nun eure Spielvorlage auf. Übertragt dazu den Text in euer Heft und ergänzt dabei an geeigneten Stellen Regieanweisungen, z. B.:

> **Helen Gori**
> **Ein Mensch vor dem Gericht der Tiere (2)**
> **FUCHS** *(sieht von seinen Notizen auf und schaut die Schlange an):* Gut, dann rufe ich zuerst die Schlange in den Zeugenstand.
> **SCHLANGE** *(aufgeregt zischend):* Dass ich jetzt noch lebe und zu Ihnen sprechen kann ...

c Probt eure Spielvorlagen und spielt sie dann in der Klasse vor. Gebt euch gegenseitig eine Rückmeldung darüber, was besonders gut gelungen ist und was ihr noch verbessern könnt.

4 Gefühle stumm ausdrücken:

a Sammelt in einer Tabelle Adjektive und Verben, die ihr mit den Gefühlen Freude, Trauer, Angst, Mut und Wut verbindet.

Freude	Trauer	Angst	Mut	Wut
froh	*traurig*	*ängstlich*	*mutig*	*wütend*
lachen	*weinen*	...	...	...

b Schreibt die fünf Gefühle (Freude, Trauer, Angst, Mut, Wut) auf fünf einzelne Zettel und sammelt diese, z. B. in einer Schachtel.

c Setzt euch in einen Stuhlkreis: Reihum zieht nun jede/r einen Gefühlszettel, legt ihn zurück in die Schachtel und stellt nur mit Mimik und Gestik das Gefühl dar, das er oder sie gezogen hat. Die anderen versuchen zu erraten, welches Gefühl ausgedrückt wurde.

Methode **Szenisches Spiel: Auf Stimme, Gesichtsausdruck und Körpersprache achten**

Beim Theaterspielen kommt es nicht nur darauf an, was gesagt wird, sondern ganz entscheidend ist, wie etwas gesprochen und gespielt wird. Mit eurer Stimme (Sprechweise), eurer Körpersprache (Gestik) und eurem Gesichtsausdruck (Mimik) könnt ihr genauso viel ausdrücken wie mit Worten.

- **Stimme/Sprechweise:** Eine bestimmte Sprechweise zeigt uns, wie sich jemand fühlt oder wie etwas gemeint ist. Eine Stimme kann wütend, ängstlich, streng, zärtlich, vorwurfsvoll ... klingen.
- **Gesichtsausdruck (Mimik)**: Am Gesichtsausdruck kann man erkennen, wie sich jemand fühlt und was er denkt. Ist der Gesichtsausdruck traurig, besorgt, aufgeregt ...?
- **Körpersprache (Gestik):** Auch die Körperhaltung und -bewegung (z. B.: Kopfschütteln, Schulterzucken, auf den Boden schauen, mit dem Fuß aufstampfen ...) drücken Gefühle und Stimmungen aus.

Helen Gori

Ein Mensch vor dem Gericht der Tiere (3)

Löwe: Ich danke dem Herrn Staatsanwalt für die Befragung der Zeugen, nun ist der Verteidiger an der Reihe.

Katze: ...? *(Will was sagen, wird ausgepfiffen.)*

Löwe: Ich bitte um Ruhe. Wir wollen einen fairen Prozess! Wir sind doch keine Menschen!

Katze: Mein erster Zeuge ist der Hund.

Hund: Nun, ich kann mich eigentlich nicht beklagen. Ich werde anständig gefüttert, gut behandelt ...

Fuchs: Ich bin dagegen, dass man diese Zeugenaussage ins Protokoll aufnimmt. Der Hund als bester Freund des Menschen ist ein Verräter, ein Mensch mit Hundepelz sozusagen.

Löwe: Dieser Einspruch ist abgewiesen, jedes Tier hat das Recht, sich zu äußern.

Hund: Also, ich werde gut behandelt, die Kinder lieben mich, mein Meister geht mit mir spazieren, ich bin zufrieden. Ich glaube nicht, dass die Menschen so schlimm sind, wie ihr jetzt alle glaubt, vielleicht sind sie manchmal etwas gedankenlos.

Igel: Also für mich ist es kein Unterschied, ob ich aus Gedankenlosigkeit oder aus Grausamkeit überfahren werde.

Katze: Sei jetzt ruhig. Mein nächster Zeuge ist der Bandwurm.

Bandwurm: Ich appelliere an die Solidarität[1] und an die Freundschaft aller Tiere. Wenn ihr dem Menschen etwas antut, trefft ihr auch mich und ich muss doch auch existieren können ...

1 die Solidarität: das Zusammengehörigkeitsgefühl

1 In vielen Theaterstücken ergibt sich eine Spannung dadurch, dass die Figuren nicht einer Meinung sind. Sie tragen eine Auseinandersetzung (einen **Konflikt**) aus.

a Lest diese Szene zuerst leise. Worum geht es in dieser Auseinandersetzung?

b Lest den Text mit verteilten Rollen. Versucht, durch eure Sprechweise die verschiedenen Meinungen und Gefühle der Tiere zum Ausdruck zu bringen.

2 Könnt ihr euch vorstellen, dass es außer dem Hund und dem Bandwurm noch weitere Tiere gibt, die als Entlastungszeugen für den Menschen auftreten? Notiert, welche Tiere dies sein könnten und warum sie den Menschen verteidigen.

3 a Was könnte der Mensch während der Gerichtsverhandlung denken und fühlen? Sucht euch in Partnerarbeit eine Textstelle (10–15 Zeilen) aus den drei Szenenausschnitten (▸ S. 174–175, S. 176, S. 178) heraus und verfasst dazu einen Text, der die Gedanken und Gefühle des Menschen wiedergibt, z. B.: *Das kann ich kaum glauben. Das ist doch wirklich ungerecht. Habe ich nicht ...*

b Tragt eure Texte in der Klasse vor. Versetzt euch dabei in die Rolle des Menschen und versucht, das Gesagte durch eure Sprechweise sowie durch eure Mimik und Gestik zu unterstreichen.

Testet euer Improvisationstalent!

Bei diesen Schauspielübungen braucht ihr nicht viel Vorbereitung, nur etwas Platz, gute Stimmung und viel Freude am Ausprobieren.

1 Probiert die folgenden Improvisationsübungen aus. Ihr könnt zu zweit, in der Gruppe oder mit allen zusammen improvisieren.
TIPP: Bei den Spielvorschlägen 1 und 2 setzt ihr nur eure Gestik und Mimik ein (▸ S. 177), bei den Spielanregungen 3 und 4 benutzt ihr auch eure Stimme (▸ S. 177).

Improvisieren
bedeutet, etwas spontan und unvorbereitet zu tun. Beim Theaterspielen spricht man auch vom „Spielen aus dem Stegreif": Jemand schlüpft in eine Rolle, versucht, sich die Situation vorzustellen, und spielt und spricht dann, was er/sie gerade passend findet.

1 Alltagsszenen pantomimisch darstellen
Mit eurem Gesicht, euren Händen und eurer Körperbewegung könnt ihr genauso viel ausdrücken wie mit Worten. Spielt die folgenden Situationen ohne Worte. Lasst die anderen raten, was ihr gerade pantomimisch dargestellt habt.
- *In der Schlange beim Bäcker drängelt sich jemand vor.*
- *Im Wartezimmer beim Arzt.*
- *Im Zugabteil: Ihr sucht einen Platz und „sprecht" mehrere Leute an, ob der Platz neben ihnen frei ist. Endlich findet ihr eine freie Sitzgelegenheit.*
- *Beim Friseur: Der Haarschnitt ist nicht so geworden, wie ihr euch das vorgestellt habt.*

2 Pantomime: Ein Brief!
Ihr kommt nach Hause, holt die Post aus dem Briefkasten und entdeckt einen Brief.
Ihr öffnet ihn und lest, dass ...
Drückt durch eure Mimik und Gestik aus, was in dem Brief steht. Alles wird ohne Worte deutlich gemacht!

Pantomime: Etwas **ohne Worte,** nur durch Mimik und Gestik darstellen.

3 Überraschung!
Setzt die folgenden Situationen in einem Stegreifspiel um. Besprecht kurz, welche Rollen ihr besetzen wollt und um welche Situation es gehen soll. Spielt dann die Szene spontan, also aus dem Stegreif.
Setzt eure Stimme, eure Mimik und eure Gestik wirkungsvoll ein.
- *So ein Pech!*
- *Zu spät!*
- *Was für eine Überraschung!*
- *Das ist ja gerade noch mal gut gegangen!*
- *Klingeling! Die Tür geht auf und hereinspaziert kommt ...*

4 Besser – schlechter!
Zwei Spieler versuchen, sich abwechselnd mit besonderen Sachen und Erlebnissen zu überbieten: *Wer hat den besten Fußball? Wer hat das schlechteste Wetter erlebt? Wer hat das außergewöhnlichste Haustier?*
Setzt eure Stimme, eure Mimik und eure Gestik ein.

9.2 Weitere Zeugen sagen aus – Szenen schreiben

Eine Szene weiterschreiben

Die Klasse 5b des Apostel-Gymnasiums hat das Theaterstück von Helen Gori um eine weitere Szene ergänzt. Der Anfang dieser Szene ist hier abgedruckt.

Ein Mensch vor dem Gericht der Tiere

Im Gerichtssaal. Anwesend sind Löwe (Richter), Fuchs (Staatsanwalt/Ankläger), Katze (Verteidigerin), Schwein (Gerichtsdiener), Mensch (Angeklagter), Tintenfisch (Gerichtsschreiber), Hai (Zeuge) ...

LÖWE: Wer ist der nächste Zeuge, Herr Staatsanwalt?
FUCHS: Der Hai!
(Das Schwein führt den Hai in den Zeugenstand.)
KATZE: Ist es richtig, Herr Hai, dass Sie besonders gerne Fische und Säugetiere fressen?
HAI *(zögernd):* Nun ... ja.
KATZE: Also ja! Ist es außerdem richtig, dass der Mensch zu den Säugetieren gehört?
ALLE SÄUGETIERE: Nö! Stimmt nicht! So'n Quatsch! Wer erzählt denn so was?
LÖWE *(streng):* Bitte Ruhe im Gerichtssaal!
KATZE: Also, Herr Hai?
HAI: Tja, also, nun ja!
KATZE: Also ja! Man könnte also sagen, dass der Mensch zu Ihren Nahrungsmitteln gehört?
FUCHS *(aufgeregt):* Der Zeuge muss nicht aussagen, wenn er sich selbst belastet. ...

Regieanweisungen werden oft in Klammern gesetzt und oder sind *kursiv* (schräg) geschrieben.

Die Namen der auftretenden Figuren werden oft in Großbuchstaben geschrieben.

Die Sprechtexte der Figuren werden ohne Anführungszeichen geschrieben.

1 Lest den Text mit verteilten Rollen. Worum geht es in diesem Szenenanfang?

2 Schreibt die Szene in Gruppenarbeit weiter. Geht so vor:
a Sucht ein weiteres Tier, das in der Gerichtsverhandlung auftreten könnte. Überlegt, ob dieses Tier zu Gunsten des Menschen aussagt oder ihn mit seiner Aussage belastet.
b Sammelt in einem Cluster, was euch alles zu dem Tier einfällt: Wie lebt es? Welche Eigenschaften hat es? Was hat es mit dem Menschen zu tun? ...
c Schreibt mit Hilfe eurer Ideen die Szene weiter. Notiert auch Regieanweisungen.

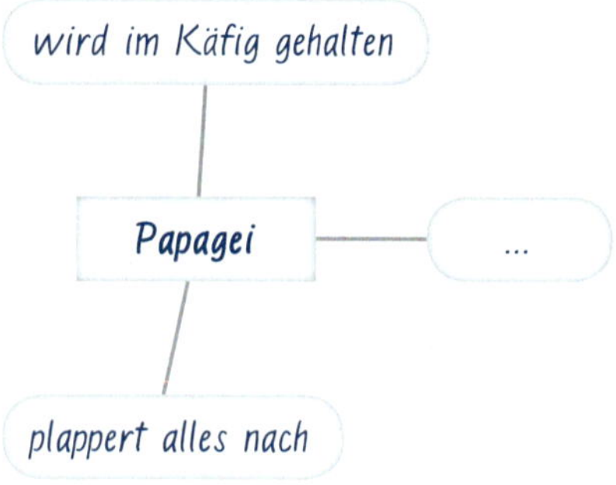

Fordern und fördern – Komik erzeugen

Ein Mensch vor dem Gericht der Tiere

Im Gerichtssaal. Anwesend sind: Schwein (Gerichtsdiener), Schnecke (Zeugin), Löwe (Richter), Fuchs (Staatsanwalt/Ankläger), Ente ...

SCHWEIN: Die Schnecke ist jetzt da!
ALLE *(wie eine Sirene gesprochen):* Zu spät! Zu spät! Zu spät!
SCHNECKE: Habt ihr schon angefangen?
LÖWE: Das kann man so sagen!
SCHNECKE *(völlig außer Atem):* Ich hab mich so beeilt, ich bin völlig erschöpft.
KATZE: Tut mir leid, die Verhandlung ist geschlossen!
SCHNECKE *(aufgebracht):* Was? Das darf doch wohl nicht wahr sein! Und dafür hetze ich mich ab! Das ist ja wohl das Letzte. Ich protestiere!
FUCHS: Na ja, wenn jemand lahm wie eine Ente ist!
ENTE *(schreit auf):* ...

1 a Lest diesen Szenenanfang mit verteilten Rollen. Achtet dabei auf die Regieanweisungen.
b Der Text enthält mehrere witzige Stellen. Nennt komische Textstellen und erklärt, warum diese zum Lachen reizen.

●●● **2** Schreibt die Szene weiter und baut dabei Elemente ein, die zum Lachen reizen.
▷ Wenn ihr eine Hilfe zu dieser Aufgabe braucht, schaut unten nach.

●●○ **Aufgabe 2 mit Hilfe**
Die folgenden Anregungen helfen euch dabei, lustige Elemente einzubauen, die das Publikum zum Lachen bringen.

Methode **Komik erzeugen – Das Publikum zum Lachen bringen**

Witzig oder komisch ist eine Situation, wenn etwas Überraschendes passiert, was man nicht erwartet hätte. Man kann durch verschiedene Mittel das Publikum zum Lachen bringen, z. B.:

- Ihr könnt mit **bekannten Redewendungen und Ausdrücken spielen:** Die jeweiligen Tiere fühlen sich angesprochen und protestieren, weil ihr Name missbraucht wird, z. B.: *Das kann ja kein Schwein lesen! Ich glaub, mich laust ein Affe! Das ist doch alles für die Katz! Der/Die benimmt sich ja wie ein Elefant im Porzellanladen! Da lachen ja die Hühner!*
- Die **Sprechweise der Figuren** kann lustig wirken: Die Eigenschaften der Tiere können sich auch in ihrer Sprechweise niederschlagen, z. B. gilt die Schnecke als langsames Tier und könnte deshalb besonders *langsaaaam* sprechen.
- Ihr könnt **Running Gags** (engl.: immer wiederkehrende Witze) einbauen, also Situationen oder Sätze, die sich in einer Szene wiederholen. Zum Beispiel könnte der Papagei immer wieder einzelne Worte nachplappern, manchmal auch falsch. Oder der Maulwurf sagt immer wieder, dass er zu wenig sieht.

Die Schlussszene schreiben – Ein Plädoyer verfassen

Am Ende einer Gerichtsverhandlung werden die Schlussreden (Plädoyers) gehalten. Die Theater-AG der Johannes-Schoch-Schule hat für das Stück von Helen Gori folgende Schlussszene verfasst:

Ein Mensch vor dem Gericht der Tiere

Im Gerichtssaal. Alle Tiere, die an der Gerichtsverhandlung beteiligt waren, sowie der Mensch sind anwesend.

HAI: Ich bin dagegen, dass man den Menschen etwas antut. Ich sage das nicht aus Nächstenliebe, sondern weil ich nicht auf einen abwechslungsreichen Speisezettel verzichten möchte. Immer nur Fische – ist doch langweilig!

SCHLANGE *(zischt)*: Egoist!

LÖWE: So, hört auf mit diesen Streitereien. Ein Prozess ist eine ernste Angelegenheit. Was soll denn der Angeklagte von uns denken? Wir kommen jetzt zu den Schlussplädoyers.

KATZE *(Verteidigerin)*: Der Mensch ist nicht nur schlecht zu Tieren. Uns Katzen hat er früher sogar in Ägypten Statuen in Tempeln gebaut. Und dass es dem Hund gut geht beim Menschen, hat er ja selbst gesagt. Ja, und dass es den Mäusen bei den Menschen gefällt, freut mich besonders. Daher: Es gibt böse Exemplare unter den Menschen, aber das soll es ja auch bei uns Tieren geben. Und es gibt auch viele Menschen, die Tiere mögen, und zwar nicht zum Essen, sondern als Gefährten, Spielkameraden usw. Und dann gibt es die unwissenden und gedankenlosen Menschen, die unabsichtlich Brüder und Schwestern von uns Tieren töten oder verletzen. Ich schlage daher vor: Diese Menschen müssen in eine Schule, in der wir ihnen beibringen, sich nicht menschlich, sondern tierisch zu verhalten.

FUCHS *(Ankläger)*: Ich muss dem Verteidiger Katz im Wesentlichen zustimmen. Die Schulung ist eine schlaue und angemessene Strafe, so schlau, dass sie auch von mir kommen könnte.

LÖWE: Das Gericht stellt im Namen des tierischen Volkes fest: Die Menschen brauchen eine Nachschulung über längere Zeit. Wir fangen gleich mit dem hier anwesenden Menschen an. Melden Sie sich morgen unverzüglich beim örtlichen Polizeihund. Er wird Ihnen alles Weitere bellen. Die Sitzung ist geschlossen!

1 Lest den Text mit verteilten Rollen und bringt durch eure Sprechweise die verschiedenen Meinungen und Gefühle der Tiere zum Ausdruck. Was haltet ihr von diesem Ende?

2 Schreibt in Gruppen eine eigene Schlussszene, in der die Katze als Verteidigerin oder der Fuchs als Ankläger des Menschen eine Schlussrede hält. Tragt dann eure Szenen mit verteilten Rollen vor.

3 a Euer Theaterstück muss nicht mit einer Schlussrede (einem Plädoyer) enden. Diskutiert, welche der folgenden Ideen für den Schluss eurer Meinung nach am besten zu dem Stück passt.
- Der Mensch soll verurteilt werden, und zwar zu lebenslangem Dienst an den Tieren!
- Der Mensch wacht auf – alles war nur ein Albtraum, er hat zu viel Schweinebraten gegessen.
- Der Richter wendet sich ans Publikum: *Sie müssen das Urteil fällen! (Licht aus.)*
- Die Tiere zerstreiten sich untereinander, der Mensch kann im Chaos heimlich entkommen.

b Sicherlich habt ihr noch eigene Ideen für den Schluss. Sammelt sie.

c Wählt eine Idee aus und verfasst dann eine weitere Schlussszene.

9.3 ... und Bühne frei! – Ein Theaterstück aufführen

In den ersten beiden Teilkapiteln habt ihr zu dem Theaterstück „Ein Mensch vor dem Gericht der Tiere" viele eigene Szenen geschrieben. Ihr könnt das Stück vor einem Publikum aufführen. Die folgenden Schritte helfen euch, euer Stück auf die Bühne zu bringen.

1. Schritt: Die Spielvorlage erstellen

1 Erstellt aus euren eigenen Szenen und den Originalszenen von Helen Gori eine Spielvorlage, indem ihr die einzelnen Szenen zu einem zusammenhängenden Theaterstück verbindet.

2. Schritt: Die Aufgaben verteilen

2 Zur Vorbereitung der Aufführung eines Theaterstücks gehören viele verschiedene Aufgaben. Verteilt die folgenden Aufgaben auf verschiedene Gruppen.

Gruppe 1: Schauspielerinnen und Schauspieler
- Notiert, welche Rollen in eurem Theaterstück vorkommen.
- Tauscht euch darüber aus, wer für welche Rolle geeignet ist. Vielleicht führt ihr dazu ein kleines Casting durch, in dem ihr verschiedene Rollenbesetzungen ausprobiert?
- Legt die Rollen fest, lernt eure Rollentexte auswendig und probt zusammen die Szenen.

Gruppe 2: Kostüme, Requisiten, Masken
- Überlegt, ob ihr die Tierfiguren durch passende Kostüme und einzelne Requisiten (Gegenstände) ausgestalten wollt oder ob ihr jedes Tier allein durch eine Maske darstellen wollt. Wenn ihr euch auf das Tragen von Masken beschränkt, sollten alle Kinder einheitlich schwarze Kleidung tragen, damit sich das Publikum ganz auf eure Masken konzentrieren kann.
- Besprecht, wie der angeklagte Mensch auftreten soll: im Anzug, in Fesseln oder als Pappfigur?

Gruppe 3: Bühnenbild, Licht
- Klärt, welcher Raum euch für eure Theateraufführung zur Verfügung steht.
- Überlegt, wie ihr den Raum in einen Gerichtssaal verwandeln könnt: Braucht ihr bestimmtes Mobiliar wie Tische, Stühle ...? Wollt ihr eine Kulisse (ein Hintergrundbild) gestalten, z. B. indem ihr ein großes Stück Stoff bemalt?
- Wie sollte das Licht, z. B. durch Stehlampen, in den einzelnen Szenen ausgerichtet werden?

Gruppe 4: Plakat und Einladung

– Überlegt, ob ihr ein Theaterplakat und/oder eine Einladung gestalten wollt.
– Tragt zusammen, welche Angaben auf eurem Plakat oder eurer Einladung stehen sollen, z. B.: Titel des Stückes, Ort und Zeit der Aufführung, die Veranstalter (eure Klasse) ...
– Besprecht, wie ihr das Plakat/die Einladung gestalten wollt: Welche Fotos, Bilder ... benötigt ihr?
– Wo könntet ihr die Plakate aufhängen, an wen wollt ihr die Einladungen versenden?

TIPP: Wenn ihr mit dem Computer arbeiten wollt, helfen euch die Tipps auf Seite 344.

Gruppe 5: Regie und Organisation des Projekts (Projektfahrplan)

– Eure Gruppe hat die Aufgabe, die Fäden des Projekts zusammenzuhalten und die einzelnen Gruppen bei ihren Tätigkeiten zu beraten.
– Geht von Gruppe zu Gruppe und lasst euch den Stand der Arbeiten präsentieren: Welche Ideen und Vorschläge findet ihr gelungen, was könnte man noch verbessern? Beratet die Gruppen.
– Erstellt einen Projekt-Fahrplan, in dem ihr die Aufgaben und die Termine der einzelnen Gruppen notiert. Behaltet den Überblick und achtet darauf, dass die Termine eingehalten werden.

Projektfahrplan für die Aufführung „Ein Mensch vor dem Gericht der Tiere“

verantwortliche Gruppe	Aufgaben	Termine
Gruppe 1: *Schauspieler/-innen*	*- Texte auswendig lernen* *- Proben Szene 1–3* - ...	...
Gruppe 2: *Kostüme, Requisiten, Masken*	*- Masken basteln* - ...	...
Gruppe 3: *Bühnenbild, Licht*	*- Mobiliar besorgen* *- Kulisse bauen* - ...	...
Gruppe 4: *Plakat und Einladung*	*- Text für das Plakat entwerfen* *- Fotos besorgen* - ...	...

3. Schritt: Das gemeinsame Proben

3 a Führt gemeinsam die Proben durch: Baut das Bühnenbild auf, testet die Lichteinstellungen, probiert eure Masken, Kostüme und Requisiten aus. Spielt die Szenen einzeln, bis das Zusammenspiel funktioniert.

b Führt kurz vor der Aufführung eine Generalprobe durch. Spielt nun alle Szenen ohne Unterbrechung mit eurem Bühnenbild, den Masken ...

TIPP: Sorgt euch nicht, wenn euch in der Generalprobe Fehler unterlaufen. An ihnen erkennt ihr, worauf ihr bei der Aufführung besonders achten müsst.

10 Beeindruckende Welten – Sachtexte untersuchen

1 Erklärt, was ihr alles auf der Abbildung aus einem Sachbuch finden könnt. Probiert dazu das Ratespiel „Ich sehe was, was ihr nicht seht, und das ist …“ aus.

2 Wer von euch war schon einmal in einem Tropenhaus oder gar in einem richtigen Regenwald? Berichtet davon in der Klasse.

3 a Berichtet von Sachbüchern, die ihr kennt. Wovon handeln sie?
b Beschreibt den Unterschied zwischen Sachbüchern und anderen Büchern.
c Begründet, was ihr lieber lest: Sachbücher oder andere Bücher?

In diesem Kapitel …

- erfahrt ihr, was ein Regenwald ist, wie man Höhlen erforscht und wie Vulkane entstehen,
- lernt ihr, wie ihr Schritt für Schritt die wichtigsten Informationen aus einem Sachtext erarbeitet,
- sucht ihr selbst Informationen zu einem Thema und stellt sie auf einem Informationsplakat dar.

10.1 Sachtexte nutzen – Informationen entnehmen

Einen Sachtext lesen und verstehen

Was ist der tropische Regenwald?

Der tropische Regenwald ist ein wild wuchernder Urwald, in dem es ständig warm und feucht ist. Regenwald wächst nur in heißen und regenreichen Gegenden der Erde. Auf dem Globus findet man solche Gebiete nördlich und südlich vom Äquator, in den so genannten Tropen.

Nirgends sonst auf der Welt gedeihen Pflanzen in solcher Vielfalt und Größe wie hier. Im Regenwald erheben sich manche Baumriesen bis in 60 oder 70 Meter Höhe. Es gibt Blüten im Regenwald, die einen Durchmesser von einem Meter haben, und Sträucher, die so hoch werden wie Bäume. Manche Urwaldpalmen bilden Blätter aus, die so riesig sind, dass man unter einem Blatt ein ganzes Auto verstecken könnte. Mächtige Schlingpflanzen, die Lianen, überwuchern haushohe Bäume und Sträucher und bilden häufig ein undurchdringliches Dickicht. Es gibt auch Pflanzen im Regenwald, die überhaupt nicht mit dem Boden in Berührung kommen. Sie leben auf Ästen und Zweigen in luftiger Höhe.

Kaum ein Sonnenstrahl durchdringt das dunkelgrüne Blätterdach des Regenwaldes. Die Kronen der riesigen Urwaldbäume stehen so dicht beieinander, dass die Sonne kaum hindurchscheinen kann. Unten am Boden herrscht permanent Dämmerung und nur selten tut sich einmal eine kleine Lichtung auf.

Wie in einem Treibhaus ist es ständig schwülwarm und sehr feucht. Wer bekleidet durch den Regenwald geht, hat schon nach wenigen Metern nichts als nasse Lappen auf der Haut. Alles ist von Nässe durchdrungen. Im Inneren des Waldes weht keinerlei Wind.

Am Boden riecht es nach verfaultem und vermodertem Laub. Lästige Blutegel und daumengroße Ameisen haben dort ihr Reich und setzen jedem zu, der sich in den Regenwald hineinwagt. Größere Säugetiere wie Affen, Tapire, Wildschweine oder Raubkatzen sind nur selten zu sehen. Der Regenwald ist vor allem das Zuhause von unzähligen Insekten, von Zikaden, Moskitos, Grillen, Wespen, Fliegen und von Tausenden anderer kleiner Lebewesen. Auf einem einzigen Urwaldbaum haben Wissenschaftler schon über 1000 verschiedene Käferarten gezählt, von denen die meisten vorher völlig unbekannt waren. Tagein, tagaus, fast ununterbrochen sind im Regenwald die Geräusche der Insekten zu hören. Sie zirpen, sägen und geben Kreischtöne von sich. Nur manchmal verstummt das Millionenheer der Insekten und es herrscht für kurze Zeit eine unheimliche Stille.

1 a Lest zuerst nur die Überschrift, die ersten drei Zeilen und schaut euch das Foto an.
b Überlegt gemeinsam, worum es in dem Text gehen könnte und was ihr schon über den Regenwald wisst.

2 a Lest nun den gesamten Text zügig durch und formuliert das Thema des Textes in einem Satz.
b Vergleicht eure Ergebnisse.

3 Oft enthalten Texte Wörter, die schwierig zu verstehen oder euch unbekannt sind.
a Welche Möglichkeiten kennt ihr, die Bedeutung von unbekannten Wörtern im Text zu klären?
b Klärt gemeinsam, was die folgenden Wörter in dem Text bedeuten. Lest dazu noch einmal die Textpassagen, in denen sie stehen.

Globus (Z. 5) Äquator (Z. 6) Kronen (Z. 25/26) permanent (Z. 28/29) Lichtung (Z. 30)

4 In dem ersten Textabsatz (▶ Z. 1–7) sind die Schlüsselwörter bereits markiert. Notiert eine treffende Überschrift für diesen Absatz.

5 a Lest den ganzen Text noch einmal und schreibt die wichtigsten Schlüsselwörter heraus.
TIPP: Wenn ihr eine Kopie des Textes habt, könnt ihr die Schlüsselwörter auch markieren. Aber Vorsicht: Markiert nicht zu viele Wörter und Textstellen!
b Gliedert den Text in einzelne Sinnabschnitte und formuliert für jeden Abschnitt eine treffende Überschrift. Orientiert euch hierbei an euren Schlüsselwörtern.
c Vergleicht eure Ergebnisse. Wenn eure Überschriften sehr stark voneinander abweichen, lest noch einmal im Text nach und besprecht, um welches Unterthema es hier hauptsächlich geht.

Schlüsselwörter sind Wörter, die für die Aussage des Textes besonders wichtig sind.
Ein neuer **Sinnabschnitt** beginnt dort, wo ein neues Unterthema angesprochen wird.

6 Fasst die wichtigsten Informationen des Textes in wenigen Sätzen zusammen. Beantwortet hierbei die W-Fragen (Was …?; Wo …?; Wie …? usw.).

7 Ein Quiz über den Regenwald: Entwickelt in Partnerarbeit drei oder vier Fragen zum Thema „Regenwald“, die man mit Hilfe des Textes beantworten kann.
Veranstaltet mit diesen Fragen in der Klasse ein Quiz.

Methode **Einen Sachtext lesen und verstehen (Fünf-Schritt-Lesemethode)**

1 **Lest** zunächst nur die **Überschrift** (evtl. auch die Zwischenüberschriften) und die ersten drei bis fünf Zeilen des Textes. **Betrachtet** dann **die Abbildungen.** Überlegt, worum es in dem Text gehen könnte, und ruft euch ins Gedächtnis, was ihr vielleicht schon über das Thema wisst.
2 **Lest dann den gesamten Text zügig durch,** ohne euch an Einzelheiten aufzuhalten, die ihr nicht sofort versteht. Macht euch klar, was das Thema des Textes ist.
3 Lest den Text ein zweites Mal sorgfältig durch. **Klärt** anschließend **unbekannte oder schwierige Wörter** aus dem Textzusammenhang, durch Nachdenken oder durch das Nachschlagen in einem Wörterbuch.
4 **Markiert die wichtigsten Schlüsselwörter** (Wörter, die für die Aussage des Textes besonders wichtig sind) und **gliedert den Text in Sinnabschnitte.** Gebt jedem Abschnitt eine **treffende Überschrift.**
Ein neuer Sinnabschnitt beginnt dort, wo ein neues Unterthema angesprochen wird.
5 **Fasst** die wichtigsten **Informationen** des Textes in wenigen Sätzen **zusammen.** Beantwortet hierbei die W-Fragen (Was …?; Wo …?; Wie …? usw.).

Die Informationen eines Sachtextes anschaulich darstellen

? ? ? ? ? ? ?

Noch heute wird der überwiegende Teil der Höhlenerkundung von Hobbyforschern geleistet. Um die mitunter kilometerlangen unterirdischen Gänge, Schächte und Hallen zu vermessen, nehmen sie oft ungeheure Strapazen auf sich, verbringen Tage und Nächte in Dunkelheit, Nässe und Kälte und hantieren mit klammen[1] Fingern an lehmverschmierten Maßbändern.

Inzwischen gibt es praktisch für jede Höhle einen Forscherklub. Dessen Mitglieder suchen ihre Höhle immer wieder auf, erforschen bisher unbekannte Gänge und vermessen sie genau. Sie quälen sich durch enge Spalten, erklettern Steilhänge, seilen sich ab in bodenlose Schächte und durchtauchen unterirdische Gewässer, um in Regionen[2] vorzustoßen, die kein Mensch je zuvor betreten hat.

Für die kleinen Höhlen bedarf es keiner teuren Ausrüstung. Da reichen alte Kleidung, kräftige Schuhe und ein Plastikschutzhelm, um den Kopf zu schützen. Licht gibt eine wasserfeste Taschenlampe, für längere Touren ist die gute alte Karbidlampe[3] sparsamer; notfalls kann man auf ihr auch einen Becher Tee erwärmen. Es kann tödlich sein, sich in der völligen Dunkelheit zu verirren, deshalb sollte man für Reservelampen sorgen. Wichtig ist auf jeden Fall: Nicht allein gehen, Ziel und voraussichtliche Rückkehrzeit hinterlassen und in der Höhle niemals leichtsinnig sein! Für mehrtägige Ausflüge sollte man warme, trockene Kleidung mitnehmen; die Durchschnittstemperatur der Höhlen in Deutschland liegt bei neun Grad. Oft muss man durch schlammige, enge Stellen robben; dafür eignen sich am besten die modernen wasserfesten Kunststoffoveralls. In einem Schleppsack aus ähnlichem Material haben der Proviant und die Ausrüstung Platz. Leichte, zusammensteckbare Aluminiumleitern, Sprossenleitern und Seile samt Haken und Steigklemmen[4] helfen den in Klettertechnik Geübten, auch unterirdisch den Berg zu bezwingen, und mit einem Schlauchboot kann man Höhlenseen befahren. Dazu kommen schließlich noch wasserfestes Schreibmaterial, Maßband, Winkelmesser[5], Kompass und Fotoausrüstung zum Vermessen und Dokumentieren des neu Entdeckten.

1 klamm: feucht und kalt
2 die Region: Gebiet, Gegend
3 die Karbidlampe: Gaslampe mit dem Brennstoff Karbid
4 die Steigklemme: ein Ausrüstungsgegenstand zum Klettern, bei dem ein Seil in eine Richtung durchgleiten kann, in die andere Richtung aber blockiert wird.
5 der Winkelmesser: Instrument zur Messung von Winkeln. Winkelmesser sind häufig in Geodreiecke eingearbeitet.

1 a Lest den ganzen Text sorgfältig durch und formuliert das Thema in einem vollständigen Satz.
b Gebt dem Text eine passende Überschrift.

2 In Zeile 38 findet ihr das Wort „Schleppsack". Vermutlich kennt ihr dieses Wort nicht, dennoch dürfte es euch nicht schwerfallen, es zu erklären.

a Erklärt euch gegenseitig, was wohl ein „Schleppsack" ist. Wie seid ihr vorgegangen, um das unbekannte Wort zu verstehen?

b Klärt andere Wörter im Text, die ihr nicht versteht.

3 Entscheidet, welche der folgenden Aussagen zum Text richtig sind:

A Die meisten Höhlen werden heute durch speziell ausgebildete Wissenschaftler erforscht.

B Zur Erforschung von kleinen Höhlen braucht man keine teure Ausrüstung.

C Man sollte niemals eine Höhle allein erforschen.

4 a Im ersten Textabsatz (▶ Z. 1–9) sind schon einige Wörter markiert. Aber sind es auch Schlüsselwörter? Prüft, welche Markierungen eurer Meinung nach überflüssig sind und welche man ergänzen könnte.

b Schreibt nun aus dem restlichen Text die wichtigsten Schlüsselwörter heraus. Vergleicht anschließend eure Ergebnisse.

5 Gliedert den Text in einzelne Sinnabschnitte und formuliert für jeden Abschnitt eine treffende Überschrift.

6 Oft kann man die Informationen eines Textes in einem Schaubild übersichtlich darstellen.

a Seht euch das folgende Schaubild, das man Mind-Map (engl.: Gedanken-Landkarte) nennt, an und beschreibt es.

b Übertragt die Mind-Map in euer Heft und vervollständigt sie in Partnerarbeit. Nehmt hierzu die Schlüsselwörter (▶ Aufgabe 4) zu Hilfe.

7 Wärt ihr gerne eine Höhlenforscherin bzw. ein Höhlenforscher? Erzählt, was euch reizen oder vielleicht eher abschrecken würde.

Methode **Die Informationen eines Textes ordnen und veranschaulichen**

Oft ist es hilfreich, die Informationen eines Textes in einem Schaubild, z. B. einer Mind-Map (▶ s. oben), oder in einer Tabelle (▶ S. 190) knapp und übersichtlich darzustellen. So könnt ihr mit einem Blick die wichtigen Aussagen des Textes erfassen.
Bevor ihr die Informationen veranschaulicht, müsst ihr natürlich den Text erst einmal sorgfältig gelesen und verstanden haben (▶ Fünf-Schritt-Lesemethode, Seite 187).

Tabellen lesen und bewerten

Höhlen: Unterirdische Wunderwelten

Manche sind groß wie Fußballstadien, durch andere passen Menschen nur, wenn sie auf allen vieren kriechen: Höhlen sind wohl die geheimnisvollsten Löcher unseres Planeten. Wasser, Wind, Wellen, Vulkanausbrüche: Höhlen sind das Ergebnis von Prozessen in der Natur, die meist Millionen von Jahren gedauert haben. Höhlenforscher bezeichnen nur natürlich entstandene Hohlräume als Höhlen, Tunnel oder Bergwerke zählen sie nicht dazu. Um den Namen „Höhle" tragen zu dürfen, müssen die unterirdischen Löcher, Gänge und Gewölbe außerdem mindestens so groß sein, dass sich ein Mensch darin bewegen kann – egal, ob aufrecht, auf allen vieren oder nur mit eingezogenem Bauch.

Höhlentypen

Es gibt sehr unterschiedliche Höhlentypen, die man nach ihren verschiedenen Eigenschaften einteilen kann: Man kann Höhlen nach dem sie umgebenden Gestein unterscheiden (z. B. Lavahöhle, Sandsteinhöhle oder Kalksteinhöhle), nach ihrer Entstehungszeit oder nach ihrer räumlichen Struktur. So erstrecken sich Horizontalhöhlen von ihrer Öffnung aus waagerecht in die Erde, während die Schachthöhlen einen Eingang haben, der wie ein Loch senkrecht in die Tiefe führt. Die meisten größeren Höhlen bestehen aus einem Höhlensystem, dass aus waagerechten Gängen und senkrechten Schächten besteht.

Die längsten und tiefsten Höhlen in Deutschland

In Deutschland gibt es 33 Höhlen, die über 200 m tief sind, und 93 Höhlen, die über 1000 m lang sind.
Spitzenreiter bei den längsten und tiefsten Höhlen ist eine Höhle mit dem Namen *Riesending* (Länge: 15 200 Meter, Tiefe: 1059 Meter). In der Liste der längsten Höhlen kommt gleich danach das *Hölloch* in Bayern, eine Höhle, die mit einer Länge von 11 000 Metern aber schon fast zwei Kilometer kürzer ist. Die *Attahöhle* in Nordrhein-Westfalen ist nur 6670 Meter lang, aber immer noch beeindruckend.
Auch hinsichtlich der Tiefe gibt es große Unterschiede. Nach der *Riesending-Höhle* in Bayern sind der *Fledermauscanyon* mit – 867 Metern und der *Geburtstagsschacht* mit – 698 Metern die tiefsten Höhlen. Die tiefsten Höhlen liegen übrigens alle in Bayern.

Die acht längsten Höhlen in Deutschland

Name	Länge (Meter)
Riesending (B)	15 200
Hölloch (B)	11 000
Salzgrabenhöhle (B)	9012
Fuchslabyrinth (BW)	9111
Mühlbachquellhöhle (B)	7700
Blauhöhlensystem (BW)	7500
Eisrohrhöhle (B)	7134
Attahöhle (NRW)	6670

B = Bayern BW = Baden-Württemberg
NRW = Nordrhein-Westfalen

Die acht tiefsten Höhlen in Deutschland

Name	Tiefe (Meter)
Riesending (B)	–1059
Fledermauscanyon (B)	–867
Geburtstagsschacht (B)	–698
Aufreißer (B)	–650
Latschencanyon (B)	–630
Zirbeneckschlinger (B)	–585
Hacklschacht (B)	–581
Eisrohrhöhle (B)	–496

B = Bayern

1 Lest die Überschrift und die Zwischenüberschriften des Textes und schaut euch die Tabellen an. Überlegt, worum es in dem Text gehen könnte. Notiert eure Vermutung.

2 a Lest nun den gesamten Text. Welche eurer Vermutungen (▸ Aufgabe 1) haben sich bestätigt?
b Betrachtet die Tabellen genau.
– Worüber informieren die Tabellen jeweils?
– Welche Angaben enthalten die Spalten, welche die Zeilen?
– Welche weiteren Informationen findet ihr?

Der Aufbau einer Tabelle
Eine Spalte verläuft von oben nach unten.
Eine Zeile verläuft von links nach rechts

	Spalte ↓
Zeile →	

3 a Vergleicht die Informationen aus dem Text mit den Informationen in den Tabellen. Beschreibt die Unterschiede und die Gemeinsamkeiten.
b Informationen in Form eines Textes oder in Form einer Tabelle? Bewertet die verschiedenen Darstellungsformen. Welche Vorzüge haben sie jeweils?
c Erklärt, wann eine Tabelle sinnvoll ist und wann man besser einen ausformulierten Text verwendet.

4 Zu welchem Textabschnitt passen eurer Meinung nach die folgenden Bilder? Begründet eure Zuordnung.

5 a Tauscht euch gemeinsam mit einer Partnerin oder einem Partner darüber aus, welche Informationen aus dem Text ihr besonders interessant findet.
b Habt ihr noch mehr Fragen zum Thema „Höhlen“? Notiert sie und sucht nach weiteren Informationen, z. B. in der Bücherei oder im Internet. Die Hinweise auf Seite 341 helfen euch dabei.

Methode **Tabellen lesen**

In Sachtexten findet ihr häufig Tabellen oder andere Darstellungsformen, mit denen man eine größere Zahl von Informationen knapp und übersichtlich darstellen kann.
Beim Lesen einer Tabelle könnt ihr so vorgehen:
1 Stellt fest, worüber die Tabelle informiert. Entweder gibt es für die gesamte Tabelle eine Überschrift oder die oberste Zeile der Tabelle bildet eine Art Überschrift.
2 Verschafft euch einen Überblick darüber, welche Informationen die Spalten (verlaufen von oben nach unten) und die Zeilen (verlaufen von links nach rechts) enthalten.
3 Lest die Angaben in den einzelnen Feldern der Tabelle. Wozu macht die Tabelle Angaben? Gibt es Maßeinheiten in der Tabelle, z. B. Meter, Kilogramm, Stunden usw.?
4 Notiert eure Beobachtungen: Welche Angaben werden in der Tabelle gemacht?

Grafiken entschlüsseln

Wenn Berge Feuer speien: Vulkane auf der Erde

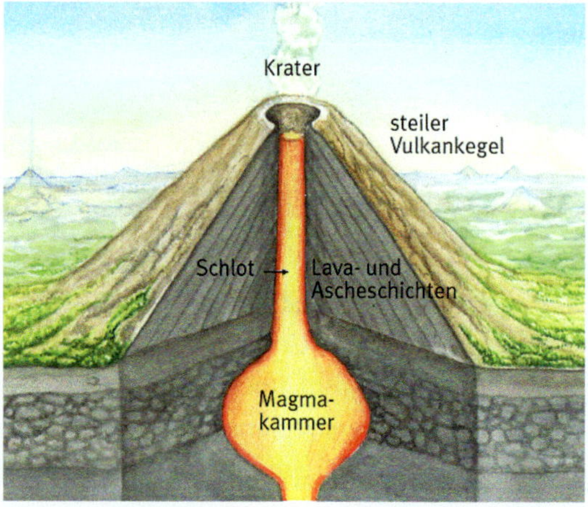

Im Jahre 1943 bemerkte ein mexikanischer Bauer beim Pflügen seines Ackers eine Mulde im Boden. Aus ihr stiegen Qualm und Rauch. Alle Versuche, das Feuer zu ersticken, blieben erfolglos. Im Laufe des Nachmittags wölbte sich die Mulde, Risse entstanden – und noch in derselben Nacht wurde glühendes Gestein aus dem Innern der Erde herausgeschleudert. Das erkaltete Gestein bildete einen Vulkankegel, der nach 48 Stunden bereits 50 Meter hoch war! Nach neun Jahren war der Vulkan auf eine Höhe von 450 Metern angewachsen.

Auf diese Weise bilden sich fast alle Vulkane. Deshalb haben sie auch alle eine ähnliche Form. Ein Vulkan ist meist ein kegelförmiger Berg, der aus ausgeworfener Asche und Lava besteht. Lava ist ein glühender Brei, der zu erstarrtem Gestein wird, wenn er abkühlt. Der Gipfel läuft nicht wie bei anderen Bergen spitz zu, sondern weist eine Mulde auf, den Krater. Bei einem tätigen Vulkan führt von hier aus der so genannte Schlot in die Tiefe. So verschieden die Vulkane auch sein mögen, eines haben sie alle gemeinsam: Sie entstehen, weil eine heiße Masse (Magma) aus dem Erdinneren nach oben drängt.

Eine Vulkanentstehung beginnt im Inneren der Erde – im so genannten Erdmantel. Dort herrscht nicht nur ein gewaltiger Druck, es ist auch extrem heiß. Die Temperatur im Erdmantel beträgt je nach Tiefe etwa zwischen 1500 bis 3000 Grad Celsius. Sobald der Druck und die Hitze groß genug sind, verwandelt sich dort das Gestein in Magma: Es ist jetzt nicht mehr fest, sondern zähflüssig und orangerot glühend. Wenn die Erdkruste an einigen Stellen aufbricht, kann sich Magma aus dem Erdinneren einen Weg an die Oberfläche bahnen – ein Vulkan ist geboren.

Magma, das an die Erdoberfläche gelangt, wird übrigens Lava genannt.

Lava hat eine Temperatur von 1000 bis 1300 Grad Celsius. Nach der Abkühlung erstarrt sie zu grauschwarzem Gestein.

1 a Lest den Text aufmerksam und schaut euch die Abbildungen genau an.
b Erklärt mit eigenen Worten, wie ein Vulkan entsteht. Verwendet hierzu die folgenden Begriffe:

Erdinneres Magma Schlot Lava

2 a Beschreibt, was ihr auf den beiden Abbildungen (▶ S. 192) seht. Verwendet dabei die Begriffe „Fotografie" und „Grafik".

b Überlegt, welche Textabschnitte durch die Abbildungen jeweils veranschaulicht werden. Nennt die entsprechenden Zeilenangaben.

c Erläutert, was die verschiedenen Arten von Abbildungen (Foto und Grafik) jeweils leisten.

3 Auch die folgende Abbildung ist eine Grafik.

a Entschlüsselt die Grafik mit Hilfe des unten stehenden Kastens. Die nebenstehenden Verben helfen euch bei euren Erläuterungen.

darstellen zeigen angeben liegen beschreiben

b Vergleicht diese Grafik mit der auf Seite 192. Was wird auf der jeweiligen Grafik veranschaulicht, z. B. ein Vorgang, eine Lage (Orte), ein Größenverhältnis?

Methode **Grafiken entschlüsseln**

Eine Grafik stellt etwas bildlich dar. Sie kann z. B. zeigen, wo etwas liegt (z. B. Landkarte) oder wie etwas funktioniert oder aufgebaut ist (z. B. Entstehung eines Vulkans, Arbeitsweise eines Motors).

Beim Entschlüsseln einer Grafik könnt ihr so vorgehen:

1 Stellt fest, worum es in der Grafik geht. Hierbei hilft euch die Überschrift, wenn es eine gibt.
2 Untersucht, was in der Grafik dargestellt wird: Erklärt sie einen Vorgang, den Aufbau oder die Funktion von etwas oder verdeutlicht sie eine Lage, wie z. B. eine Landkarte?
3 Prüft, ob die Grafik Farben, Beschriftungen oder Symbole enthält, die erklärt werden.
4 Schreibt auf, worüber die Grafik informiert.

Testet euch!

Sachtexte lesen und verstehen

1 Wenn ihr einen Sachtext lest, solltet ihr die Schlüsselwörter markieren.

a In der folgenden Liste ist nur ein Satz richtig. Schreibt diese Aussage in euer Heft.

Was sind Schlüsselwörter?

A Schlüsselwörter sind immer Wörter, die ein neues Unterthema einleiten. Sie stehen meistens am Anfang eines neuen Textabschnitts.

B Schlüsselwörter sind Wörter, die für die Aussage des Textes besonders wichtig sind.

C Schlüsselwörter sind immer Nomen oder besonders schwierige Wörter, z. B. Fremdwörter.

b Vergleicht eure Lösung mit dem Lösungsteil auf Seite 345.

2 Wenn ihr einen Text in Sinnabschnitte gliedert, könnt ihr ihn leichter zusammenfassen.

a Prüft, welche der folgenden Aussagen (A, B oder C) richtig ist, und schreibt diese in euer Heft.

Wo beginnt ein neuer Sinnabschnitt?

A Ein neuer Sinnabschnitt beginnt dort, wo im Text ein neues Unterthema behandelt wird.

B Ein neuer Sinnabschnitt beginnt immer dort, wo im Text ein Bild oder eine Grafik stehen.

C Ein neuer Sinnabschnitt beginnt immer dort, wo es im Text einen neuen Absatz gibt.

b Vergleicht eure Lösung mit dem Lösungsteil auf Seite 345.

3 Bei den folgenden Abbildungen handelt es sich um zwei Grafiken.

Vulkane in Italien

Tropischer Regenwald

a Notiert knapp, was auf der jeweiligen Grafik dargestellt wird.

b Vergleicht eure Ergebnisse in Partnerarbeit.

10.2 Der Orang-Utan – Informationen sammeln, auswerten und präsentieren

Unterschiedliche Informationsquellen nutzen

Im ersten Kapitel habt ihr schon einiges über den Regenwald und seine Bewohner erfahren (▶ S. 185–186).
Auch der Orang-Utan lebt in den tropischen Regenwäldern. In diesem Kapitel sollt ihr ein Plakat erstellen, das über diese Menschenaffen informiert.

1 Überlegt in Gruppenarbeit, worüber ein Plakat zum Orang-Utan informieren kann und was es alles zeigen sollte.
Sammelt eure Ideen in einem Cluster.

Lebensraum | ...
... — *Orang-Utan* — ...

2 a Wo könnt ihr euch über Orang-Utans informieren? Nennt verschiedene Möglichkeiten, sich über ein Thema zu informieren, und sammelt Vorschläge.

Jnformationen über Orang-Utans suchen
- Lexikon
- ...

b Erklärt, welche Vor- und Nachteile die verschiedenen Informationsquellen haben.

Methode **Informationen beschaffen**

Wenn ihr Informationen über ein bestimmtes Thema sucht oder etwas nachschlagen wollt, stehen euch verschiedene Informationsquellen zur Verfügung:
Die wichtigsten **Informationsquellen** sind **Bücher** (Lexika, Sach- oder Fachbücher), **Zeitschriften** und das **Internet:**

- Bücher und Zeitschriften findet ihr in der **Bibliothek** (Bücherei), z. B. in der Schul-, der Stadt- oder der Gemeindebibliothek. Wie ihr Bücher in einer Bibliothek sucht, erfahrt ihr auf der Seite 341.
- Um im **Internet** gezielt nach Informationen zu suchen, verwendet man so genannte **Suchmaschinen**. Gibt man einen Suchbegriff in eine Suchmaschine ein (z. B. Orang-Utan), durchsucht diese das Internet nach diesem Begriff und liefert euch dann eine Liste von Internetseiten, die euren Suchbegriff enthalten.
- Gute Suchmaschinen für Kinder und Jugendliche sind:
www.blinde-kuh.de, www.helles-koepfchen.de, www.fragfinn.de, www.loopilino.de.

Das Informationsmaterial auswerten

Text A

Orang-Utans: Intelligente Menschenaffen

Orang-Utans gehören wie Gorillas und Schimpansen zur Familie der Menschenaffen. Man kann sie aber ganz deutlich von den anderen Affen unterscheiden. Besonders auffällig sind ihr rotes Fell und die langen Arme. Ausgewachsene Männchen erkennt man an ihren dicken, dunklen Wangen. Die bis zu 90 Kilogramm schweren Orang-Utans können bis zu 40 Jahre alt werden; die Weibchen bekommen alle fünf bis zehn Jahre nach acht Monaten Tragzeit ein Junges.
Vor 10 000 Jahren gab es Orang-Utans in ganz Südostasien. Heute leben sie nur noch auf den Inseln Borneo und Sumatra, wo sie aber vom Aussterben bedroht sind.
Der Name „Orang-Utan" kommt aus dem Malaiischen[1]. Übersetzt ins Deutsche heißt „orang" Mensch und „utan" Wald. Orang-Utan bedeutet also „Waldmensch" oder „Mensch des Waldes". Die Bezeichnung kommt wohl daher, dass diese Affen den größten Teil ihres Lebens auf den Bäumen des Regenwaldes verbringen. Hier bauen sie sich jeden Tag aus Zweigen und Blättern ein neues Nest für die Nacht. Mit ihren langen Armen schwingen sie sich von Ast zu Ast. Auf den Boden kommen sie lediglich, um von einem Baum zum nächsten zu gelangen, allerdings nur, wenn keine Menschen in der Nähe sind, denn sie sind sehr scheu. Die bis zu 1,80 Meter großen Orang-Utans fressen am liebsten Früchte wie Feigen oder Durians (das sind große, grüne, stachelige Früchte, die nur in Südostasien wachsen). Gelegentlich verspeisen Orang-Utans aber auch junge Flughörnchen, Blätter, Insekten und Vogeleier.
Zwischen den Orang-Utans und den Menschen kann man viele Ähnlichkeiten erkennen. Sie haben wie wir Menschen ein großes Gehirn, eine aufrechte Haltung, Daumen, Zehen und keinen Schwanz. Sie verwenden Holzstöcke als Werkzeuge, um zu graben oder zu kämpfen, und Blätter als Regen- und Sonnenschirme. Außerdem haben sie ein sehr gutes Gedächtnis. So merken sie sich beispielsweise ganz genau, wann auf welchem ihrer Regenwaldbäume welche Früchte reif werden. Orang-Utan-Mütter leben mit ihren Jungen bis zu sieben Jahre lang zusammen und kümmern sich ähnlich liebevoll um ihren Nachwuchs wie Menschenmamas. Die Männchen sind aber meistens Einzelgänger.

1 Malaiisch: die Sprache, die in Malaysia (Staat in Südostasien) gesprochen wird

Text B

Orang-Utans: Vom Aussterben bedroht

Der Orang-Utan ist nicht nur der größte Menschenaffe, sondern auch weltweit das größte Tier, das in Bäumen lebt. Die Heimat des Orang-Utans liegt auf der anderen Seite der Erde, auf den großen Inseln Sumatra und Borneo. Diese Inseln liegen ungefähr zwischen Indien und Australien. Für die Orang-Utans sind die Regenwäldern dieser Inseln ihr Leben: Sie sind immer in den Bäumen, essen die Früchte und schlafen dort in großen Nestern aus Ästen.

Wie groß werden Menschenaffen?	
Affenart	**Größe in Metern** *(stehend)*
Orang-Utan	bis 1,80
Gorilla	bis 1,70
Schimpanse	bis 1,60
Bonobo (Zwergschimpanse)	bis 0,90

Weil heute immer mehr Regenwald gerodet wird, verlieren die Orang-Utans jedoch ihren Lebensraum. Es gibt verschiedene Gründe für die Zerstörung des Regenwaldes: Zum einen sind Edelhölzer wie Mahagoni und Teakholz sehr begehrt und können teuer verkauft werden. Zum anderen werden die Wälder gerodet, um Plantagen für die Landwirtschaft oder Weidefläche für Tiere zu gewinnen.
Wenn der Lebensraum der Orang-Utans zerstört wird, können diese Affen nicht mehr alleine überleben. Deshalb haben es sich einige Menschen zur Aufgabe gemacht, sich um die hilflosen Menschenaffen zu kümmern. Die „Borneo Orang-Utan-Hilfe" ist eine Einrichtung, die den Lebensraum der Orang-Utans retten möchte.

Regenwaldbedeckung auf der Insel Borneo

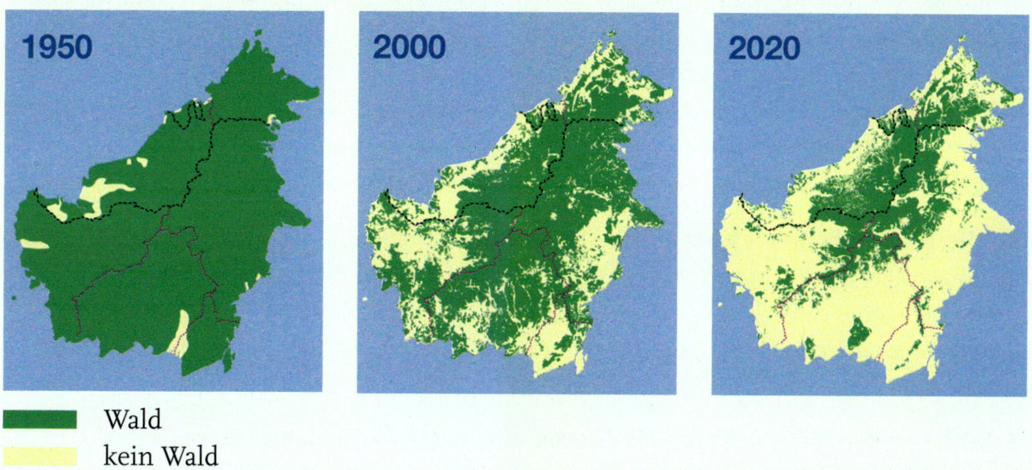

1 a Verschafft euch einen ersten Überblick über die Informationstexte auf den Seiten 196–197. Lest die Überschriften und schaut euch das Foto, die Tabelle und die Grafiken an.

b Überlegt gemeinsam, worum es in den Informationsmaterialien geht und was ihr schon über Orang-Utans wisst.

Fordern und fördern – Informationsmaterial auswerten

1 Tragt wichtige Informationen aus den Texten für euer Plakat zusammen. Geht so vor:

a Lest die Texte (▸ S. 196–197) ein erstes Mal durch, betrachtet das Foto, die Tabelle und die Grafik. Klärt dann unbekannte oder schwierige Wörter, z. B. aus dem Textzusammenhang.

▷ Wenn ihr eine Hilfe zu dieser Aufgabe benötigt, schaut auf dieser Seite unten nach.

b Lest die Texte ein zweites Mal und schreibt die wichtigsten Schlüsselwörter heraus. Schaut euch auch die Tabelle und die Grafik genau an und notiert knapp, worüber sie informieren.

▷ Eine Hilfe zu dieser Aufgabe findet ihr auf Seite 199.

TIPP: Wenn ihr eine Kopie des Informationsmaterials habt, könnt ihr die Schlüsselwörter markieren.

c Fasst die wichtigsten Informationen aus den Texten, der Tabelle und der Grafik in Stichworten zusammen. Geht so vor:
- Gliedert jeden Text in Sinnabschnitte und formuliert für jeden Abschnitt eine treffende Überschrift. Notiert darunter die wichtigsten Informationen in Stichworten.
- Geht eure Stichwortsammlung noch einmal durch. Streicht Überflüssiges und fasst doppelte Informationen zusammen.

> *Text A: Orang Utans*
>
> *Merkmale und Lebensraum (Z. 1–16)*
> *– gehören zur Familie der Menschenaffen*
> *– haben rotes Fell und ...*
>
> *Bedeutung des Namens (Z. 17–19)*
> *...*

▷ Wenn ihr eine Hilfe zu dieser Aufgabe benötigt, schaut auf Seite 199 nach.

2 Wenn ihr noch weitere Informationen über den Orang-Utan braucht, sucht nach zusätzlichem Material in der Bibliothek oder im Internet. Die Tipps auf Seite 195 helfen euch dabei.

Aufgabe 1 mit Hilfen

Tragt wichtige Informationen aus den Texten für euer Plakat zusammen.

a Beim Lesen der Texte von Seite 196–197 geht ihr am besten in zwei Schritten vor:

1. Schritt: Lest zuerst den Text A auf Seite 196 aufmerksam durch und schaut euch das Foto an. Macht euch klar, worum es in dem Text A geht. Vervollständigt hierzu die folgenden Sätze und schreibt sie in euer Heft. *Jn dem Text „Orang-Utans: Jntelligente Menschenaffen" (Text A) wird beschrieben, wie die Orang-Utans aussehen, wo sie ... und wie sich verhalten. Außerdem wird erklärt, was der Name ... und welche Ähnlichkeiten es zwischen ... gibt.*

2. Schritt: Lest den Text B auf Seite 197 durch und schaut euch die Tabelle und die Grafik an. Worum geht es? Wählt aus den folgenden Aussagen die zutreffende aus und schreibt sie ab.

> Text B berichtet davon, dass die großen Orang-Utans aussterben, weil sie die giftigen Edelhölzer fressen, die auf den Weideflächen angepflanzt werden.

> In dem Text B geht es darum, dass der Lebensraum der Orang-Utans (der Regenwald) immer mehr zerstört wird und deshalb diese größten Menschenaffen vom Aussterben bedroht sind.

b Lest die Texte auf den Seiten 196–197 ein zweites Mal und schreibt die wichtigsten Schlüsselwörter heraus. Geht so vor:

1. Schritt:

– Schreibt aus dem Text A (▸ Seite 196) die Schlüsselwörter heraus, die auf die folgenden W-Fragen antworten: *Wie sehen Orang-Utans aus? Wo leben sie? Woher kommt ihr Name? Welche Ähnlichkeiten …?*

– Schreibt aus dem Text B (▸ Seite 197) Wörter und Textstellen heraus, die auf die folgenden W-Fragen antworten: *Wo leben die Orang-Utans und warum ist der Regenwald für sie wichtig? Warum wird der Regenwald zerstört? Was bedeutet das für die Affen? Wer kümmert sich …?*

TIPP: Wenn ihr eine Kopie des Materials habt, könnt ihr die Schlüsselwörter markieren.

2. Schritt:

Schaut euch auch die Tabelle und die Grafik auf Seite 197 an. Worüber informieren sie? Wählt die beiden zutreffenden Aussagen aus und schreibt sie in euer Heft.

A Die Grafik zeigt, dass der Regenwald auf der Insel Borneo immer mehr zerstört wird.

B Die Grafik zeigt, dass die Insel Borneo immer kleiner wird.

C Die Tabelle gibt das Gewicht von Menschenaffen an.

D Die Tabelle gibt die Größe von Menschenaffen an.

c Fasst die wichtigsten Informationen aus den Texten, der Tabelle und der Grafik in Stichworten zusammen. Geht so vor:

– Gliedert jeden Text in Sinnabschnitte und formuliert für jeden Abschnitt eine treffende Überschrift. Notiert darunter die wichtigsten Informationen in Stichworten. Beispiel:

Text A: Orang-Utans:
Intelligente Menschenaffen

Merkmale und Lebensraum (Z. 1–16)
– gehören zur Familie der Menschenaffen
– …

Bedeutung des Namens (Z. 17–19)
– …

Verhalten und Größe (Z. x–y)
– …

Ähnlichkeiten zwischen Orang-Utans und Menschen (Z. x–y)
– …

Text B: Orang-Utans:
Vom Aussterben bedroht

Weltrekorde des Orang-Utans (Z. x–y)
– der größte Menschenaffe (s. auch Tabelle)
– …

Lebensraum (Z. x–y)
– …

Gründe für die Zerstörung des Regenwalds (Z. x–y)
– …

Hilfe für die Orang-Utans (Z. x–y)
– …

– Geht eure Stichwortsammlung noch einmal durch. Streicht Überflüssiges und fasst doppelte Informationen zusammen.

Ein Informationsplakat erstellen und präsentieren

1 Auf einem Informationsplakat habt ihr alles übersichtlich im Blick.

a Erklärt mit Hilfe der beiden Abbildungen, wie ein gelungenes Plakat gestaltet sein sollte und was man vermeiden sollte.

b Worauf solltet ihr achten, wenn ihr ein Plakat gestaltet? Sammelt Tipps.

Euer Informationsplakat zum Thema „Orang-Utan" gestaltet ihr am besten in Gruppenarbeit. Geht so vor:

2 Ordnet die Informationen, die ihr den Texten über die Orang-Utans entnommen habt (▸ Stichwortsammlung aus Aufgabe 1c, Seite 198 bzw. 199). Diese Fragen helfen euch:

– Notiert, über welche Bereiche (Unterthemen) ihr auf eurem Plakat informieren wollt, z. B.: Lebensweise, Herkunft des Namens, Ähnlichkeiten zwischen Orang-Utans und Menschen ...
– Ordnet eure Informationen nach diesen Unterthemen.
– Überlegt auch, welche Abbildungen (Fotos, eine Grafik ...) zu welchen Informationen passen.

3 a Teilt die Unterthemen unter euch auf und schreibt zu jedem Unterthema einen kleinen Informationstext. Achtet darauf, dass die Texte nicht zu lang sind. Schreibt die Texte zunächst in eurem Heft vor.

b Stellt eure Texte in der Gruppe vor und besprecht, ob etwas geändert oder ergänzt werden sollte.

4 Gestaltet nun euer Plakat:
- Schreibt die Texte auf einzelne Blätter.
- Schiebt die Texte und Abbildungen auf dem Plakat hin und her, bevor ihr sie aufklebt. Probiert aus, wie es am übersichtlichsten aussieht.
- Gebt eurem Plakat einen Titel und gestaltet ihn in einer gut lesbaren Schrift und in einer auffälligen Farbe.

TIPP: Die Hinweise im Methodenkasten unten helfen euch dabei.

5 Hängt die Plakate in der Klasse auf und seht sie euch in Ruhe an.

6 a Entwerft in Gruppenarbeit einen Bewertungsbogen für die Beurteilung eurer Informationsplakate.

Bewertungsbogen für ein Informationsplakat

	☺	😐	☹	*Verbesserungsvorschlag*
Wie gut kann man das Thema erkennen?	?	?	?	?
Wie gut kann man die Texte lesen?	?	?	?	?
…				

b Tauscht euch über eure Plakate aus. Was ist gut gelungen? Was könnt ihr noch verbessern?

Methode **Ein Informationsplakat gestalten**

1 Sucht zu eurem Thema Informationstexte, Bilder und evtl. Grafiken (▸ Informationen beschaffen, S. 195).

2 Lest euer Informationsmaterial und wertet es aus (▸ Sachtexte lesen und verstehen, S. 187; Tabellen lesen, S. 191; Grafiken entschlüsseln, S. 193).

3 Ordnet die Informationen, die ihr den Texten entnommen habt, z. B. nach Unterthemen.

4 Schreibt zu jedem Unterthema einen kleinen Informationstext. Schreibt die Texte auf einzelne Blätter, die ihr hinterher auf das Plakat aufkleben könnt.
Achtet darauf, dass die Texte nicht zu lang sind, und verwendet eigene Formulierungen. Schreibt nicht zu klein.

5 Überlegt, welche Abbildungen (Fotos, Bilder, Grafiken, Zeichnungen) ihr verwenden wollt.

6 Schiebt die Texte und Abbildungen auf dem Plakat hin und her, bevor ihr sie aufklebt. Probiert aus, wie es am übersichtlichsten aussieht.

7 Gebt eurem Plakat einen Titel und gestaltet ihn in einer gut lesbaren Schrift und in einer auffälligen Farbe.

10.3 Fit in ... – Einen Sachtext untersuchen

Die Aufgabenstellung richtig verstehen

Stellt euch vor, ihr bekommt in der nächsten Klassenarbeit folgende Aufgabenstellung:

1. Fasse jeden der fünf Textabsätze in ein bis zwei Sätzen knapp zusammen. Formuliere mit eigenen Worten.
2. Welche von den drei Abbildungen auf Seite 203 würdest du für den Text „Höhlen-Tourismus" auswählen? Notiere die Nummer und begründe deine Entscheidung.
3. Verfasse eine kurze Empfehlung (ca. drei Sätze) für Höhlenbesucher mit der Überschrift „Wie man sich in einer Höhle verhalten sollte". Verwende dabei Informationen aus dem Text.

Höhlen-Tourismus

1 Höhlen zu erforschen, ist mühsam und oft auch gefährlich. In engen und dunklen Gängen durch Schlamm zu robben, macht nicht jedem Spaß und unangenehm kann es werden, wenn man plötzlich und unerwartet an einem steilen Abhang steht – tief unter der Erde!

2 Aber viele Höhlen, vor allem Tropfsteinhöhlen, sind mittlerweile auch für Touristen zugänglich; man nennt sie dann auch „Schauhöhlen". Sie sind gut beleuchtet, die Wege in ihnen sind befestigt, an Abhängen sind Geländer angebracht und Treppen gebaut worden, gefährliche Stellen sind mit Warn- und Verbotsschildern versehen oder abgesperrt. Für Besucher ist also alles völlig gefahrlos, sofern man sich an die Sicherheitshinweise hält.

3 Allerdings stellen die Besucher selbst oft eine Gefahr für die Höhlen dar, und zwar aus verschiedenen Gründen: Manche verschmutzen die Höhlen, z. B. durch Kritzeleien an den Wänden oder durch achtlos weggeworfenen Abfall. Immer wieder kommt es auch vor, dass Besucher Tropfsteine abbrechen, obwohl das streng verboten ist. Sie wollen zu Hause damit angeben und denken dabei nicht darüber nach, wie ärgerlich das für die Touristen ist, die nach ihnen kommen. Und sie machen sich nicht bewusst, dass sie mit ihrem Verhalten zur Zerstörung der Höhle beitragen.

4 Ein ganz besonderes Problem besteht außerdem darin, dass das Höhlenklima durch den Tourismus beeinträchtigt wird. Das lässt sich gar nicht vermeiden: Die Lampen, die Wärme abstrahlen, der Atem und die Wärme von Tausenden von Besuchern jährlich verändern das Klima in den Höhlen und zerstören sie.

5 Eine der interessantesten Höhlen Frankreichs, die Höhle von Lascaux, die mit wunderschönen Malereien geschmückt ist und die von spielenden Kindern 1940 zufällig entdeckt wurde, musste deswegen wieder geschlossen werden. 1948 wurde sie mit elektrischer Beleuchtung und bequemen Zugängen versehen und zog seither viele Besucher an. Doch als deren Zahl immer mehr anstieg, breiteten sich plötzlich Schimmelpilze und mikroskopisch kleine Algen auf den Wandbildern aus. Fast wären sie, nachdem sie Jahrtausende unversehrt überstanden hatten, innerhalb weniger Jahre zerstört worden. Deswegen musste die Höhle 1965 wieder geschlossen werden. Aber man hat eine exakte Nachbildung geschaffen, die 1983 für die Besucher geöffnet wurde.

1

2

3

1 a Lest euch die Aufgabenstellung auf Seite 202 (im Kasten oben) genau durch.
b Habt ihr verstanden, was ihr tun sollt? Entscheidet, welche der folgenden Aussagen zutreffen, und schreibt die entsprechenden Buchstaben in euer Heft. Hintereinander gelesen ergeben sie ein Lösungswort.

M Ich soll von einem Besuch in der Tropfsteinhöhle erzählen.
G Damit ich den Inhalt des Textes genau verstehe, markiere ich wichtige Schlüsselwörter.
A Ich soll eine Abbildung für den Text auswählen und begründen, warum ich mich für diese Abbildung entschieden habe.
U Ich soll erklären, was auf den Abbildungen zu sehen ist, und begründen, ob sie mir gefallen.
N Ich soll den Inhalt der einzelnen Textabsätze knapp mit eigenen Worten zusammenfassen.
G Ich soll eine Empfehlung schreiben, wie man sich in einer Höhle verhalten sollte.
T Ich soll die Höhle von Lascaux als Ziel für einen Ausflug empfehlen.

Den Text lesen und verstehen

2 a Lest den Text ein erstes Mal durch und macht euch klar, worum es in ihm geht.
b Lest den Text ein zweites Mal und schreibt die Wörter, die für die Aussage des Textes besonders wichtig sind (Schlüsselwörter), aus dem Text heraus.
TIPP: Wenn ihr eine Kopie des Textes habt, könnt ihr diese Schlüsselwörter auch markieren.

3 Welche der folgenden Aussagen zum Text sind richtig? Schreibt die zutreffenden Sätze ab und notiert dahinter die Nummer des Absatzes, in dem die entsprechenden Informationen stehen.

- Höhlen, die für Touristen zugänglich sind, nennt man auch Schauhöhlen.
- Durch die Veränderung des Höhlenklimas sterben die Fledermäuse in den Höhlen.
- Wärme und Feuchtigkeit verändern das Klima in einer Höhle.
- Die Höhle von Lascaux wurde 1965 für Besucher geschlossen.
- Die Höhle von Lascaux wurde nach ihrer Renovierung 1983 wiedereröffnet.

Die Aufgaben zum Text bearbeiten

4 Bearbeitet nun nacheinander die Aufgaben 1 bis 3 von Seite 202. Geht Schritt für Schritt vor:

Aufgabe 1 (▸ S. 202):
Fasst den Inhalt der fünf Textabsätze knapp mit eigenen Worten zusammen. Beschränkt euch auf die wichtigsten Informationen, z. B.:
1. Textabsatz: Die Erforschung von Höhlen ist anstrengend und gefährlich.
2. Textabsatz: ...

Aufgabe 2 (▸ S. 202):
Überlegt, welche der drei Abbildungen (▸ S. 203) ihr für den Text auswählen würdet. Beachtet, dass die Abbildung zu dem gesamten Text passen soll. Begründet eure Entscheidung, z. B.:
Jch finde das Bild ... besonders passend, weil ...

Aufgabe 3 (▸ S. 202):
Schreibt eine kurze Empfehlung (ca. drei Sätze), die den Höhlenbesucher anweist, wie er sich verhalten soll. Lest hierzu noch einmal den Text (▸ S. 202–203) und achtet auf die Stellen, in denen die Verhaltensweise der Höhlenbesucher angesprochen wird.
– Bei eurer Empfehlung könnt ihr das Verb „sollen“ verwenden, z. B.:
  Jhr solltet / Man sollte eine Höhle nicht ...
– Oder ihr verwendet den Imperativ (Befehlsform), z. B.:
  Verschmutzt/Verschmutze die Höhle nicht ...

Versucht, eure Empfehlung zu begründen, damit sie überzeugend wirkt. Begründungen könnt ihr mit *weil, da, denn* einleiten.

Den Text überarbeiten

5 a Überprüft in Partnerarbeit eure Ergebnisse mit Hilfe der unten stehenden Checkliste.
b Gebt euch gegenseitig eine Rückmeldung, was besonders gut gelungen ist und was ihr noch verbessern solltet. Überarbeitet dann eure Texte.

Checkliste

Einen Sachtext mit Hilfe von Fragen untersuchen

Aufgabe 1 (▸ S. 202):
- Habt ihr den Inhalt der einzelnen Textabschnitte knapp und mit eigenen Worten zusammengefasst? Habt ihr dabei nur die wichtigsten Informationen aus dem Text berücksichtigt und nichts dazuerfunden?

Aufgabe 2 (▸ S. 202):
- Habt ihr eine Abbildung ausgesucht, die zu dem gesamten Textinhalt passt, und eure Wahl begründet?

Aufgabe 3 (▸ S. 202):
- Habt ihr eine Empfehlung zum Verhalten in einer Schauhöhle geschrieben und sie begründet? Habt ihr dabei das Verb „sollen“ oder den Imperativ (die Befehlsform) durchgängig verwendet?
- Ist das, was ihr geschrieben habt, sachlich richtig? Habt ihr euch verständlich ausgedrückt?
- Sind die Rechtschreibung und die Zeichensetzung korrekt?

11 Das Fernsehen unter der Lupe – Medien bewusst nutzen

1 Stellt Vermutungen darüber an, welche Fernsehsendung die Kinder schauen.

2 a Berichtet, in welchen Situationen ihr gerne den Fernseher einschaltet.
b Begründet, welche Fernsehsendungen ihr am liebsten seht.
c Nennt den Unterschied zwischen einer Fernsehserie und anderen Fernsehsendungen.

In diesem Kapitel ...

- informiert ihr euch über Fernsehsendungen,
- lernt ihr, wie eine Fernsehserie aufgebaut ist und wie die Kamera Geschichten erzählt,
- untersucht und diskutiert ihr eure Mediengewohnheiten,
- gestaltet ihr eine Fotostory.

11.1 „Die Pfefferkörner“ – Eine Fernsehserie untersuchen

Sich über Fernsehsendungen informieren

1 Stellt euch gegenseitig eure Lieblingssendung vor. Geht so vor:

a Notiert euch Stichworte zu eurer Lieblingssendung, z. B.:
- *Name der Lieblingssendung: ...*
- *Fernsehsender, Sendetag und -zeit: ...*
- *Inhalt der Sendung: ...*
- *Warum ich die Sendung mag: ...*

b Stellt nun eure Lieblingssendung vor.

c Gibt es Sendungen, die eher von Mädchen oder eher von Jungen angeschaut werden? Nennt mögliche Gründe hierfür.

2 a Man kann verschiedene Arten von Sendungen unterscheiden. Lest dazu die Informationen im unten stehenden Merkkasten.

b Oben findet ihr Beispiele für verschiedene Fernsehsendungen. Bestimmt jeweils die Art der Sendung.

c Sucht weitere Beispiele für die verschiedenen Arten von Fernsehsendungen. Ihr könnt dazu die Seite aus der Fernsehzeitschrift auf Seite 207. verwenden.

Information **Arten von Fernsehsendungen**

Bei Fernsehsendungen unterscheidet man Unterhaltungs- und Informationssendungen. Zu den **Unterhaltungssendungen** gehören z. B. Fernsehserien, die entweder täglich oder wöchentlich gesendet werden, Fernsehshows (z. B. „Wer wird Millionär?“) und Fernsehfilme. Zu den **Informationssendungen** zählen z. B. Nachrichtensendungen (wie die „Tagesschau“) und Dokumentationen (z. B. „Expeditionen ins Tierreich“).

SO 14. November — Ihr Tagesprogramm: alle

DAS ERSTE

20.15 Tatort: Die Unsichtbare

5 UHR

5.30 Kinderprogramm
9.35 Tagesschau 9-343-191
9.40 Ski alpin: Slalom der Herren 4-908-578
live TIPP Weltcup in Levi: 1. Lauf → 148
11.00 Kopfball 7-559
11.30 Die Sendung mit der Maus 8-266
12.00 Tagesschau 82-559
12.03 Presseclub 300-058-269
12.45 Ski alpin: 4-634-397
live Slalom der Herren
TIPP Weltcup in Levi: 2. Lauf → 148

14

13.55 **ARD-exclusiv** 734-172
Hungrig – Essen aus dem Müll
(VPS 14.10) 181-066
14.25 **Tagesschau** 8-977-443
(VPS 14.40) 6-331-269
14.35 **Ein Herz und eine Krone**
Romanze, USA 1953 3-719-172
Mit Gregory Peck → 150
16.30 **ARD-Ratgeber: Gesundheit** 4-424
17.00 **Tagesschau** 34-356
17.03 **W wie Wissen**
Mit Dennis Wilms 300-005-153
17.30 **Gott und die Welt** 8-240
TIPP Gesichter des Islam (1/4): Glaube und Kultur → 148
18.00 **Sportschau** 6-269
18.30 **Bericht aus Berlin** 29-375
18.50 **Lindenstraße** 76-849
TIPP Familienserie, D 2010
Stolperstein → 149
19.20 **Weltspiegel** 4-186-511
20.00 **Tagesschau** 43-820

SO

20

TV-KRIMI
20.15 **Tatort:** 5-949-530
neu **Die Unsichtbare**
D 2010. Regie: Johannes Grieser. Eine unbekannte Tote wird gefunden. Niemand vermisst sie, niemand sucht nach ihr – ist sie eine illegale Einwanderin aus der Ukraine? Die Kommissare Lannert (Richy Müller) und Bootz (Felix Klare) beginnen, im Milieu zu ermitteln → 151

ZDF

22.00 Kommissarin Lund

5.35 Kinderprogramm
9.00 heute 52-356
9.02 sonntags 200-005-337
9.30 Kath. Gottesdienst 4-875-795
10.15 blickpunkt 8-068-199
11.00 Die Wege der Deutschen
TIPP Doku, D 2010 → 148 158-578
12.30 Die Deutschen II –
TIPP Exklusive Einblicke 5-998
Das Making-of → 148
13.00 heute 76-443
13.03 Peter Hahne 300-068-646
13.35 ZDF.umwelt 2-976-761
14.10 **Über den Dächern von Nizza** 6-599-795
Krimikomödie, USA 1955
Regie: Alfred Hitchcock. Mit Cary Grant, Grace Kelly → 150
15.55 **heute** 3-697-559
16.00 **Feierstunde des**
live **Volksbundes Deutsche Kriegsgräberfürsorge** 31-627
Festakt in Berlin
17.00 **heute** 35-085
17.10 **ZDF SPORTreportage**
Mit Kristin Otto 962-917
18.00 **ML Mona Lisa** 7-511
18.30 **ZDF.reportage** 5-530
Vater Rhein und seine Kinder – Urlaub und Arbeit am großen Fluss
19.00 **heute** 43-725
19.10 **Berlin direkt** 513-530
19.30 **Die Deutschen II** (1/10)
TIPP Karl der Große und die Sachsen → 148 17-714

TV-SCHMONZETTE
20.15 **Unsere Farm in Irland:**
neu **Rätselraten** 5-947-172
D 2010. Regie: Hans-Jürgen Tögel. Während sich Erin (Eva Habermann) und die O'Mallys dagegen wehren müssen, dass neben ihrem Hof ein Hotel gebaut wird, macht sich Martin (Daniel Morgenroth) Sorgen um den schwer erkrankten Lucius (Jürgen Kluckert) → 152

RTL

20.15 Harry Potter und…

6.45 Die Camper (Wh.) 8-185-559
7.15 Alles Atze (Wh.) 8-168-882
7.45 Nikola (Wh.) 7-631-646
8.15 Ritas Welt (Wh.) 6-667-172
8.45 Rüdiger Hoffmann live!
Obwohl… (Wh.) 7-517-511
9.45 Das Supertalent –
Backstage (Wh.) 8-883-714
10.45 Das Supertalent 4-334-545
Castingshow (Wh.)
12.45 Formel 1: Großer Preis von Abu Dhabi 5-989-284
Der Countdown
14.00 **Formel 1: Großer Preis von**
live **Abu Dhabi** 2-274-284
TIPP Das Rennen. Es moderiert Florian König → 148
15.45 **Formel 1: Großer Preis von**
live **Abu Dhabi** 263-004
TIPP Siegerehrung; Highlights → 148
16.25 **Die Autohändler** 7-847-608
TIPP Feilschen, kaufen, Probe fahren. Dokusoap, D 2010 → 149
16.45 **Bauer sucht Frau** 9-429-725
Kuppelsoap mit Inka Bause
Dazw.: ca.: 17.35 RTL Bibelclip
17.45 **Exclusiv – Weekend**
Mit Frauke Ludowig 2-667-801
18.45 **RTL Aktuell** 763-608
19.05 **Harry Potter und die**
TIPP **Heiligtümer des Todes (1): Das magische RTL-Special zum Film** 5-677-559
Erste Einblicke in den neuen „Harry Potter“-Film, der am 18. November startet → 149

FANTASYMÄRCHEN
20.15 **Harry Potter und die Kammer des Schreckens**
GB/USA/D 2002 63-765-820
Regie: Chris Columbus.
Harry Potter (Daniel Radcliffe) und seine Freunde stehen in ihrem zweiten Jahr in Hogwarts vor neuen Herausforderungen: Zuerst bekommt Harry Besuch von einem merkwürdigen Hauselfen. Dann erstarren

SAT.1

20.15 Navy CIS

5.35 Das Making of 8-754-375
5.55 Kommissar Rex 15-379-795
Krimiserie, D/A 1995
8.00 Weck Up 95-375
9.00 Genial daneben –
Die Comedy Arena 71-795
10.00 Clever – Die Show, die Wissen schafft 75-511
11.00 Schillerstraße 48-443
12.00 Was guckst du?! 22-356
Comedy mit Kaya Yanar
12.55 Mensch Markus 3-139-627
Sketchcomedy, D 2003 (Wh.)
13.50 **Zack! Comedy nach Maß**
Sketchcomedy, D 2006 461-397
14.50 **Sechserpack** 9-746-191
Sketchcomedy, D 2007
Total verknallt; Ab ins Grüne
15.45 **Die dreisten Drei – Die Comedy WG** 1-972-646
Sketchcomedy, D 2009 (Wh.)
16.45 **Keinohrhasen** 9-908-646
Liebeskomödie, D 2007
Boulevardreporter Ludo (Til Schweiger, auch Regie) hat seine Kompetenz überschritten und muss 300 Sozialstunden im Hort leisten. Pech: Seine Chefin (Nora Tschirner) dort hat mit dem Macho noch ein Huhn zu rupfen (Wh.) → 150
19.00 **Stars & Stories Spezial** 3-646
TIPP Jet-Set-Reporterin Martina Taubert zeigt „Die Welt der Superreichen“ → 149
20.00 **Sat.1 Nachrichten** 11-658

KRIMISERIE
20.15 **Navy CIS** 217-795
TIPP USA 2009. „Geheimpoker“: Tom Sherman, Kollege von Agent Julia Foster-Yates, wird ermordet. Spuren führen Gibbs (Mark Harmon) zu Abin Tabal, Kopf einer Terrorzelle. Doch der ist auch tot → 149
21.15 **The Mentalist** 5-206-559
TIPP Krimiserie, USA 2009
Original und Fälschung → 149

PRO SIEBEN

20.15 Get Smart

7.25 How I Met Your Mother
Comedyserie (Wh.) 2-237-646
8.20 Malcolm mittendrin 5-453-375
Comedyserie, USA 2002 (Wh.)
9.20 Scrubs (Wh.) 6-917-269
10.15 CineTipp (Wh.) 9-034-801
10.25 Popstars – Girls forever
Castingshow (Wh.) 2-420-172
12.25 Get Smart – Bruce und Lloyd völlig durchgeknallt 1-394-172
Agentenkomödie, USA 2008
Regie: Gil Junger,
Mit Masi Oka (Wh.) → 150
13.35 **Agent Cody Banks** 7-643-578
Spionagekomödie, USA 2003
Regie: Harald Zwart.
Mit Frankie Muniz → 150
15.20 **Agent Cody Banks 2: Mission London** 5-082-066
Agentenkomödie, USA 2004
Ein Bewusstseinskontroll-Gerät wurde von einem CIA-Agenten gestohlen, und Teen-Agent Cody (Frankie Muniz) soll es wiederbeschaffen → 150
17.05 **Futurama** 609-801
Zeichentrickserie, USA 2008.
The Beast with a Billion Backs (3); Die Galaxis des Terrors
18.00 **Newstime** 82-356
18.10 **Die Simpsons** 8-025-375
Gleichung mit einem Unbekannten; 18.40 Selig sind die Unwissenden
19.10 **Galileo** 1-024-733
Yas Island – Yachthafen

TIPP DES TAGES
20.15 **Get Smart** 6-535-694
neu Spionagekomödie, USA 2008
Maxwell Smart (Steve Carell) kommt zusammen mit der hübschen Agentin 99 (Anne Hathaway) dem Kaos-Plan auf die Spur. Doch er hat weder die Erfahrung noch die Mittel, um gegen das Terrornetzwerk anzugehen Improvisationstalent ist gefragt … → 151

---

1 a Untersucht die Seite aus der Programmzeitschrift und beantwortet in Stichworten folgende Fragen:
– Welche Sender sind aufgeführt? Welche weiteren Fernsehsender kennt ihr?
– Woran erkennt ihr, ob eine Sendung empfohlen wird?
– Wie werden die Altersempfehlungen für Kindersendungen gekennzeichnet?

b Stellt eure Ergebnisse vor. Begründet, welche Informationen für euch wichtig sind.

2 a Bringt verschiedene Programmzeitschriften mit und vergleicht sie, z. B.:
– Sind die Informationen zu den Sendungen ausreichend?
– Gibt es spezielle Filmtipps?
– Wie sind Sendungen für Kinder gekennzeichnet? Gibt es eine Altersempfehlung?
– Findet ihr euch in der Fernsehzeitschrift gut zurecht?
– Wie beurteilt ihr die Bildauswahl?

b Einigt euch auf eine Fernsehzeitschrift, die euch am besten gefällt, und stellt sie vor.

„Die Pfefferkörner“ aus der Nähe betrachtet

1 a Kennt ihr die Kinderkrimiserie „Die Pfefferkörner“? Erzählt davon.

b Untersucht, welche Informationen die nebenstehende Programmankündigung enthält. Welche weiteren Angaben würdet ihr euch wünschen?
TIPP: Das Symbol unten rechts bedeutet: spannende Serie.

SA 30.10. **8.40** **ARD**

Die Pfefferkörner

KRIMISERIE Lina (Lale H. Mann) und Sophie (Katherina Unger, r.) liegen auf der Lauer. Sie wollen den Brandstifter entlarven, der die neue Kindertagesstätte unter Rasmus' Wohnung angezündet hat. Die Pfefferkörner haben einen ganz anderen Verdacht als die Polizei. Ab 8 **SV** 3-610-479 **30 Min.→9.10**

2 Meist gibt es zu einer Serie auch eine Website, auf der ihr euch z. B. über den Inhalt und die Figuren der Serie informieren könnt.

a Beschreibt, was die Website der „Pfefferkörner“ an Informationen, Material usw. anbietet.

b Ruft die Internetseite der Krimiserie „Die Pfefferkörner“ auf (▸ www.pfefferkoerner.de). Notiert die wichtigsten Informationen über die Serie.

c Präsentiert eure Ergebnisse.

3 a Informiert euch im Internet über eine weitere Serie, z. B. eure Lieblingsserie. Haltet z. B. fest,
- worum es in der Serie geht,
- wer die Hauptfiguren sind und
- für welches Alter die Serie geeignet ist.

b Stellt die Serie in der Klasse vor, z. B. mit Hilfe eines Plakats (▸ Informationsplakat, S. 342).

Im Internet recherchieren
Gebt den Namen der gesuchten Serie in das Suchfeld einer Suchmaschine ein, z. B.: www.fragfinn.de; www.blinde-kuh.de.
▸ Weitere Hinweise zur Internetrecherche findet ihr auf Seite 341.

Ein starkes Team – Die Hauptfiguren der Serie kennen lernen

Sophie ist temperamentvoll und modebewusst. Auf den ersten Blick wirkt sie etwas eitel, doch davon ist die Tierschützerin weit entfernt. Sophie ist erst vor Kurzem mit ihren Eltern und ihrer Schwester Emma nach Hamburg gezogen.

Emma ist das genaue Gegenteil ihrer Schwester Sophie. In der Schule ist sie ein Überflieger und sie hat ein fotografisches Gedächtnis. Mit Begeisterung geht sie kniffligen Fällen nach, wobei sie manchmal aber auch etwas ungeschickt handelt.

Lina ist mutig, direkt und einfallsreich. Mit ihrem Vater lebt sie auf einem Hausboot und ist meist auf sich allein gestellt. Doch in letzter Zeit sehnt sie sich häufiger nach einem geregelten Familienleben. Lina und Sophie mögen sich zunächst nicht besonders.

Themba ist ein begnadeter Fußballer, der auch noch gut in der Schule ist. Während die anderen Pfefferkörner für einen wichtigen Fall schon mal die Hausaufgaben sausen lassen, kommt das für Themba nicht in Frage. Thembas Vater kommt aus Ghana, seine Mutter ist Deutsche. Seine neue Klassenkameradin Sophie mag er sehr.

Rasmus ist ein dänischer Dickkopf, der sofort die Ärmel hochkrempelt, wenn es gilt, tatkräftig anzupacken. Themba und Rasmus sind Freunde.

1 a Beschreibt die Figuren aus der Fernsehserie „Die Pfefferkörner“ und ihr Verhältnis zueinander. Erkennt ihr, wer die abgebildeten Figuren sind?

b Überlegt, welche Konflikte es in der Gruppe geben könnte. Welche Abenteuer könnten die Figuren erleben?

2 Lest die Informationen im unten stehenden Merkkasten. Welche Merkmale treffen auf die Fernsehserie „Die Pfefferkörner“ zu?

3 Wählt eine Figur oder ein Figurenpaar aus eurer Lieblingsserie aus und stellt ihre Eigenschaften vor, z. B. in einem Steckbrief.

Information **Die Figuren in einer Fernsehserie**

- Oft gehören zwei Figuren zusammen. Solche Paare können sich nahestehen, z. B. weil sie befreundet sind. Sie können aber auch **Gegenspieler** sein, zwischen denen es Streitigkeiten und Auseinandersetzungen gibt.
- Häufig haben die Figuren **klare Eigenschaften.** Sie sind z. B. sehr schlau, sehr mutig, sehr gut oder sehr böse.
- Meist sind die Figuren so gewählt, dass **sich** die Zuschauer/-innen **gut in sie hineinversetzen** können. So handeln beispielsweise viele Kinderserien von Kindern in eurem Alter, die ähnliche Fragen, Aufgaben und Probleme haben wie ihr.

Feuer in der Kita – Den Handlungsaufbau untersuchen

In der „Pfefferkörner"-Folge „Feuer in der Kita" werden diese drei Geschichten erzählt:

1. Geschichte: Linas Vater, der nicht viel Zeit für seine Tochter hat, verabredet mit Sophies Eltern, dass Lina künftig bei ihnen Mittag essen und mit Sophie Hausaufgaben machen soll. Davon sind die beiden Mädchen zunächst gar nicht begeistert. Im Lauf der Ermittlungen um das Feuer in der Kita lernen sie sich aber besser kennen und werden am Schluss sogar Freundinnen.

2. Geschichte: In der Kindertagesstätte von Rasmus' Mutter hat es gebrannt. Die Polizei verdächtigt den kleinen Kevin, weil dessen Schlüssel am Tatort gefunden wurde. Die Pfefferkörner hingegen ermitteln gegen einige Nachbarn, die sich schon lange über die laut spielenden Kinder aus der Kita ärgern. Fußabdrücke und ein Wollfaden führen sie auf die Spur von Herrn Hennings, der aber ein Alibi hat. Schließlich entlarven sie einen anderen Nachbarn als Brandstifter, den Diabetiker Herrn Meyer, der seine Tabletten am Tatort verloren hat. Als dieser die Kinder mit einem Gewehr bedroht, können die Pfefferkörner und die Polizei ihn in letzter Sekunde überwältigen.

3. Geschichte: Themba mag die hübsche Sophie von Anfang an. Als sich Sophie heftig mit ihrer Mutter streitet und verzweifelt wegrennt, folgt er ihr, um sie zu trösten. Sophie freut sich darüber sehr. Bei den gemeinsamen Ermittlungen wegen des Feuers in der Kita arbeiten die beiden sehr gut zusammen und haben viel Spaß. Themba beginnt, sich ein bisschen in Sophie zu verlieben.

1 a Erzählt mit eigenen Worten, was in den drei Geschichten passiert.
b Beschreibt die Bilder und erklärt, welche Situationen darauf dargestellt werden.

2 In einer Serienfolge bleiben Teile der Handlung offen, damit man gespannt ist, wie es weitergehen könnte.
a Untersucht, welche Handlungsstränge in der Folge „Feuer in der Kita" abgeschlossen werden und welche Geschichte offen bleibt.
b Überlegt, wie die offene Geschichte in der nächsten Folge weitergehen könnte.

Information **Der Handlungsaufbau einer Serienfolge**

- Die Handlung einer Serienfolge besteht meist aus mehreren Handlungssträngen, die im Wechsel gezeigt werden. In jedem Handlungsstrang wird eine kleine Geschichte erzählt.
- Einen neuen Handlungsstrang erkennt man z. B. daran, dass die Hauptfiguren wechseln oder andere Ereignisse im Vordergrund stehen.
- In einer Serienfolge werden nie alle Handlungsstränge beendet. Es bleiben immer Fragen offen oder Probleme ungelöst, damit man gespannt ist, wie es weitergeht.

3 Schaut euch eine Folge von „Die Pfefferkörner“ oder einer anderen Serie für Kinder an.
a Fasst den Inhalt der einzelnen Geschichten (Handlungsstränge) zusammen.
b Prüft, welcher Handlungsstrang noch nicht beendet wurde, und überlegt, wie die Serie in der nächsten Folge fortgesetzt werden könnte.

4 Ihr habt nun schon viel über Fernsehserien erfahren. Sammelt Erklärungen dafür, dass Fernsehserien so beliebt sind.

Einstellungsgrößen unterscheiden

1 Schaut euch die Bilder aus der „Pfefferkörner“-Folge „Feuer in der Kita“ genau an. Formuliert Ideen, worum es in dieser Szene gehen könnte.

2 a Beschreibt den Unterschied zwischen den beiden Filmbildern. Achtet darauf, wie weit die Kamera von den Figuren und Gegenständen entfernt ist.
b Erklärt, wie die beiden Bilder jeweils auf euch wirken.

3 Im Informationskasten unten findet ihr Bildbeispiele aus der Folge „Feuer in der Kita“ (► S. 210).
a Überlegt, welche Situation auf dem jeweiligen Filmbild dargestellt wird.
b Erklärt, warum jeweils diese Einstellungsgröße gewählt wurde.

4 Begründet: Welche Einstellungsgröße würdet ihr wählen, wenn ihr folgende Situationen zeigen wolltet?
- Die Pfefferkörner verfolgen einen Dieb quer durch die Stadt Hamburg.
- Bei der Suche nach einem Räuber finden die Pfefferkörner einen Knopf, den dieser verloren haben muss.
- Themba fragt Sophie, ob sie mit ihm ins Kino gehen möchte.

5 a Sucht in einer Serienfolge, die ihr aufgenommen habt, jeweils ein Beispiel für die verschiedenen Einstellungsgrößen.
b Erklärt, welche Wirkung die Einstellungsgrößen jeweils haben.

Information **Die Einstellungsgrößen**

Die Einstellungsgröße legt die Größe des Bildausschnitts fest. Je kleiner der Bildausschnitt ist, desto näher scheint der Betrachter am Geschehen zu sein. Je nachdem, wie nah die Kamera an das Geschehen heranführt oder wie weit sie entfernt bleibt, entstehen unterschiedliche Wirkungen.

Totale

Eine Einstellung, in der die Figur/die Figuren in einer größeren Umgebung gezeigt wird/werden. Man erhält einen Überblick über den gesamten Schauplatz.

Halbnah

Die Figuren werden etwa vom Knie an aufwärts gezeigt. Die unmittelbare Umgebung ist erkennbar.

Nah

Man sieht Kopf und Schultern von Figuren. Die Einstellung wird häufig bei Dialogen verwendet.

Detail

Nur ein Ausschnitt wird ganz groß dargestellt, z. B. Augen, Mund oder ein Detail eines Gegenstandes. Dadurch wird die Aufmerksamkeit auf das gezeigte Detail gelenkt.

11.2 Kein Tag ohne Fernsehen? – Mediennutzung untersuchen

Wann werden welche Medien genutzt?

Medien können für Kinder eine ganz unterschiedliche Rolle spielen, sei es bei Langeweile, zur Überbrückung von Einsamkeit oder wenn es darum geht, sich zu amüsieren und Spaß zu haben. Anhand einer Liste mit vorgegebenen Situationen und Stimmungen haben Kinder im Alter von sechs bis 13 Jahren jeweils angegeben, in welcher Situation sie sich am ehesten mit welchen Medien beschäftigen:
Bei Langeweile spielt für knapp die Hälfte der Kinder das Fernsehen die wichtigste Rolle, für jeden Zehnten sind aber auch Bücher oder Computer wichtig. Beim Zusammensein mit Freunden stehen Medien insgesamt weniger im Vordergrund. Wenn überhaupt, dann spielen Fernseher, Computer oder Tonträger (CD- oder MP3-Player) eine Rolle. Bei Traurigkeit oder bei Einsamkeit hilft Fernsehen am ehesten, aber auch Tonträger haben für die Älteren dabei Bedeutung. Größtmögliche Ablenkung vom Alltag erlaubt aus Sicht der Kinder ebenfalls das Fernsehen, auch ist es für viele das Medium, das am meisten Spaß verspricht. Auch wenn es darum geht, Spannendes zu erleben, bietet das Fernsehen für Kinder die größten Möglichkeiten. Der Computer hat für doppelt so viele Jungen wie Mädchen den größten Unterhaltungswert und mit steigendem Alter rückt er nach vorne, während das Fernsehen an Bedeutung verliert.

1 a Formuliert möglichst in einem Satz, worum es in dem Text geht.
b Klärt gemeinsam Wörter, Begriffe oder Textstellen, die euch unklar sind.

2 Überlegt, ob die Abbildung zu dem Inhalt des Textes passt. Begründet eure Meinung.

3 a Tragt in Partnerarbeit aus dem Text zusammen, in welcher Situation oder Stimmung welche Medien genutzt werden. Übertragt dazu die folgende Tabelle in euer Heft.

Situationen und Stimmungen	Medien
Langeweile	*Fernsehen, auch …*
Zusammensein mit Freunden	…

b Beschreibt, welche Medien ihr in den angegebenen Situationen/Stimmungen nutzt. Stimmen die Angaben im Text mit euren eigenen Erfahrungen überein?

Tägliche Nutzungsdauer verschiedener Medien bei 6- bis 13-Jährigen

1214 Befragte

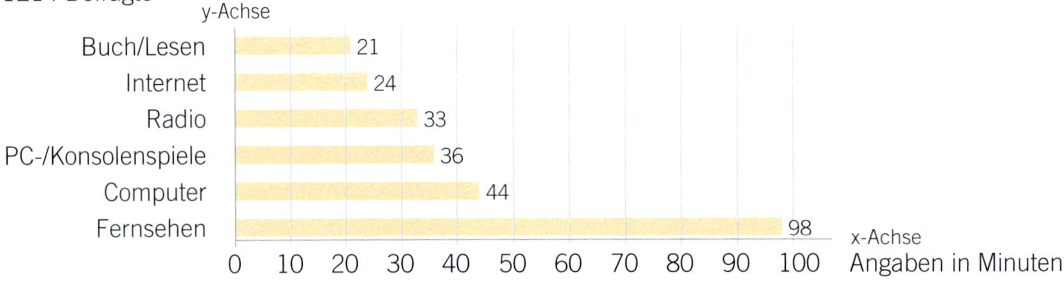

Quelle: KIM-Studie 2010

1 a Schaut euch das Diagramm genau an. Lest die Überschrift und die übrigen Angaben.

b Beschreibt die Grafik mit eigenen Worten:
- Worüber informiert dieses Balkendiagramm? Für welche Personen gilt es?
- Welche Zahlenangaben werden gemacht?
- Vergleicht die Angaben. Was fällt euch auf?

2 Wertet das Diagramm in einem zusammenhängenden Text aus. Ihr könnt dazu die folgenden Formulierungshilfen verwenden:

Bei einer Umfrage gaben Kinder zwischen 6 und 13 Jahren an, wie ...
Die meiste Zeit, nämlich ... Minuten täglich, verbringen Kinder mit ...
Auf Platz zwei und drei stehen mit ... Minuten und ... Minuten der ... und das ...
Mit ... beschäftigen sich die Kinder ...
Bücher und das Internet werden nur ...

3 Vergleicht die Informationen aus dem Text (▸ S. 213) mit den Angaben in dem Diagramm. Könnt ihr einen Zusammenhang zwischen der täglichen Mediennutzung und den Erklärungen im Text erkennen? Erläutert eure Aussage.

4 Informationen in Form einer Grafik oder in Form eines Textes? Bewertet die verschiedenen Darstellungsformen. Welche Vorzüge haben sie jeweils?

Methode | **Diagramme lesen und auswerten**

Ein Diagramm ist eine bildliche Darstellung (Grafik) von Größen, Mengen- oder Zeitverhältnissen. Um ein Diagramm auszuwerten, könnt ihr so vorgehen:

1 Schaut euch das Diagramm an. Lest die Überschrift und die übrigen Angaben.

2 Stellt fest, worüber das Diagramm informiert: Für welche Personen gilt es? Welche Angaben werden gemacht, z. B. Zeitangaben, Gewichtsangaben, Größenangaben, Geldangaben usw.?

3 Vergleicht die Angaben und haltet fest, was euch auffällt.

Wir untersuchen unsere Mediengewohnheiten

1 Untersucht euer eigenes Medienverhalten, indem ihr ein Medientagebuch führt.

a Entwerft ein Arbeitsblatt, auf dem ihr eintragen könnt, wie viel Zeit ihr am Tag warum mit den einzelnen Medien verbringt.
TIPP: Überlegt, ob ihr noch weitere Punkte festhalten wollt, z. B. an welchem Ort ihr die Medien nutzt oder ob ihr sie alleine oder zusammen mit Freunden oder Familienmitgliedern verwendet.

Tag	Medium	Zeit (Angabe in Minuten)	Warum?
Montag	*Internet* *Fernsehen* ...	*70 Minuten* ...	*Referat vorbereiten* *entspannen*
Dienstag	*Zeitschriften*	...	...

b Legt gemeinsam fest, über welchen Zeitraum ihr eure Untersuchung durchführen wollt, z. B. eine Woche lang. Füllt das Arbeitsblatt während des vereinbarten Zeitraums sorgfältig aus.

2 Wertet eure Arbeitsblätter aus.

a Errechnet, wie viel Zeit jeder von euch insgesamt mit den einzelnen Medien verbracht hat.

b Teilt die einzelnen Medien unter Gruppen auf. Rechnet aus, wie lange ihr als Klasse durchschnittlich die einzelnen Medien nutzt, z. B.:

Wie lange haben die Schüler der 5a in einer Woche ferngesehen?
- *Die Klasse 5a hat 30 Schülerinnen und Schüler. Die Minuten, die die einzelnen Schüler insgesamt ferngesehen haben, werden addiert, z. B.: 225 + 300 + 60 + ... = 12600 Minuten.*
- *Dann wird das Gesamtergebnis durch die Anzahl der Schüler (30) geteilt, z. B.: 12600 Minuten: 30 = 420 Minuten.*
- *Jeder hat also in einer Woche durchschnittlich 420 Minuten (= 7 Stunden) vor dem Fernseher verbracht.*

c Stellt die Ergebnisse eurer Gruppenarbeit vor. Prüft, ob ihr mit euren eigenen Zeiten jeweils über oder unter dem Durchschnitt liegt.

3 a Veranschaulicht eure Untersuchungsergebnisse, indem ihr sie in Form eines Balkendiagramms darstellt (▸ S. 214).

b Vergleicht die Angaben eures Diagramms mit dem Balkendiagramm auf Seite 214.

4 Diskutiert, ob ihr euch vorstellen könnt, eine ganze Woche lang auf Medien zu verzichten. Wie würdet ihr die Zeit stattdessen nutzen? Was würde euch am meisten fehlen?

Fordern und fördern – Eine Diskussion führen

1 Habt ihr schon einmal eine ähnliche Diskussion mit euren Eltern geführt? Berichtet davon.

●●● 2 Stellt euch vor, eure Eltern meinen, dass das Fernsehen euch schadet und ihr deshalb nicht mehr fernsehen solltet. Spielt die Diskussion zwischen den Kindern und den Eltern in einem Rollenspiel. Bildet dazu Gruppen und erarbeitet gemeinsam Argumente für die Meinung der Eltern und für die der Kinder. Verteilt dann die Rollen und spielt die Diskussion vor der Klasse.
▷ Hilfen zu Aufgabe 2 findet ihr im Anschluss.

●●○ **Aufgabe 2 mit Hilfen**

Bereitet in eurer Gruppe die Diskussion zwischen den Eltern und den Kindern vor.

a Ihr schreibt die Meinung der Eltern und die der Kinder auf einzelne Notizzettel und sammelt Begründungen (Argumente) für beide Standpunkte.

Meinung der Eltern:
Jhr solltet nicht fernsehen.

Argumente (Begründungen)
- *weniger Zeit für ...*
- *Die meisten Fernsehsendungen sind ...*
- *Wenn man zu viel fernsieht, ...*
- ...

Meinung der Kinder:
Wir wollen fernsehen.

Argumente (Begründungen)
- *Fernsehen schadet nicht, wenn ...*
- *Es gibt Fernsehsendungen, die ...*
- *Wir können sonst nicht über ... sprechen.*
- ...

b Verteilt die Rollen (Vater, Mutter, Kinder). Probt euer Rollenspiel und spielt es dann vor der Klasse. Ihr könnt in eurer Diskussion die folgenden Formulierungshilfen verwenden:

- **Einleitungen für eine Meinungsäußerung:**
  Ich bin der Meinung, dass ...; Ich finde ...; Mein Standpunkt ist ...; Ich denke, ...
- **Einleitungen für einen Gegenvorschlag:**
  Ich möchte einen anderen Vorschlag machen ...; Ich sehe das anders.
- **Einleitungen für einen Kompromiss (Einigung):**
  Ich bin einverstanden, wenn ...; Ich möchte einen Kompromiss vorschlagen.

11.3 Projekt: Eine Fotostory gestalten

Susanne Kilian

Der Brief

In der Deutschstunde stieß Karin die Ingrid an. „Guck mal, der Oliver schaut mich schon wieder so an!“, flüsterte sie ihr zu. Sie sahen beide zum Oliver hin. Der drehte sich weg. Er hatte die ganze Zeit die Karin angestarrt. Jetzt sah er nach vorne zur Tafel. Die Karin und die Ingrid kicherten hinter vorgehaltenen Händen. „Der Oliver ist verliebt in dich!“, wisperte Ingrid. „Aber ich nicht in ihn!“, zischte Karin. Sie fand Jungs an sich schon blöd. Aber der Oliver, wie er sie immer ansah, er war einfach Luft für sie.

In der Pause beriet Karin sich mit ihren Freundinnen. Sie wollten dem Oliver eins auswischen. Der würde die Glotzerei schon bleiben lassen. Sie drängelten sich in eine Schulhofecke. Machten einen Kreis um Karin, dass man nicht sehen konnte, was die machte. Sie benutzte die Mauer als Unterlage und krakelte auf einen Fetzen Butterbrotpapier, was die Freundinnen ihr flüsternd diktierten:

„Lieber Oliver, ich fände es sehr schön, wenn ich mal mit dir nach Hause gehen könnte. Würdest du auch meine Schultasche tragen? Einen heißen Kuss von deiner dich liebenden Karin.“

In der Erdkundestunde schrieb Karin den Satz sauber auf ein Blatt aus dem Rechenheft. Sie faltete es zusammen. Schrieb drauf: „An Oliver!“, und schickte es los. Sie konnte den Weg des Briefchens gut verfolgen. Die Freundinnen, mit denen alles ausgemacht war, gaben ihn sehr vorsichtig von Tisch zu Tisch. Jetzt musste der Brief bei Oliver sein. Ingrid und Karin sahen, wie er unterm Tisch herumkramte, etwas auseinanderfaltete, es in seinen Erdkundeatlas schob und las. Und jetzt drehte er sich zur Karin um und nickte. Karin hatte entsetzliche Mühe, ein todernstes Gesicht zu machen. Schließlich bekam sie's doch hin. Und nickte sogar. Als Oliver sich wieder nach vorn drehte, platzte sie fast vor Lachen.

Da klingelte es. Die Eingeweihten packten kichernd ihre Ranzen ein. Jetzt stand Karin das Schwierigste bevor: Sie packte langsam und mit ernstem Gesicht ihre Schultasche. Oliver packte seine Sachen genauso langsam zusammen. Ab und zu schielte er zu Karin hin.

Hintereinander gingen sie durch die Klassentür. Als sie über den Schulhof liefen, schaute Oliver die Karin von der Seite an und fragte: „War's wirklich ernst, was in dem Brief stand?“ Karin biss die Zähne zusammen. „Klar war's ernst!“, sagte sie hochnäsig und rannte los. Gott sei Dank! Ihre Freundinnen warteten am Schultor.

Als Oliver vorbeigehen wollte, stellten sie sich kichernd in den Weg. Verbeugten sich vor ihm. „Möchtest du mit mir nach Hause gehen?“ – „Darf ich deine Schultasche tragen?“, schrien sie durcheinander. Und Karin machte die Augen zu und flötete: „Einen heißen Kuss von deiner dich liebenden Karin!“

Oliver wurde rot. Er sah nur noch die Karin an. Und sagte bloß: „Du bist richtig gemein!“

1 a Erklärt, warum Karin und ihre Freundinnen sich für Oliver diesen Streich ausgedacht haben.
b Diskutiert, ob Karins Verhalten wirklich gemein ist oder ob Oliver den Streich verdient hat. Überlegt, ob es für Karin eine andere Möglichkeit gegeben hätte, mit der Situation umzugehen.

2 Eine Fotostory erzählt eine Geschichte in einer Bilderfolge.

a Überlegt, welche Situationen aus der Geschichte „Der Brief“ hier dargestellt werden.

b Erklärt, was ihr durch den Kommentar unter dem Foto und durch die Sprech-/Denkblasen erfahrt. Welche Wirkung haben die Einstellungsgrößen (▸ S. 212) auf den beiden Bildern?

3 Wie könnte Karin auf den Vorwurf „Du bist richtig gemein!“ reagieren? Wie könnte die Geschichte dann in einer Freundschaft enden? Erstellt eine Fortsetzung als Fotostory. Geht so vor:

a Bildet Gruppen und sammelt gemeinsam Ideen, wie die Geschichte ausgehen könnte. Überlegt, wie viele Fotos ihr machen wollt.

b Plant eure Fotostory mit Hilfe eines Projektplans:

Bild	Ort	Figuren	Inhalt	Einstellungsgröße
1	…	*Oliver*	*Oliver ist traurig und wütend …*	*Nah*

c Macht zu jeder Situation mehrere Fotos. Verwendet unterschiedliche Einstellungsgrößen, indem ihr mit dem Fotoapparat näher herangeht bzw. weiter entfernt bleibt oder mit dem Zoom arbeitet.

4 Stellt die Fotostory fertig. Geht so vor:

– Wählt die besten Fotos aus und bringt sie in die richtige Reihenfolge.
– Versetzt euch noch einmal in die Figuren auf den Fotos. Was sagen und denken sie? Gestaltet Sprech- und Denkblasen und verfasst Kommentare, wenn Erklärungen notwendig sind.
– Klebt die Fotos in der richtigen Reihenfolge auf ein Plakat und nummeriert sie. Ergänzt dann die Sprech- und Denkblasen sowie die Kommentare.

12 Grammatiktraining – Wörter und Wortarten

1 Nennt weitere Wetterwörter und formuliert Wettersätze, die euch zu dem Bild einfallen.

2 **a** Lest die Wettersätze in den Sprechblasen. Wo findet ihr Nomen und wo findet ihr Verben?
b Überlegt, wodurch sich die Nomen von den Verben unterscheiden.

3 Findet ihr in den Sprechblasen noch eine andere Wortart, die euch bekannt ist? Erklärt, wie ihr sie erkannt habt.

In diesem Kapitel ...

- lernt ihr die wichtigsten Wortarten und ihre Funktionen kennen,
- unterscheidet ihr Nomen, ihre Ersatzwörter (Pronomen) und ihre begleitenden Wörter (Artikel und Adjektive) und bestimmt sie nach Numerus, Genus und Kasus (deklinieren),
- untersucht ihr, welche Aufgaben Verben haben, und unterscheidet sie nach Person, Numerus und Tempus (konjugieren).

12.1 Alle reden vom Wetter – Rund ums Nomen

Nomen bezeichnen ...

? ? ? ? ? ? ?

Im Klassenzimmer ist es ziemlich warm an diesem 12. Januar. Die Heizung funktioniert bestens. 28 Mädchen und Jungen sitzen unruhig auf ihren Stühlen und hören Frau Buchsbaum, der Deutschlehrerin, zu. Frau Buchsbaum ist ihre Klassenlehrerin. Heute geht es um die Lesenacht und die Frage, in welchem Raum die Klasse übernachten wird. „Im Klassenraum geht es leider nicht", bedauert die Lehrerin, „wir müssen in der Turnhalle schlafen." Die Klasse ist ein wenig enttäuscht. Die Schülerinnen und Schüler hatten schon Pläne geschmiedet, wie sie ihren Klassenraum zu einem gemütlichen Schlafzimmer umgestalten. Janina will gerade etwas sagen, um die Lehrerin doch noch umzustimmen, als ein Jubelschrei die Jungen und Mädchen elektrisiert: „Schnee!" 27 Köpfe drehen sich zum Fenster, Jonas schaut schon länger hinaus, er hat die tanzenden Flocken zuerst gesehen. Nun ist die Freude groß. Die Klasse versammelt sich an den Fenstern und Frau Buchsbaum versucht erst gar nicht, dies zu verhindern. Auch ihre Augen glänzen, einen kleinen Moment ähnelt sie ihren Schülerinnen und Schülern. In großen Flocken fällt der Schnee, bedeckt den Schulhof, die Büsche, Bäume und Dächer. „Hoffentlich bleibt er liegen", murmelt Christina und die anderen nicken zustimmend. Eine Amsel läuft über den Hof und hinterlässt eine deutliche Spur.

1 Lest den Text. Überlegt euch dann eine treffende Überschrift für die Geschichte.

2 **a** Übertragt die Tabelle in euer Heft und sortiert alle Nomen aus dem Text in die richtige Spalte ein. Nomen bezeichnen:

Lebewesen/Eigennamen	Gegenstände/Dinge	Begriffe (Gedanken, Gefühle, Zustände ...)
...	*Klassenzimmer*	*Januar*
...	...	...

b Erklärt, woran ihr die Nomen erkannt habt. Schaut dazu auch noch einmal im Text nach.

3 **a** Vergleicht die Zuordnungen der Nomen in eurer Tabelle. Wo sind sie gleich, wo habt ihr verschiedene Zuordnungen gewählt? Könnt ihr die Unterschiede erklären?

b Begründet, welche Nomen sich nur schwer oder gar nicht einordnen lassen. Woran lag das?

4 In dem folgenden Kasten sind Nomen versteckt. Sucht sie heraus, indem ihr die Artikelprobe macht. Versucht, vor jedes Wort einen bestimmten Artikel (der, die, das) zu setzen. Schreibt die Nomen mit ihren Artikeln untereinander auf. Achtung: Bei vier Wörtern gibt es mehrere Möglichkeiten.

Mit der **Artikelprobe** könnt ihr feststellen, ob ein Wort ein Nomen ist oder nicht. Wenn ihr einen bestimmten Artikel *(der, die, das)* vor das Wort setzen könnt, ist es ein Nomen.

WITZ KARTE WASSER LUSTIG FLIEGEN PFEIFEN URLAUB FREUNDE KOMISCH
KALT LACHT SÄGEN HUND TASCHENMESSER GEHEIMNIS FEIERN

Information **Das Nomen** (Plural: die Nomen)

Die meisten Wörter in unserer Sprache sind Nomen (auch: Hauptwörter, Substantive).
Nomen bezeichnen:

- Lebewesen/Eigennamen, z. B.: *Frosch, Baum, Susanne*
- Gegenstände, z. B.: *Haus, Schreibtisch, MP3-Player.*
- Begriffe (Gedanken, Gefühle, Zustände ...), z. B.: *Angst, Mut, Freude, Ferien, Freundschaft*

Nomen werden immer **großgeschrieben.**
Sie werden häufig von **Wörtern begleitet,** an denen wir sie erkennen können, z. B. einem **Artikel** *(der Hase, eine Uhr)* oder einem **Adjektiv** *(blauer Himmel, fröhliche Menschen).*

Artikel begleiten Nomen

Der Mond: Ein ständiger Begleiter der Erde

Die Erde hat einen ständigen Begleiter, den Mond. Der Trabant, wie er auch genannt wird, kreist in einem Zeitraum von etwa 28 Tagen einmal um die Erde.
Aber nicht nur die Erde hat einen Mond. Viele andere Planeten werden ebenfalls von Monden umkreist. Ein großer Planet, wie zum Beispiel der Jupiter, hat sogar 63 Monde! Die Monde eines Planeten tragen eigene Namen. Der größte Mond des Jupiters heißt zum Beispiel Ganymed.

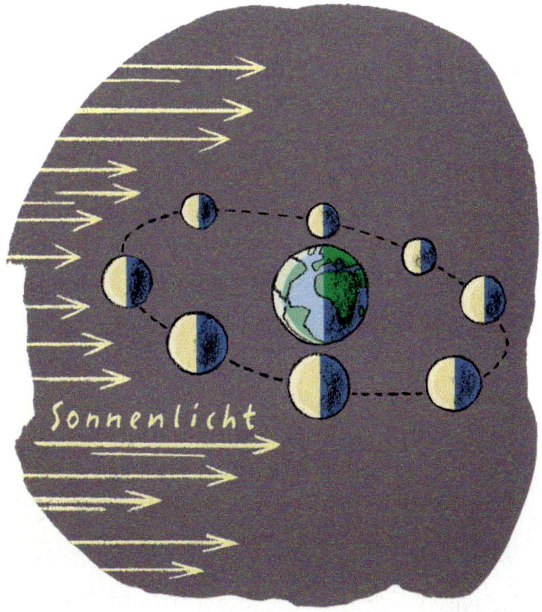

Neumond: Wir blicken auf den unbeleuchteten, dunklen Teil des Mondes.
Vollmond: Wir blicken auf die von der Sonne beleuchtete Seite des Mondes.

Der Mond der Erde beeinflusst manchmal auch das Wetter. Ebbe und Flut, der ständige Wechsel von niedrigen und hohen Wasserständen im Meer, entstehen durch das Spiel der Anziehungskräfte zwischen der Erde, dem Mond und der Sonne.

Wenn Sonne, Mond und Erde fast eine Linie bilden, also bei Neumond (der Mond steht zwischen Erde und Sonne) oder bei Vollmond (die Erde steht zwischen Mond und Sonne), verstärken sich die Kräfte von Sonne und Mond und die Flut ist sehr hoch. Wenn das Wetter dann auch noch sehr stürmisch ist, kann eine Sturmflut entstehen. Sturmfluten führen in Küstengebieten häufig zu plötzlichen, schweren Überschwemmungen. Ein Beispiel dafür ist die Stadt Hamburg, die 1962 von einer Sturmflut an der deutschen Nordseeküste überflutet wurde.

1 a Lest den Text (► S. 221–222) aufmerksam durch und betrachtet das Schaubild.

b Erklärt das Schaubild mit eigenen Worten und erläutert, in welchen Mondphasen die Flut besonders hoch ist.

2 Schreibt aus dem Text die markierten Artikel mit den dazugehörigen Nomen heraus und ordnet sie nach ihren Artikeln in eine Tabelle ein.

TIPP: Manchmal steht zwischen dem Artikel und dem Nomen ein Adjektiv.

Nomen mit einem bestimmten Artikel	Nomen mit einem unbestimmten Artikel
…	*ein Begleiter*
…	…

3 a Lest die Informationen im Merkkasten unten aufmerksam durch.

b Setzt die bestimmten Artikel aus dem Merkkasten in den Plural (Mehrzahl). Schreibt dazu die Nomen mit ihren Artikeln untereinander auf, z. B.:

- *der Stift – die Stifte*
- *die Uhr – …*

c Unterstreicht die bestimmten Artikel im Singular und im Plural. Was fällt euch bei den Pluralformen auf?

d Versucht, die unbestimmten Artikel in den Plural (Mehrzahl) zu setzen. Was stellt ihr fest?

Information **Nomen: der Artikel** (Plural: die Artikel)

Das Nomen wird häufig von einem Artikel begleitet. Man unterscheidet zwischen dem bestimmten Artikel *(der, die, das)* und dem unbestimmten Artikel *(ein, eine, ein)*, z. B.:

	bestimmter Artikel	unbestimmter Artikel
männlich	*der Stift*	*ein Stift*
weiblich	*die Uhr*	*eine Uhr*
sächlich	*das Buch*	*ein Buch*

Nomen haben ein Genus

Christinas Familie hat einen französischen Austauschschüler zu Gast. Er bemüht sich, richtig Deutsch zu sprechen, manchmal muss er allerdings noch nachfragen. Besondere Schwierigkeiten hat er mit den Artikeln: „Gestern war die Regen sehr stark, aber als der Sonne kam, wurde es wieder trocken." Christina verbessert ihn: „Patrick, es heißt der Regen und die Sonne!" Patrick wundert sich: „Das ist bei uns aber anders!" Gemeinsam schlagen sie einige Wetterwörter in einem Wörterbuch nach und notieren sie in einer Tabelle.

Französisch	Deutsch	Englisch
la pluie (f.)	*der Regen (m.)*	*the rain*
le soleil (m.)	*die Sonne (f.)*	*the sun*
la glace (f.)	*das Eis (n.)*	*the ice*

Abkürzungen: f. = Femininum (weiblich); m. = Maskulinum (männlich); n. = Neutrum (sächlich)

1 a Vergleicht den Gebrauch der Artikel in der französischen und in der deutschen Sprache. Beantwortet hierzu in Partnerarbeit folgende Fragen in ganzen Sätzen:
- Was könnt ihr an dem Artikel in beiden Sprachen erkennen?
- Was könnt ihr über die Anzahl der Artikel im Französischen und Deutschen sagen?
- *la pluie – der Regen:* Was habt ihr über die Zuordnung der Artikel herausgefunden?

b Vergleicht eure Ergebnisse.

2 Vergleicht nun das Englische mit den übrigen Sprachen. Welche Schwierigkeiten könnte ein englischer Austauschschüler haben, der Deutsch und Französisch lernt?

3 a Sucht aus dem Text „Der Mond: Ein ständiger Begleiter der Erde" (► S. 221–222) vier Nomen für jedes Genus heraus und schreibt sie mit ihren bestimmten Artikeln in eine Tabelle.

Maskulinum	Femininum	Neutrum
der Mond	...	...

b Übersetzt die Nomen mit Hilfe eines deutsch-französischen Wörterbuchs oder mit Hilfe eines Online-Wörterbuchs im Internet (z. B. unter www.leo.org). Schreibt die französischen Wörter mit ihren Artikeln und ihrer Genusbezeichnung auf, z. B.: *der Mond – la lune (Femininum)*

4 Manchmal ist das Genus eines Nomens auch für die Bedeutung wichtig. Bildet mit den Wörtern Sätze, in denen die verschiedenen Bedeutungen der Nomen klar werden.

See	Band	Kiefer	Steuer

5 In unserer Sprache können wir neue Wörter bilden, indem wir zwei Wörter zusammensetzen.

a Wie heißen die Dinge, die in dem folgenden Bild versteckt sind? Benennt sie mit Nomen.

b Setzt gemeinsam mit einem Partner oder einer Partnerin je zwei Wörter zu einem neuen Nomen zusammen und schreibt den Artikel dazu, z. B.:
der Garten + die Blume = die Gartenblume

c Untersucht das Geschlecht der Einzelnomen und das Geschlecht des zusammengesetzten Nomens. Wonach richtet sich das Genus (Geschlecht) des zusammengesetzten Nomens?

Information **Nomen: das Genus** (das grammatische Geschlecht; Plural: die Genera)

Jedes Nomen hat ein Genus (ein grammatisches Geschlecht), das man **an** seinem **Artikel erkennen** kann. Ein Nomen ist entweder

- ein **Maskulinum** (männliches Nomen), z. B.: *der Stift, der Regen, der Hund,*
- ein **Femininum** (weibliches Nomen), z. B.: *die Uhr, die Sonne, die Katze,* oder
- ein **Neutrum** (sächliches Nomen), z. B.: *das Buch, das Eis, das Kind.*

Das **grammatische Geschlecht** eines Nomens stimmt **nicht immer** mit dem **natürlichen Geschlecht** überein, z. B.: *das Mädchen, das Kind.*
Das grammatische Geschlecht eines Nomens kann in den verschiedenen Sprachen unterschiedlich sein, z. B.: *französisch: la pluie* (Femininum) – *deutsch: der Regen* (Maskulinum).
Es gibt auch Sprachen, z. B. das Englische, die gar kein grammatisches Geschlecht kennen.
Der bestimmte Artikel eines Nomens heißt im Englischen immer *the,* z. B.: *the man, the woman, the child.*

Nomen haben einen Numerus

Sommergewitter

Von Westen schob sich langsam eine kleine dunkle Wolke in den strahlend blauen Himmel. Die Wolke wuchs und wuchs; sie wurde immer dunkler, bis schließlich der ganze Himmel bedeckt war: Nacht mitten am Tag. Ich stellte das Rad am Schwimmbad ab und beeilte mich, unter das Dach des Gebäudes zu kommen. Die Wolken im Hintergrund verhießen nichts Gutes: Das Gewitter würde nicht mehr lange auf sich warten lassen. Und richtig, ein dumpfes Grollen war zu hören, dann blitzte es. Der Blitz vertrieb die letzten Badegäste von ihren Handtüchern. Das Gewitter legte jetzt richtig los: Die Blitze zerrissen die Dunkelheit für Sekunden, der Wind fegte durch die Bäume, der Hagel prasselte auf die Dächer und die Straßen. Die Räder waren durch den Regenschleier kaum noch zu erkennen. Die Gewitter in diesem Sommer waren spektakulär – gut, wenn man ein Dach über dem Kopf hatte.

1 a Die markierten Nomen kommen im Text auch noch einmal im Plural vor. Sucht die Nomenpaare aus dem Text heraus und ordnet sie nebeneinander in eine Tabelle ein. Schreibt in euer Heft.

Nomen im Singular (Einzahl)	Nomen im Plural (Mehrzahl)
die Wolke	*die Wolken*
das Rad	...

b Untersucht die Pluralformen der Nomen. Markiert bei jedem Nomen, was sich bei der Pluralform gegenüber dem Singular verändert hat.

c Beschreibt, was sich bei den einzelnen Wörtern im Plural verändert.

2 *Ein Buch – viele Bücher*: Im Plural verändert sich in manchen Wörtern der Vokal (Selbstlaut) im Wortstamm. Bildet zu den nebenstehenden Wörtern jeweils den Plural.

das Glas der Vater das Kalb das Huhn
die Mutter der Hut der Raum
die Wurst der Bruder die Laus

3 Es gibt Nomen, die nur im Singular oder nur im Plural vorkommen.

Nomen, die es nur im Singular gibt:
der Regen das Gold das Glück
die Kälte die Butter

Nomen, die es nur im Plural gibt:
die Ferien die Eltern die Leute
die Kosten die Möbel

a Versucht, gemeinsam mit einem Partner oder einer Partnerin zu den Singularformen Pluralformen und zu den Pluralformen Singularfomen zu bilden, z. B.: *der Regen – die Regenschauer*.

b Vergleicht eure Ergebnisse.

Information **Nomen: der Numerus** (Anzahl; Plural: die Numeri)

Nomen haben einen Numerus, d. h. eine Anzahl. Sie stehen entweder im

- **Singular** (Einzahl), z. B.: *der Wald, die Jacke, das Haus,* oder im
- **Plural** (Mehrzahl), z. B.: *die Wälder, die Jacken, die Häuser.*

Nur bei wenigen Nomen ist entweder nur eine Singularform oder nur eine Pluralform möglich, z. B: *der Regen, die Ferien.* Bei der Bildung der Plural- bzw. der Singularform müsst ihr bei solchen Nomen nach einer Ersatzform suchen,
z. B.: *der Regen → die Regenschauer, die Ferien → der Ferientag.*

Nomen kann man in vier Fällen (Kasus) gebrauchen

Wetterdetektive: Wettervorhersagen früher und heute

Schon früh wollte der Mensch wissen, wie das Wetter wird. Nicht weil es so viel Freizeit gab, sondern weil das Wetter die Aussaat- und die Erntezeit bestimmte und damit das Überleben der Menschen vom Wetter abhing. Die Bauern waren darauf angewiesen, dass die Ernten gut waren, denn Missernten bedeuteten oft Hungersnot. Obwohl die Menschen damals noch keine modernen Messgeräte hatten, konnten sie den Verlauf des Wetters ziemlich gut vorhersagen. Sie beobachteten sehr genau die Erscheinungen des Himmels und gaben ihre Erkenntnisse den Kindern in Wetterregeln weiter: Eine alte Wetterregel, die wir heute noch kennen, heißt: „Abendrot – Gut-Wetter-Bot[1], Morgenrot – schlecht Wetter droht." Aber stimmen diese alten Wetterregeln überhaupt?

Tatsächlich haben die Meteorologen, so heißen die Wetterforscher, die Wetterregeln überprüft und herausgefunden, dass viele wahr sind. Zum Beispiel diese: „Wenn die Schwalben niedrig fliegen, wird man Regenwetter kriegen. Fliegen sie bis in die Höh'n, bleibt das Wetter noch recht schön!" Allerdings können auch die Schwalben den Wetterumschwung weder sehen noch fühlen. Sie verzehren Insekten und fangen diese im Flug. Wird die Luft aber feuchter und der Wind stärker, fliegen die Insekten tiefer, denn sie wollen ihre empfindlichen Flügel schützen. Und die Schwalben folgen ihnen. Eigentlich sind also die Insekten die Wetteranzeiger.

Heute informieren Wetterstationen und Wettersatelliten, die in einer Höhe von etwa 1000 Kilometern um die Erde kreisen, die Wetterbeobachter. Aus den gesammelten Wetterdaten, zum Beispiel über die Temperatur, die Windstärke und -richtung, den Luftdruck, die Bewölkung und die Niederschläge, können die „Wetterdetektive" eine recht genaue Wettervorhersage erstellen. Aber ganz exakt sind diese Vorhersagen noch immer nicht. Dem Zuschauer des Wetterberichtes bleibt es also nicht erspart, zur Sicherheit morgens aus dem Fenster zu schauen, bevor er das Haus ohne Regenschirm verlässt.

1 Bot: Abkürzung für Bote; jemand, der eine Botschaft überbringt

Detektive müssen viele Fragen stellen, um einen Fall aufzuklären:
Wetterdetektive untersuchen das Wetter und Grammatikdetektive erforschen grammatische Erscheinungen und fragen zum Beispiel nach dem **Kasus (Fall),** in dem ein Nomen steht.

Fragen für Grammatikdetektive

- Wer oder was wollte schon früh wissen, wie das Wetter wird?
- Wer oder was bestimmte die Aussaat- und die Erntezeit?

- Wem gab man die Wetterregeln weiter?
- Wem bleibt der Blick aus dem Fenster nicht erspart?

- Wessen Überleben hing vom Wetter ab?
- Wessen Erscheinungen wurden beobachtet?

- Wen oder was haben die Meteorologen überprüft?
- Wen oder was können die Schwalben weder sehen noch fühlen?

1 Als Grammatikdetektive sollt ihr nun die oben stehenden Fragen mit Hilfe des Textes beantworten. Geht so vor:

a Schreibt die Fragen untereinander in euer Heft. Lasst dabei unter jeder Frage eine Zeile frei.

b Beantwortet nun jede Frage mit Hilfe des Textes. Formuliert eure Antworten als vollständige Sätze, z. B.:
Frage: Wer oder was wollte schon früh wissen, wie das Wetter wird?
Antwort: Der Mensch wollte schon früh wissen, wie das Wetter wird.

c Unterstreicht in den Fragesätzen die Fragewörter und in den Antwortsätzen die Nomen mit ihren Artikeln, die auf diese Fragen antworten.

2 Vergleicht in Partnerarbeit die Fragewörter und die Artikel sowie die Nomenendungen in euren Antwortsätzen. Versucht gemeinsam, mit Hilfe des Merkkastens eure Beobachtungen zu erklären.

Auf Bäumen lebt der Wetterfrosch

Martin, der Enkel meiner Großtante, hatte einen Frosch gefangen. Der kleine, bräunliche Geselle lugte recht verängstigt zwischen Martins Fingern hervor. „Den steck ich jetzt in eines deiner leeren Einmachgläser, dann haben wir einen prima Wetterfrosch!“ Doch Großtante Klara schüttelte energisch den Kopf: „Das lass mal besser bleiben. In so einem Glas fühlt sich ein Frosch ganz bestimmt nicht wohl und zur Wettervorhersage taugt er sowieso nicht.“

„Warum denn nicht?“, fragte Martin. „Weil es ein Grasfrosch ist!“, erklärte Großtante Klara. „Schau dir mal die Farbe an, die ist ziemlich braun. Die eigentlichen Wetterfrösche aber sind die grünen Laubfrösche.“ „Und warum verstehen die mehr vom Wetter?“, wollte Martin nun wissen. „Verstehen tun sie auch nichts davon“, meinte Großtante Klara, „aber das Verhalten der Frösche zeigt dem Beobachter Wetteränderungen an. Sie leben nämlich in den Bäumen und fangen da umherschwirrende Insekten. Wenn die bei schönem Wetter weit oben fliegen, dann klettern auch die Frösche im Baum hinauf. Wird das Wetter aber schlechter und Wind und Regen kommen auf, dann fliegen die Insekten tiefer und deshalb sitzen dann auch die Frösche ganz unten.“

1 Könnt ihr erklären, weshalb Martin den Frosch wieder frei lassen soll?

2 Übertragt die Tabelle in euer Heft. Stellt zu den hervorgehobenen Wörtern im Text die entsprechende Kasusfrage. Bestimmt dann den Kasus, den Numerus und das Genus.

Wortbeispiel	Kasusfrage	Kasus	Numerus	Genus
Martin	*Wer oder was hatte einen Frosch gefangen?*	*Nominativ*	*Singular*	*Maskulinum*
...	...	...	...	...

Information **Nomen: der Kasus** (Fall; Plural: die Kasus, mit langem *u* gesprochen)

In Sätzen erscheinen Nomen immer in einem bestimmten Kasus, das heißt in einem grammatischen Fall. **Im Deutschen gibt es vier Kasus.** Nach dem Kasus richten sich die Form des Artikels und die Endung des Nomens. Man kann den **Kasus** eines Nomens **durch Fragen ermitteln:**

Kasus	Kasusfrage	Beispiele
1. Fall: **Nominativ**	Wer oder was ...?	*Der Junge liest ein Buch.* *Die Katze trinkt Milch.* *Das Kind spielt mit einem Ball.*
2. Fall: **Genitiv**	Wessen ...?	*Das Buch des Jungen ist spannend.* *Das Wasser der Katze steht in der Küche.* *Der Ball des Kindes ist rot.*
3. Fall: **Dativ**	Wem ...?	*Ein Mädchen schaut dem Jungen zu.* *Die Kinder geben der Katze Wasser.* *Eine Frau wirft dem Kind einen Ball zu.*
4. Fall: **Akkusativ**	Wen oder was ...?	*Sie beobachtet den Jungen genau.* *Die Kinder mögen die Katze gern.* *Die Frau lächelt das Kind an.*

Meist ist der Kasus am veränderten Artikel des Nomens erkennbar, manchmal auch an der Endung des Nomens, z. B: *dem Kind, des Mannes, des Mädchens, den Kindern.*
Wenn man ein Nomen in einen Kasus setzt, nennt man das **deklinieren** (beugen).

Was Pronomen können

Mit Personalpronomen Nomen ersetzen

Eine Fahrradtour für Wasserratten (1)

Dieser Tag wird den Jungen und Mädchen noch lange im Gedächtnis bleiben. Am Morgen trafen sich die Jungen und Mädchen in der Schule. Die Jungen und Mädchen waren mit den Fahrrädern gekommen, weil heute die lang geplante Tour stattfinden sollte. Die Tour sollte den ganzen Tag dauern. Zunächst überprüfte Frau Kramer, die Klassenlehrerin, die Helme. Dann fuhr die Klasse in einer langen Reihe los. Ihr Ziel war der große Spielplatz am Fluss bei Rondorf. Der Spielplatz war etwa acht Kilometer entfernt. Der Spielplatz war ein beliebtes Ausflugsziel, weil der Spielplatz nicht nur die üblichen Spielgeräte hatte, sondern auch eine Wasserspiellandschaft bot. Die Wasserspiellandschaft war die Attraktion! Hier konnte man Bachläufe gestalten, Mühlen, Dämme und Springbrunnen einbauen, planschen, matschen, spritzen – ein Albtraum für alle Wasserscheuen, ein Paradies für alle Wasserratten – vor allem bei einem Wetter wie heute: 28 Grad und wolkenloser Himmel.

1 a In diesem Text tauchen einige Nomen immer wieder auf. Welche sind das?
b Beschreibt, wie sich der Text dadurch anhört. Erklärt dann, wie man ihn verbessern könnte.
c Lest den Text und ersetzt die Nomen, die sich wiederholen, an geeigneten Stellen durch Personalpronomen.

Personalpronomen
ich, du, er, sie, es, wir, ihr, sie

2 Schreibt die Geschichte aus der Sicht eines Mädchens oder eines Jungen, das/der an dieser Radtour teilgenommen hat. Setzt dort, wo es sinnvoll ist, Personalpronomen ein.
Dieser Tag wird uns noch lange im Gedächtnis bleiben. Am Morgen …

3 Wie könnte man die folgenden Nomen ersetzen? Schreibt die Nomen mit ihren Artikeln auf und sucht zu jedem Nomen das richtige Personalpronomen, z. B.: *der Regenschirm – er.*

Regenschirm Jacke Sommer Meer Straße Schwimmbecken

4 a Denkt euch ein Lebewesen (Mensch, Tier oder Pflanze), einen Gegenstand, ein Gefühl (z. B. Angst, Mut) oder einen Begriff (z. B. Traum, Freundschaft) aus und schreibt das Wort auf.

b Erfindet Rätselsätze, indem ihr das Lebewesen, den Gegenstand ... beschreibt und dabei nur Personalpronomen verwendet. Eure Mitschüler sollen das Rätsel lösen, z. B.:

– *Er hat vier Beine und kann doch nicht laufen.*

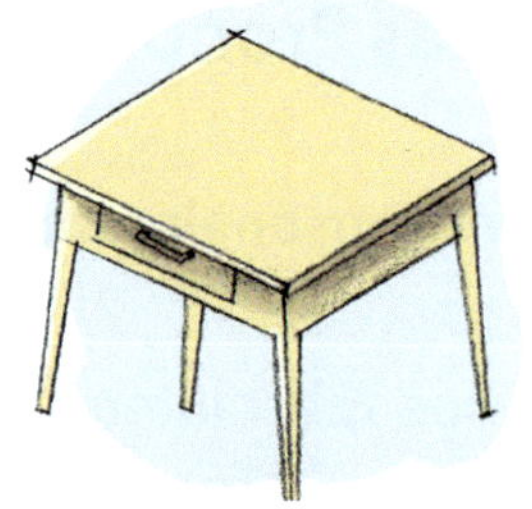

5 Lest die folgenden Sätze:

„Ich kaufe es", rief er laut, „es gefällt mir und es ist wunderschön!" Er war zufrieden und überreichte es ihm. „Ich bin begeistert!", sagte er und auch er lächelte zufrieden. Dann steckte er es in seine Tasche und verließ den Laden. Noch lange schaute er ihm hinterher. Er hätte nicht gedacht, dass er ihn so glücklich machen könnte.

a Beschreibt, welche Schwierigkeiten ihr mit dem Text habt und woran dies liegt.

b Schreibt den Text ab und ersetzt dort, wo es sinnvoll ist, die Pronomen durch passende Nomen.

c Lest euch eure Texte vor. Erklärt, was euch geholfen hat, passende Nomen zu finden.

6 a Schaut euch den Merkkasten unten an. Erklärt, warum es in der 3. Person Singular drei Formen von Personalpronomen gibt.

b Bildet Sätze, in denen ihr die verschiedenen Formen verwendet.

Information **Das Personalpronomen** (persönliches Fürwort; Plural: die Personalpronomen)

Es gibt verschiedene Arten von Pronomen.
Mit den **Personalpronomen** *(ich, du, er, sie, es, wir, ihr, sie)* kann man **Nomen ersetzen,** z. B.:

Die Katze möchte ins Haus. Sie miaut. Schnell lassen wir sie herein.

Paul rennt zum Bus. Er hat verschlafen und weiß, dass der Busfahrer nicht auf ihn wartet.

Personalpronomen werden wie die Nomen dekliniert (gebeugt):

	Singular			**Plural**		
Kasus	**1. Pers.**	**2. Pers.**	**3. Pers.**	**1. Pers.**	**2. Pers.**	**3. Pers.**
1. Fall: **Nominativ**	*ich*	*du*	*er/sie/es*	*wir*	*ihr*	*sie*
2. Fall: **Genitiv**	*meiner*	*deiner*	*seiner/ihrer/seiner*	*unser*	*euer*	*ihrer*
3. Fall: **Dativ**	*mir*	*dir*	*ihm/ihr/ihm*	*uns*	*euch*	*ihnen*
4. Fall: **Akkusativ**	*mich*	*dich*	*ihn/sie/es*	*uns*	*euch*	*sie*

Mit Possessivpronomen anzeigen, wem etwas gehört

1 a Lest die Aussagen in den Sprechblasen. Wie könnt ihr besser ausdrücken, um was es geht? Schreibt die Sätze um.
b Unterstreicht die Wörter, die ihr eingesetzt habt. Welche Bedeutung haben sie?

Eine Fahrradtour für Wasserratten (2)

Als Martin am Abend nach der Radtour nach Hause kommt, schlägt seine Mutter die Hände über dem Kopf zusammen. „Deine Kleider! Wie kann man an einem einzigen Tag so schmutzig werden?“ „Ich habe heute Morgen überall gesucht, aber meine Badehose nicht gefunden“, murmelt Martin, „und Frau Kramer, unsere Klassenlehrerin, meinte, etwas Matsch und Lehm könnte man rauswaschen.“ „Ist eure Lehrerin denn wenigstens sauber geblieben?“, fragt Martins Mutter. Martin muss grinsen, wenn er an Frau Kramer denkt: „So ganz sauber war ihre Jacke auch nicht mehr, als wir zurückfuhren.“

2 Schreibt aus dem Text alle Possessivpronomen mit den dazugehörigen Nomen heraus. Notiert, welche Zugehörigkeit die jeweiligen Possessivpronomen ausdrücken, z. B.:
seine Mutter = Martins Mutter.

3 Schreibt die folgenden Sätze ab und ergänzt dabei die fehlenden Possessivpronomen. Achtet darauf, in welchem Kasus (Fall) das Possessivpronomen stehen muss.

– Fragst du ? Bruder, ob er uns ? Fußball leihen kann?
– Ich werde ? Freundin sagen, dass sie am Wochenende zu uns kommen kann.
– Habt ihr ? Badesachen eingepackt? Wir wollen nachher noch ins Schwimmbad gehen.
– In der letzten Woche haben wir ? Klassenraum neu gestrichen.

Information **Das Possessivpronomen** (besitzanzeigendes Fürwort; Pl.: die Possessivpronomen)

Possessivpronomen *(mein/meine – dein/deine – sein/seine, ihr/ihre – unser/unsere – euer/eure – ihr/ihre)* **geben an, zu wem etwas gehört,** z. B.: *mein Buch, deine Tasche, unsere Lehrerin.*
Possessivpronomen begleiten meist Nomen und stehen dann in dem gleichen Kasus (Fall) wie das dazugehörige Nomen, z. B.:
Ich gebe meinen Freunden eine Einladungskarte. (Wem? → Dativ)

Fordern und fördern – Nomen und Pronomen

●○○ **1** Ich bin der Apfelkuchenbackformverkäufer.

a Sucht alle Nomen, die in diesem Beruf versteckt sind, heraus und schreibt sie mit ihren bestimmten Artikeln untereinander auf.

b Notiert hinter jedem Nomen das grammatische Geschlecht.

●●○ **2** **a** Sucht zu den folgenden schwierigen Nomen im Plural die richtige Form im Singular und schreibt beide Formen nebeneinander auf.

> die Pizzen die Atlanten die Lexika die Kakteen die Konten die Zentren die Alben die Globen

b Alles richtig? Schlagt die Wörter zur Kontrolle in einem Wörterbuch nach.

●●● **3** In welchem Kasus (Fall) ein Nomen in einem Satz steht, hängt ab vom Verb, mit dem es verknüpft ist.

> finden drohen lesen treffen suchen essen helfen sehen danken kennen zuhören glauben gehorchen

a Findet heraus, welchen Kasus die oben stehenden Verben fordern. Bildet dazu mit jedem Verb einen Beispielsatz und bestimmt dann mit Hilfe der Kasusfragen, in welchem Kasus das Nomen stehen muss, z. B.: *treffen: Ich treffe einen Freund. (Wen oder was treffe ich? → Nomen im Akkusativ)*

b Vergleicht eure Ergebnisse. Ordnet dann die Verben in zwei Gruppen.

Verben + Nomen im Akkusativ	Verben + Nomen im Dativ
– treffen	*– ...*

Im folgenden Text ist bei einigen Pronomen unklar, auf welches Nomen sie sich beziehen.

Martin hat heimlich den neuen Fotoapparat seiner Mutter mitgenommen. Er hat auf dem Ausflug einen Kratzer abbekommen. Nun weiß er nicht, wie er ihr das beibringen soll. „Ihre Kamera funktioniert zwar noch einwandfrei, sie ist aber mit ihren Sachen immer ganz vorsichtig", sagt er zu seinem Freund Thomas. Er nickt: „Das kenne ich von meiner Schwester. Sie ist ganz genauso – vor allem mit ihrem MP3-Player. Wenn sich mein Vater den ausleiht, weil er seinen verlegt hat, sagt sie, dass er hochempfindlich ist und er ihn nicht kaputt machen soll."

4 Überarbeitet die Sätze so, dass sie eindeutig sind. Geht so vor:

a Schreibt den Text ab und unterstreicht dann alle Personal- und Possessivpronomen.

b Verbindet die Personal- und Possessivpronomen mit den Nomen, auf die sich beziehen, z. B. durch einen Pfeil. Wo bezieht sich ein Pronomen auf mehrere Nomen, sodass Unklarheiten entstehen?

c Überarbeitet die Sätze, in denen sich ein Pronomen auf mehrere Nomen bezieht.

Eigenschaften genauer beschreiben – Adjektive

Mit Adjektiven beschreiben

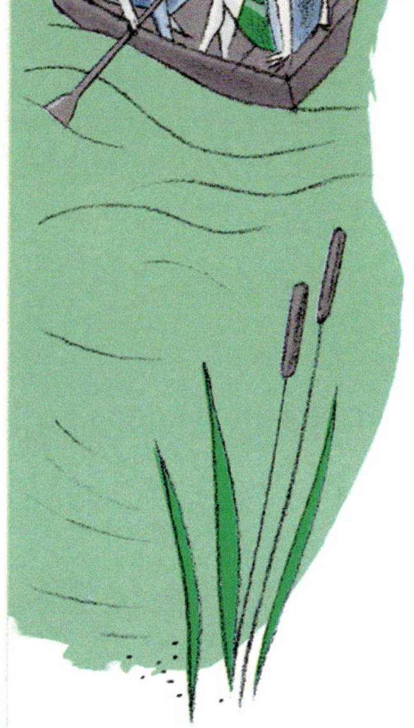

Liebe Lea!

Ich liege gerade mit einem ? Buch an einem ? Strand. Gestern habe ich eine ? Bootsfahrt unternommen. Davon muss ich dir erzählen. Mein ? Bruder Tom und ich liehen uns unten am Strand ein ? Boot und ruderten auf den ? See hinaus. Die Sonne schien, wir ließen unsere Füße ins ? Wasser baumeln und beobachteten mit Neugier die ? Fische.
Dabei bemerkten wir nicht die ? Wolken, die sich am Himmel bildeten. Plötzlich sahen wir einen ? Blitz und kurz darauf hörten wir ein ? Donnern. Ein ? Gewitter zog auf und ? Wellen schlugen gegen unser ? Boot, das sofort anfing zu schaukeln. Dann setzte ein ? Regenschauer ein und wir ruderten eilig Richtung Ufer.
Als wir am Bootshaus ankamen, hatten sich die ? Regenwolken verzogen und wir sahen einen ? Regenbogen über dem See. Das war ein ? Tag!
Ich hoffe, du erlebst auch viele ? Dinge.

Viele Grüße
deine Anne

Liebe Lea!

Ich liege gerade mit einem spannenden Buch an einem herrlichen Strand.
...

1 a Lest jeweils den ersten Satz beider Briefe.
b Beschreibt die unterschiedliche Wirkung der Sätze. Welche Wortart hat Anne im ersten Brief überhaupt nicht verwendet?

2 a Überarbeitet Annes Brief (▶ S. 233) und setzt in die Lücken passende Adjektive ein. Ihr könnt die Adjektive aus dem Kasten verwenden oder selbst geeignete Adjektive suchen.

> herrlich gewaltig spannend schnell abenteuerlich kalt wunderschön heiß hoch groß grell farbenprächtig schön kühl bunt hell rasch gefährlich riesig laut lang warm klein kristallklar frisch dunkel

b Lest euch eure Briefe vor und vergleicht eure Ergebnisse.

3 a Formuliert alle Adjektive im ersten Absatz des Briefes (▶ S. 233) in ihr Gegenteil um. Die folgenden Adjektive können euch dabei helfen.

> eintönig langweilig schmutzig dreckig ereignislos hässlich trüb gemein unangenehm entsetzlich gleichgültig scheußlich farblos

b Beschreibt, was sich an der Aussage des Briefes verändert.

Information **Das Adjektiv** (das Eigenschaftswort; Plural: die Adjektive)

Adjektive drücken aus, wie etwas ist. Mit Adjektiven können wir die **Eigenschaften** von Lebewesen, Dingen, Vorgängen, Gefühlen und Vorstellungen **genauer beschreiben,** z. B.: *der starke Wind, der schwache Wind, der eiskalte Wind.*
Adjektive werden **kleingeschrieben.** Adjektive, die vor einem Nomen stehen, haben den gleichen Kasus wie das Nomen: *der kalte See, die kalten Seen, des kalten Sees.*

Mit Adjektiven vergleichen

Zungenlänge	
Chamäleon:	120 cm
Ameisenbär:	61 cm
Giraffe:	54 cm

Höhe	
Giraffe:	6 Meter
Elefant:	4 Meter
Strauß (Vogel):	2,80 Meter

Tauchtiefe	
Pottwal:	2500 Meter
Meeresschildkröte:	1000 Meter
Pinguin:	500 Meter

4 Pottwale können bis zu 2500 Meter tief tauchen und der Blauwal ist mit seinen 33 Metern das längste Tier. Kennt ihr andere Tierrekorde?

5 a Schaut euch die Abbildungen auf Seite 234 an. Vergleicht die Merkmale der Tiere miteinander. Verwendet in euren Sätzen treffende Adjektive, z. B.:

- *Der Ameisenbär hat eine längere Zunge als die Giraffe.*
- *Die längste Zunge ...*

b Unterstreicht in euren Sätzen die unterschiedlichen Adjektivformen.

c Vergleicht in Partnerarbeit andere Merkmale der Tiere miteinander. Oder schreibt andere Vergleiche auf, z. B. zu Automarken, Pferderassen, Musikgruppen usw.

6 In diesem Kasten sind zwölf Adjektive versteckt.

KLEIN KNAPPER KELLER LAUT SCHNELLER GLATT REICH RUHIG NETTER
WUNDER WEIT SEIT BEIN SCHWÄCHER SCHLAU BAUER KRÄFTIGER

a Übertragt die folgende Tabelle in euer Heft. Sucht dann die Adjektive aus dem Kasten heraus und ordnet sie in der richtigen Tabellenspalte ein.

b Vervollständigt eure Tabelle, indem ihr die fehlenden Adjektivformen ergänzt.

Grundform	Komparativ	Superlativ
klein	...	...

7 Es gibt Adjektive, bei denen der Komparativ und der Superlativ anders gebildet werden als üblich. Überlegt, wie ihr die Adjektive *gut* und *viel* steigern würdet.

Information **Steigerung der Adjektive**

Adjektive kann man steigern (z. B.: *schön – schöner – am schönsten*). So kann man z. B. Dinge und Lebewesen miteinander vergleichen. Es gibt drei Steigerungsstufen:

Positiv (Grundform)	**Komparativ (1. Steigerungsstufe)**	**Superlativ (2. Steigerungsstufe)**
Lars ist groß.	*Stefan ist größer.*	*Fabian ist am größten.*

Vergleiche mit *wie* und *als*:
- Vergleiche mit dem Positiv werden mit *wie* gebildet, z. B.: *Tim ist genauso groß wie Yvonne.*
- Vergleiche mit dem Komparativ werden mit dem Vergleichswort *als* gebildet, z. B.: *Meine Schuhe sind kleiner als deine.*

Fordern und fördern – Adjektive

Kamele: Überlebenskünstler in der Wüste

Kamele sind mächtige Tiere, die einen langen, dünnen Hals, einen kleinen Kopf und schlanke Beine besitzen. Ihr Lebensraum sind die heißen Wüsten und Halbwüsten Nordafrikas und Arabiens. Kamele haben sich an ihren trockenen Lebensraum angepasst. Da es kaum Wasser in der Wüste gibt, sind die genügsamen Vierbeiner echte Weltmeister im Wassersparen. So haben sie spezielle Körperteile und Organe, die ihnen helfen, mit dem extremen Klima klarzukommen. Kamele haben schlitzförmige Nasenlöcher, die sie bei einem Sandsturm schließen können, damit keine Sandkörnchen an die empfindlichen Schleimhäute gelangen. Die langen Wimpern und der starke Tränenfluss verhindern, dass Staub und Sand in die Augen eindringen. Kamele können aber auch mit Absicht Fieber bekommen. An besonders heißen Tagen erhöhen die Kamele ihre Körpertemperatur auf 42° Celsius. Dadurch verhindern die Tiere, dass sie schwitzen und einen zusätzlichen Wasserverlust haben. Die Überlebenskünstler sind Rekordhalter bei der Wasseraufnahme: 200 Liter Wasser saufen sie in nur 15 Minuten! Dieser Vorrat reicht den Kamelen über einen langen Zeitraum, da ihr spezielles Magensystem Wasser und Nährstoffe einlagert, bis das Tier sie wirklich benötigt. Der Höcker des Kamels ist kein Wassertank, sondern in ihm werden große Mengen an Fett für die Notzeiten angelegt.

●○○ **1** **a** Lest den Informationstext über Kamele.

b Sucht alle Adjektive aus dem Text heraus und schreibt sie in der Grundform auf, z. B.: *mächtig, lang, ...*

c Wählt aus euren Adjektiven drei aus und sucht weitere Adjektive, die eine ähnliche Bedeutung haben, z. B.: *mächtig: riesig, gewaltig, massig.*

●●○ **2** **a** Lest die folgenden Adjektive und versucht, sie dabei sinnvoll zu steigern.

schwach windig tot grün täglich zornig alt lecker schwanger leer

b Übertragt die Tabelle in euer Heft und sortiert die Adjektive nach steigerbaren und nicht steigerbaren Adjektiven.

c Erklärt, warum man die Adjektive in der zweiten Gruppe nicht sinnvoll steigern kann.

steigerbare Adjektive	nicht steigerbare Adjektive
schwach	...
...	...

●●● **3** **a** Hier fehlen die Vergleichswörter *als* und *wie*. Schreibt die Sätze ab und setzt die richtigen Vergleichswörter ein.

- Die größte Sandwüste der Erde liegt in Südarabien und ist zweimal so groß ? Deutschland.
- Nachts kann es in einer Wüste so kalt werden ? an einem Wintertag in Deutschland.
- In der Wüste sind die Unterschiede zwischen Tag- und Nachttemperatur viel größer ? in anderen Regionen.
- Die klimatischen Lebensbedingungen sind in einer Wüste härter ? in anderen Lebensräumen.

b Wann verwendet man welches Vergleichswort? Formuliert eine Regel.

In Beziehung setzen – Präpositionen

Weihnachten im Sommer?

Auf der Südhalbkugel, der anderen Seite der Erde, verlaufen die Jahreszeiten genau umgekehrt wie auf der Nordhalbkugel, also zum Beispiel in Deutschland. Wenn bei uns Sommer ist und wir unter einem Baum Schatten suchen oder vor einer Eisdiele Schlange stehen, ist es in Australien gerade Winter. Und wenn wir im Dezember in unseren warmen Stuben vor dem Weihnachtsbaum sitzen, dann liegen die Menschen in Australien bei 40 Grad gerade an einem Strand, genießen das ideale Surfwetter oder machen an den Weihnachtstagen ein Barbecue. Wer in den Wintermonaten einen Urlaub in der Sonne machen will, muss also weit reisen, zum Beispiel nach Australien.

1 a Beschreibt das Bild möglichst genau. Formuliert ganze Sätze und schreibt in euer Heft.
TIPP: Ihr könnt dazu zunächst den Gesamteindruck wiedergeben und dann auf die Einzelheiten eingehen. Gebt auch an, wo genau sich die einzelnen Tiere befinden.

b Unterstreicht in euren Sätzen die Wörter, die angeben, wo genau sich etwas befindet, z. B.:
Der Weihnachtsmann steht auf dem Surfbrett.

c Überlegt gemeinsam: Was drücken Wörter wie *in, auf, unter* im Satz aus? Auf welche Wortart beziehen sie sich?

2 a **Auf der Südhalbkugel – in Deutschland:** Die unterstrichenen Angaben im Text werden alle durch Präpositionen eingeleitet. Übertragt die Tabelle in euer Heft und erfragt, was genau durch die Präposition angegeben wird.

Angabe	Fragewort	Was wird angegeben?	Präposition
auf der Südhalbkugel	*Wo?*	*Angabe des Ortes*	*auf*
auf der Nordhalbkugel	*Wo?*	…	…

b Bei den folgenden Angaben ist die Präposition mit einem Artikel verschmolzen. Könnt ihr die Wörter *im, am, vom, zum, zur* in zwei Wörter zerlegen?

im Dezember • **am** Montag • **vom** 1. bis **zum** 3. Oktober • **zur** Schule

Fordern und fördern – Präpositionen

Roter Sandsturm in Australien

? die australische Hafenstadt Sydney legte sich ? Jahr 2009 ein gigantischer roter Teppich. Ein Sandsturm ? der Wüste transportierte ? kurzer Zeit Tausende Tonnen roten Staub ? die Stadt. Es war der schlimmste Sandsturm ? 70 Jahren.
Unter der Staubdecke brach der Verkehr nach kurzer Zeit zusammen: Flugzeuge blieben auf dem Boden, Schiffe verweilten im Hafen und die Autos fuhren wegen der schlechten Sicht sehr langsam durch den roten Nebel. Der rote Staub legte sich auf alle Häuser und Straßen. Nach dem Sturm musste alles mit großem Aufwand gereinigt werden. Der Wetterdienst meldete, dass die Sandwolke aus dem All über Satellit gesehen werden konnte. Mit diesen Bildern konnte man die Herkunft und die Bewegung des Sandsturmes bestimmen.

●○○ **1** Im ersten Textabschnitt (▶ Z. 1–6) fehlen die Präpositionen. Schreibt ihn in euer Heft und setzt die Präpositionen *seit, auf, in, im, aus* an der richtigen Stelle ein. Achtet auf die Großschreibung am Satzanfang.

●●○ **2** Sucht aus dem übrigen Text (▶ Z. 7–18) alle Angaben heraus, die mit Präpositionen eingeleitet werden. Schreibt sie in eine Tabelle und bestimmt, welche Angabe mit der Präposition eingeleitet wird.

Beispiel	örtliche Angabe	zeitliche Angabe	Angabe des Grundes	Angabe der Art und Weise
unter der Staubdecke	X	?	?	?

●●● **3** **a** In den folgenden Sätzen wird die gleiche Präposition gebraucht. Trotzdem unterscheiden sie sich. Erklärt den Unterschied.
Das Zimmer war in zwanzig Minuten aufgeräumt. Das Besteck liegt in der Schublade.
b Findet weitere Beispiele und macht die Unterschiede deutlich, indem ihr Sätze formuliert.

Information **Die Präposition** (das Verhältniswort; Plural: die Präpositionen)

Präpositionen wie *in, auf, unter* drücken Verhältnisse und Beziehungen von Gegenständen, Personen oder anderem aus. Oft beschreiben sie ein **örtliches** Verhältnis *(auf dem Dach)* oder ein **zeitliches** Verhältnis *(bis Mitternacht)*. Sie können aber auch einen **Grund** *(wegen der Hitze)* angeben oder die **Art und Weise** *(mit viel Energie)* bezeichnen. Beispiele:

- örtliches Verhältnis — *auf, in, hinter, neben, unter, vor, über, zwischen*
- zeitliches Verhältnis — *nach, vor, seit, um, während, bis, in*
- Angabe des Grundes — *wegen, trotz, aufgrund/auf Grund*
- Angabe der Art und Weise — *ohne, mit*

Präpositionen sind nicht flektierbar (veränderbar). Die Präposition steht in der Regel vor einem Nomen (mit oder ohne Begleiter) oder Pronomen. Sie bestimmt den Kasus des nachfolgenden Wortes (oder der nachfolgenden Wortgruppe), z. B.: *mit dir, wegen des Regens, bei dem Schnee.*

Testet euch!

Nomen, Pronomen, Adjektiv, Präposition

1 a Schreibt den folgenden Text in der richtigen Groß- und Kleinschreibung in euer Heft.

> **warum ist das meer salzig?**
>
> wenn flüsse von den bergen zur küste fließen, lösen die wasserströme unterwegs winzige mengen von salz aus den steinen im flussbett auf. Die gewässer fließen ins meer und nehmen das salz auf ihrem weg mit. Wenn die sonne dann auf das meer scheint und es erwärmt, verdunstet immer etwas flüssigkeit. Das salz aber bleibt zurück.

b Bildet zu jedem Nomen im Singular die Pluralform und zu jedem Nomen im Plural die Singularform. Schreibt immer den bestimmten Artikel dazu, z. B.: *das Meer – die Meere.*

2 Der oben stehende Text enthält zwei Pronomen.

a Schreibt sie auf und bestimmt, um welche Art von Pronomen es sich jeweils handelt.

b Erklärt, welche Funktion die jeweiligen Pronomen im Satz haben.

3 Notiert, in welcher Kasusreihenfolge (A, B, C oder D) die unterstrichenen Nomen in dem folgenden Text stehen. Stellt zu jedem Nomen die entsprechende Kasusfrage.

Ein Laubfrosch kann das Wetter nicht vorhersagen. Sein Verhalten verrät dem Beobachter aber etwas: Wenn der Frosch den Stamm eines Baumes hochklettert, wird das Wetter oft besser.

> **A** Nominativ – Genitiv – Akkusativ – Dativ – Akkusativ
> **B** Nominativ – Dativ – Akkusativ – Akkusativ – Genitiv
> **C** Akkusativ – Nominativ – Dativ – Akkusativ – Genitiv
> **D** Nominativ – Akkusativ – Dativ – Akkusativ – Genitiv

4 a Schreibt die Adjektive aus dem folgenden Kasten heraus.

> BESSER GEWITTER WILDER FLUSS SCHNELL KÜRZER AM KRÄFTIGSTEN BERG WARM

b Bestimmt, in welcher Form (Grundform, Komparativ oder Superlativ) sie stehen.

5 Hier sind die Präpositionen durcheinandergeraten. Schreibt den Text ab und setzt die Präpositionen an der richtigen Stelle ein.

Einen außergewöhnlichen Diebstahl klärte die Polizei auf diesem Wochenende auf. Ein Waschbär hatte eine Geldbörse geklaut, die an einem Haus in einem Päckchen Butter lag. Der Dieb hatte verräterische Spuren neben der Butter hinterlassen.

6 Vergleicht eure Lösungen zu den Aufgaben 1–5 in Partnerarbeit.

12.2 Erfindungen verändern die Welt – Verben

Verben kann man konjugieren

Die Erfindung des Blitzableiters

Im Sommer 1752 macht der Politiker und Naturforscher Benjamin Franklin ein sehr gefährliches Experiment: Während eines Gewitters lässt er Drachen immer höher steigen. „Die Menschen glauben, dass Blitz und Donner Zauberkräfte des Himmels sind. Aber heute beweise ich, dass ein Blitz nichts anderes als Elektrizität ist“, erklärt er seinem Sohn, der ihn bei diesem Experiment begleitet. „Aber wie machst du das?“, fragt sein Sohn.

„An dem Drachen befestige ich eine Spitze aus Metall, denn Metall ist ein guter Leiter für Strom. Am Ende der nassen Drachenschnur binde ich einen Schlüssel fest. Wenn ich durch die nasse Schnur Elektrizität zur Erde leite, muss man sie als sprühende Funken am Metallschlüssel sehen.“ „Aber du hältst den Schlüssel doch an einem Band fest. Und damit leitest du doch den Strom auch in deine Hand“, bemerkt sein Sohn. „Nein, das ist nicht so. Das Band, mit dem ich den Schlüssel halte, ist aus Seide. Und sie leitet keine Elektrizität weiter“, erklärt Franklin. Und tatsächlich: Als ein Blitz auf die Metallspitze des Drachens trifft, springen aus dem Schlüssel Funken. „Siehst du“, ruft Franklin freudig aus, „der Blitz gibt die Elektrizität an die Metallspitze weiter und durch die nasse Schnur wird sie dann zum Schlüssel geführt.“

Franklin schließt daraus, dass man Blitze mit einem Draht auffangen und ungefährlich in die Erde abführen kann. Das bringt ihn auf eine Idee: Er stellt eine sehr hohe Eisenstange neben einem Haus auf. Und statt in das Gebäude schlägt jetzt der Blitz in die Eisenstange ein und die lenkt die Elektrizität direkt in die Erde. Benjamin Franklin erfindet also an diesem Tag den Blitzableiter.

1 Erklärt mit eigenen Worten, was Benjamin Franklin mit seinem Versuch beweisen will und wie er bei seinem Experiment vorgeht.

2 Habt ihr schon einmal ein Gewitter im Freien erlebt? Berichtet, wie man sich schützt.

3 a Sucht aus dem ersten Abschnitt des Textes (► Z. 1–10) sieben Verben heraus und schreibt sie untereinander in euer Heft.
TIPP: Verben geben an, was jemand tut oder was geschieht.
b Ergänzt zu jedem Verb den Infinitiv (die Grundform), z. B.: *macht – machen.*

4 a Schreibt aus dem zweiten Textabschnitt (► Z. 11–29) alle Sätze heraus, in denen Formen des Verbs „leiten" vorkommen.
b Unterstreicht in euren Sätzen die Formen des Verbs „leiten" und das Personalpronomen, von dem das Verb abhängt, z. B.: *Wenn ich durch die nasse Schnur Elektrizität zur Erde leite, ...*
c Übertragt die folgende Tabelle in euer Heft und ordnet die unterstrichenen Verbformen aus euren Sätzen in die Tabelle ein. Ergänzt dann die fehlenden Verbformen.

	Singular (Einzahl)	**Plural (Mehrzahl)**
1. Person	*ich ...*	*wir ...*
2. Person	*du ...*	*ihr ...*
3. Person	*er/sie/es ...*	*sie ...*

d Unterstreicht die Endungen der Verben in eurer Tabelle. Beschreibt dann genau, was sich an der Form des Verbs jeweils ändert.

5 a Konjugiert (beugt) die Verben aus dem Kasten. Unterstreicht bei jeder Verbform den Verbstamm rot und die Personalendung grün, z. B.: *ich merke, du merkst ...*

merken weinen drücken schweigen sprechen halten

b Beschreibt, welche Besonderheiten ihr bei den Verben *sprechen* und *halten* feststellen könnt.

6 a Bildet mit den folgenden Verben vollständige Sätze.

vorschlagen einhalten ausschalten absagen

b Unterstreicht beide Teile des Verbs, z. B.: *Ich schlage einen Ausflug ins Schwimmbad vor.*
c Sucht weitere trennbare Verben und schreibt Sätze damit auf.

Information **Das Verb** (das Tätigkeitswort; Plural: die Verben)

Mit Verben gibt man an, **was jemand tut** (z. B. *laufen, reden, lachen*), **was geschieht** (z. B. *regnen, brennen*) oder **was ist** (z. B. *haben, sein, bleiben*). Verben werden **kleingeschrieben.**

- Der **Infinitiv** (die Grundform) eines Verbs endet auf *-en* oder *-n*, z. B.: *rennen, sagen, antworten, rudern, lächeln.*
- Wenn man ein Verb in einem Satz verwendet, bildet man **die Personalform des Verbs.** Das nennt man **konjugieren (beugen),** z. B.: *such-en* (Infinitiv) → *Ich such-e den Schlüssel* (1. Person Singular). Die Personalform des Verbs wird aus dem Infinitiv des Verbs gebildet. An den Stamm des Verbs wird dabei die passende Personalendung gehängt, z. B.: *sprech-en* (Infinitiv) → *ich sprech-e* (1. Person Singular), *du sprich-st* (2. Person Singular) usw.

Die Befehlsform des Verbs: der Imperativ

Experiment: Fliegende Salzkörner

Du brauchst:
etwas Salz,
einen Plastiklöffel,
ein Wolltuch oder einen Wollpullover,
eine glatte Unterlage, z. B. einen Tisch.

Streu etwas Salz auf einen Tisch oder eine andere glatte Unterlage. Nimm nun den Plastiklöffel und reib ihn kräftig mit einem Wolltuch oder einem Wollpullover ab. Halte jetzt den Löffel vorsichtig über die Salzkörner.
Ergebnis: Die Salzkörner springen an den Löffel und bleiben an ihm haften.
Erklärung: Durch die Reibung mit dem Wolltuch lädt sich der Plastiklöffel elektrisch auf und zieht dadurch die Salzkörner an.

1 Sucht die Verben aus dem Text heraus, die jemanden auffordern, etwas zu tun.

2 Überarbeitet den zweiten Textabschnitt (▶ Z. 6–9) so, dass mehrere Personen angesprochen werden. Setzt dazu die Verben im Imperativ Singular in den Imperativ Plural. Der unten stehende Merkkasten hilft euch dabei.

3 a Schreibt in Partnerarbeit Sätze auf, in denen ihr Verben im Imperativ Singular und im Imperativ Plural verwendet. Ihr könnt Aufforderungssätze erfinden (z. B.: *Bitte schließ das Fenster!*) oder ihr formuliert ein Rezept, eine Bedienungsanleitung (z. B.: Wie man Skateboard fährt, wie man einen Computer bedient ...) oder eine Spielanleitung.
b Unterstreicht in euren Sätzen die Verben im Imperativ Singular rot und die Verben im Imperativ Plural grün.

Information **Der Imperativ** (Befehlsform des Verbs; Plural: die Imperative)

Die Aufforderungsform oder Befehlsform eines Verbs nennt man Imperativ. Man kann eine Aufforderung oder einen Befehl an eine Person oder an mehrere Personen richten. Dementsprechend gibt es den Imperativ Singular *(„Bitte komm!", „Lauf weg!")* und den Imperativ Plural *(„Bitte kommt!", „Lauft weg!")*.

- Der **Imperativ Singular** besteht aus dem Stamm des Verbs *(schreiben → schreib!)*, manchmal wird die Endung *-e* angehängt *(reden → rede!)* oder es ändert sich der Stammvokal von *e* zu *i* *(geben → gib!)*.
- Der **Imperativ Plural** wird in der Regel durch den Stamm des Verbs mit der Endung *-t* gebildet *(schreiben → schreibt!, reden → redet!, lesen → lest!)*.

Mit Verben Zeitformen bilden

Zeitformen der Gegenwart und der Zukunft: Präsens und Futur

Die Erfindung der Glühlampe

Thomas Alva Edison (1847–1931) gilt als einer der größten Erfinder. In dem folgenden Text berichtet er von seiner berühmtesten Erfindung: der Entwicklung der Glühlampe.

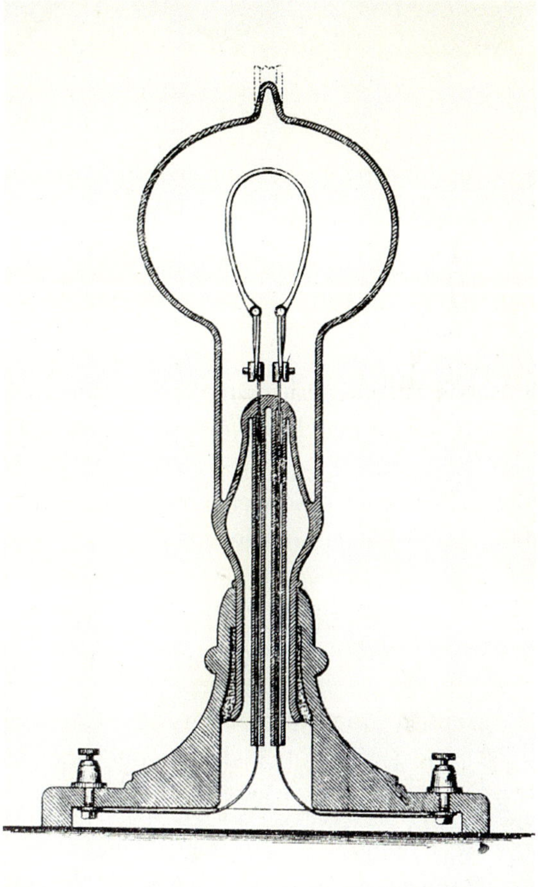

Meine Glühlampe besteht aus einem luftleeren Glaskolben, denn in einem Vakuum verbrennt der Glühfaden weniger schnell. Im Inneren des Kolbens befindet sich ein verkohlter Baumwollfaden. Er dient als Glühfaden. Jetzt schließe ich das Ganze an den Strom an. Meine Mitarbeiter und ich beobachten nun die Glühlampe. Wir schauen, wie lange der Glühfaden hält: Ganze 40 Stunden glüht heute der Faden und erleuchtet dieses Mal das ganze Zimmer! Wir brüllen vor Begeisterung!
Mit dieser Erfindung werden wir ganze Städte erhellen. In den nächsten zwölf Monaten entwickeln wir eine neue Version der Glühlampe, die jeder nutzen kann. Schon morgen treffe ich mich wieder mit meinen Mitarbeitern. Diese Erfindung wird die Lebensgewohnheiten der Menschen auf den Kopf stellen. Öllampen, Kerzen und Petroleumleuchten wird es bald nicht mehr geben.

1 Thomas Alva Edison ist von seiner Erfindung begeistert. Stellt euch einmal vor, die Erfindung wäre ihm nicht gelungen. Beschreibt, wie euer alltägliches Leben ohne elektrisches Licht aussähe.

2 a Übertragt die Tabelle in euer Heft und ordnet die Sätze aus dem ersten Textabschnitt (► Z. 1–11) in die passende Spalte ein.

Die Zeitform Präsens drückt aus:

Was gerade geschieht	Was immer so ist oder für längere Zeit gilt
…	*Meine Glühlampe besteht aus einem …*

b Findet in Partnerarbeit drei weitere Beispielsätze für jede Spalte der Tabelle.

3 a Lest den zweiten Abschnitt des Textes (▶ S. 243, Z. 12–20) aufmerksam durch. Auf welchen Zeitpunkt beziehen sich die Aussagen von Thomas Alva Edison?

b Untersucht die Verbformen und die Zeitangaben in diesem Textabschnitt. Mit welchen unterschiedlichen Möglichkeiten kann man ausdrücken, dass sich etwas ereignen wird?

c Übertragt die folgende Tabelle in euer Heft und ordnet die Verbformen aus dem zweiten Textabschnitt in die richtige Spalte ein.

Verben in der Zeitform Präsens	Verben in der Zeitform Futur
…	*wir werden erhellen* …

4 a Bildet mit den folgenden Stichworten Sätze in der Zeitform Futur.

ein Geschenk aussuchen • ins Freibad gehen • meinen kranken Freund besuchen • zum Fußballturnier gehen • im Zelt übernachten • meinen Geburtstag feiern

b Markiert in euren Sätzen die Verbformen im Futur, z. B.:
Ich werde für meine Freundin Birgit ein Geschenk aussuchen.

5 Wie stellt ihr euch das Leben in 100 Jahren vor? Schreibt in der Zeitform Futur auf, was sich bis dahin alles verändert haben wird.

Information **Die Zeitformen Präsens und Futur**

Verben kann man in verschiedenen Zeitformen (Tempora; Sg.: das Tempus) verwenden, z. B. im Präsens, im Präteritum, im Futur. Die Zeitformen der Verben sagen uns, wann etwas passiert, z. B. in der Gegenwart, in der Vergangenheit oder in der Zukunft.

Das Präsens (die Gegenwartsform)

- Das Präsens wird verwendet, wenn etwas in der **Gegenwart** (in diesem Augenblick) geschieht, z. B.:
  Er schreibt gerade einen Brief. (Es geschieht in diesem Augenblick.)
- Im Präsens stehen auch **Aussagen, die immer gelten,** z. B.:
  Suppe isst man mit dem Löffel. (Es ist immer gültig.)
- Man kann das Präsens auch verwenden, **um etwas Zukünftiges auszudrücken.** Meist verwendet man dann eine Zeitangabe, die auf die Zukunft verweist, z. B.: *Morgen gehe ich ins Kino.*

Das Präsens wird gebildet durch den Stamm des Verbs und die entsprechenden Personalendungen, z. B.: *ich schreib-e, du schreib-st …*

Das Futur (die Zukunftsform)

- Das Futur wird verwendet, um ein zukünftiges Geschehen auszudrücken, z. B.:
  In den Sommerferien werde ich häufig ins Freibad gehen.
- Das Futur wird gebildet durch: Personalform von *werden* im Präsens + Infinitiv des Verbs, z. B.: *Ich werde anrufen, du wirst anrufen …*

Zeitformen der Vergangenheit I: Perfekt

Röntgenstrahlen machen Verborgenes sichtbar

Bestimmt habt ihr schon einmal das Wort „Röntgenstrahlung“ gehört. Die Röntgenstrahlung ist nach ihrem Entdecker, Wilhelm Conrad Röntgen (1845–1923), benannt. Im folgenden Text erfahrt ihr, auf welche Weise die Röntgenstrahlen entdeckt wurden.

Allgemeines Abendblatt:
Herr Professor Röntgen, man hat Ihre berühmteste Erfindung nach Ihnen benannt: die Röntgenstrahlen. Wie haben Sie diese Strahlen entdeckt?
Professor Röntgen:
Die Röntgenstrahlen habe ich zufällig entdeckt. Als ich in meinem Labor eine Leuchtröhre mit einer schwarzen Pappe völlig lichtdicht abgeschirmt habe, hat in einiger Entfernung ein lichtempfindliches Papier geleuchtet. Und das, obwohl ich keinen Lichtstrahl gesehen habe. Daraus habe ich Folgendes geschlossen: Neben den sichtbaren Strahlen gibt es auch noch andere Strahlen, die für unser Auge unsichtbar sind: die Röntgenstrahlen.
Allgemeines Abendblatt:
Ist es dann einfach bei dieser Erkenntnis geblieben? Wie ist Ihre Entdeckung berühmt geworden?
Professor Röntgen:
Das hat noch einige Zeit gedauert, denn erst nach einigen Versuchswochen habe ich die wichtigste Entdeckung gemacht: Die unsichtbaren Röntgenstrahlen kommen nicht nur durch eine schwarze Pappe durch, sondern sie durchdringen auch andere Sachen, wie zum Beispiel die Haut oder die Muskeln.
Allgemeines Abendblatt:
Die Strahlen ermöglichen uns also einen Blick in das Innere des Menschen?
Professor Röntgen:
Ja, genauso ist es. Ich habe diese Strahlen übrigens nicht nach mir benannt. Ich bin damals zu einem Vortrag gegangen und habe dort meine Entdeckung einem großen Publikum vorgestellt. Vor allen Anwesenden habe ich dann eine Hand durchleuchtet. Die anwesenden Wissenschaftler sind vor Begeisterung aufgesprungen und haben laut applaudiert. Doktor von Kölliker hat daraufhin die Strahlen nach mir benannt. Und dabei ist es dann geblieben.

1 a Lest das Interview mit verteilten Rollen laut vor.
b Seid ihr selbst schon einmal geröntgt worden oder habt ihr schon einmal eine Röntgenaufnahme gesehen? Erzählt davon.

2 In dem Interview gibt es vier Sätze, die in der Zeitform Präsens stehen. Sucht diese Sätze heraus und erklärt, warum hier das Präsens verwendet wird.
TIPP: Wenn ihr nicht mehr wisst, was man mit dem Präsens ausdrücken kann, schaut im Merkkasten auf Seite 244 nach.

3 Die übrigen Verbformen in dem Interview stehen in der Zeitform Perfekt.
a Schreibt zwei Sätze aus dem Text heraus, die im Perfekt stehen.
b Erklärt, wann das Geschehen passiert ist, von dem in diesen Sätzen erzählt wird: in der Vergangenheit, in der Gegenwart oder in der Zukunft?

4 Übertragt die folgende Tabelle in euer Heft. Sucht dann aus dem Interview (▶ S. 245) alle Verbformen im Perfekt heraus und ordnet sie in die Tabelle ein.

Verben in der Zeitform Perfekt:

haben + Partizip II	**sein + Partizip II**
man hat benannt	...

5 Schreibt mit den Verben aus dem Tippkasten Beispielsätze im Perfekt, z. B.: *Henry ist nach der Schule sofort nach Hause gegangen.*

Verben der Fortbewegung bilden das Perfekt mit „sein", z. B.:
gehen – laufen – rennen – schwimmen – reisen – fahren – fliegen

Zu spät

„Du kommst aber spät, Daniel!", rief Sara. „Ich warte schon seit einer Stunde vor dem Freibad auf dich. Kannst du mir das erklären?"
„Aber ja! Ich ? leider ? (verschlafen), weil mein Wecker nicht ? ? (klingeln). Irgendwann ? mich dann mein Hund ? (wecken). Der ? nämlich schon Hunger ? (haben) und ? deshalb an der Tür ? (kratzen). Ich ? dann sofort aus dem Bett ? (springen) und ? mich schnell ? (anziehen). Kurz danach ? ich mit meinem Fahrrad ? (losfahren). Nur eine Minute später ? ich ? (merken), dass ich das Wichtigste ? ? (vergessen): mein Schwimmzeug. Also ? ich wieder nach Hause ? (fahren) und ? dort nach meiner Badehose ? (suchen). Aber damit nicht genug! Auf einmal ...

6 a Schreibt den Text ab und setzt die eingeklammerten Verben ins Perfekt.
b Unterstreicht in den Sätzen beide Teile des Perfekts, z. B.: *Ich habe leider verschlafen, weil ...*

7 a Was könnte Daniel auf dem Weg zum Freibad noch alles passiert sein? Setzt den Text fort. Schreibt im Perfekt.
b Unterstreicht in euren Texten alle Verbformen im Perfekt.

Information **Die Zeitform Perfekt**

Wenn man mündlich von etwas Vergangenem erzählt oder berichtet, verwendet man häufig das Perfekt, z. B.: *Ich habe gerade etwas gegessen. Er ist nach Hause gekommen.*
Das Perfekt ist eine **zusammengesetzte Vergangenheitsform,** weil es mit einer Form von ***haben*** oder ***sein*** im Präsens (z. B. *hast, sind*) und dem **Partizip II des Verbs** (*gesehen, aufgebrochen*) gebildet wird.

- Das Partizip II beginnt meist mit *ge-*, z. B.:
  lachen → gelacht; gehen → gegangen
- Wenn das Verb schon eine Vorsilbe hat *(ge-, be-* oder *ver-)*, bekommt das Partizip II keine mehr, z. B.:
  gelingen → gelungen; beschweren → beschwert; verlieren → verloren

Zeitformen der Vergangenheit II: Präteritum und Plusquamperfekt

Die erste Fallschirmspringerin

Am 28. August 1893 liefen in Nürnberg bei einem Volksfest Tausende Menschen auf einen großen Platz. Sie sahen zum Himmel und hielten den Atem an: Die 24-jährige Katharina Paulus sprang als erste deutsche Frau mit einem selbst genähten Fallschirm aus einem Ballon. In einer Höhe von 1500 Metern kletterte sie aus dem Korb, schwebte mit dem Fallschirm zur Erde und landete völlig unverletzt auf dem Boden.

1 Das Präteritum ist eine Möglichkeit, beim schriftlichen Erzählen oder Berichten Vergangenes auszudrücken.

a Schreibt aus dem Text alle Verbformen im Präteritum heraus und bildet zu jeder Verbform den Infinitiv und das Präsens. Übertragt dazu die folgende Tabelle in euer Heft.

Präteritum (Vergangenheitsform)	Präsens (Gegenwartsform)	Infinitiv (Grundform)
sie liefen	*sie laufen*	*laufen*
...	...	...

b Vergleicht und beschreibt die unterschiedliche Bildung des Präteritums. Markiert dann in eurer Tabelle, woran ihr die Präteritumform erkennt, z. B.: *sie liefen.*

2 Tragt die folgenden Verbformen in die richtige Spalte eurer Tabelle ein und ergänzt die fehlenden Verbformen.

du sagst sie glaubt er legte sie essen ich trinke du musst er packte ihr wolltet sie zweifelte er wusste ich sitze sie nutzen

Information **Die Zeitform Präteritum**

Das **Präteritum** ist eine einfache **Zeitform der Vergangenheit.** Diese Zeitform wird vor allem in schriftlichen Erzählungen (z. B. in Märchen, in Geschichten) und in Berichten verwendet, z. B.: *Sie lief schnell nach Hause, denn es regnete in Strömen.* Man unterscheidet:

- **regelmäßige** (schwache) **Verben:** Bei den regelmäßigen Verben ändert sich der Vokal *(a, e, i, o, u)* im Verbstamm nicht, wenn das Verb ins Präteritum gesetzt wird, z. B.: *ich lache* (Präsens) → *ich lachte* (Präteritum),
- **unregelmäßige** (starke) **Verben:** Bei den unregelmäßigen Verben ändert sich im Präteritum der Vokal (z. B. *a, e, i, o, u*) im Verbstamm, z. B.: *ich singe* (Präsens) → *ich sang* (Präteritum); *ich laufe* (Präsens) → *ich lief* (Präteritum).

Die Erfindung des Rettungsfallschirms

<u>Bevor Katharina Paulus Fallschirmspringerin wurde, hatte sie den Beruf der Schneiderin gelernt</u>. Im Alter von 21 Jahren lernte sie dann den Ballonfahrer Julius Lattemann kennen und war begeistert von seiner Kunst. <u>Nachdem sie sich drei Jahre lang auf das Ballonfahren und das Fallschirmspringen vorbereitet hatte, wagte sie 1893 den ersten Absprung mit dem Fallschirm</u>. In den folgenden Jahren machte sie nicht nur 165 weitere Fallschirmsprünge, sondern auch mehr als 700 Fahrten mit dem Ballon. Berühmt wurde sie aber auch als Erfinderin. <u>Nachdem sie viele Jahre mit einer Fallschirm-Show in ganz Europa aufgetreten war und große Erfahrungen auf dem Gebiet des Fallschirmspringens gesammelt hatte, erfand sie den Paket- oder Rettungsfallschirm</u>. Sie kam als Erste auf die Idee, den Fallschirm zusammenzulegen und in einen Rucksack zu packen. So konnte man den Fallschirm auf dem Rücken tragen und bequem mitnehmen. <u>Diese Erfindung rettete vielen Piloten das Leben, wenn sie mit ihren Flugzeugen in Not geraten waren</u>.

3 **a** Schreibt die unterstrichenen Sätze in euer Heft. Lasst immer eine Zeile frei.

b Unterstreicht den Teil des Satzes rot, der die vorausgegangene Handlung erzählt, den anderen grün. Schreibt die richtigen Zeitformen unter die unterstrichenen Satzteile (▶ Merkkasten unten).

Tag der offenen Tür

Letzte Woche fand in unserer Schule ein Tag der offenen Tür statt. Nachdem wir alle pünktlich (ankommen), (gehen) es los. Bevor unsere Eltern ins Schulgebäude gingen, (zeigen) wir ihnen erst mal unseren Schulhof. Anschließend (bauen) wir unsere Ausstellung zum Thema „Unsere Lieblingsbücher“ auf, die wir zuvor im Unterricht (vorbereiten). Während unsere Eltern die Ausstellung besichtigten, versuchten wir, das Buchrätsel zu lösen, das sich unsere Lehrerin für uns (überlegen). Nachdem wir uns dann alle im Schülercafé (stärken), (machen) wir noch einen Rundgang durch unsere Schule und (sehen) uns auch unseren Klassenraum an, den wir zuvor mit bunter Wandfarbe (anmalen).

4 Schreibt den Text „Tag der offenen Tür“ ab und setzt die eingeklammerten Verben ins Plusquamperfekt bzw. ins Präteritum. Überlegt, in welcher Reihenfolge die Handlung geschieht.

Information **Die Zeitform Plusquamperfekt**

Wenn etwas vor dem passiert, wovon im Präteritum oder im Perfekt erzählt wird, verwendet man das Plusquamperfekt. Das Plusquamperfekt wird deshalb auch **Vorvergangenheit** genannt, z. B.: *Nachdem sie mit dem Fallschirm sicher <u>gelandet war</u>, jubelten die Menschen.*
Das Plusquamperfekt ist wie das Perfekt (▶ S. 246) eine **zusammengesetzte Vergangenheitsform,** weil es mit einer Form von ***haben*** oder ***sein*** im Präteritum (z. B. *hatte, war*) und dem **Partizip II des Verbs** *(gelesen, aufgebrochen)* gebildet wird, z. B.:
Nachdem wir etwas <u>gegessen hatten</u>, gingen wir in den Zoo.
Nachdem wir alle pünktlich <u>angekommen waren</u>, ging es los.
TIPP: Die Konjunktion *nachdem* leitet oft einen Satz im Plusquamperfekt ein.

Fordern und fördern – Die Zeitformen des Verbs

●○○ **1** Hier reimen sich jeweils bei zwei Verbpaaren die Formen im Präsens, im Präteritum und im Partizip II.
Schreibt die Liste ab und ergänzt sie. Lest dabei laut und deutlich mit.

reiten – ritt – geritten streiten – stritt – gestritten	biegen – bog – gebogen fliegen – ? – ?
schweigen – schwieg – geschwiegen steigen – ? – ?	fließen – floss – geflossen schießen – ? – ?
bleiben – blieb – geblieben schreiben – ? – ?	singen – sang – gesungen springen – ? – ?
beißen – biss – gebissen reißen – ? – ?	sinken – sank – gesunken trinken – ? – ?

●●○ **2** **a** Bildet zu den folgenden Präsensformen die Formen im Präteritum und Perfekt und schreibt sie auf.

ich steige er pfeift wir gießen sie erzählen ich gehe wir streichen

b Bildet mit jedem Verb einen Satz im Präteritum und einen im Perfekt, z. B.:
Am Bahnhof stieg ich in den Zug. Am Bahnhof bin ich in den Zug gestiegen.

●●● **3** Verbindet die Sätze im rechten und im linken Feld. Drückt mit Hilfe des Plusquamperfekts aus, dass eine Handlung vor der anderen stattgefunden hat.
Verwendet dazu die Konjunktion *nachdem,* z. B.:
Nachdem der Mensch das Rad erfunden hatte, ...

Der Mensch erfand das Rad.	Der Mensch konnte Dinge besser transportieren.
Forscher entwickelten neue Medikamente.	Viele Menschen konnten geheilt werden.
Edison erfand die Glühbirne.	Ganze Städte konnten nachts beleuchtet werden.
Die Menschen entwickelten neue Transportmittel.	Viele konnten bequem reisen.
Der holländische Brillenmacher Hans Lipperhey erfand das Fernrohr.	Wissenschaftler konnten die Himmelskörper im Weltraum erforschen.

Testet euch!

Zeitformen des Verbs

1 a Schreibt die folgenden Verben in der angegebenen Zeit- und Personalform in euer Heft.

- schreiben (1. Person Plural/Präteritum)
- gehen (3. Person Singular/Präsens)
- lachen (1. Person Singular/Futur)
- fallen (2. Person Singular/Perfekt)
- anziehen (3. Person Plural/Futur)
- lesen (2. Person Plural/Plusquamperfekt)

b Vergleicht eure Ergebnisse in Partnerarbeit.

Das Briefing[1] vor dem Abflug

Früher ? (sein) Flugreisen etwas Besonderes. Heute ? (gehören) das Fliegen zum Alltag. Etwa anderthalb Stunden vor dem Abflug ? (treffen) sich die Crew[2] zum Briefing. Der Kapitän ? vorher schon mit seinem ersten Offizier das Wetter ? (studieren) und den Flugplan ? (überprüfen). Jetzt ? (sprechen) er mit der Kabinencrew.
Wenn das Flugzeug ? (starten), ? (informieren) die Crew die Fluggäste über die Flugdauer und die Flugroute: „Unsere Flugzeit von Köln bis New York wird sieben Stunden betragen. Unsere Route ? uns heute über Südgrönland ? (hinwegführen). Es ? ein rauer Flug ? (werden), denn über dem Sankt-Lorenz-Golf ? es mittlere Turbulenzen[3] ? (geben).

1 das Briefing (engl.): die Lagebesprechung
2 die Crew (engl.): die Mannschaft
3 die Turbulenz: Unruhe, Bewegung in der Luft

2 In diesem Text erfahrt ihr, wie sich ein Flugkapitän auf einen Flug vorbereitet.
a Schreibt den Text ab und setzt die eingeklammerten Verben in die richtige Zeitform. Achtet auch darauf, die richtige Personalform zu verwenden.
b Vergleicht eure Ergebnisse.

12.3 Fit in … – Textüberarbeitung

Stellt euch vor, ihr bekommt in der nächsten Klassenarbeit folgende Aufgabenstellung:

Juwita hat einen Artikel über den letzten Klassenausflug geschrieben, der in der Schülerzeitung veröffentlicht werden soll. Überarbeite den Bericht und verbessere dabei
– Nomen, die im falschen Kasus stehen, und
– Verben, die in einer falschen Tempusform gebraucht werden.

VORSICHT FEHLER!

Unser Klassenausflug in den Zoo

Unsere Klasse stand aufgeregt an der Bushaltestelle. Alle ~~warten~~ gespannt auf die Ankunft ~~dem Bus~~, denn heute sollte es in den Zoo gehen. Meine Freundin Anne schaute nachdenklich zum Himmel. „Ob das Wetter heute einigermaßen gut werden wird?“, fragte sie etwas besorgt. Letzte Nacht regnete es in Strömen, aber jetzt schien die Sonne. Unser Lehrer bestellte den Bus schon vor einer Woche. Der Busfahrer vergaß uns doch hoffentlich nicht.

falsche Zeitform (richtig: Präteritum);
falscher Kasus (richtig: Genitiv)

Endlich kam den Bus. Nachdem sich die Türen öffneten, stürmten wir alle hinein. Nach einer halben Stunde Busfahrt waren einige von uns schon ganz unruhig. Da, endlich war des Zooeingangs in Sicht. 28 Kinder liefen auf die Kassen zu und einige Minuten später standen wir schon vor dem Elefantengehege. Von dort geht es dann weiter zu den Löwen, den Affen, den Flusspferden und den Wölfen. Ganz besonders gut hat uns die Fütterung den Pinguinen gefallen, denn wir durften dabei helfen. Die Tierpflegerin gab uns Fische, die wir den Pinguinen zugeworfen haben. Manche von uns konnten den Pinguinen sogar über den Köpfen streicheln. Am Ende unseres Zoobesuchs durften wir dann noch eine Stunde auf dem Abenteuerspielplatz rumtoben. Dort gibt es Schaukeln, Wippen, eine Kletterwand, ein Piratenschiff und eine 20 Meter lange Rutsche. Müde, aber voller neuer Eindrücke fuhren wir dann am Abend wieder nach Hause.

Auf der Rückfahrt redeten wir noch lange darüber, was jedem von uns am besten gefallen hat. Alle waren sich einig, dass dieser Klassenausflug ein schönes und aufregendes Erlebnis ist.

1 a Lest die Aufgabenstellung aufmerksam durch. Habt ihr verstanden, was ihr tun sollt?

b Tauscht euch gemeinsam mit einem Partner oder einer Partnerin aus:
– In welche Fälle (Kasus) kann man ein Nomen setzen?
– In welchen unterschiedlichen Zeitformen (Tempora) können Verben stehen?

2 Schreibt euch zu den vier Fällen (Kasus) eine Merktabelle auf. Übertragt dazu die folgende Übersicht in euer Heft und ergänzt sie.

1. Fall *Nominativ*	*Wer oder was …?*	*der Mann* *die Frau* *das Kind*
2. Fall *Genitiv*	*Wessen …?*	*des Mannes* *der …* *des …*
3. Fall *D…*	*W…?*	…
4. Fall …	*…?*	…

Im Deutschen gibt es vier Kasus. Nach dem Kasus richten sich die Form des Artikels und die Endung des Nomens. Man kann den **Kasus** eines Nomens **durch Fragen ermitteln.**

3 Zeichnet den „Zug der Zeit" in euer Heft und „füllt" die einzelnen Waggons mit neuen Beispielen, indem ihr die Sätze *Er geht.* und *Sie singt.* in die entsprechenden Zeitformen setzt.

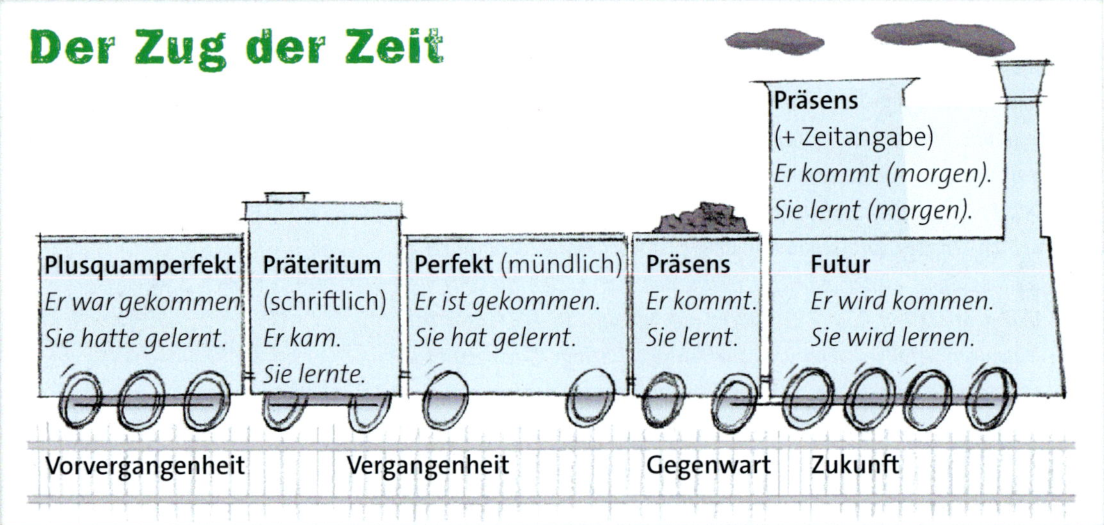

4 **a** Lest nun den Artikel „Unser Klassenausflug in den Zoo" (► S. 251) Satz für Satz durch. Schreibt Nomen, die im falschen Kasus stehen, und Verben, die in der falschen Zeitform verwendet werden, heraus. Notiert die korrekten Kasus- und Zeitformen.

TIPP: Überlegt bei jedem Satz, in welcher Reihenfolge die Dinge geschehen.

b Wie viele Kasusfehler und wie viele Tempusfehler sind in dem Artikel insgesamt zu finden? Schreibt die richtigen Antworten auf und vergleicht sie dann mit der Lösung auf Seite 345.

- *In dem Artikel gibt es 4 Kasusfehler/5 Kasusfehler/6 Kasusfehler.*
- *In dem Artikel gibt es 9 Tempusfehler/10 Tempusfehler/11 Tempusfehler.*

5 **a** Überarbeitet nun den Artikel und schreibt eine verbesserte Fassung in euer Heft.

b Vergleicht euer Ergebnis in Partnerarbeit.

13 Grammatiktraining – Sätze und Satzglieder

1 Auf der Schatzkarte ist eine wichtige Nachricht für euch versteckt. Entschlüsselt sie. Geht so vor:

a Erstellt selbst Schatzkarten-Schnipsel, indem ihr die Wörter und Wortgruppen – genau wie in der Vorlage – auf einzelne Zettel schreibt.

b Ordnet die einzelnen Schnipsel so an, dass zwei sinnvolle Sätze entstehen. Schreibt diese Sätze in euer Heft. Achtet auf die Großschreibung am Satzanfang und setzt einen Punkt am Satzende.

2 Vergleicht eure Nachrichten. Wie viele Möglichkeiten habt ihr gefunden, sinnvolle Sätze zu bilden?

In diesem Kapitel …

- bestimmt ihr die verschiedenen Satzglieder eines Satzes,
- überarbeitet ihr Texte mit Hilfe der Umstell-, Ersatz-, Erweiterungs- und Weglassprobe,
- lernt ihr die Funktionen der verschiedenen Satzarten (Aussage-, Frage- und Aufforderungssatz) kennen,
- bildet ihr Satzreihen und Satzgefüge und verbindet die Teilsätze durch abwechslungsreiche Konjunktionen.

13.1 Auf Schatzsuche – Satzglieder bestimmen

Satzglieder erkennen – Die Umstellprobe

Nils schreibt einen Lexikonartikel über Piraten. Er ist sich aber noch unsicher, wie er den ersten Satz formulieren soll.

Piraten	überfallen	seit 3000 Jahren	fremde Schiffe	auf allen Meeren dieser Erde	.
Seit 3000 Jahren	überfallen	Piraten	auf allen Meeren dieser Erde	fremde Schiffe	.

1 Sucht weitere Möglichkeiten, die Satzbausteine sinnvoll zu kombinieren, und schreibt die Sätze auf.

2 Wie würdet ihr den ersten Satz dieses Lexikonartikels formulieren? Entscheidet euch für eine Satzmöglichkeit und begründet, warum euch diese Satzvariante am besten gefällt.

3 Nils ist mit diesen Sätzen noch nicht zufrieden, weil er den Eindruck hat, dass sie alle ähnlich anfangen. Stellt die Satzglieder einzelner Sätze so um, dass der Text abwechslungsreicher klingt. Schreibt den überarbeiteten Text in euer Heft. Die Informationen im Merkkasten helfen euch hierbei.

Und so geht der Lexikonartikel über die Piraten weiter:

Die Piraten halten sich in der Nähe von Handelsschiffen auf.
Diese Segelschiffe haben an Bord häufig wertvolle Waren.
Die Seeräuber greifen die Schiffe auf offener See an.
Die Piraten laden die erbeuteten Schätze an Bord und die Besatzung lassen sie auf dem ausgeraubten Schiff zurück.

Information **Satzglieder erkennen: Die Umstellprobe**

Ein Satz besteht aus verschiedenen Satzgliedern. Diese Satzglieder können aus einem einzelnen Wort oder aus mehreren Wörtern (einer Wortgruppe) bestehen.
Mit der **Umstellprobe** könnt ihr feststellen, wie viele Satzglieder ein Satz hat. Wörter und Wortgruppen, die bei der Umstellprobe immer zusammenbleiben, bilden ein Satzglied, z. B.:

Seit 3000 Jahren	überfallen	Piraten	fremde Schiffe	.
Piraten	überfallen	fremde Schiffe	seit 3000 Jahren	.

In einem Text sollten eure Sätze nicht immer mit dem gleichen Satzglied beginnen. Mit Hilfe der Umstellprobe könnt ihr eure Texte abwechslungsreicher gestalten, z. B.:
Ich möchte mehr über Piraten erfahren. Ich leihe mir in der Bücherei ein Buch über Piraten aus.
Besser:
Ich möchte mehr über Piraten erfahren. In der Bücherei leihe ich mir ein Buch über Piraten aus.

Das Prädikat als Satzkern

1 a Übertragt die folgende Tabelle in euer Heft.
b Führt die Umstellprobe durch und bildet weitere Aussagesätze. Tragt sie in die Tabelle ein. Wie viele Möglichkeiten findet ihr?

	1. Stelle	2. Stelle	3. Stelle	4. Stelle
1. Satz	*Ein guter Pirat*	*versteckt*	*seine Schätze*	*auf einer Insel.*
2. Satz	…	*versteckt*	…	…

c Denkt euch gemeinsam mit einem Partner oder einer Partnerin einen weiteren Piraten-Satz mit vier Satzgliedern aus. Tragt ihn wie den ersten Satz in die Tabelle ein.

2 Schaut euch eure Tabellen an. Markiert in eurer Tabelle das Satzglied, das bei allen Umstellungen immer an der gleichen Stelle bleibt. Um welches Satzglied handelt es sich?

3 Wusstet ihr, dass es unter den Piraten auch Frauen gab? Eine berühmte Piratin war Anne Bonny.
a Formuliert mit Hilfe der folgenden Stichworte einen flüssigen und gut verständlichen Informationstext über die Piratin Anne Bonny. Arbeitet zu zweit und schreibt im Präteritum (1. Vergangenheitsform), z. B.:
Im 17. Jahrhundert wanderten die Eltern von …

Mit Hilfe der Umstellprobe könnt ihr eure Satzanfänge abwechslungsreich gestalten.

- Eltern von Anne (auswandern) im 17. Jahrhundert von Irland nach Amerika
- Sie (aufbauen) in Amerika eine Plantage
- Anne Bonny (kennen lernen) im Hafen von Charleston den Piraten James Bonny
- Piratengesetz (erlauben) keine Frauen an Bord
- Anne Bonny (anziehen) Männerkleidung und (kämpfen) als Piratin in der Karibik

b Markiert in euren Texten alle Prädikate. Was fällt euch auf?

Information **Satzglieder: Das Prädikat** (Pl.: die Prädikate)

Der **Kern des Satzes** ist das Prädikat (Satzaussage). Prädikate werden durch Verben gebildet. In einem Aussagesatz steht die Personalform des Verbs (der gebeugte Teil) **immer an zweiter Satzgliedstelle,** z. B.:
Oft zeichnen Piraten eine Schatzkarte. So finden sie später ihre Beute.

Ein Prädikat kann aus mehreren Teilen bestehen. **Mehrteilige Prädikate** bilden eine **Prädikatsklammer,** z. B.:
- bei mehrteiligen Verben, z. B.: *ankommen* → *Die Piraten kommen auf der Insel an.*
- bei zusammengesetzten Zeitformen, z. B. beim Perfekt: *Die Piraten haben das Schiff überfallen.*

Satzglieder erfragen – Das Subjekt

Die Schatzinsel der Piraten

Noch heute suchen viele Abenteurer nach Piratenschätzen. Die bekannteste Schatzinsel liegt im Pazifischen Ozean und trägt den Namen Kokos-Insel. Sie ist nur 25 km² groß, unbewohnt und von einem dichten Regenwald bedeckt. Drei große Piratenschätze sollen noch immer auf der Kokos-Insel vergraben sein. Früher war diese Insel dicht bewachsen und völlig unzugänglich. Die vergrabenen Schätze verschwanden deshalb schnell unter einer dicken Schicht aus Pflanzen. Die einsamen Inselbuchten stellten für die Piraten die idealen Ankerplätze dar. Denn die Seeräuber konnten so die Kokos-Insel heimlich anlaufen und ihre Beute vergraben. Die Spuren der Piraten sind heute noch am Strand dieser Insel zu finden. Auf einem Felsen haben Piraten und Schatzsucher ihre Namen in einen Stein geritzt. Unzählige Schatzsucher versuchen in der heutigen Zeit, mit modernster Technik die verborgenen Piratenschätze zu finden.

1 Lest den Text über die Schatzinsel der Piraten. Habt ihr schon einmal von Grabungen nach Piratenschätzen gehört oder davon, dass jemand tatsächlich fündig geworden ist? Erzählt davon.

2 a Stellt fest, aus wie vielen Satzgliedern die beiden folgenden Sätze bestehen. Wendet hierzu die Umstellprobe (► S. 254) an und schreibt die neu geordneten Sätze in euer Heft. Trennt die einzelnen Satzglieder mit senkrechten Strichen voneinander ab.
- *Noch heute suchen viele Abenteurer nach Piratenschätzen.*
- *Drei große Piratenschätze liegen noch immer auf der Kokos-Insel.*

b Bestimmt die Prädikate in den beiden Sätzen und unterstreicht sie rot.

c Erfragt in den beiden Sätzen die Subjekte und unterstreicht sie grün.

3 Euer Auftrag ist es nun, alle Subjekte in dem oben stehenden Text zu erfragen. Geht so vor:

a Arbeitet zu zweit. Einer von euch fragt nach dem Subjekt, der/die Partner/-in antwortet. Schreibt alle Subjekte aus dem Text heraus.

b Vergleicht eure Ergebnisse.

Information **Satzglieder: Das Subjekt** (Pl.: die Subjekte)

Das Satzglied, das in einem Satz angibt, wer oder was handelt, etwas tut, veranlasst, ..., heißt Subjekt (Satzgegenstand), z. B.: *Der Pirat versteckt auf der Insel einen Schatz.*

- Ihr könnt das Subjekt mit der **Frage „Wer oder was ...?“** ermitteln.
  Der Pirat versteckt auf der Insel einen Schatz. → *Wer oder was versteckt auf der Insel einen Schatz?*
- Das Subjekt eines Satzes kann aus einem oder aus mehreren Wörtern bestehen, z. B.:
  Die alte, verwitterte Schatztruhe liegt unter der Erde. → *Wer oder was liegt unter der Erde?*
- Das Subjekt eines Satzes **steht immer im Nominativ (1. Fall;** ► S. 329).

Frageprobe: Um die Satzglieder in einem Satz zu bestimmen, stellen wir vom Prädikat aus Fragen.

Satzglieder erfragen – Akkusativ- und Dativobjekte

Sagenhafter Piratenschatz entdeckt

Bewaffnet mit Schatzkarte, Kompass und Spaten – so stellt man sich ? vor. Ganz anders verlief aber die Schatzsuche auf der Robinson-Crusoe-Insel vor Chile: Hier haben chilenische Schatzsucher ? losgeschickt und ? entdeckt. Die Goldgräber trauten ? nicht: Die Beute enthielt ? . Wer bekommt nun aber ? ? Die Schatzsucher wollen in jedem Fall ? haben. Andere glauben, dass ? der gesamte Schatz zusteht. Und der Bürgermeister der Insel will das Geld ? geben.

den Inselbewohnern
einen Schatzsucher
dem Staat
das Vermögen
einen sagenhaften Piratenschatz
ihren Augen
einen fahrbaren Suchroboter
die Hälfte
800 000 Kilogramm Gold, Silber und Juwelen

1 In diesem Text fehlen wichtige Satzglieder: die Objekte.

a Schreibt den Text ab und setzt dabei passende Objekte aus dem Wortschatzkasten ein. Ermittelt zuerst das Prädikat des Satzes und fragt damit nach dem fehlenden Satzglied.

b Übertragt die folgende Tabelle in euer Heft und ordnet die eingesetzten Objekte ein.

Nach den Objekten fragt man:
Wen oder was ...? → Akkusativobjekt
Wem ...? → Dativobjekt

Akkusativobjekte: Wen oder was?	Dativobjekte: Wem?
eine Schatzsuche	...
...	...

2 **a** Ermittelt bei den folgenden Sätzen zunächst die Anzahl der Satzglieder mit Hilfe der Umstellprobe.
Schreibt die neu geordneten Sätze in euer Heft.

- Ein Schatzgräber zeigt seinem Kollegen den wertvollen Fund.
- Die Goldgräber wollen den Ausgrabungsort niemandem verraten.
- Der Staat soll ihnen eine Belohnung zusichern. Viele Journalisten verfolgen das Ereignis.
- Sie teilen den Fernsehzuschauern ihre Beobachtungen mit.

b Unterstreicht die Prädikate in euren Sätzen rot. Erfragt dann – ausgehend vom Prädikat – die übrigen Satzglieder und unterstreicht die Subjekte grün, die Akkusativobjekte blau und die Dativobjekte gelb, z. B.:
Den wertvollen Fund zeigt ein Schatzgräber seinem Kollegen.

3 a Bildet mit den nebenstehenden Verben Sätze, die ein Akkusativobjekt und ein Dativobjekt enthalten, z. B.: *Die Piraten stehlen ihren Opfern Gold, Silber und Juwelen.*

b Arbeitet zu zweit: Erfragt bei jedem eurer Sätze abwechselnd das Dativobjekt und das Akkusativobjekt und markiert sie in zwei verschiedenen Farben.

Information **Satzglieder: Die Objekte**

Ein Satz *(Die Piraten singen.)* kann durch weitere Satzglieder, z. B. durch Objekte, erweitert werden, z. B.:

Die Piraten singen ihrem Kapitän ein Geburtstagslied.

	Wem? Dativobjekt	Wen oder was ...? Akkusativobjekt
Die Piraten singen	*ihrem Kapitän*	*ein Geburtstagslied.*

- **Akkusativobjekt:** Das Objekt, das im Akkusativ steht, heißt Akkusativobjekt. Ihr ermittelt es mit der Frage: **Wen oder was ...?,** z. B.:
  Wen oder was suchen die Piraten? → Die Piraten suchen den Schatz.
- **Dativobjekt:** Das Objekt, das im Dativ steht, heißt Dativobjekt. Ihr ermittelt es mit der Frage: **Wem ...?,** z. B.:
  Wem stehlen die Piraten den Schatz? → Die Piraten stehlen ihren Opfern den Schatz.

Objekte können aus einem oder aus mehreren Wörtern bestehen.

Das Prädikativ

Der Schatz ist wertvoll.	Ein bekannter Seeräuber hieß Klaus Störtebeker.

1 a Übertragt die Sätze in euer Heft. Unterstreicht dann das Prädikat rot und das Subjekt grün.

b In jedem Satz habt ihr ein Satzglied noch nicht unterstrichen. Überlegt, worauf sich dieses Satzglied bezieht.

2 a Bildet mit den Verben *sein* und *heißen* einige Sätze über euch selbst, z. B.: *Ich heiße ... Ich bin ...*

b Markiert in euren Sätzen das Prädikat, das Subjekt und das Prädikativ in unterschiedlichen Farben.

Information **Satzglieder: Das Prädikativ**

Das Verb *sein* verlangt neben dem Subjekt ein weiteres Satzglied, das Prädikativ. Das Prädikativ kann ein Nomen oder ein Adjektiv sein, z. B.:
Er ist der Klassensprecher. Ich bin sportlich.
Das Prädikativ ergänzt das Prädikat (Verb) und bezieht sich zugleich auf das Subjekt des Satzes. Weitere Verben, die häufig ein Prädikativ verlangen, sind: *bleiben, werden, heißen.*

Genaue Angaben machen – Adverbiale Bestimmungen

Stellt euch vor, ihr nehmt an einer Schiffsexpedition teil, die einen Piratenschatz ausgraben will. Auf einer Insel sollt ihr euren Freunden bei der Schatzsuche helfen. Als ihr auf der Insel ankommt, findet ihr folgenden Zettel:

1 a Welche Angaben fehlen euch, damit ihr die Nachricht richtig verstehen könnt? Schreibt W-Fragen auf, mit denen ihr nach den fehlenden Informationen fragen könnt, z. B.:
- *Wo ist der Schatz vergraben?*
- ...

b Schreibt die Sätze ab und ergänzt dabei die fehlenden Informationen. Nehmt hierzu die Satzglieder aus dem nebenstehenden Kasten zu Hilfe. Probiert verschiedene Möglichkeiten aus.

c Lest euch gegenseitig eure Texte vor. Prüft, ob die Nachricht nun verständlich ist.

> hinter dem Felsen • tief • heute Abend • an der Feuerstelle • wegen des Unwetters • unter den drei großen Palmen • bei Sonnenaufgang • in der Holzhütte • bei Vollmond • auf der Ostseite der Insel • um 19 Uhr • wegen der Dunkelheit • gemeinsam • mit dem Spaten

2 a Markiert in eurem Text alle adverbialen Bestimmungen. Nehmt hierzu den Merkkasten von Seite 260 zu Hilfe.

b Übertragt die folgende Tabelle in euer Heft und ordnet die unterstrichenen adverbialen Bestimmungen in die passende Spalte ein.

Adverbiale Bestimmung			
des Ortes (Wo? Wohin? Woher?)	**der Zeit** (Wann? Wie lange?)	**des Grundes** (Warum?)	**der Art und Weise** (Wie? Auf welche Weise?)
...	...	...	...

Die Totenkopfflagge der Piraten

Mit der Totenkopfflagge wollten die Piraten Angst und Schrecken verbreiten. Die Symbole Totenkopf und Knochen waren auf der ganzen Welt bekannt und die Opfer wussten auf den ersten Blick, wen sie vor sich hatten. Die schwarze Piratenflagge tauchte erst im 17. Jahrhundert auf. Davor hissten die Seeräuber ein rotes Tuch. Aus diesem Grund wird die Piratenflagge noch heute „Jolly Roger“ genannt (frz.: jolie rouge = schönes Rot). Piratenschiffe zeigten oft aus Tarnungsgründen eine falsche Flagge. Auf diese Weise konnten sie sich ihrem Beuteschiff ungestört nähern. Der „Jolly Roger“ wurde erst kurz vor dem Überfall hochgezogen. Diese Überraschungsangriffe brachten den Piraten auf hoher See viele Vorteile. Häufig konnte die Besatzung des Beuteschiffs wegen der Überrumpelung nicht rechtzeitig fliehen.

3 Sucht aus dem Text alle adverbialen Bestimmungen heraus und bestimmt sie genau. Arbeitet zu zweit und legt in eurem Heft eine Tabelle wie im Beispiel auf Seite 259 an.

4 **a** Bildet Vierergruppen und denkt euch eine kurze Geschichte aus. Geht so vor:
- Faltet ein Blatt Papier mit vier Zeilen für jeweils eine adverbiale Bestimmung den Ortes (Wo?), der Zeit (Wann?), des Grundes (Warum?) und der Art und Weise (Wie? Auf welche Weise?).
- Der Erste schreibt eine Angabe zum Ort, knickt dann das Blatt so um, dass die Angabe verdeckt ist, und gibt das Blatt weiter, bis alle Angaben ausgefüllt sind.
- Schreibt dann mit euren adverbialen Bestimmungen eine Geschichte.

b Lest euch eure Geschichten vor. Unterstreicht anschließend alle adverbialen Bestimmungen in euren Texten.

Information **Satzglieder: Adverbiale Bestimmungen** (auch: Adverbialien)

- Adverbiale Bestimmungen (Umstandsbestimmungen) sind Satzglieder, die man z. B mit den Fragen **Wann ...?, Wo ...?, Warum ...?, Wie ...?** ermittelt. Sie liefern zusätzliche **Informationen über den Ort** (adverbiale Bestimmung des Ortes), **über die Zeit** (adverbiale Bestimmung der Zeit), **über den Grund** (adverbiale Bestimmung des Grundes) und **über die Art und Weise** (adverbiale Bestimmung der Art und Weise) eines Geschehens oder einer Handlung.
- Adverbiale Bestimmungen können aus einem oder aus mehreren Wörtern bestehen.
- Durch die Frageprobe kann man ermitteln, welche adverbiale Bestimmung vorliegt.

Frageprobe	Satzglied	Beispiel
Wo? Wohin? Woher?	**adverbiale Bestimmung des Ortes**	*Wo liegt der Schatz?* *Der Schatz liegt hinter der Holzhütte.*
Wann? Wie lange? Seit wann?	**adverbiale Bestimmung der Zeit**	*Wann wurde der Schatz versteckt?* *Der Schatz wurde vor 200 Jahren versteckt.*
Warum? Weshalb?	**adverbiale Bestimmung des Grundes**	*Warum brachen sie die Schatzsuche ab?* *Wegen der Dunkelheit brachen sie die Schatzsuche ab.*
Wie? Auf welche Weise? Womit?	**adverbiale Bestimmung der Art und Weise**	*Wie werden sie die Schatztruhe öffnen?* *Sie werden die Schatztruhe gewaltsam öffnen.*

Deutsch und Englisch – Den Satzbau vergleichen

Mein Vater füttert den Hund.

Den Hund füttert mein Vater.

1 a Schreibt die beiden Sätze ab und unterstreicht in beiden Sätzen das Prädikat rot, das Subjekt grün und das Akkusativobjekt blau.
b Erklärt, wodurch sich die beiden Sätze unterscheiden.

My father is feeding the dog.

to feed = füttern

The dog is feeding my father.

2 a Erklärt, wodurch sich diese beiden englischen Sätze unterscheiden.
b Schreibt die beiden englischen Sätze in euer Heft und unterstreicht jeweils das Prädikat rot, das Subjekt grün und das Akkusativobjekt blau. Was verändert sich durch die Umstellung der Satzglieder?

3 Überlegt, warum die Umstellung der Satzglieder im Englischen zu Missverständnissen führen kann. Achtet besonders auf die Artikel in den deutschen und den englischen Sätzen.

4 Übersetzt die folgenden Sätze ins Englische. Lest hierzu auch die Informationen im Merkkasten.

– Tom isst eine Banane.	to eat = essen	banana = Banane
– Linda schreibt einen Brief.	to write = schreiben	letter = Brief

Information **Der Satzbau im Deutschen und im Englischen**

- **Der Satzbau im Deutschen ist sehr flexibel.** In einem deutschen Aussagesatz steht das Prädikat (Personalform des Verbs) immer an zweiter Satzgliedstelle. Die übrigen Satzglieder kann man jedoch beliebig umstellen. Durch die Beugung (Flexion) der Nomen und ihrer Begleiter (Artikel, Adjektive) wird in einem Satz immer deutlich, welches Satzglied das Subjekt und welches das Objekt ist, z. B.: *Der Hund beißt den Briefträger. Den Briefträger beißt der Hund.*
- **Der Satzbau im Englischen ist sehr starr.** In einem englischen Aussagesatz ist die **Reihenfolge der Satzglieder** streng festgelegt: **Subjekt – Prädikat – Objekt (subject – verb – object = SVO).** Weil im Englischen die Nomen und ihre Begleiter (Artikel, Adjektive) nicht gebeugt (flektiert) werden, wird nur durch die Stellung der Satzglieder deutlich, welches Satzglied das Subjekt und welches das Objekt ist, z. B.: *The dog bites the postman.*

Fordern und fördern – Texte überarbeiten

Umstellprobe und Ersatzprobe

Felix hat morgen Geburtstag. Er hat sich für seine Geburtstagsfeier ein besonderes Spiel ausgedacht. Felix will in diesem Jahr mit seinen Freunden auf Schatzsuche gehen.

●○○ **1** **a** Stellt fest, aus wie vielen Satzgliedern der erste Satz besteht. Führt dazu die Umstellprobe durch. Schreibt den neu geordneten Satz in euer Heft und trennt die einzelnen Satzglieder mit Trennstrichen voneinander ab.
b Bestimmt die Satzglieder in diesem Satz.

●●○ **2** Der Satzbau des Textes oben ist noch sehr eintönig. Überarbeitet den Text mit Hilfe der Umstellprobe (▶ Merkkasten unten) und schreibt eine verbesserte Fassung in euer Heft.

Felix hatte eine Schatzkarte gezeichnet und die Schatzkarte in einzelne Schnipsel zerschnitten. Zuerst mussten wir herausfinden, wo die Schatzsuche losgehen sollte. Dazu mussten wir herausfinden, was der folgende Satz bedeutete: „Eure Schatzsuche beginnt am Fuße des Baumes mit der stacheligen Frucht." Wir brauchten nur eine Minute, bis wir wussten, dass die Kastanie im Garten gemeint war. Schnell gingen wir zu der Kastanie. Hier fanden wir den zweiten Schatzkartenschnipsel. Die Schatzsuche führte uns quer durch das Haus und den Garten. Wir gingen in den Keller, dann gingen wir auf den Speicher und dann gingen wir zum Spielplatz. Der Schatz war im Sandkasten vergraben und der Schatz sah sehr wertvoll aus.

●●● **3** Prüft in Partnerarbeit, an welchen Stellen ihr unnötige Wiederholungen in dem Text vermeiden könnt, indem ihr die markierten Wörter durch andere ersetzt, z. B. „wir" durch „unsere Gruppe", „unser Team". Wendet die Ersatzprobe an und schreibt eine verbesserte Fassung in euer Heft.

Information **Texte überarbeiten: Umstellprobe und Ersatzprobe**

- **Umstellprobe: Satzanfänge abwechslungsreich gestalten**
  Durch die Umstellprobe könnt ihr eure Texte abwechslungsreicher gestalten. Ihr stellt z. B. die Satzglieder so um, dass die Satzanfänge nicht immer gleich sind, z. B.: *Ich habe mir in diesem Jahr eine Überraschung ausgedacht. Ich will eine Schatzsuche veranstalten. → In diesem Jahr habe ich mir eine Überraschung ausgedacht. Ich will eine Schatzsuche veranstalten.*
- **Ersatzprobe: Wortwiederholungen vermeiden**
  Mit der Ersatzprobe könnt ihr Satzglieder, die sich in eurem Text häufig wiederholen, durch andere Wörter ersetzen, z. B.: *Ich kenne ein Spiel. ~~Das Spiel~~ (→ Es) kommt aus Indien. Zuerst zeichnet man ein Spielbrett. Danach ~~zeichnet~~ (→ erstellt) man die Spielsteine.*

Erweiterungsprobe und Weglassprobe

Endlich seid ihr ~~nach langer, langer Zeit und langem Suchen und Stöbern~~ auf der Insel angekommen. Mit der folgenden, genauen und anschaulichen Wegbeschreibung, bei der ich mir echt viel Mühe gegeben habe, erfahrt ihr, wie ihr weiter suchen und stöbern müsst, um den tollen Schatz zu finden.

überflüssige und umständliche Formulierung

Die Wegbeschreibung zur Schatzhöhle

1. *Biegt an der Kokospalme ✓ ab.*
2. *Dann geht ihr ✓ auf die andere Seite des Flusses.*
3. *Biegt ✓ nach links ab und lauft geradeaus.*
4. *Lasst das Dorf liegen und folgt dem Weg.*
5. *Durchquert den Dschungel und steigt dann den Berg hinauf.*
6. *Oben auf dem Bergrücken führt euch der Weg bis zu den drei Bergen.*
7. *Am Berg findet ihr den Eingang zur Höhle, in der der Schatz vergraben ist.*

Wohin?
Worüber muss man gehen?
Wo genau abbiegen?

●●● **4** Dieser Text muss noch überarbeitet werden. Einige Überarbeitungsvorschläge sind schon am Rand festgehalten.

a Setzt euch in kleinen Gruppen zusammen und besprecht,
- an welchen Stellen unnötige Wiederholungen oder überflüssige Formulierungen auftauchen, die ihr streichen würdet (► Weglassprobe), und
- an welchen Stellen die Wegbeschreibung noch ungenau ist und noch etwas ergänzt werden muss (► Erweiterungsprobe).

b Erstellt eine verbesserte Fassung des Textes.

Information **Texte überarbeiten: Erweiterungsprobe und Weglassprobe**

- **Weglassprobe: Texte straffen, Wiederholungen vermeiden**
  Mit der Weglassprobe könnt ihr prüfen, welche Wörter in einem Text gestrichen werden sollten, weil sie überflüssig sind oder umständlich klingen, z. B.: *Als wir den Schatz fanden, jubelten wir vor Freude ~~über den gefundenen Schatz~~.*
- **Erweiterungsprobe: Genau und anschaulich schreiben**
  Mit der Erweiterungsprobe könnt ihr prüfen, ob eine Aussage genau genug oder anschaulich genug ist oder ob ihr noch etwas ergänzen solltet, z. B.:
  ✓ Ich wünsche mir ein Buch ✓. → *Zum Geburtstag wünsche ich mir ein Buch über Piraten.*
  Wann? Worüber?

Testet euch!

Satzglieder bestimmen

Das Piratenquiz

1 Piraten waren wegen ihrer Tapferkeit berühmt. Sie fürchteten
- weder Tod noch Teufel. **G**
- weder Ebbe noch Flut. **F**
- weder Meer noch Salz. **E**

2 Die schwarze Flagge mit dem weißen Totenkopf und den gekreuzten Knochen ist das Markenzeichen eines Piratenschiffs. Sie wird auch
- Roger Rabbit genannt. **I**
- Jolly Joker genannt. **K**
- Jolly Roger genannt. **O**

3 Piraten näherten sich ihrem Beuteschiff gut getarnt. Deshalb schöpfte niemand Verdacht. Um ihre Feinde zu täuschen,
- sangen sie fröhliche Lieder. **M**
- segelten die Piraten unter falscher Flagge. **L**
- versteckten sie ihre Entermesser und ihre Enterhaken in der Kombüse. **P**

4 Ein Piratengesetz besagte, dass keine Frauen an Bord eines Seeräuberschiffs sein durften. Trotzdem segelte im 18. Jahrhundert Anne Bonny auf einem Piratenschiff. Sie hatte sich
- als Mann verkleidet. **D**
- in einer Trinkwassertonne versteckt. **F**
- als Wahrsagerin ausgegeben. **T**

1 Könnt ihr das Piratenquiz lösen? Schreibt die Buchstaben der richtigen Antworten in euer Heft, dann erhaltet ihr das Lösungswort.

2 Erfragt die unterstrichenen Satzglieder aus dem Piratenquiz und bestimmt sie. Schreibt eure Ergebnisse in euer Heft.

3 Vergleicht eure Ergebnisse mit denen eures Banknachbarn oder eurer Banknachbarin.

13.2 Ferien – Satzarten und Sätze unterscheiden

Die Satzarten

1 a In den Sätzen fehlen die Satzschlusszeichen. Lest die Sätze mit verteilten Rollen laut vor und betont die Äußerungen dabei möglichst natürlich.
b Schreibt die Sätze in den Sprechblasen ab und setzt dabei die richtigen Satzschlusszeichen.
c Vergleicht eure Ergebnisse. Sind bei manchen Sätzen mehrere Lösungen möglich?

> Aussagesatz: **.**
> Fragesatz: **?**
> Ausrufesatz/Aufforderungssatz: **!**

2 a Erfindet in Partnerarbeit ein Gespräch zum Thema „Ferienbeginn" und schreibt es auf. Verwendet dabei alle drei Satzarten und setzt die richtigen Satzschlusszeichen.
b Tragt eure Texte vor. Macht dabei nach jedem Satz eine Pause, sodass eure Mitschüler und Mitschülerinnen die jeweilige Satzart bestimmen können.

Gehen wir heute ins Schwimmbad?

Lasst uns ins Schwimmbad gehen!

Wir können heute auch ins Schwimmbad gehen.

3 a Lest die Sätze laut vor und bestimmt die Satzarten.
b Welche Absicht haben die Sprecher/-innen dieser Sätze?
c Überlegt, warum Aufforderungen häufig als Frage- oder Aussagesätze ausgesprochen werden.

4 Überlegt euch in Partnerarbeit weitere Situationen, in denen ein Fragesatz oder ein Aussagesatz eine andere Bedeutung hat, z. B.:
– Fragesatz als Aufforderung, Ratschlag, Warnung: *Willst du das wirklich tun?*
– Aussagesatz als Aufforderung: *Die Musik ist viel zu laut.*

Information **Satzarten: Aussagesatz, Fragesatz, Ausrufe- oder Aufforderungssatz**

Je nachdem, ob wir etwas aussagen, fragen oder jemanden auffordern wollen, verwenden wir unterschiedliche Satzarten: Aussagesatz, Fragesatz und Aufforderungssatz.
In der gesprochenen Sprache erkennen wir die verschiedenen Satzarten oft an der Stimmführung, in der geschriebenen Sprache an den unterschiedlichen Satzschlusszeichen: Punkt, Fragezeichen und Ausrufezeichen.

- Nach einem **Aussagesatz** steht ein **Punkt,** z. B.: *Ich gehe jetzt ins Schwimmbad.*
  In einem Aussagesatz wird etwas mitgeteilt oder festgestellt. Wenn man den Satz spricht, senkt sich am Ende die Stimme.
- Nach einem **Fragesatz** steht ein **Fragezeichen,** z. B.: *Hast du heute Nachmittag Zeit?*
  In einem Fragesatz wird nach etwas gefragt. Die Stimme hebt sich zum Ende des Satzes.
- Nach einem **Ausrufe- oder Aufforderungssatz** steht meist ein **Ausrufezeichen,** z. B.: *Vergiss die Sonnencreme nicht! Beeilt euch!*
  In einem Aufforderungssatz wird eine Bitte, ein Wunsch oder eine Anweisung ausgedrückt, z. B.: *Mach das Fenster schnell zu!*
  In einem Ausrufesatz wird etwas gefühlsbetont und kurz geäußert. Dabei wird die Stimme oft lauter, z. B.: *Ich habe gewonnen!*

Die Satzart muss nicht immer mit der Absicht des Sprechers oder der Sprecherin übereinstimmen. Aufforderungen können zum Beispiel mit einem Aufforderungssatz, aber auch mit einem Fragesatz oder einem Aussagesatz ausgedrückt werden. Wie die Sätze gemeint sind, schließen wir aus dem Tonfall oder aus dem Zusammenhang, z. B.:

Beispiel	Satzart	Absicht/Bedeutung
Muss ich dir immer sagen, dass du dir die Zähne putzen sollst?	Fragesatz	Aufforderung: Putz dir die Zähne!

Zusammengesetzte Sätze unterscheiden

Die Satzreihe – Hauptsätze verknüpfen

Sommerferien in der Fußballschule

In den Sommerferien war ich in einer Fußballschule. Mit der normalen Schule hat eine Fußballschule wenig zu tun. Das Klassenzimmer ist der Bolzplatz. Auf dem Stundenplan steht zwei Wochen lang Fußball in Theorie und Praxis. In dieser Trainingszeit habe ich verschiedene Schusstechniken erlernt. Natürlich habe ich viele neue Freunde gewonnen. Ausschlafen konnten wir im Fußballcamp nicht. Morgens um sechs Uhr mussten wir aufstehen. Trotzdem hat das Fußballcamp großen Spaß gemacht. Im nächsten Jahr will ich in den Sommerferien wieder eine Fußballschule besuchen.

1 Wart ihr auch schon einmal in einem Feriencamp oder habt ihr in den Ferien eine neue Sportart oder ein neues Spiel ausprobiert? Erzählt davon.

2 a Lest den Text über die Fußballschule laut vor. Wie wirkt der Satzbau auf euch? Begründet eure Meinung.
b Überarbeitet den Text, indem ihr einige Hauptsätze sinnvoll miteinander verknüpft. Verwendet dazu passende Konjunktionen (Bindewörter) aus dem nebenstehenden Tippkasten. Achtet auf die Kommasetzung.

Nebenordnende Konjunktionen
zur Verbindung von Hauptsätzen:

... *und* ...	..., *sondern* ...
... *oder* ...	..., *denn* ...
..., *aber* ...	..., *doch* ...

3 Vergleicht eure überarbeiteten Texte mit dem vorliegenden Text im Schulbuch. Was hat sich durch die Verknüpfung der Hauptsätze verändert?

Information **Die Satzreihe: Hauptsatz + Hauptsatz**

- Ein **Hauptsatz** ist ein selbstständiger Satz. Er enthält mindestens zwei Satzglieder, nämlich Subjekt und Prädikat, z. B.: *Peter schwimmt.*
  Die Personalform des Verbs (das gebeugte Verb) steht im Hauptsatz an zweiter Satzgliedstelle, z. B.: *Peter schwimmt im See.*
- Einen **Satz,** der **aus zwei oder mehr Hauptsätzen** besteht, wird **Satzreihe** genannt. Die einzelnen Hauptsätze einer Satzreihe werden durch ein **Komma** voneinander getrennt, z. B.: *Peter schwimmt im See, Philipp kauft sich ein Eis.*
- Häufig werden die Hauptsätze durch die nebenordnenden **Konjunktionen** (Bindewörter) *und, oder, aber, sondern, denn, doch* verbunden, z. B.:
  Peter schwimmt im See, denn es ist sehr heiß.
  Nur vor den Konjunktionen *und* bzw. *oder* darf das Komma wegfallen, z. B.:
  Peter schwimmt im See und Philipp kauft sich ein Eis.

Das Satzgefüge – Haupt- und Nebensätze verknüpfen

Spiel und Spaß im Kinderferienprogramm

Auch wenn ihr in den Ferien zu Hause bleibt, müsst ihr euch nicht langweilen. Viele Städte bieten ein spannendes Ferienprogramm für Kinder an. Das Angebot reicht oft von Zirkus-Workshops über Malkurse bis hin zu Kanutouren oder Ausflügen in einen Kletterwald. Erkundigt euch doch einmal, was ihr in eurer Stadt in den Sommerferien unternehmen könnt.

Unser Tauchkurs ist in diesem Jahr im Hallenbad, ...	... obwohl das Wasser noch relativ kühl ist.
Auf unserer Kanutour verpacken wir den Proviant in wasserfeste Tonnen, ...	... während die anderen den Fallrückzieher trainieren.
In der Fußballschule übt unsere Gruppe den Ballstopper, ...	... weil es hier ein Tauchbecken gibt.
Beim Baden im Waldsee habt ihr viel Spaß, ...	... damit er trocken bleibt.

1 a Die Hauptsätze auf der linken Seite könnt ihr mit den Nebensätzen auf der rechten Seite verknüpfen.
Verbindet immer zwei Sätze sinnvoll miteinander und schreibt sie in euer Heft.

b Umkreist in jedem Nebensatz die Konjunktion (Bindewort) und unterstreicht die Personalform des Verbs (das gebeugte Verb).

c Vergleicht, welche Satzgliedstelle die Personalform des Verbs in den Hauptsätzen und in den Nebensätzen einnimmt.

2 Bei den folgenden Sätzen sind die Konjunktionen falsch verwendet worden.

a Lest die Sätze und überlegt, wie ihr die Konjunktionen sinnvoll austauschen könnt.

VORSICHT FEHLER!

Ich besuche in den Ferien einen Zirkus-Workshop,
obwohl ich das Jonglieren lernen möchte.

Im Kletterwald lief ich über eine 50 Meter lange Hängebrücke,
damit ich etwas Angst hatte.

Bei der Kanutour trugen wir Schwimmwesten,
weil uns nichts passieren konnte.

b Schreibt die Sätze mit den passenden Konjunktionen neu in euer Heft.

c Unterstreicht die Hauptsätze einfach und die Nebensätze doppelt. Umkreist dann die Konjunktion, die am Anfang des Nebensatzes steht.
Wer Hilfe braucht, kann im Merkkasten auf Seite 270 nachschauen.

3 a Verbindet die folgenden Sätze zu Satzgefügen. Wählt hierfür geeignete Konjunktionen aus dem Tippkasten aus. Achtet darauf, dass der Nebensatz durch ein Komma vom Hauptsatz abgetrennt wird und die Personalform des Verbs im Nebensatz an letzter Stelle steht.

In einem Kletterwald kann jeder von euch Spaß haben.
Es gibt Parcours mit unterschiedlichen Schwierigkeitsstufen.

Ihr seid durch Klettergurte abgesichert.
Es kann nichts passieren.

Ihr bekommt einen Einführungskurs.
Es gibt wichtige Regeln beim Klettern.

Beim Klettern solltet ihr festes Schuhwerk tragen.
Ihr habt einen besseren Halt.

Bei sonnigem Wetter und in den Ferien fahren viele Besucher in den Kletterwald.
Es kann zu Wartezeiten kommen.

Unterordnende Konjunktionen
zur Verbindung von Hauptsatz + Nebensatz:

..., weil ...	*..., dass ...*
..., da ...	*..., nachdem ...*
..., damit ...	*..., als ...*
..., wenn ...	*..., während ...*
..., sodass ...	*..., obwohl ...*

Der Kletterwald wird geschlossen.
Es gibt Sturm oder Gewitter.

b Umkreist in den Nebensätzen die Konjunktionen und unterstreicht die Personalform des Verbs am Ende des Nebensatzes.
Markiert dann die Kommas zwischen Haupt- und Nebensatz.

4 Man kann die Satzgefüge aus Hauptsatz (HS) und Nebensatz (NS) auch zeichnerisch in einem Satzbauplan darstellen.

a Schaut euch die folgenden Satzbaupläne an und erklärt die Unterschiede:

Tina und Florian möchten am Wochenende eine Kanutour machen, wenn die Sonne scheint.
——— HS ———,
——— NS ———.

Tina und Florian möchten am Wochenende, wenn die Sonne scheint, eine Kanutour machen.
——— HS ———, — Fortsetzung HS —.
——— NS ———,

Wenn die Sonne scheint, möchten Tina und Florian am Wochenende eine Kanutour machen.
——— HS ———.
——— NS ———,

b Formuliert eine Regel zur Kommasetzung in Satzgefügen.

5 a Zeichnet zu den folgenden Satzgefügen Satzbaupläne wie im Beispiel auf Seite 269.

A In den Sommerferien haben Vico und ich einen Theaterkurs belegt, obwohl wir beide noch nie Theater gespielt haben.

B Nachdem wir zwei Wochen lang ein Stück geprobt hatten, sollte am letzten Tag des Kurses die Aufführung stattfinden.

C Als wir in der Theaterschule eintrafen, begann unsere Schauspielgruppe gerade mit den letzten Vorbereitungen.

D Einige ließen sich noch schminken, während andere bereits ihre Kostüme anzogen.

E Als das Theaterstück anfing, war ich ganz nervös.

F Meine Aufregung war aber ganz grundlos, da wir fantastisch spielten.

G Die Aufführung wurde, weil alle sehr gut vorbereitet waren, ein voller Erfolg.

b Stellt die Teilsätze in den Satzgefügen so um, dass
- in den Sätzen A, D und F der Nebensatz am Anfang steht,
- in den Sätzen B, C, und E der Hauptsatz am Anfang steht und
- in dem Satz G auf den gesamten Hauptsatz der Nebensatz folgt.

Information **Das Satzgefüge: Hauptsatz + Nebensatz**

Satzgefüge: Hauptsatz + Nebensatz
Ein **Satz,** der **aus** mindestens einem **Hauptsatz und** mindestens einem **Nebensatz** besteht, nennt man **Satzgefüge.** Zwischen Hauptsatz und Nebensatz muss **immer ein Komma** stehen,

z. B.: *Wir gehen heute ins Schwimmbad* (Hauptsatz) , *weil die Sonne scheint* (Nebensatz) .

In einem Satzgefüge kann der Nebensatz vor, zwischen oder nach dem Hauptsatz stehen.

Nebensätze haben folgende Kennzeichen:
- Ein Nebensatz kann **nicht ohne** einen **Hauptsatz** stehen.
- Der Nebensatz **ist dem Hauptsatz untergeordnet** und wird durch eine unterordnende **Konjunktion** (Bindewort) **eingeleitet,** z. B. *weil, da, obwohl, damit, dass, sodass, nachdem, während.*
- Die **Personalform des Verbs** (das gebeugte Verb) steht im Nebensatz immer **an letzter Satzgliedstelle.**

Satzgefüge	**Hauptsatz**	**+**	**Nebensatz**	
Beispiel	*Ich sprang heute vom Drei-Meter-Brett*	,	*obwohl ich etwas Angst hatte*	.
		Komma	Konjunktion … Personalform des Verbs am Satzende	

Fordern und fördern – Satzreihe und Satzgefüge

Spiele für die Sommerferien
Jule und Paul haben euch Ideen und Tipps für die Sommerferien zusammengestellt. Eure Ferien werden nicht langweilig.

●○○ **1** **a** Verbindet die beiden Hauptsätze zu einem Satzgefüge (Hauptsatz + Nebensatz). Wählt dazu eine geeignete Konjunktion (Bindewort) aus dem Kasten aus und achtet auf die Kommasetzung zwischen Haupt- und Nebensatz.

damit	obwohl
weil	wenn

b Unterstreicht den Hauptsatz einfach und den Nebensatz doppelt. Umkreist dann die Konjunktion, die am Anfang des Nebensatzes steht.

Spieltipp: Wolkenbilder beobachten
1. Ihr legt euch auf eine Wiese und ihr betrachtet die Wolken am Himmel.
2. Wenn ihr genau hinschaut, könnt ihr in den Wolkenbildern Gesichter und Tiere entdecken.
3. Ihr werdet immer wieder neue Dinge in der Welt über euren Köpfen sehen, weil sich die Formen der Wolken durch den Wind verändern.

●●○ **2** **a** Bestimmt, ob es sich bei den Sätzen 1 bis 3 um eine Satzreihe oder um ein Satzgefüge handelt. Schreibt die Ergebnisse in euer Heft, z. B.: *Satz 1 = …; Satz 2 = …; Satz 3 = …*

b Zeichnet zu den Satzgefügen Satzbaupläne wie im Beispiel auf Seite 269.

Zaubertrick: Der verlorene Daumen

In den Sommerferien regnet es. Ihr könnt einen Zaubertrick einüben. Der Trick mit dem verlorenen Daumen wird euer Publikum begeistern. Er ist spannend und gruselig. Ihr braucht nur eine leere Streichholzschachtel, eine Schere und ein bisschen Mehl.
In den Boden der Streichholzschachtel schneidet ihr ein Loch. Jetzt reibt ihr euren Daumen mit Mehl ein. Er sieht richtig blass und leblos aus. Mit dem Zaubertrick könnt ihr beginnen. Ihr habt den Daumen in die Streichholzschachtel geschoben.
Eurem Publikum erzählt ihr die Geschichte vom verlorenen Daumen. Langsam schiebt ihr die Streichholzschachtel auf.

●●● **3** Überarbeitet die Anleitung für den Zaubertrick, indem ihr einzelne Sätze mit passenden Konjunktionen (Bindewörtern) verknüpft und so die Zusammenhänge deutlich macht. Verwendet dabei möglichst Satzgefüge und achtet auf die Kommasetzung.

Testet euch!

Satzarten und Sätze

1 In den Sätzen des Comics fehlen die Satzschlusszeichen.

a Schreibt die Sätze in den Sprechblasen ab und setzt dabei die richtigen Satzschlusszeichen. Schreibt bei jedem Satz dazu, um welche Satzart es sich handelt.

b Vergleicht eure Ergebnisse. Sind bei manchen Sätzen mehrere Lösungen möglich?

Ferien auf dem Mond

Beispielsätze	Hauptsatz	Satzreihe	Satzgefüge
Russische Raumfahrtbehörden bieten etwas Ungewöhnliches an.	M	U	P
Weil immer mehr Menschen Interesse an einem Urlaub im Weltall haben, wollen sie Urlaubsreisen zum Mond ermöglichen.	N	E	O
Man kann z. B. eine Woche auf der Internationalen Raumstation ISS verbringen oder man fliegt in einer Weltraumkapsel einmal um den Mond.	U	N	D
Bisher haben erst zwei Weltraumtouristen ihre Ferien im Weltraum verbracht, da die Reise mehrere Millionen Dollar kostet.	T	A	D

2 Entscheidet, ob es sich bei den oben stehenden Sätzen um einfache Hauptsätze, Satzreihen oder Satzgefüge handelt. Schreibt die Buchstaben der richtigen Lösungsfelder in euer Heft, dann erhaltet ihr das Lösungswort.

3 **a** Zeichnet zu den folgenden Sätzen Satzbaupläne wie im Beispiel auf Seite 269.

Obwohl eine Weltraumreise mehrere Millionen Dollar kostet, sind alle Plätze bereits ausgebucht.
Vielleicht werdet ihr, wenn ihr erwachsen seid, auch in den Weltraum fliegen.

b Vergleicht eure Ergebnisse mit denen eures Banknachbarn oder eurer Banknachbarin.

13.3 Fit in ... – Texte überarbeiten

Beispiel 1: Einen Text mit Hilfe von Proben überarbeiten

Stellt euch vor, ihr bekommt in der nächsten Klassenarbeit folgende Aufgabenstellung:

Die Schülerzeitung deiner Schule will einen Artikel über das Thema „Sommerferien zu Hause" veröffentlichen. Als Mitglied des Redaktionsteams sollst du den Beitrag verbessern. Überarbeite den folgenden Text, indem du die Umstellprobe und die Ersatzprobe anwendest.

Sommerferien zu Hause

Ihr verbringt in diesem Jahr eure Sommerferien zu Hause? Ihr habt für die Sommerferien noch nichts geplant? Wir haben für euch Tipps für die Sommerferien.
Unsere Stadt hat für euch ein buntes Ferienprogramm mit vielen Veranstaltungen, Kursen und Festen zusammengestellt. Ihr könnt hier selbst eure Wunschangebote auswählen. Ihr dürft nur die Anmeldung nicht vergessen. Ihr könnt aber auch ohne ein vorher geplantes Ferienprogramm Spaß haben. Es gibt in diesem Jahr in unserem Freibad einen neuen Sprungturm und ein großes Badmintonfeld. Es gibt in unserem Kino für die Regentage ein spannendes Filmprogramm. Es gibt in unserer Stadt genügend Angebote für jeden von euch. Macht etwas aus euren Sommerferien!

1 Schreibt die Aufgabenstellung in euer Heft. Unterstreicht dann den Satz, der euch grundsätzlich sagt, was ihr machen sollt.

2 Es gibt verschiedene Proben, um einen Text zu überarbeiten (▸ Proben, S. 262–263). Macht euch klar, wozu die Umstellprobe und die Ersatzprobe hilfreich sind. Führt die folgenden Sätze in eurem Heft fort:
- *Damit die Satzanfänge nicht immer mit dem gleichen Satzglied (z. B. dem Subjekt) beginnen, wende ich die ... an.*
- *Mit der ... kann ich die Satzglieder, die sich in meinem Text häufig wiederholen, durch andere Wörter ersetzen.*

3 **a** Überarbeitet den Artikel mit Hilfe der Umstell- und der Ersatzprobe und schreibt eine verbesserte Fassung in euer Heft.
- Prüft, an welchen Stellen ihr unnötige Wortwiederholungen vermeiden könnt (▸ Ersatzprobe, S. 262).
- Gestaltet die Satzanfänge abwechslungsreicher, indem ihr die Satzglieder umstellt (▸ Umstellprobe, S. 262).

TIPP: Ihr müsst nicht alle Sätze verbessern.

b Prüft die Rechtschreibung (z. B. Großschreibung der Nomen) und die Zeichensetzung (Satzschlusszeichen und Kommasetzung).

Beispiel 2: Einen Text mit Hilfe von Konjunktionen (Bindewörtern) überarbeiten

Stellt euch vor, euer Klassenarbeitsthema lautet:

In der Redaktion der Schülerzeitung ist ein Artikel eingetroffen, in dem die einzelnen Sätze noch unverbunden nebeneinanderstehen. Überarbeite den Artikel, indem du in den Beispielen 1 bis 5 die beiden Sätze durch passende Konjunktionen (Bindewörter) verknüpfst und so die Zusammenhänge deutlich machst. Verwende dabei Satzgefüge und achte auf die Kommasetzung.

Was passiert in unserer Schule während der Sommerferien?

1. Wir haben uns Gedanken darüber gemacht. Wir haben unseren Hausmeister dazu befragt.
2. In den Sommerferien findet kein Unterricht statt. Unser Hausmeister hat die ganze Zeit über viel zu tun.
3. Er repariert zum Beispiel Türen, Fenster und Lampen. Im Laufe eines Schuljahres treten immer mal wieder einige Schäden auf.
4. Unser Hausmeister kümmert sich um das Schulgebäude. Viele Lehrerinnen und Lehrer bereiten schon einmal das neue Schuljahr vor.
5. „Ich genieße die Ruhe in den Sommerferien. Ich freue mich immer auf die Rückkehr der Schülerinnen und Schüler nach den großen Ferien", teilte uns Herr Huber beim Abschied mit.

1 a Lest euch die Aufgabenstellung sorgfältig durch. Schreibt dann mit euren eigenen Worten auf, was von euch verlangt wird.

b Vergleicht eure Ergebnisse und besprecht in Partnerarbeit, was genau euer Arbeitsauftrag ist.

2 Mit Hilfe von Konjunktionen (Bindewörtern) könnt ihr Sätze miteinander verknüpfen und so die Zusammenhänge deutlich machen. Übertragt die Tabelle in euer Heft und ordnet die Konjunktionen aus dem Kasten danach, welchen Zusammenhang sie ausdrücken.

weil da
~~obwohl~~ während
nachdem

Konjunktionen für		
Begründungen	**zeitliche Zusammenhänge**	**Einschränkungen**
...	...	*obwohl*

3 Überarbeitet den Artikel, indem ihr die einzelnen Sätze miteinander verknüpft und so die Zusammenhänge deutlich macht. Nehmt die Konjunktionen aus eurer Tabelle zu Hilfe und achtet auf die Kommasetzung.
TIPP: Die Personalform des Verbs (das gebeugte Verb) steht im Nebensatz am Ende.

14 Rechtschreibtraining – Laute und Buchstaben

1 a In dem Text von Clara stecken insgesamt sechs Fehler. Lest den Text halblaut und schaut euch dabei jedes Wort genau an. Findet ihr die Fehlerwörter?

b Schreibt in Partnerarbeit die falsch geschriebenen Wörter richtig auf.

c Vergleicht eure Ergebnisse. Erklärt, wie ihr die Fehler erkannt habt.

2 Kennt ihr Tricks, die euch helfen, Fehler zu vermeiden? Berichtet von euren Erfahrungen.

3 Nennt Situationen, in denen es euch wichtig ist, einen Text gut lesbar und fehlerfrei zu schreiben.

In diesem Kapitel ...

- lernt ihr Rechtschreibtipps kennen, mit denen ihr viele Fehler beim Schreiben vermeiden könnt,
- unterscheidet ihr kurze und lange Vokale und leitet daraus Regeln für die Rechtschreibung ab,
- unterscheidet ihr verschiedene s-Laute (s-ss-ß) und lernt, Wörter mit s-Laut richtig zu schreiben,
- entscheidet ihr sicher, ob ein Wort groß- oder kleingeschrieben wird.

14.1 Fehler vermeiden – Tipps zum Rechtschreiben

TIPP 1: Konzentriert und leserlich (ab)schreiben

1 Um Fehler zu vermeiden, müsst ihr ganz genau jeden Buchstaben im Wort kontrollieren.

a In jeder Zeile ist das jeweilige Wort zweimal falsch geschrieben: Schaut genau hin und findet die Fehlerwörter. Haltet eure Ergebnisse fest, z. B.: *1. Zeile: Das vierte und das ... Wort sind falsch geschrieben. 2. Zeile: ...*

KonzentrationKonzentrationKonzentrationKonzentartionKonzentrationKonzetration
WörterzirkusWorterzirkusWörterzirkusWörterzirkusWörterzirkussWörterzirkus
BuchstabensalatBuchstabensalatBuchstabensalatBuschtabensalatBuchstabensallat
RechtschreibregelnRechtschreibregenRechtschreibregelnRechtschreibregelnRechtchreibregeln

b Vergleicht eure Lösungen.

2 **a** Lest die beiden folgenden Texte laut vor. Was fällt euch bei den Texten auf?

Hugo Ball

Wolken

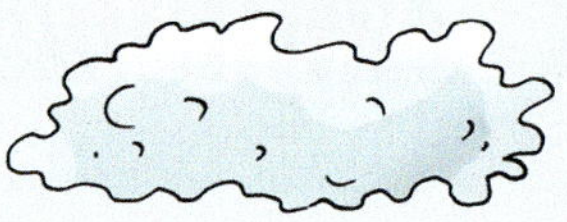

elomen elomen lefitalominai
wolminuscaio
baumbala bunga
acycam glastula feirofim flinsi
elominuscula pluplubasch
rallalalaio
[...]

Wolken

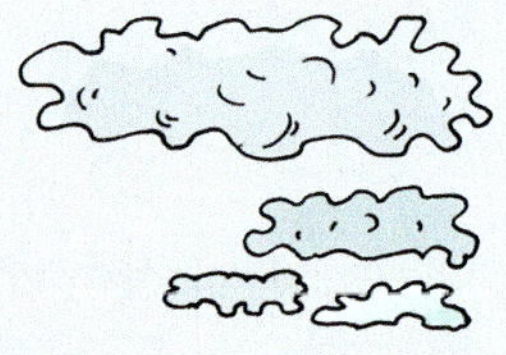

Wolken entstehen
und Wolken gehen
am Himmel entlang
und still ist ihr Klang.
Schwimmen durch die Morgenhelle
Wolken, dunkle, kleine, schnelle.

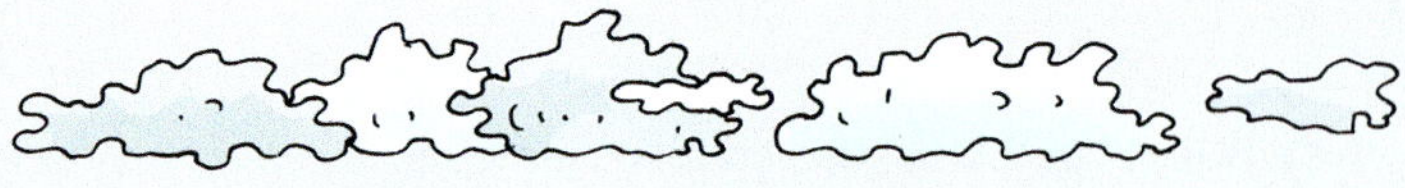

b Wählt einen der beiden Texte aus und schreibt ihn nach den Schritten 1 bis 4 im unten stehenden Kasten ab. Konzentriert euch so, dass möglichst schon das erste Abschreiben fehlerfrei gelingt. Schreibt in einer gut lesbaren Schrift.

Methode **Konzentriert und leserlich (ab)schreiben**

Häufig machen wir Fehler, weil wir uns nicht genügend auf das Schreiben konzentrieren. Besonders beim Abschreiben solltet ihr genau hinsehen und gut leserlich schreiben. Geht so vor:

1. Schritt: Lest eine Zeile, schaut euch die Wörter an und prägt sie euch ein.
2. Schritt: Deckt dann die Zeile mit einem Blatt Papier ab und schreibt sie sauber aus dem Gedächtnis auf. Schreibt nur in jede zweite Zeile.
3. Schritt: Vergleicht eure Zeile dann mit der Vorlage.
4. Schritt: Streicht falsch geschriebene Wörter mit dem Lineal durch und schreibt sie richtig darüber.

TIPP 2: Wörter deutlich sprechen und in Silben gliedern

VORSICHT FEHLER!

Beim Dosendiktat stecken wir die Zettel mit den Sätzen inne Plechbüchse.
Beim Partnerdiktat spülen wir oft Sekritärin.
Nach der Schule gehn wir manschmal in den Pak.

1 Undeutliches Sprechen führt häufig zu Fehlern.
- **a** Lest die oben stehenden Sätze laut vor. Welche sieben Wörter sind falsch geschrieben?
- **b** Schreibt die Sätze in der richtigen Schreibweise in euer Heft.

2
- **a** Beschreibt, wie in eurer Stadt oder in eurer Umgebung gesprochen wird.
- **b** Sammelt typische Wörter, die in eurer Gegend anders als im Hochdeutschen ausgesprochen werden. Worauf müsst ihr achten, wenn ihr diese Wörter schreibt?

3
- **a** Sprecht die folgenden Wörter deutlich Silbe für Silbe, z. B.: Ta-fel-lap-pen.

Tafellappen Wintermorgenschnee Fußballweltmeisterschaft Lastwagenfahrer
Winterferien Sonnenblumenfeld Tischtennisschläger Autobahnraststätte

- **b** Übertragt die Tabelle in euer Heft und schreibt die Wörter in die richtige Spalte. Schreibt die Wörter mit Silbentrennstrichen auf.

Wörter mit vier Silben	Wörter mit fünf Silben	Wörter mit sechs Silben
Ta-fel-lap-pen	...	...

4 Oje, hier hat der Computer bei der Worttrennung einige Fehler gemacht.
- **a** Lest die Wörter so, dass ihr die Sprechsilben deutlich hört.
- **b** Schreibt jedes Wort mit allen möglichen Silbentrennstrichen auf. Die Informationen im Merkkasten helfen euch.

Textverarbeitungsp-
rogramme haben
eine autom-
atische Silbent-
rennung. Diese ist a-
ber nicht immer
zuverlässig.

VORSICHT FEHLER!

Methode **Wörter deutlich sprechen und in Silben gliedern**

Eine deutliche Aussprache hilft euch, Wörter richtig zu schreiben.
Wer einen Dialekt oder Umgangssprache spricht, muss beim deutlichen Sprechen auf Hochdeutsch „umschalten".

- Sprecht das Wort langsam und deutlich, z. B.: *das Ge**b**äck, das Ge**p**äck*.
- Gliedert längere Wörter in Sprechsilben. Das hilft euch beim richtigen Schreiben, z. B.: *Ta-fel-lap-pen*.
- **Silbentrennung:** Mehrsilbige Wörter trennt man nach Sprechsilben, die man beim deutlichen und langsamen Vorlesen hören kann, z. B.: *Spa-zier-gang*.
  Ein einzelner Vokalbuchstabe wird nicht abgetrennt, z. B. *Igel* (nicht ~~*I-gel*~~).
  Beachtet: Einsilbige Wörter kann man nicht trennen, z. B.: *Tisch, blau*.

TIPP 3: Verwandte Wörter suchen

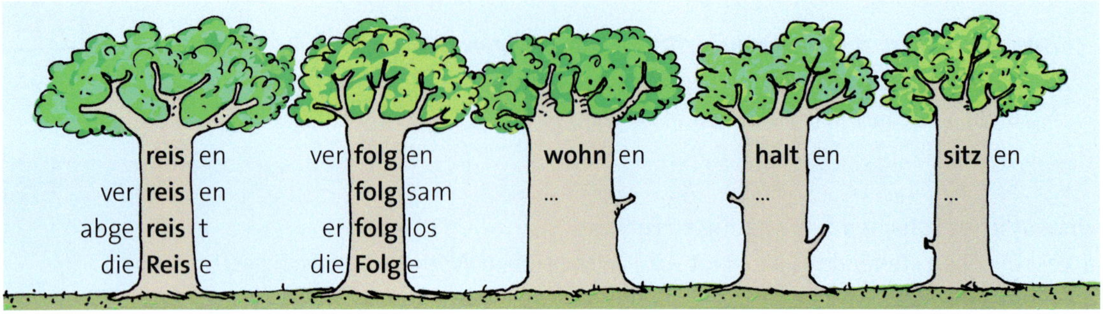

1 a Sucht zu den Wörtern *wohnen, halten* und *sitzen* möglichst viele verwandte Wörter.
b Markiert die Wortstämme farbig, z. B.: *wohnen: wohnlich, ...*

2 a Ein Wort in der folgenden Zeile ist nicht mit den anderen verwandt. Welches?

laut läuten Lautstärke Leute lauter Geläute

b Wie unterscheidet sich die Schreibung der verwandten Wörter von dem nicht verwandten Wort?
c Erklärt die Schreibung des Wortes Lautst**ä**rke mit **ä** durch ein verwandtes Wort.

3 a Sucht zu den nebenstehenden Wörtern mit **ä** ein verwandtes Wort mit **a**. Schreibt beide Wörter auf, z. B.: *kräftig – die Kraft.*
b Zu den nebenstehenden Wörtern mit **äu** gibt es verwandte Wörter mit **au**. Sucht jeweils ein verwandtes Wort und schreibt die Wörter nebeneinander auf.

kräftig die Kälte ängstlich ernähren
schälen täglich nähen

der Verkäufer die Mäuse die Säure
träumen aufräumen äußerlich

4 **e** oder **ä**? **eu** oder **äu**? Entscheidet, wie die Wörter im Kasten rechts geschrieben werden, indem ihr verwandte Wörter mit **a** oder **au** sucht. Schreibt die Wörter dann in euer Heft.

die Fl ? che er schl ? ft h ? sslich
die Fr ? nde gef ? hrlich h ? fig
die B ? erin du l ? fst

Methode **Verwandte Wörter suchen (Ableitungsprobe)**

- Wenn ihr unsicher seid, wie ein Wort geschrieben wird, hilft fast immer die Suche nach einem verwandten Wort. Der Wortstamm (= Grundbaustein) wird in allen verwandten Wörtern gleich oder ähnlich geschrieben, z. B.: *reisen: abgereist, verreisen, die Reise.*
- Ihr schreibt ein Wort mit **ä** oder **äu**, wenn es ein verwandtes Wort mit **a** oder **au** gibt, z. B.:
e oder **ä**? → *Gläser – Glas* **eu** oder **äu**? → *Träume – Traum*
Gibt es kein verwandtes Wort mit **a** oder **au**, schreibt man das Wort meist mit **e** oder **eu**.

Warum wird Gebäude eigentlich mit äu geschrieben?

Weil Gebäude von bauen kommt.

TIPP 4: Wörter verlängern

1 a Sprecht die nebenstehenden Wörter laut und deutlich. Achtet auf die markierten Buchstaben. Was hört ihr?

b Verlängert die Wörter, indem ihr zu jedem Nomen den Plural (Mehrzahl) bildet. Schreibt beide Wörter auf, z. B.: *der Berg – die Berge.*

c Lest eure Wortpaare noch einmal laut. Vergleicht die Aussprache der Buchstaben **g**, **b** und **d** in den Singular- und in den Pluralformen.

der Berg der Zwerg der Geburtstag
der Korb der Stab das Bild
das Fahrrad der Wald die Wand

2 a Überlegt in Partnerarbeit, wie man die Wörter im Kasten rechts verlängern kann. Sprecht die verlängerten Wörter deutlich.

b Schreibt jedes Wort mit seiner verlängerten Form auf, z. B.: *er wiegt – wiegen.*

er wie ? t weni ? schlan ?
klu ? es kle ? t sie ho ?
er hu ? t sie verschwan ?
run ? bun ? blin ?

3 a Arbeitet gemeinsam mit eurer Banknachbarin oder eurem Banknachbarn: Diktiert euch gegenseitig den folgenden Text.

Heute ist ein schöner Ta ? . Die Sonne scheint mil ? . Auf dem Spielplatz am Ran ? des Schulhofs schimmert der San ? gel ? . An einer Stelle glänzt er sogar wie Gol ? . Ob dort ein Schatz vergraben ist? Gi ? mir drei Minuten und ich bin unten! Komm, gra ? mit mir den Schatz aus! Was es wohl sein wir ? ?

b Kontrolliert anschließend eure Texte und prüft, ob ihr alle Wörter richtig geschrieben habt.

4 Manchmal muss man ein Wort erst in seine Bestandteile zerlegen, bevor man es verlängern kann, z. B.: *die Radtour = Rad + Tour → Räder.* Zerlegt die nebenstehenden Wörter. Entscheidet euch dann für eine Schreibung, indem ihr die Verlängerungsprobe anwendet.

der Han ? schuh die Bun ? stifte
gol ? gel ? lau ? stark

Methode **Wörter verlängern (Verlängerungsprobe)**

Am Wortende klingt **b** wie **p** *(das Lob)*, **g** wie **k** *(der Tag)* und **d** wie **t** *(der Hund)*. Wenn ihr die Wörter verlängert, hört ihr, welchen Buchstaben ihr schreiben müsst. So könnt ihr Wörter verlängern:

- Bildet bei Nomen den Plural, z. B.: *der Tag → die Tage,* oder ein Adjektiv, z. B. *der Sand → sandig.*
- Steigert die Adjektive oder ergänzt ein Nomen, z. B.: *wild → wilder; ein wildes Tier.*
- Bildet bei Verben den Infinitiv oder die Wir-Form, z. B.: *er lobt → loben; wir loben.*

TIPP 5: Im Wörterbuch nachschlagen

1 Übt das Alphabet mit den folgenden Abc-Spielen.

a Nennt reihum oder im Wechsel zwischen zwei Spielparteien ein Wort mit dem jeweils nächsten Anfangsbuchstaben. Ihr könnt auch gegen die Uhr oder um Punkte spielen.

Man kann nicht alles wissen, man muss nur wissen, wo es steht. Seid ihr euch bei einigen Wörtern nicht sicher, schlagt im Wörterbuch nach.

Namen-Abc	Länder-Abc	Tiere-Abc	Städte-Abc	Berufe-Abc
Anna	*Argentinien*	*Affe*	*Aachen*	*Arzt*
Berit	*Bolivien*	*Biene*	*Berlin*	*Bauer*
...	...	...	...	...

b Nennt einen beliebigen Buchstaben aus dem Alphabet. Ein anderer sagt möglichst schnell die Buchstaben, die vor und hinter dem genannten Buchstaben im Alphabet kommen.

2 Im Wörterbuch stehen die Wörter mit gleichem Anfangsbuchstaben zusammen. Über die Reihenfolge entscheidet der zweite, dritte ... Buchstabe.

a Bringt diese Wörter in alphabetische Reihenfolge und schreibt sie auf.

b Markiert die Buchstaben, die über die Reihenfolge entscheiden.

Senf siegen Sport Suppe Sekunde
Station Salat Soße stolpern

3 a Überlegt und prüft im Wörterbuch nach: Unter welchem Stichwort findet ihr „saß“?

b Schreibt zu den nebenstehenden Verben den Infinitiv (Grundform) auf.

c Schlagt die Infinitive im Wörterbuch nach und überprüft die Schreibweise.

er hält ich kam wir sind gerannt
sie trägt sie haben gefroren
es war geschlossen

4 Nomen findet ihr im Wörterbuch immer im Singular (Einzahl). Bildet zu den Nomen im Kasten rechts den Singular und schlagt sie nach.

die Hände die Ränder die Flüsse
die Knöpfe die Nächte die Hühner
die Füße

Methode **Im Wörterbuch nachschlagen**

- In einem Wörterbuch sind die Wörter **nach dem Alphabet sortiert.**
  Wenn der erste, zweite ... Buchstabe gleich ist, wird die Reihenfolge nach dem zweiten, dritten ... Buchstaben entschieden, z. B.: *Flamme, Fleiß, Floß.*
- Die Wörter sind im Wörterbuch in ihrer **Grundform** verzeichnet.
  Verben findet ihr **im Infinitiv** (Grundform), z. B.: *ich habe gewusst → wissen.*
  Nomen findet ihr **im Nominativ Singular** (1. Fall, Einzahl), z. B.: *die Hände → Hand.*

Fordern und fördern – Rechtschreibproben nutzen

1 a **ä** oder **e**, **äu** oder **eu**? Entscheidet, wie die folgenden Wörter geschrieben werden, indem ihr für jedes Wort ein verwandtes Wort sucht und es aufschreibt, z. B.: ? ßerlich → außen → äußerlich.

? ßerlich   sch ? dlich   der T ? ter   er tr ? gt   die Fr ? de   das Ger ? sch

b Vergleicht eure Lösungen. Nehmt eure Fehlerwörter in eure Rechtschreibkartei (▶ S. 282) auf.

2 a Erklärt, wie ihr die Schreibweise der folgenden Wörter herausfinden könnt.

Auf der Ban ? la ? ein Hun ? .
Das Kin ? fährt mit dem Fahrra ? den Ber ? hinauf.

b Ergänzt die fehlenden Buchstaben und schreibt die Sätze in euer Heft.

c Vergleicht in Partnerarbeit eure Lösungen. Nehmt die Wörter, die ihr falsch geschrieben habt, in eure Rechtschreibkartei (▶ S. 282) auf.

3 In dem folgenden Text sind zehn Wörter falsch geschrieben.

a Findet die zehn Fehlerwörter mit Hilfe der entsprechenden Rechtschreibprobe und schreibt sie richtig in euer Heft.

VORSICHT FEHLER!

Die Sonnenblumen

Ferhat fant die Straße, in der er wohnte, unertreglich. Die Heuser standen so eng, dass nur wenik Sonne in die Fänster schien. Als er auf seinem Abentspaziergang an seinem Gärtchen vorbeikam, hatte er entlich einen Einfall. Schon am frühen Morgen eilte er in seinen Garten und bearbeitete die ganze Fleche. Als die Glocken läuteten, war Ferhat fertig.
Einige Wochen später kamen die Stängel der Pflanzen aus der Erde und die Blütenbletter leuchteten wie die Sonne. „Die Sonne scheint in unsere Straße!“, riefen die Nachbarn. Es waren Ferhats Sonnenblumen.

b Vergleicht euer Ergebnis mit den Lösungen auf Seite 345. Wörter, die ihr nicht als Fehlerwörter erkannt habt, nehmt ihr in eure Rechtschreibkartei (▶ S. 282) auf.

Mit einer Rechtschreibkartei üben

Jeder macht andere Fehler. Deshalb ist es wichtig, dass ihr eure Fehlerwörter sammelt und immer wieder übt. Dabei hilft euch zum Beispiel eine Rechtschreibkartei.

In die Rechtschreibkartei nehmt ihr alle Wörter auf,
- bei denen ihr häufig Fehler macht.
- die besonders schwierig sind.
- die man sich merken muss, weil ihre Schreibweise durch Regeln nicht hergeleitet werden kann.

1 Geht beim Anlegen eurer Rechtschreibkartei so vor:
- Schreibt das Wort, das ihr falsch geschrieben habt, in der richtigen Schreibung auf eine Karteikarte.
- Markiert die Stelle, die ihr vorher falsch geschrieben habt.
- Ergänzt verwandte Wörter. Bei Verben schreibt ihr die Personalformen oder Zeitformen auf.
- Schreibt einen Satz mit eurem Fehlerwort auf.

graben
ich grabe, ich grub
ich habe gegraben

Der Hase gräbt ein Loch.

Grund
Grundstück; Grundwasser;
begründen

Der Grund ist klar.

2 Übt mit eurer Rechtschreibkartei täglich etwa zehn Minuten. Nehmt euch bis zu zehn Kärtchen aus eurer Fehlerkartei heraus und entscheidet euch für eine der folgenden Übungsformen.

Einprägen und aufschreiben
Lest das Wort und prägt es euch ein. Schreibt es dann aus dem Gedächtnis auf.

Wörter zusammensetzen
Setzt die Wörter mit anderen Wörtern zusammen, z. B.: *das Ende – das Endspiel.*

Partnerdiktat (► S. 338)
Diktiert euch die Wörter und Sätze.

Verwandte Wörter suchen
Sucht zu eurem Fehlerwort weitere verwandte Wörter oder Beispielsätze und schreibt sie auf, z. B.:
befehlen: der Befehl, die Befehlsform.

Das Wort verlängern
Bildet eine andere Form mit dem Wort, z. B. durch Verlängerung:
die Wand – die Wände.

14.2 Üben macht sicher – Regeln zum Rechtschreiben

Kurze und lange Vokale unterscheiden

kam lahm Ofen schief Wiesen Sohlen

Kamm Lamm offen Schiff wissen sollen

1 Sprecht die Wörter laut und deutlich aus. Verdeutlicht beim Sprechen, ob der betonte Vokal lang oder kurz gesprochen wird.
- Bei einem lang gesprochenen Vokal zieht ihr mit beiden Händen ein unsichtbares Gummiband auseinander.
- Bei einem kurzen Vokal klopft ihr auf den Tisch.

2 a Ordnet die folgenden Wörter nach lang oder kurz gesprochenen Vokalen in einer Tabelle. Markiert die lang gesprochenen Vokale mit einem Strich und die kurz gesprochenen Vokale mit einem Punkt.

fallen Schnabel Weg Tipp impfen fahren lustig Tube Liebe nett geben Witz

- **Vokale** (Selbstlaute): *a, e, i, o, u*
- **Umlaute:** *ä, ö, ü*
- **Doppellaute** (Diphthonge): *ei, ai, au, äu, eu*
- **Konsonanten** (Mitlaute): alle übrigen Buchstaben des Alphabets, z. B.: *b, c, d, f, ...*

kurz gesprochener Vokal	lang gesprochener Vokal
fallen	*Schnabel*
...	...

b Wie viele Konsonanten folgen nach einem kurzen Vokal, wie viele nach einem langen Vokal?

Kurze Vokale – Doppelte Konsonanten

Der grüne Planet

Auf der Erde wohnen wir und von den Pflanzen leben wir. Wir sind mit ihnen verkettet – ob wir wollen oder nicht. Mit dem ersten Schrei atmet ein Baby den Sauerstoff ein, den die Pflanzen freigesetzt haben. Später verzehren wir Kartoffeln, Karotten, Getreide, Äpfel und Bohnen. Mit Blüten und Blättern schmücken wir unsere Wohnungen, Altäre und Gräber. Wir verarbeiten Pflanzenfasern zu Kleidung, nutzen Heilpflanzen für Arzneimittel und bauen und heizen mit pflanzlichen Materialien, z. B. mit Holz. Ohne Pflanzen wären wir nichts. Wir Menschen sind auf die grünen „Sonnenfresser" angewiesen.

1 Sammelt aus eurem Alltag Beispiele für den Nutzen, den Pflanzen für uns Menschen haben.

2 Überprüft die unten stehende Rechtschreibregel zu kurzen Vokalen und doppelten Konsonanten. Sucht dazu zehn Wörter mit einem kurzen betonten Vokal aus dem Text heraus. Markiert die kurzen Vokale mit einem Punkt und unterstreicht die Konsonanten, die auf den kurzen Vokal folgen, z. B.: *Pflanzen, verkettet ...*

3 Welche Pflanzen wachsen hier?

Pfe ? erminze

So ? enblume

Ri ? ersporn

Schlü ? elblume

a Ergänzt die fehlenden Doppelkonsonanten und schreibt die Pflanzennamen in euer Heft.

b Zerlegt die Pflanzennamen in ihre Bestandteile. Bildet aus dem Wortteil, in dem der Doppelkonsonant steckt, neue Wörter. Unterstreicht die Doppelkonsonanten, z. B.: *Pfefferminze = Pfeffer + Minze → Pfeffermühle, Pfeffersoße ...*

Information **Kurze Vokale – doppelte Konsonanten**

Nach einem **betonten, kurzen Vokal** (Selbstlaut) folgen fast immer **zwei** oder mehr Konsonanten. Beim deutlichen Sprechen könnt ihr sie meist gut unterscheiden, z. B.: *kalt, Pflanze, trinken.*
Wenn ihr bei einem Wort mit einem betonten, kurzen Vokal nur einen **Konsonanten** hört, dann wird er **verdoppelt,** z. B.: *Tasse, Schiff, wissen, treffen, sonnig, satt.*
Beachte: Statt kk schreibt man **ck** und statt zz schreibt man **tz,** z. B.: *verstecken, Decke, Katze, verletzen.*

4 a Ordnet die Wörter nach den Themenbereichen „Natur und Wetter“, „Haus“ und „Kleidung“.

Natur und Wetter	Haus	Kleidung
Himmel	…	…

Himmel Zimmer Jacke innen Gewitter Sessel sonnig Treppe Sommer Hitze Brille Donner nass Blatt Pullover Wasser putzen Rock Keller Tanne Teppich Schloss Mütze Bett

b Sucht euch ein Thema aus und schreibt mit den Wörtern drei oder vier Sätze auf.

c Unterstreicht in euren Sätzen alle Wörter mit Doppelkonsonanten (und tz und ck).

d Partnerdiktat: Diktiert euch gegenseitig eure Sätze. Kontrolliert sie nach jedem Diktat gemeinsam.

5 a Sucht in Partnerarbeit zu den folgenden Wörtern möglichst viele Reimwörter und schreibt sie auf, z. B.: *glatt: satt, platt, matt* …

glatt hell nass fett der Schall die Stelle schmecken die Bretter das Gebrüll essen

b Verfasst gemeinsam ein kurzes Gedicht mit euren Reimwörtern.

6 Schreibt den Text „Doppelte Portion mit Doppelkonsonant“ konzentriert und sorgfältig ab. Setzt dabei die fehlenden Wörter aus dem Kasten rechts an den passenden Stellen ein.

Doppelte Portion mit Doppelkonsonant

Diese ? schmecken allzu ? ! Deswegen hätten wir gerne eine ? Portion davon:

zwei ? von der ? ,

zwei große ? ? ,

zwei ? ? und

eine Menge ? .

Am Schluss trinken wir dann zwei ? ? gegen den Durst!

Kartoffelsalat
Schlemmereien
lecker
Pudding
doppelte
Teller
Buchstabensuppe
Löffel
Tassen
Schüsseln
Kribbelwasser
Gummibärchen

Schreibweise bei langen Vokalen

Wörter mit einfachem Vokal

Lebensweise und Aufbau einer Pflanze

Eine Pflanze setzt sich aus mehreren Elementen zusammen: In den Blüten wachsen Samen, die das Überleben der Art sichern.
In den grünen Blättern verwandelt die Pflanze mit Hilfe von Licht und Wasser das schädliche Kohlendioxid – das ist ein Gas in der Luft – in Zucker. Den Zucker braucht die Pflanze zum Leben. Bei diesem Vorgang geben Pflanzen Sauerstoff ab. Eine einhundertjährige Buche erzeugt in einer Stunde so viel Sauerstoff, wie 50 Menschen zum Atmen brauchen. Durch den Stängel wird die Pflanze getragen und mit den unterirdischen Wurzeln verbunden. Bei Sträuchern und Bäumen ist er hart und holzig. Das Innere des Stängels besteht aus vielen Röhrchen. Durch sie werden Wasser, Zucker und Mineralstoffe von den Wurzeln in die Blätter und Blüten transportiert. Die Wurzeln verankern die Pflanze im Boden und geben ihr Halt.

1 Veranschaulicht die Informationen des Textes in einer beschrifteten Zeichnung.

2 Im Text sind 14 Wörter markiert. Nur 11 von ihnen haben einen betonten langen Vokal.
- **a** Lest den Text vor und sprecht die unterstrichenen Wörter besonders deutlich aus.
- **b** Schreibt die Wörter mit betontem langem Vokal heraus. Kennzeichnet den langen Vokal, indem ihr ihn unterstreicht.

3 Bildet mit den Silben aus den beiden Kästen sinnvolle Wörter. Jede Silbe dürft ihr nur einmal verwenden. Schreibt die Nomen mit Artikel auf. Kennzeichnet die Länge des betonten Vokals, indem ihr ihn unterstreicht.

bö-	lo-	ra-
Fra-	Schu-	Ta-
Ma-	Re-	

-ler	-fel	-ben
-gen	-le	-den
-sen	-se	

4 Sucht zu den zweisilbigen Beispielwörtern im Merkkasten Reimwörter. Kontrolliert die Schreibung mit Hilfe des Wörterbuchs.

Information **Wörter mit einfachen, langen Vokalen**

In den meisten Wörtern ist der betonte lange Vokal ein **einfacher Vokal.** Danach folgt meist nur ein Konsonant, z. B.: *die Flöte, die Hose, der Besen, geben, tragen, er kam.*
Das gilt besonders für einsilbige Wörter: *zu, los, so, wen.*

Wörter mit h

Fahrer	bezahlen	sehr	wahr	Stuhl	belohnen	Fehler	Sohn	hohl	berühmt	zehn
erzählen	während	nehmen	Wahl	Ohr	Frühling	Verkehr	ungefähr	wohnen	Uhr	
ähnlich	Jahr	ohne	kühl	bohren	Kohle	mehr	Mehl	rühren	stehlen	Zahn

1 a Ordnet die Wörter nach dem Alphabet und schreibt sie auf. Mehrsilbige Wörter notiert ihr mit Silbentrennstrichen, z. B.: *ähn-lich.*

b Markiert bei allen Wörtern das **h** und den Konsonanten, der auf das **h** folgt. Was fällt euch auf? Formuliert eure Beobachtung, indem ihr den nebenstehenden Rechtschreibtipp ergänzt.

Lange Vokale mit h
Das **h** nach einem **langen Vokal** steht besonders häufig vor den Konsonanten ? , ? , ? und ? . Beispiele: *kahl, nehmen, wohnen, bohren.*
Man hört dieses h nicht.

2 Bildet in Partnerarbeit mit jedem Wortstamm aus dem Kasten rechts möglichst viele verwandte Wörter, z. B.: *wohnen, die Wohnung, ...*

wohn fahr lohn kühl zahl lehn rühr

3 a Schreibt die Verben aus dem Wörterrad auf.

b Sprecht die Wörter deutlich aus, sodass ihr das **h** hören könnt.

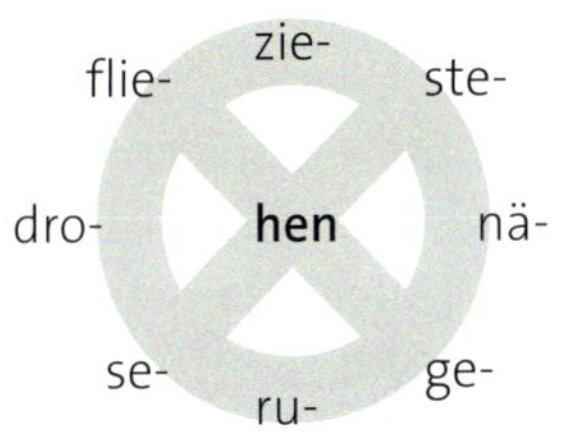

Bei manchen Wörtern steht am Anfang der zweiten Silbe ein **h**, z. B.: *ge-hen.* Dieses **h** könnt ihr hören.
Das **h** bleibt in verwandten Wörtern erhalten. Verlängert einsilbige Wörter, dann hört ihr dieses **h**, z. B.: *er geht → gehen.*

c Wählt vier Verben aus und bildet die 1., 2. und 3. Person Singular Präsens, z. B.: *fliehen: ich fliehe, du fliehst, er/sie/es flieht.*

4 a Partnerdiktat: Diktiert euch gegenseitig den folgenden Text.

b Prüft anschließend, ob ihr alle Wörter richtig geschrieben habt. Achtet dabei besonders auf die markierten Wörter.

Frühstücksfernsehen

Wenn früh um sieben Uhr mein Wecker klingelt, stehe ich fröhlich auf. Ich wasche mir die Ohren, ziehe mich an und gehe in die Küche. Während der Bohnenkaffee durch den Filter läuft, ziehe ich die Vorhänge vor dem Küchenfenster auf. Das Fenster hat genau das Format dieser schicken Flachbildschirme. Aber es bietet ein viel schöneres Programm. Ich ziehe mir den bequemen Drehstuhl ans Fenster und wähle das Frühlingsprogramm. Auf der Weide blühen bunte Blumen, die von den Kühen genüsslich verspeist werden. Ein Hahn kräht. In der Ferne höre ich eine Bahn, die durch einen Tunnel fährt.

Wörter mit Doppelvokal

Besuch bei Baum und Blume

Seid ihr noch auf der Suche nach einer guten Idee für den Sonntagsausflug? Warum muss es eigentlich immer der Zoo sein – warum nicht mal ein botanischer Garten? Ob Wild- oder Zierblumen, Moos oder Klee, Beerensträucher oder Obstbäume, einheimische oder exotische Pflanzen – alles, was die grüne Welt zu bieten hat, wird gezeigt und erklärt. In einem Saal kann man sich sogar über Meerespflanzen informieren. Man kann in einem Boot über einen kleinen See schaukeln oder sich auf schmalen Wegen in das künstlich angelegte Moor wagen. Die Gartenbänke laden dazu ein, die Seele baumeln zu lassen und dem Heer von Gärtnern bei der Aussaat, Aufzucht und Pflege der Pflanzen zuzuschauen. Ein kleiner Kiosk versorgt die Besucher mit Tee und Kaffee, Limonade und Eis. Im Winter jedoch, wenn der Schnee die Beete bedeckt, bleibt so ein botanischer Garten meistens leer.

1 Wart ihr schon einmal in einem botanischen Garten? Erzählt, was euch dort gefallen hat.

2 **a** Schreibt aus dem Text alle Wörter mit Doppelvokal heraus und ordnet sie in einer Tabelle.

Wörter mit aa	Wörter mit ee	Wörter mit oo
...	*Idee*	...

b Lest die Wörter aus eurer Tabelle laut vor. Wie werden die Doppelvokale gesprochen?

3 Hier ist etwas durcheinandergeraten. Schreibt die beiden Bestandteile der zusammengesetzten Wörter jeweils getrennt auf kleine Zettel. Setzt daraus neue, sinnvolle Wörter zusammen:

Gummipüree Kartoffelbeeren Besucherboot Schneemilch Teermann Kaffeespange
Seewaage Teeungeheuer Personenbeutel Strauchstraße Haarbeet Blumenzoo

4 Überprüft mit Hilfe des Wörterbuchs, zu welchen Nomen im Merkkasten man den Plural bilden kann. Beachtet: Wenn im Plural oder in der Verkleinerungsform ein Umlaut entsteht, wird dieser nicht verdoppelt, z. B.: *Paar – Pärchen.*

Information **Wörter mit Doppelvokal**

Es gibt nur wenige Wörter, in denen der lang gesprochene Vokal durch die Verdopplung gekennzeichnet ist. Merkt sie euch gut.

- **aa:** *der Aal, das Haar, paar, das Paar, der Saal, die Saat, der Staat, die Waage.*
- **ee:** *die Beere, das Beet, die Fee, das Heer, der Klee, das Meer, der Schnee, der See, die Seele, der Teer.* Dazu kommen **Fremdwörter mit ee** am Wortende, z. B.: *die Allee, die Armee, das/der Gelee, die Idee, der Kaffee, der Tee, die Tournee, das Püree.*
- **oo:** *das Boot, doof, das Moor, das Moos, der Zoo.*

Die Vokale **i** und **u** werden nie verdoppelt.

Wörter mit langem i

Josef Guggenmos

Besuch

War ein Ries' bei mir zu Gast,
sieben Meter maß er fast,
hat er nicht ins Haus gepasst,
saßen wir im Garten.

Weil er gar so riesig war,
saßen Raben ihm im Haar,
eine ganze Vogelschar,
die da schrien und schwatzten.

Er auch lachte laut und viel
und dann schrieb er mir zum Spiel
– Bleistift war ein Besenstiel –
seinen Namen nieder.

Und er schrieb an einem Trumm
MUTAKIRORIKATUM.
Ebenso verkehrt herum,
ja, so hieß der Gute.

Falls ihr einen Riesen wisst,
dessen Name also ist
und der sieben Meter misst,
sagt, ich lass ihn grüßen!

1 Lest den Namen des Riesen von vorne und von hinten. Kennt ihr andere Namen oder Wörter, die von vorne und hinten gelesen gleich sind?

2 **a** Sucht aus dem Text alle Wörter mit langem **i-Laut** heraus und ordnet sie nach den verschiedenen Schreibweisen des i-Lauts in eine Tabelle ein.

b Wie viele Wörter gibt es in jeder Spalte? Vergleicht euer Ergebnis mit den Informationen im Merkkasten unten.

Wörter mit ie	Wörter mit i	Wörter mit ih
...	*mir*	...

3 Bildet Verben mit der Endung -ieren und schreibt sie in euer Heft. Schreibt den Infinitiv (Grundform) und die 1. Person Singular Präsens auf, z. B.: *marschieren – ich marschiere.*

marsch- interess- prob- ras- gratul- train- spaz- musiz- buchstab- dikt-

-ieren

Information **Wörter mit langem i**

- **Wörter mit ie:** Mehr als drei Viertel aller Wörter mit lang gesprochenem **i** werden mit **ie** geschrieben. Das ist also die häufigste Schreibweise. Beispiele: *das Tier, lieb, siegen, viel, hier.*
- **Wörter mit i:** Manchmal wird das lang gesprochene **i** durch den Einzelbuchstaben **i** wiedergegeben. Beispiele: *mir, dir, wir, der Igel, das Klima, das Kino, der Liter, das Kaninchen, die Mandarine, das Benzin.*
- **Wörter mit ih:** Nur in den folgenden Wörtern wird der lange **i**-Laut als **ih** geschrieben: *ihr, ihm, ihn, ihnen, ihre* usw.

Fordern und fördern – Kurze und lange Vokale

Robert Gernhardt

Geh ich in den Garten raus

Geh ich in den Garten raus,
wi ? ein Sü ? lein schme ? en, (ll/l) (pp/p) (ck/k)
sagt die schwarze Ka ? e mir: (tz/z)
„Mu ? t den Tisch erst de ? en!“ (ss/s) (ck/k)

Le ? e ich die De ? e auf, (gg/g) (ck/k)
wi ? nun endlich e ? en, (ll/l) (ss/s)
maunzt die schwarze Katze scharf:
„Hast's Geschi ? verge ? en!“ (rr/r) (ss/s)

Ho ? e ich den Te ? er her, (ll/l) (ll/l)
will von Herzen schlingen,
schreit die schwarze Katze laut:
„Mu ? t den Lö ? el bringen!“ (ss/s) (ff/f)

Ha ? e ich auch den gebracht, (bb/b)
will den Te ? er fü ? en, (ll/l) (ll/l)
sitzt die schwarze Katze drauf
und fängt an zu brü ? en: (ll/l)

„Grad als du im Hause warst,
ist ein Hund geko ? en, (mm/m)
fraß die ganze Su ? e auf, (pp/p)
hat Reißaus geno ? en!“ (mm/m)

Seh die Katze zweifelnd an,
füh ? mein Herze klopfen. (ll/l)
Zi ? ert nicht am Schnu ? barthaar (tt/t) (rr/r)
noch ein Su ? entropfen? (pp/p)

●○○ **1** **a** Prüft, ob die Wörter in dem Gedicht mit einfachem oder doppeltem Konsonanten (bzw. **ck, tz**) geschrieben werden. Lest dazu das Gedicht laut und achtet darauf, ob der vorangehende Vokal kurz oder lang gesprochen wird. Schreibt dann die Wörter richtig in euer Heft.
b Erzählt mit eigenen Worten, was im Garten passiert.

●●○ **2** Hier verstecken sich Wörter mit langem Vokal. Schreibt sie auf und sucht zu jedem Wort ein verwandtes Wort, z. B. *Lohn – belohnen.*

LOHNZIELGEFAHRWÄHLENFEHLENSPIELENNEUGIERFEHLERJÄHRLICHBEFEHL

●●● **3** Sucht für jeden der folgenden Doppelkonsonanten drei weitere Beispielwörter und schreibt sie auf:
– Wörter mit **ck:** *verstecken* ...
– Wörter mit **nn:** *die Sonne* ...
– Wörter mit **tt:** *retten* ...
– Wörter mit **pp:** *die Treppe* ...
– Wörter mit **tz:** *die Mütze* ...
– Wörter mit **ll:** *wollen* ...
– Wörter mit **rr:** *schnurren* ...
– Wörter mit **ff:** *das Schiff* ...

Die Schreibung der s-Laute: s, ss oder ß?

Stimmhaftes s und stimmloses s unterscheiden

Sahne – so lecker!

Süße Sahne – ein Genuss! In geschlagener Form schmeckt sie sehr gut zu heißem Kakao, Eis, Dessert und Kuchen. In flüssiger Form kann man mit ihr eine sämige Suppe verfeinern. Durch die Zugabe von Zitronensaft wird Sahne zu Sauerrahm. Weil Sahne schnell schlecht wird, sollte man sie nicht zu lange bei Zimmertemperatur stehen lassen.

1 a Lest den Text laut.
b Sprecht die markierten Wörter im Text deutlich aus. An welchen Stellen wird das **s** stimmhaft gesprochen und wo stimmlos?
c Schreibt alle Wörter mit stimmhaftem s-Laut aus dem Text heraus, z. B.: *Sahne, …*

Wenn ihr eure Finger an euren Kehlkopf legt, spürt ihr beim stimmhaften s-Laut eine Schwingung, beim stimmlosen s-Laut nicht.

2 a Welche sechs Wörter sind hier dargestellt? Schreibt die Nomen mit ihren Artikeln untereinander auf. Alle Wörter enden auf **s**.
b Verlängert die Wörter, indem ihr zu jedem Nomen den Plural (Mehrzahl) bildet.
c Sprecht eure Wortpaare laut. Vergleicht die Aussprache des Buchstabens **s** in den Singular- und in den Pluralformen. Was stellt ihr fest?

3 Verlängert in Partnerarbeit die nebenstehenden Wörter, sodass der s-Laut wieder zu einem stimmhaften (gesummten) **s** wird, z. B.: *sie las – lesen.*

sie las   dies   er rast   uns   das Gleis
das Los   der Preis

Information **Stimmhaftes und stimmloses s**

- **Das stimmhafte s (= weicher, gesummter s-Laut)**
  Manchmal spricht man das **s** weich und summend wie in ***S**onne, tau**s**end* oder ***s**elt**s**am*. Dann nennt man das **s** stimmhaft.
  Das stimmhafte s wird immer mit einfachem s geschrieben, z. B. *ei**s**ig, Rie**s**e, **S**onne.*
- **Das stimmlose s (= harter, gezischter s-Laut)**
  Manchmal spricht man das **s** hart und zischend wie in *Gra**s*** oder *kü**ss**en* oder *schlie**ß**en*. Dann nennt man das **s** stimmlos.
  Verlängerungsprobe: Das stimmlose **s** wird mit einfachem **s** geschrieben, wenn sich beim Verlängern des Wortes (▶ S. 279) ein stimmhaftes **s** ergibt, z. B.: *das Gra**s** → die Grä**s**er; un**s** → un**s**er.*
  Für einige Wörter mit einfachem **s** am Wortende gibt es keine Verlängerungsmöglichkeit – es sind also **Merkwörter:** *als, aus, bis, es, was, etwas, niemals, alles, anders, morgens.*

Wörter mit ss nach kurzem Vokal

Ein kurzer Reisebericht

Unsere ? (Schülergruppe) unternahm in der letzten Woche eine ? (nicht langweilige) Städtetour. Wir sahen uns das ? (ein königliches Gebäude) und mehrere Kirchen an. In einer Kirche fand gerade eine ? (katholischer Gottesdienst) statt. Am Nachmittag fuhren wir mit einem Boot über den ? (fließendes Gewässer). Wir saßen auf dem Schiffsdeck, und wer wollte, konnte dort ein Eis oder ein Stück Kuchen ? (verspeisen).

1 In diesem Reisebericht fehlen die Wörter mit **ss**.

a Findet in Partnerarbeit für die eingeklammerten Ausdrücke treffende Wörter mit **ss**. Schreibt sie in euer Heft, z. B.: *Klasse ...*

b Sprecht die Wörter mit Doppel-s laut und deutlich. Markiert den kurzen Vokal mit einem Punkt und kreist das Doppel-s farbig ein, z. B.: *Klasse ...*

2 **a** Sucht gemeinsam möglichst viele Wörter, in denen die nebenstehenden Buchstabenkombinationen vorkommen, z. B.:
-ass: verpassen, die Masse ...

-ass- -ess- -iss- -uss-

b Wählt aus jeder Gruppe ein Wort aus und schreibt mit diesen Wörtern einige Sätze auf.

c Diktiert euch gegenseitig eure Sätze.

Information **Doppel-s nach kurzem Vokal**

Der stimmlose s-Laut wird **nach einem kurzen, betonten Vokal** mit **ss** geschrieben, z. B.: *essen, die Klasse, wissen.*

Wörter mit ß nach langem Vokal oder Diphthong

Krankenlager

Hier liege ich mit meinem gebrochenen Fuß und beiße vor lauter Langeweile auf meinen Nägeln herum. Durch das offene Fenster höre ich, dass meine Freunde jede Menge Spaß beim Fußballspielen auf der Straße haben. Wenn bloß bald dieser Gips entfernt wird! Weiß ist der auch schon lange nicht mehr, denn viele Freunde haben mir Grüße daraufgeschrieben. Aber am liebsten würde ich mir das Ding vom Bein reißen und endlich auch mal wieder aufs Tor schießen. Da klingelt es. „Ach, grüß dich, David! Was? Es ist draußen zu heiß? Na prima, setz dich zu mir!“

1 Lest die markierten Wörter deutlich. Welche Laute treten vor dem **ß** auf?
- kurze Vokale?
- lange Vokale ?
- kurze Umlaute?
- lange Umlaute und Diphthonge (ei, ai, au, äu, eu)?

2 a Übertragt die Wörter in eine Tabelle und bildet zu jedem Wort aus dem Kasten eine Verlängerung.

s am Wortende	ß am Wortende
das Gras – die Gräser	*heiß – heißer*

heiß groß süß der Gruß das Gras der Spaß das Glas dies der Fuß der Strauß das Gas

b Lest die Wortpaare deutlich. Bei welchen Verlängerungen hört man das gesummte **s**?

3 a Sucht aus dem Kasten alle Infinitive heraus und schreibt sie in die erste Spalte einer Tabelle.

b Sucht zu jedem Infinitiv die Präsensform und die Präteritumform und schreibt sie ebenfalls in die Tabelle.

Infinitiv	Präsens	Präteritum
gießen	*sie gießt*	*sie goss*

sie gießt ich vergaß gießen lassen sie verlässt vergessen du vergisst fließen ich weiß es goss er aß verlassen sie verließ du lässt es riss wissen es fließt er ließ es reißt er wusste reißen ich esse es floss essen

c Aus **ss** wird **ß** und aus **ß** wird **ss**. Erklärt, warum.

4 **ss** oder **ß**? Lest den folgenden Text und achtet dabei auf die Länge oder Kürze der Vokale oder Diphthonge vor dem s-Laut. Schreibt dann die ? -Wörter mit dem richtigen s-Laut (ss oder ß) in eine Tabelle.

ss nach kurzem Vokal	ß nach langem Vokal oder Diphthong
Kokosnuss	…

Die Kokosnu ? – eine tropische Köstlichkeit

Nü ? e sind Früchte mit einer harten äu- ? eren Schale, die einen e ? baren Kern umschlie ? t. Nü ? e pa ? en zu vielen würzigen oder sü ? en Speisen. Auch Kokosnü ? e sind als exotischer Genu ? sehr beliebt. Die braune, faserige Schale der Kokosnu ? mu ? aufgebrochen werden, damit man an das Fruchtfleisch gelangt. Dazu sticht man zuerst mit einem spitzen Gegenstand Löcher in die weicheren „Augen" im oberen Teil der Schale und gie ? t das Kokoswa ? er in ein Gefä ? . Das Kokoswa ? er ist eine sü ? e, wei ? liche Flü ? igkeit im Inneren der Kokosnu ? . Dann bricht man die Schale auf, indem man mit einem Hammer unterhalb der „Augen" auf die Nu ? schlägt, bis ein Ri ? entsteht. Unreife Kokosnü ? e sind noch weich, sodass man sie mit einem Me ? er aufschneiden kann. Anschlie ? end lä ? t sich das wei ? e Fruchtfleisch herauslösen und e ? en – hmm!

Information **ß nach langem Vokal oder Diphthong**

Der stimmlose s-Laut wird **nach einem langen Vokal oder Diphthong** (ei, ai, au, äu, eu) mit **ß** geschrieben, wenn er bei der Verlängerungsprobe stimmlos bleibt, z. B.:
heiß → heißer; der Kloß → die Klöße.

Fordern und fördern – s, ss oder ß?

●○○ **1** a Schreibt die folgenden Sätze ab und ergänzt dabei die richtigen s-Laute: **s**, **ss** oder **ß**. Lasst unter jedem Satz zwei Zeilen frei für Aufgabe b.

- Die E ? el ? ind lo ? e am Rand der ? aftigen Wie ? e angebunden und dö ? en.
- Das Auto ra ? t am Hau ? vorbei, fährt durch den Krei ? verkehr und rammt dann eine Wand au ? Gla ? .
- Ihr mü ? tet wirklich wi ? en, wie mit Me ? er und Gabel gege ? en wird.
- Mit großem Spa ? gie ? e ich flei ? ig die Blumen und pflücke dann einen Strau ? .

b Jeder Satz veranschaulicht eine Regel zur Schreibung des s-Lautes. Schlagt die Regeln auf den Seiten 291, 292 und 293. nach. Schreibt unter jeden Satz die passende Regel.

●●○ **2** a Was steht am Wortende: **s** oder **ß**? Macht die Verlängerungsprobe und schreibt dann die Wörter richtig in euer Heft.

der Sto ? das Gra ? das Ei ? der Gru ? das Flo ? das Hau ? der Spie ?
das Lo ? das Ma ? hei ? die Mau ? der Klo ? die Lau ? die ?

b Sucht zu den nebenstehenden Wörtern verwandte Wörter mit **ss** und **ß** und schreibt sie auf. Unterstreicht die langen Vokale und Diphthonge und markiert die kurzen Vokale mit einem Punkt, z. B.: *beißen: das Gebiss.*

beißen Fluss gießen

●●● **3** **s**, **ss** oder **ß**? Schreibt die Lückenwörter aus dem folgenden Text in euer Heft und ergänzt die fehlenden s-Laute (**s**, **ss** oder **ß**).

Ein kurzer Ausflug

An einem sonnigen, hei ? en Sommertag entschlie ? t sich Familie Nu ? baum, an den gro ? en Badesee zu rei ? en. Lars und seine Mutter kümmern sich um das E ? en und Susi und der Vater mü ? en für die Badesachen sorgen. Dann geht e ? lo ? ! Als die vier am See ankommen, ist gerade Mittagszeit. Deshalb lä ? t die Mutter die Kinder gleich die Tischdecke auf dem Gra ? ausbreiten. Alle genie ? en den Kartoffelsalat, die Fleischklö ? e mit Tomatenso ? e und trinken dazu Orangenbrau ? e. Den Nu ? kuchen wollen Lars und Susi erst nach dem Baden verspei ? en. Aber wa ? pa ? iert jetzt? Rie ? ige Wolken ballen sich am Himmel zusammen. Schon pra ? eln die ersten Regentropfen auf die Wie ? e. Nun hei ? t e ? geschwind einpacken, damit nicht alle ? na ? wird. Dann ra ? t jeder, so schnell er kann, ins Auto. Wieder zu Hause angekommen, wi ? en die Nu ? baums zuerst nicht recht, wa ? sie mit dem angebrochenen Nachmittag anfangen sollen. Doch dann hat Susi eine kla ? e Idee: „Ich wei ? wa ? !“, ruft sie. „Wer i ? t mit mir ein Stück Nu ? kuchen?“

Groß- und Kleinschreibung

Nomen an typischen Nomenendungen erkennen

Hinder-	Bild-	Bot-	Ereig-	Reich-	Trocken-
Freund-	Polizist-	Entfern-	Meister-	Dunkel-	Kennt-
König-	Erleb-	Einzel-	Brauch-	Zeit-	Wissen-
Heiter-	Helden-	Eigen-	Festlich-	Neuig-	Zeug-
Land-	Wohn-	Ergeb-	Sparsam-	Verletz-	Gelegen-

-nis -in

-keit -schaft -ung -tum -heit

1 Bildet aus diesen Wortbestandteilen Nomen und schreibt sie mit ihren Artikeln in euer Heft.

2 Mit Hilfe von Nomenendungen können auch Wörter aus anderen Wortarten zu Nomen werden. Formt die Verben und Adjektive mit Hilfe der Nomenendungen zu Nomen um. Achtet auf die Großschreibung. Schreibt so: *gesund – die Gesundheit.*

gesund ängstlich aufmerksam reich ereignen verspäten
frei versäumen erleben erzählen heiter rechnen einig

-keit -tum -ung
-nis -heit

3 a Schreibt die folgenden Sätze in der richtigen Groß- und Kleinschreibung in euer Heft. Achtet auch auf die Großschreibung am Satzanfang.
b Unterstreicht bei den Nomen die typischen Nomenendungen.

Information **Großschreibung**

- **Satzanfänge** und **Nomen** werden großgeschrieben.
- **Wörter, die auf** *-heit, -keit, -nis, -schaft, -tum, -in, -ung* **enden,** sind **immer Nomen.**

Nomen an ihren Begleitwörtern erkennen

Die Sonne – Quelle des Lebens

Erst durch das Sonnenlicht ist es den Pflanzen möglich, schädliches Kohlendioxid in der Luft in lebenswichtigen Sauerstoff umzuwandeln. Die Sonne ermöglicht es uns also, zu atmen und zu leben. Ihrem Licht ist es auch zu verdanken, dass Pflanzen den Zucker produzieren können, den sie für ihr Überleben brauchen. Die Pflanzen sind wiederum eine Nahrungsgrundlage für zahlreiche Tiere. Und diese Pflanzenfresser sind eine Nahrungsquelle für die Tiere, die sich von Fleisch ernähren (die Fleischfresser). Wir Menschen ernähren uns vor allem von Pflanzen und ihren Früchten sowie von Tieren. So verdanken wir auch unser Essen eigentlich der Sonne. Schon in der Steinzeit haben die Menschen die Bedeutung der Sonne erkannt. Sie haben ihr zu Ehren große Monumente errichtet. Das bekannteste Monument befindet sich in England und heißt Stonehenge. Es besteht aus mächtigen Felsblöcken, die einen Kreis bilden. Neben dem Kreis befindet sich ein einzelner großer Felsblock. Wenn man sich am Morgen des längsten Tages des Jahres, also zur Sommersonnenwende, in die Mitte des Kreises stellt, dann sieht man die Sonne genau hinter dem Felsblock aufgehen. Das ist ein wunderschöner Anblick!

1 Erklärt die Überschrift des Textes „Die Sonne – Quelle des Lebens" mit eigenen Worten.

2 Nomen kann man an verschiedenen Begleitwörtern erkennen. Übertragt die Tabelle in euer Heft und findet für jede Spalte vier Beispiele aus dem Text.

Artikel	**Präpositionen** (+ Artikel; im = in dem)	**Pronomen**	(Artikel +) **Adjektive**
das Sonnenlicht	...	...	...

3 **a** Ein Nomen kann auch ohne Begleiter stehen: Sucht hierfür ein Beispiel aus dem Text.
b Wie könnt ihr in solchen Fällen überprüfen, ob es sich um ein Nomen handelt?

4 **a** Schreibt einen kurzen Text mit dem Titel: „Wasser – Quelle des Lebens". Formuliert in ganzen Sätzen und achtet auf die Großschreibung am Satzanfang und bei den Nomen.
b Prüft die Großschreibung der Nomen. Unterstreicht alle Nomen rot und ihre Begleiter blau.

Information **Nomen haben Begleitwörter**

Nomen kann man meist an ihren Begleitwörtern erkennen, die den Nomen vorausgehen.
Begleitwörter sind:

- **Artikel** (bestimmter/unbestimmter), z. B.: *der Hund, ein Hund.*
- **Pronomen,** z. B.: *unser Hund, dieser Hund.*
- **Präpositionen,** die mit einem Artikel verschmolzen sein können, z. B.: *bei Nacht, am (= an dem) Halsband, beim (= bei dem) Spaziergang.*
- **Adjektive,** z. B.: *große Hunde.*
  Häufig steht das Adjektiv zwischen Artikel und Nomen, z. B.: *ein großer Hund.*

Adjektive an typischen Adjektivendungen erkennen

pünktbar sorglich wachlich lächersam tierig schreckisch lusthaft ängstbar
traumig fröhsam trinkisch weinerhaft kleinisch drecksam komig

1 a Mit diesen Adjektiven stimmt etwas nicht. Erklärt, was falsch ist.
b Wie müssen die Adjektive richtig heißen? Schreibt die Adjektive sortiert nach ihren richtigen Endungen in einer Tabelle auf:

-ig	-lich		...	...	...
...	*pünktlich*		...	...	...

c Ergänzt jede Spalte um drei weitere Beispiele.

2 Bildet aus den folgenden Nomen und Verben Adjektive. Nutzt hierzu die typischen Adjektivendungen aus der Tabelle, z. B.: *gefährlich.*

Gefahr Sturm Vorsicht Schaden Gift
Wunder Fett Langeweile brauchen
sparen lieben deuten wachen halten

3 Schiebt mehrere Adjektive zwischen Artikel und Nomen, sodass die Nomen weit weg vom Artikel stehen. Baut schrittweise auf und zeichnet einen Verbindungspfeil zwischen Artikel und Nomen. Vergesst das Komma nicht, z. B.:

der Baum

der wunderbare Baum

der wunderbare, große Baum

der Baum der Urlaub die Fahrt ein Eis
eine Katze der Wachhund

4 Welche Wörter sind gemeint? Schreibt sie in euer Heft. An den Endungen erkennt ihr, welche Wörter groß- und welche kleingeschrieben werden müssen.

? iegsam ? eduldig ? indheit ? andschaft ? ufregung ? ufmerksam
? errlich ? urstig ? ufmerksamkeit ? chweigsam

Information **Kleinschreibung von Adjektiven**

Adjektive werden kleingeschrieben, z. B.: *freundlich, sonderbar, rostig.*
Viele Adjektive kann man an typischen Adjektivendungen erkennen: *-bar, -sam, -isch, -ig, -lich, -haft.*

Fordern und fördern – Groß- und Kleinschreibung

1 Entscheidet bei den folgenden Wörtern, ob sie groß- oder kleingeschrieben werden. Schreibt sie richtig in euer Heft und ergänzt bei den Nomen den Artikel.
TIPP: Achtet auf die Endungen.

VORSICHT FEHLER!

Erzählung/erzählung   Freundschaft/freundschaft   Mündlich/mündlich
Schädlich/schädlich   Furchtbar/furchtbar   Traurigkeit/traurigkeit

2 Überprüft, welche Wörter in den Schlagzeilen Nomen sind, indem ihr Begleitwörter, z. B. Artikel vor den Nomen, ergänzt, z. B.: *(der) Dieb wurde …*
Schreibt die Schlagzeilen in der richtigen Groß- und Kleinschreibung in euer Heft.

DIEB WURDE AUF FLUCHT GEFASST
BLITZEIS VERURSACHTE STAU AUF AUTOBAHN
VULKAN SPUCKTE ASCHEWOLKE AUS
MANNSCHAFT GEWANN GOLDPOKAL

3 Sucht alle Nomen mit ihren Begleitwörtern aus dem Text heraus und schreibt sie in euer Heft. Unterstreicht die Begleitwörter, die vor den Nomen stehen.

Pflanzen in der Wüste?

Die Pflanzen nehmen über ihre Wurzeln lebensnotwendiges Wasser auf. Doch was ist, wenn der Boden diese Flüssigkeit gar nicht oder kaum bietet? Auch in den Wüsten dieser Erde, wo es wenig regnet, gedeihen grüne Pflanzen. Einige verfügen über ein vielschichtiges Wurzelnetz, das sich direkt unter der Bodenoberfläche ausbreitet. Auf diese Weise können die Pflanzen den wenigen Regen, der auf den Boden fällt, sofort aufnehmen.

Es gibt auch zahlreiche Pflanzen, die sich in die Tiefe orientieren. Sie können mit ihren Pfahlwurzeln so tief in den Boden eindringen, dass sie das Grundwasser in dem Wüstenboden erreichen.
Daneben leben in der Wüste auch genügsame Pflanzenarten, die über ihre Blätter die Feuchtigkeit aus dem Nebel aufnehmen können oder mit ihren Dornen oder ihren Härchen die Tautropfen auffangen.

4 Oft sind die Präpositionen, die ein Nomen begleiten, mit einem Artikel verschmolzen. Versucht, in den folgenden Sätzen die „versteckten" Artikel zu finden, und schreibt die Sätze mit den Artikeln auf, z. B.: *Ein starker Wind blies übers (= über das) Meer.*

Ein starker Wind blies übers Meer.

Als wir im Hafen anlegten, waren wir froh, vom Schiff gehen zu können.

Am Morgen nach der Schiffsreise gingen wir zum Strand.

Zum Meer konnten wir mit dem Fahrrad fahren.

14.3 Testet euch! – Rechtschreiben trainieren

Mit diesem Teilkapitel könnt ihr gezielt eure Rechtschreibung trainieren. Ihr geht so vor:

1 **Diktat:** Zuerst schreibt ihr ein Diktat.
2 **Fehlerschwerpunkte finden:** Ihr wertet die Fehler in eurem Diktat aus. So stellt ihr fest, bei welchen Wörtern ihr noch Probleme habt. Eure „Problemwörter“ sind eure Fehlerschwerpunkte (▶ S. 300–301).
3 **Training an Stationen:** Jede Station auf den Seiten 302–306 enthält Trainingsübungen zu einem Fehlerschwerpunkt. Wie bei einem Zirkeltraining übt ihr eure Problemwörter an den entsprechenden Stationen.

Das Diktat schreiben

1 Lasst euch die folgende Beschreibung für ein „Aufwindkraftwerk“ von eurer Lehrkraft diktieren.

Wie baut ihr ein Aufwindkraftwerk?

Ihr braucht:
- eine Papprolle,
- schwarze Farbe und einen Pinsel,
- eine Teelichthülle,
- einen Stift,
- eine Stecknadel,
- ein Stück Pappe,
- eine Schere.

Malt die Papprröhre von außen schwarz an und lasst sie trocknen. Schneidet den Rand der Teelichthülle mehrfach gleichmäßig ein. Schneidet fast bis zur Mitte. Die Hülle drückt ihr vorsichtig platt. Drückt dann mit dem Stift eine Vertiefung in die Mitte des Metalls. Danach biegt ihr die Flügelchen wie bei einem Windrad in eine Richtung. Schneidet zwei kleine Streifen aus der Pappe aus, legt sie übereinander und bohrt die Stecknadel durch die Mitte des Pappstreifens. Dann steckt ihr den Streifen wie einen Handgriff in ein Ende der schwarzen Rolle. Die Spitze der Stecknadel soll nach oben zeigen.

Schneidet am Ende der Papprolle gerade Schlitze ein und biegt einzelne Laschen nach außen. Nun steht der Turm auf Füßen und hat kleine Öffnungen. Legt das Windrad auf die Spitze der Nadel. Wenn ihr nun eine Taschenlampe auf die schwarze Röhre richtet oder die Sonne daraufscheint, beginnt sich das Rad bald zu drehen.

Erklärung: Die Luft im Turm erwärmt sich und steigt deshalb auf. Durch die Öffnungen am Boden fließt wie in einem Kamin neue Luft nach.

Ähnlich arbeiten große Aufwindkraftwerke mit 200 Meter hohen Türmen. Auch damit kann unser Strom gewonnen werden.

Die eigenen Fehlerschwerpunkte finden

1 Überprüft in Partnerarbeit eure Rechtschreibung im Diktat. Unterstreicht alle Wörter, die ihr falsch geschrieben habt. Vergleicht dazu euren Text Wort für Wort mit der Vorlage auf Seite 299.

2 Findet eure Fehlerschwerpunkte. Geht so vor:

a Alle Wörter, die ihr falsch geschrieben habt, markiert ihr auf einer Kopie des folgenden Fehlerbogens. Einige Wörter sind in mehreren Kästchen aufgeführt. Schaut genau nach, an welchen Stellen (= rot markierte Buchstaben) ihr Fehler gemacht habt.

b Zählt, wie viele Fehler ihr in jedem Kästchen gemacht habt, und tragt eure Fehleranzahl in der mittleren Spalte ein.

c In der rechten Spalte der Tabelle mit dem Namen „Trainingsstationen" seht ihr, bei welchen Stationen ihr trainieren müsst. Schreibt eure Stationen mit den entsprechenden Seitenzahlen auf.

3 Übt eure Rechtschreibung an euren Trainingsstationen. Eure Problemwörter nehmt ihr in eure Rechtschreibkartei (▶ S. 282) auf.

Fehlerbogen

Fehlerschwerpunkte	Fehlerzahl	Trainingsstationen
Wörter mit Doppelkonsonant, tz oder ck Papprolle, Teelichthülle, Stecknadel, Pappe, Pappröhre, lasst, trocknen, Mitte, Hülle, drückt, platt, dann, Metalls, Pappstreifens, steckt, Handgriff, Rolle, Spitze, soll, Schlitze, Öffnungen, wenn, Sonne, beginnt, kann, gewonnen		Mehr als vier Wörter falsch geschrieben: ▶ Training an der Station 1, S. 302 ▶ Hilfen im Buch, S. 284–285
Wörter mit Dehungs-h oder Doppelvokal Teelichthülle, Pappröhre, mehrfach, bohrt, steht, Röhre, ähnlich		Mehr als zwei Wörter falsch geschrieben: ▶ Training an der Station 2, S. 303 ▶ Hilfen im Buch, S. 287–288
Wörter mit langem i wie, ihr, die, sie, Vertiefung, biegt, fließt, Kamin		Mehr als zwei Wörter falsch geschrieben: ▶ Training an der Station 3, S. 304 ▶ Hilfen im Buch, S. 289
Wörter mit s-Laut (s, ss oder ß) außen, lasst, gleichmäßig, fast, bis, des, aus, Füßen, das, deshalb, fließt, große		Mehr als zwei Wörter falsch geschrieben: ▶ Training an der Station 4, S. 304 ▶ Hilfen im Buch, S. 291–293

Fehlerschwerpunkte	Fehlerzahl	Trainingsstationen
Wörter mit ä gleichmäßig, Erklärung, erwärmt, ähnlich		Mehr als ein Wort falsch geschrieben: ▶ Training an der Station 5, S. 305 ▶ Hilfen im Buch, S. 278
Wörter mit b, d, g im Auslaut Aufwindkraftwerk, und, Rand, gleichmäßig, vorsichtig, biegt, Windrad, legt, Handgriff, Rad, bald, steigt, deshalb		Mehr als drei Wörter falsch geschrieben: ▶ Training an der Station 6, S. 305–306 ▶ Hilfen im Buch, S. 279
Großschreibung von Nomen Aufwindkraftwerk, Papprolle, Farbe, Pinsel, Teelichthülle, Stift, Stecknadel, Stück, Pappe, Schere, Papprröhre, Rand, Mitte, Hülle, Vertiefung, Metalls, Flügelchen, Windrad, Richtung, Streifen, Pappstreifens, Handgriff, Ende, Rolle, Spitze, Schlitze, Laschen, Turm, Füßen, Öffnungen, Nadel, Taschenlampe, Röhre, Sonne, Rad, Erklärung, Luft, Boden, Kamin, Meter, Türmen, Strom		Mehr als fünf Nomen nicht großgeschrieben: ▶ Training an der Station 7, S. 306 ▶ Hilfen im Buch, S. 279
Andere Fehlerwörter:		Sprecht mit eurer Lehrkraft über diese Fehler. Sie gibt euch Tipps und Übungen für diese Fehlerbereiche.
Fehler insgesamt:		

Training an Stationen

Station 1: Wörter mit Doppelkonsonanten

1 a Ergänzt bei jedem Wort den richtigen Doppelkonsonanten, **tz** oder **ck** und schreibt die Wörter untereinander in euer Heft (▶ Hilfen im Buch, S. 284–285).

gla ? (Gegenteil von rau)
he ? (Gegenteil von dunkel)
na ? (Gegenteil von trocken)
sich se ? en (Gegenteil von aufstehen)
re ? en (Gegenteil von langsam laufen)
o ? en (Gegenteil von geschlossen)
so ? ig (Gegenteil von trüb)
ne ? (Gegenteil von böse)
spi ? (Gegenteil von stumpf)
verste ? en (Gegenteil von auffinden)

b Findet zu jedem Wort ein Reimwort und schreibt es daneben.

2 a Welche Wörter sind in den sechs Bildern dargestellt? Schreibt die Nomen untereinander auf. Alle gesuchten Wörter haben einen Doppelkonsonanten.

b Verbindet jeweils ein „Bildwort" mit einem Nomen aus dem Kasten und schreibt es mit Artikel auf, z. B.: *die Kartoffelsuppe …*

Keller Herren Wasser Suppe Kaffee Himmel

3 Sucht euch aus den folgenden Kästen Wörter aus und formuliert mit ihnen fünf vollständige Sätze. Schreibt sie in euer Heft, z. B.: *Der Koffer ist zu voll.*

Gewitter Stoff Teppich Mann Essen Koffer Mütze Zettel Fluss Platz Pfütze Sessel Wissen

hell voll fett bitter nett billig dünn schlimm spannend

vergessen stellen bitten lassen schwimmen schmecken rennen sammeln rollen passen

4 Für Spezialisten: Die Wörter im rechten und im linken Kasten werden alle mit doppelten Konsonanten geschrieben. Erklärt den Unterschied.

das Gewitter der Herr die Brille

der Festtag der Feuerrauch die Nebelleuchte

Merkwörter mit Doppelkonsonanten: *Ballett, Mittag.*

Station 2: Wörter mit h oder Doppelvokal

1 a Übertragt die Tabelle in euer Heft und ordnet die Wörter in die richtige Spalte ein (▶ Hilfen im Buch, S. 287–288).

das Huhn das Gefühl hohl die Zahl zehn der Sohn belohnen der Stahl wahr kühl die Gefahr nehmen berühmt wählen mahnen das Benehmen zähmen

Wörter mit hl	Wörter mit hm	Wörter mit hn	Wörter mit hr
...	...	*das Huhn*	...

b Kreist bei den Wörtern in eurer Tabelle das **h** und den nachfolgenden Konsonanten ein.
c Findet für jede Spalte vier weitere Wörter mit einem **h** nach einem langen, betonten Vokal.
d Ergänzt den folgenden Rechtschreibtipp und schreibt ihn in euer Heft.

Ein h nach einem langen, betonten Vokal steht häufig vor den Buchstaben ? .

2 Ergänzt bei den folgenden Stationen (A und B) zuerst den Rechtschreibtipp und schreibt ihn in euer Heft. Findet dann zu den Beispielwörtern passende Reimwörter und schreibt die Wortpaare auf.

A *Jn den meisten Wörtern ist der betonte, lange Vokal nur ein einfacher ? .*

Beispielwörter:
- die Dose – die ? (Kleidungsstück)
- der Mut – die ? (Zorn, Entrüstung)
- der Schlaf – das ? (Wolltier)
- leben – ? (in der Luft sein)

B *Es gibt nur wenige Wörter mit ? . Diese Wörter muss man sich gut merken.*

Beispielwörter:
- der Teer – das ? (Ozean)
- das Paar – das ? (Frisur)
- der See – der ? (Niederschlag aus Eiskristallen)

3 Für Spezialisten: Verwendet die Wörter in Beispielsätzen und erklärt ihre Bedeutung.

mahlen – malen die Wahl – der Wal
lehren – leeren das eine Mal – das Mahl
das Meer – mehr

Merkwörter mit langem Vokal:
nämlich, nah, roh; ihn, ihm, ihnen, ihr

Station 3: Wörter mit langem i

1 Auf dem Bild haben sich drei Lebewesen und sieben Dinge versteckt, die mit **ie** geschrieben werden. Findet sie und schreibt sie mit ihren Artikeln auf (▶ Hilfen im Buch, S. 289).

2 Ein paar Wörter mit langem, betontem **i** werden nur mit einfachem **i** geschrieben. Diese Wörter solltet ihr euch merken.
Schreibt den folgenden Text ab und ergänzt dabei die Lücken.

Was gibt es heute in der Kant ? ? Jede Menge Vitam ? ! Apfels ? , Mandar ? , Auberg ? , Nektar ? , Sultan ? , Margar ? , Spülmasch ? – hoppla!

3 Für Spezialisten: Verwendet die Wörter in Beispielsätzen und erklärt ihre Bedeutung.

das Lied – das Lid die Miene – die Mine
der Stiel – der Stil wieder – wider

Merkwörter mit einfachem **i**:
die Bibel, der Biber, die Brise, der Igel, das Klima, das Kino, die Krise, der Tiger

Station 4: Wörter mit s-Laut (s, ss oder ß)

1 a Sucht euch eine Lernpartnerin oder einen Lernpartner, die/der auch an Station 4 trainiert (▶ Hilfen im Buch, S. 291–293).

b Schreibt den Satz „Ich packe meinen Koffer und nehme mit:" auf ein Blatt Papier. Jeder von euch schreibt jetzt abwechselnd auf, was er mitnehmen möchte. Packt aber nur Dinge mit einem s-Laut (**s**, **ss** oder **ß**) in euren Koffer.
Ich packe meinen Koffer und nehme mit: eine Wasserflasche, ein Sonnensegel, einen Fußball ...

c Kontrolliert die Schreibung eurer Wörter mit einem Wörterbuch.

2 Bildet möglichst viele Wörter mit **ß**. Achtet bei den Nomen auf die Großschreibung.

spa- hei- grü- flei- au- flie- fü- grö- drei-

-ßig -ßen -ße -ßer

3 a Für Spezialisten: Aus **ß** wird **ss**. Erklärt, warum.

b Verwendet die Wörter in Beispielsätzen.

das Maß – messen fließen – geflossen
ich weiß – ich wusste
genießen – der Genuss ich ließ – lassen

Station 5: Wörter mit ä und äu

1 **e** oder **ä**? **eu** oder **äu**? In jeder Reihe ist nur ein Wort falsch geschrieben. Macht die Ableitungsprobe und findet die Fehlerwörter. Schreibt die Fehlerwörter in der richtigen Schreibweise in euer Heft (▶ Hilfen im Buch, S. 278).

- *wärmen → warm*
- *die Wälle → der Wall*
- *~~wehlen~~ → die Wahl → wählen*

VORSICHT FEHLER!

wärmen	Wälle	wehlen	wässrig
Stäbe	Städte	Stecker	Sterke
Räder	räumen	Reuber	Reue
kehren	kleren	ehren	lehren
mäßig	lestig	festlich	endlich
Feuer	Freude	Freulein	Fäulnis
Beule	Beute	Träume	Gebeude

2 Für Spezialisten: Verwendet die Wörter in Beispielsätzen und erklärt ihre Bedeutung.

die Lerche – die Lärche die Ehre – die Ähre
der Segen – sägen die Stelle – die Ställe
die Beeren – die Bären

Merkwörter mit **ä**: *Geländer, Lärm, März, Käfer, Käse, während, Säule, Knäuel, spät, Träne*

Station 6: Wörter mit b, d, g im Auslaut

1 Zerlegt die folgenden Wörter. Entscheidet euch dann für eine Schreibung, indem ihr die Verlängerungsprobe anwendet (▶ Hilfen im Buch, S. 279). Schreibt in euer Heft, z. B.:
das Win ? -rad → windig → das Windrad.

das Win ? rad das Holzstä ? chen die Ra ? kappe der Kle ? stoff der Luf ? strom
der Wer ? tag mö ? lich sie stei ? t er befesti ? t sie fra ? t sie genehmi ? t
tra ? bar

2 Diese Wörter reimen sich zwar, sie werden aber nicht alle gleich geschrieben. Macht die Verlängerungsprobe und schreibt die Wörter richtig in euer Heft.

Gel ?	Hel ?	Sie ?	ich rie ?	Zwer ?	Ber ?	Hun ?	bun ?
Zel ?	Wel ?	Die ?	lie ?	Wer ?	Vermer ?	Grun ?	wun ?

3 Für Spezialisten: Verwendet die folgenden Wörter in Beispielsätzen und erklärt ihre Bedeutung.

das Rad – der Rat wird – der Wirt
seid – seit

Merkwörter mit **b**, **d** und **g** am Wortende:
ab, ob, deshalb, und, sind, weg, irgend

Station 7: Großschreibung von Nomen

1 Nomen kann man an verschiedenen Begleitwörtern erkennen (▶ Hilfen im Buch, S. 279).

a Übertragt die Tabelle in euer Heft. Findet für jede Spalte der Tabelle Beispiele aus dem Diktattext (▶ S. 299). Die Anzahl der Beispiele ist euch in jeder Spalte vorgegeben.

Nomen haben Begleitwörter:

Artikel sechs Beispiele	**Präpositionen** (+ Artikel; im = in dem) vier Beispiele	**Pronomen** ein Beispiel	(Artikel +) **Adjektive** sechs Beispiele
ein Aufwindkraftwerk	...	...	...

b Markiert in eurer Tabelle die Begleitwörter, die den Nomen vorausgehen.

2 Sucht die Nomen aus der Wortkette heraus und schreibt sie mit ihren Begleitwörtern auf.

MITEINEMAUFWINDKRAFTWERKKANNINDENSONNIGENGEGENDENUNSERERERDESTROM-GEWONNENWERDEN

3 Die folgenden Verben und Adjektive könnt ihr mit Hilfe der Nomenendungen *-ung, -heit, -keit, -nis* zu Nomen umformen. Bildet Nomen. Manchmal gibt es mehrere Möglichkeiten.

erklären öffnen aufmerksam trocken frech führen sauber hindern erleben
biegen frei sparsam richten bohren steigen ereignen klebrig

4 Für Spezialisten: Zerlegt die Wörter in ihre Bausteine. Erklärt dann die Wortbildung, z. B.: *landschaftlich: Landschaft (Nomen) + Adjektivendung.*

landschaftlich eigentümlich Schönheit
Lästigkeit

15 Erfolgreich lernen! – Arbeitstechniken beherrschen

1 a Beschreibt die Situation der Schülerin und benennt ihre Probleme.
b Kennt ihr ähnliche Situationen? Berichtet davon.

2 Sammelt Tipps, die ihr der Schülerin geben würdet.

3 Erklärt, wie ihr vorgeht, um einen Überblick über eure Hausaufgaben, Hobbys usw. zu behalten.

In diesem Kapitel ...

- erhaltet ihr Tipps, um eure Hausaufgaben zügig zu erledigen,
- erfahrt ihr, was „Zeitdiebe" sind und wie man sie austricksen kann,
- lernt ihr, eure Texte gezielt zu überarbeiten,
- übt ihr, mit dem Schreibprogramm des Computers umzugehen.

15.1 Alles im Griff? – Ordnen und planen

Den Arbeitsplatz ordnen

1 a Beschreibt, was ihr alles auf diesem Arbeitsplatz entdecken könnt.
b Beurteilt, ob man an diesem Schreibtisch gut arbeiten kann. Begründet eure Meinung.
c Mal Hand aufs Herz: Was stand oder lag heute Morgen auf eurem Schreibtisch? Beschreibt.

2 a Erklärt, was die folgenden Sprichwörter bedeuten:

„Gebraucht die Zeit, sie geht so schnell von hinnen, doch Ordnung lehrt euch Zeit gewinnen.“
Johann Wolfgang Goethe

Wer Ordnung hält, ist nur zu faul zum Suchen.

b Welchem Sprichwort stimmt ihr am ehesten zu? Begründet eure Meinung.
c Wie schätzt ihr euch selbst ein? Seid ihr eher ordentlich oder unordentlich? Nennt Beispiele.

3 a Sammelt Ideen, wie euer Arbeitsplatz aussehen sollte. Ihr könnt auch auf einem Blatt Papier einen Schreibtisch mit den Dingen aufzeichnen, die ihr für wichtig haltet.
b Vergleicht eure Ergebnisse. Erstellt dann gemeinsam eine Checkliste, wie euer Arbeitsplatz eingerichtet sein sollte.

Mein Arbeitsplatz
- Der Schreibtisch ist gut beleuchtet.
- Der Schreibtisch ist groß genug, damit ...
...

4 Überprüft mit Hilfe der Checkliste, wie euer Arbeitsplatz zu Hause beschaffen ist. Was könnt ihr an eurem eigenen Arbeitsplatz verbessern? Ordnet ihn sinnvoll.

Das Heft übersichtlich gestalten

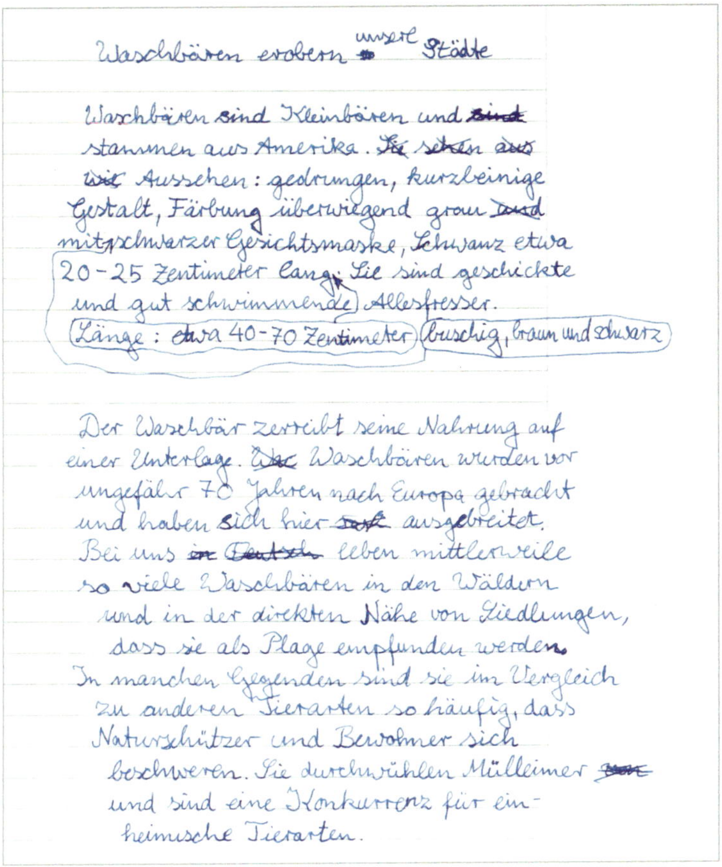

Waschbären erobern unsere Städte

Waschbären sind Kleinbären und ~~sind~~ stammen aus Amerika. ~~Sie sehen aus wie~~ Aussehen: gedrungen, kurzbeinige Gestalt, Färbung überwiegend grau ~~und~~ mit schwarzer Gesichtsmaske, Schwanz etwa 20–25 Zentimeter lang. Sie sind geschickte und gut schwimmende Allesfresser.
Länge: etwa 40–70 Zentimeter | buschig, braun und schwarz

Der Waschbär zerreibt seine Nahrung auf einer Unterlage. ~~Die~~ Waschbären wurden vor ungefähr 70 Jahren nach Europa gebracht und haben sich hier ausgebreitet. Bei uns leben mittlerweile so viele Waschbären in den Wäldern und in der direkten Nähe von Siedlungen, dass sie als Plage empfunden werden. In manchen Gegenden sind sie im Vergleich zu anderen Tierarten so häufig, dass Naturschützer und Bewohner sich beschweren. Sie durchwühlen Mülleimer und sind eine Konkurrenz für einheimische Tierarten.

1 a Lest den Hefteintrag von Berenike. Was fällt euch auf?
b Überlegt, was ihr bei diesem Hefteintrag verbessern könnt.

2 Überprüft mit Hilfe der folgenden Checkliste eure Hefteinträge. Was berücksichtigt ihr schon jetzt und was könnt ihr noch verbessern?

3 Schreibt die Heftseite von Berenike neu in euer Heft. Versucht dabei, alle Punkte in der Checkliste zu berücksichtigen.

Checkliste

Heftführung
- Habt ihr zu jedem Eintrag ein Datum und eine Überschrift notiert?
- Habt ihr die Überschriften mit einem Lineal unterstrichen?
- Ist nichts über den Heftrand hinaus geschrieben?
- Sind eure Einträge mit sinnvollen Absätzen gegliedert?
- Habt ihr wichtige Wörter oder Sätze (z. B. Regeln) mit farbigen Stiften markiert?
- Habt ihr leserlich und sauber geschrieben? Sind Fehler sauber mit einem Lineal durchgestrichen und verbessert?

Die Hausaufgaben planen

Stundenplan

Name: *Hannah* Klasse: *5b*

Stunde	Montag	Dienstag	Mittwoch	Donnerstag	Freitag	Samstag
1	*Klassenlehrer*	*Mathe*	*Deutsch*	*Biologie*	*Sport*	
2	*Deutsch*	*Mathe*	*Deutsch*	*Deutsch*	*Sport*	
3	*Biologie*	*Geschichte*	*Kunst*	*Englisch*	*Geschichte*	
4	*Erdkunde*	*Englisch*	*Kunst*	*Englisch*	*Deutsch*	
5	*Englisch*	*Religion*	*Religion*	*Mathe*	*Erdkunde*	
6	*–*	*Sport*	*Englisch*	*Mathe*		
7	*Musik*					
8	*Musik*					

1 Wahrscheinlich sieht euer Stundenplan ähnlich aus wie der von Hannah aus der 5. Klasse. Was hat sich an eurem Stundenplan gegenüber der Grundschule geändert?

Aufgaben

Fach	Montag, den *17. 10. 2011*
Deutsch:	*Einen Tiersteckbrief verfassen*
Bio:	*Zeichnung einer Blütenpflanze*
Erdkunde:	*Karte auf S. 15 abzeichnen und beschriften*
Englisch:	*Buch S. 130: Fragen zum Text*
	beantworten, Vokabeln lernen
Fach	**Dienstag, den**

2 Schreibt ihr eure Hausaufgaben in ein Aufgabenheft? Erklärt den Sinn eines solchen Aufgabenhefts.

3 Stellt euch vor, ihr hättet Hannahs Hausaufgaben zu erledigen. In welcher Reihenfolge würdet ihr die Hausaufgaben machen? Begründet.
TIPP: Auf dem Stundenplan könnt ihr sehen, bis wann Hannah die einzelnen Hausaufgaben machen muss.

4 Ruben ist ein Mitschüler von Hannah. Er hat die Hausaufgaben so notiert:

Aufgaben

Fach	Montag, den *17. 10. 2011*

Fach	Dienstag, den *18. 10. 2011*
Englisch:	*Buch S. 130: Fragen zum Text beantworten, Vokabeln lernen*

Fach	Mittwoch, den *19. 10. 2011*
Deutsch:	*Einen Tiersteckbrief verfassen*

Fach	Donnerstag, den *20. 10. 2011*
Bio:	*Zeichnung einer Blütenpflanze*

Fach	Freitag, den *21. 10. 2011*
Erdkunde:	*Karte auf S. 15 abzeichnen und beschriften*

Fach	Samstag, den *22. 10. 2011*

a Beschreibt, wie Ruben seine Hausaufgaben in das Aufgabenheft eingetragen hat.

b Wie würdet ihr selbst eure Hausaufgaben notieren: so wie Hannah (► S. 310) oder so wie Ruben? Besprecht die Vor- und Nachteile der beiden Vorgehensweisen.

> Ich setze mich immer gleich nach dem Essen an die Hausaufgaben.

> Wenn ich aus der Schule komme, muss ich mich erst mal eine Zeit lang ausruhen.

> Nach dem Essen will ich erst mal raus spielen. Deshalb mache ich die Hausaufgaben erst abends.

5 a Lest die Aussagen. Erläutert, welche am ehesten auf euch zutrifft.

b Erzählt von euren Erfahrungen beim Hausaufgabenmachen. Wie geht ihr genau vor? Welche Schwierigkeiten habt ihr und wie geht ihr damit um?

6 Lest die folgenden „Tipps zum Erledigen der Hausaufgaben". Welche möchtet ihr in der nächsten Zeit ausprobieren? Formuliert weitere Tipps.

Methode **Tipps zum Erledigen der Hausaufgaben**

- Arbeitet immer am gleichen Platz, denn dort habt ihr eure Arbeitsmaterialien.
- Erledigt zuerst das, was am nächsten Tag fertig sein muss, danach die Aufgaben für die folgenden Tage.
- Ihr könnt Aufgaben nach der Schwierigkeit sortieren: Ihr macht zuerst das, was euch schwerfällt, dann die leichten Aufgaben oder umgekehrt.
- Legt eine kleine Pause ein, wenn ihr die Hausaufgaben für ein Fach beendet habt.
- Macht eure Hausaufgaben nicht vor dem Schlafengehen, weil ihr euch dann nicht mehr konzentrieren könnt.

15.2 Den Zeitdieben auf der Spur – Konzentration kann man trainieren!

Die Zeitdiebe planen ihre nächste Woche …

Hallo, Minuten-Johnny! Weißt du, wie dein Auftrag für die nächste Woche lautet? Du sorgst dafür, dass die Kinder in der fünften Klasse
- zu oft und zu lange telefonieren,
- zu viel Zeit vor dem Fernseher verbringen und
- zu viel am Computer sitzen oder mit dem Gameboy oder der Playstation spielen.

Alles klar, Sekunden-Susi! Wird erledigt! Und du sorgst dafür, dass die Kinder
- gern und oft Musik bei den Hausaufgaben hören,
- viel herumtrödeln und die Aufgaben vor sich herschieben,
- sich gerne und oft ablenken lassen und
- planlos und unkonzentriert vor sich hin arbeiten.

1 a Erklärt mit eigenen Worten, was Zeitdiebe sind.
b Woran liegt es, dass ihr selbst manchmal eure Aufgaben nicht zügig und konzentriert erledigen könnt? Nennt Beispiele.

2 Überlegt, was ihr gegen die Zeitdiebe tun könnt. Formuliert zu jedem Punkt, den die Zeitdiebe ansprechen, einen wirkungsvollen Tipp.

Tipps gegen Zeitdiebe:
- Beim Hausaufgabenmachen schalte ich mein Handy aus.
- …

Konzentration leicht gemacht

Lass dich nicht stören!
Schau nicht, was im Fernsehen läuft. Lass dich von anderen nicht ablenken. Sage allen, dass du arbeiten willst, damit dich in dieser Zeit wirklich niemand stört.

Belohne dich mit Pausen!
Wenn du eine Aufgabe erledigt hast, dann freu dich darüber und belohne dich mit einer kleinen Pause, bevor du wieder an die Arbeit gehst.

Tanke neue Energie!
Yaman Taka Ant Fat ist eine alte tibetische Energieformel und hilft dir, Müdigkeit zu überwinden. Stell dich bequem hin. Beim Sprechen der Silbe *Yaman* berühren die Hände den Boden, bei *Taka* die Hüfte, bei *Ant* klatschst du auf die Brust, bei *Fat* streckst du die Hände zum Himmel. Öffne das Fenster und lasse frische Luft rein. Dann ist der Energieschub noch größer.

Mach deinen Kopf frei!
Wenn du dich nicht konzentrieren kannst, weil dir andere Sachen durch den Kopf gehen, mache Folgendes: Nimm einen Zettel und schreibe alles auf, was dich im Moment beschäftigt. Hefte den Zettel an deine Pinnwand. Nun ist dein Kopf frei und du kannst nicht vergessen, worüber du nach deiner Arbeit noch nachdenken wolltest.

Schiebe nichts auf!
Hausaufgaben? Nicht jetzt, lieber später ... Die folgenden Tipps helfen dir, deine Aufgaben zügig zu erledigen:
1 Schreibe alle Hausaufgaben, die du erledigen willst, auf einen Zettel. Lege eine Reihenfolge fest, indem du die Aufgaben durchnummerierst. Jetzt kannst du nach und nach die erledigten Aufgaben durchstreichen und dich über deine Erfolge freuen.
2 Überlege, wann du mit den Aufgaben fertig sein willst. Versuche, dich an diesen Zeitplan zu halten. Dann hast du ein Ziel vor Augen.

1 a Bewertet die Konzentrationstipps. Erklärt, was euch dabei hilft, konzentriert zu arbeiten.
b Sucht euch einen Konzentrationstipp aus, den ihr in der nächsten Zeit ausprobieren wollt, und schreibt ihn in der Ich-Form in euer Heft.

2 Gibt es Dinge, die ihr auf keinen Fall vergessen wollt? Schreibt sie auf eine „Merkhand“.
Geht so vor:
– Malt die Umrisse eurer Hand auf ein Blatt Papier.
– Schreibt in jeden Finger eurer Hand hinein, was ihr euch merken wollt.

Die Merkhand könnt ihr euch für alles anlegen, was ihr euch merken wollt, z. B. für Faustregeln.

Zeit für alles finden – Die Woche planen

1 Womit oder mit wem verbringt ihr im Laufe der Woche viel Zeit? Übertragt den Cluster in euer Heft und vervollständigt ihn.

2 Erstellt einen Tagesplan. Geht so vor:

a Setzt euch in Gruppen zusammen. Jede/r von euch wählt einen Tag in der kommenden Woche aus, den sie/er als anstrengend empfindet. Verfasst einen Stundenplan vom ganzen Tag.

Zeit	Mein Zeitplan am ...
8.00–13.45 Uhr	*Schule (mit Heimfahrt)*
13.45–14.30 Uhr	*Mittagessen*
...	...

b Markiert mit unterschiedlichen Farben:
- Zeit, über die ihr nicht frei verfügen könnt, z. B. Schule (= Blau),
- Dinge, für die ihr mehr Zeit haben möchtet (= Grün),
- Sachen, für die ihr weniger Zeit aufwenden möchtet (=Rot).

c Besprecht euren Tagesplan in der Gruppe und überarbeitet ihn: Was könnt ihr verändern? Wofür braucht ihr mehr Zeit? Wo könntet ihr Zeit einsparen?

3 Verfasst ein Wochenprotokoll. Geht so vor:

a Schreibt eine Woche lang ein Zeitprotokoll. Notiert mit genauen Zeitangaben, was ihr nach der Schule gemacht habt. Haltet in der rechten Spalte fest, wenn etwas besonders gut geklappt hat oder etwas nicht so gut funktionierte, weil euch z. B. „Zeitdiebe“ von etwas abgehalten haben.

Montag	Aktivitäten	Bemerkungen
13.45–14.30 Uhr	*Mittagessen*	
14.30–15.15 Uhr	*Hausaufgaben*	*schnell erledigt*
15.30–18.00 Uhr	*Treffen mit Julian*	...
18.00–...	...	...
...	...	...
Dienstag	**...**	**...**

b Überlegt im Anschluss, was ihr in Zukunft an eurer Zeitplanung ändern möchtet:
- Wo habt ihr zu eng geplant?
- Was war zu anstrengend?
- Wofür müsst ihr noch mehr Zeit einplanen?

15.3 Gut geschrieben! – Texte überarbeiten

Eine Schreibkonferenz durchführen

Tierbeschreibung: Der Jgel

Der Jgel hat auf der Oberseite ein dichtes Stachelkleid. Die Stacheln sind insgesamt fast braun und nur an der Spitze ein bisschen elfenbeinfarben. Der Jgel hat am Bauch und im Gesicht ein graubraunes Fell. Der Jgel hat eine spitze Schnauze, dunkle Knopfaugen, eine schwarze Nase und kleine Ohren. Jch finde, dass sein Gesicht sehr süß aussieht. Ein erwachsener Jgel ist ca. 1 kg schwer und seine Körperlänge ist 22 bis 29 cm. Der Schwanz des Jgels ist 2 bis 4,5 cm lang. Er hat vier Beine. Die sind aber im Verhältnis zum Körper sehr kurz. Trotz der kurzen Beine können Jgel geschickt klettern. Und außerdem können sie trotz ihrer kurzen Beine schnell laufen. Und außerdem sind sie auch gute Schwimmer.

Der Lebensraum des Jgels erstreckt sich von Europa bis Ostasien. Er lebt an Waldrändern, in Gebüschen und in Hecken. Er findet hier Unterschlupf. Er ist ein nachtaktives Säugetier. Er ernährt sich hauptsächlich von Jnsekten, Schnecken, Würmern und Fröschen.

Jm Herbst machen die Jgel dann einen Winterschlaf. Der Winterschlaf dauert meist von Oktober bis April. Dann suchen sie sich in Höhlen, Erdlöchern, Laub- oder Komposthaufen einen frostfreien Schlafplatz. Dann rollen sie sich zu einer Kugel zusammen. Jn so einer Kugel verbringen sie ihre Zeit bis zum nächsten Frühjahr.

Wenn man einen gesunden Jgel findet, sollte man ihn nicht füttern. Er sucht sich sonst kein eigenes Futter mehr. Wenn man einen kranken Jgel pflegt, soll er keine Milch bekommen, sondern nur Wasser und Katzenfutter.

Natürliche Feinde des Jgels sind z.B. der Fuchs, der Dachs und der Uhu. Die meisten Jgel werden heute aber durch Autos auf der Straße getötet. Das finde ich besonders grausam! Wenn ein Jgel Angst hat, dann rollt er sich zu einer stacheligen Kugel zusammen. Dieser Trick ist allerdings auf der Straße total falsch, denn er schützt den armen Jgel nicht vor den Autos.

Thomas

Wortwiederholung; genauer
Satzanfänge abwechslungsreicher

1 Wie gefällt euch diese Tierbeschreibung? Erklärt, was ihr gelungen findet und was ihr verändern würdet.

2 Überarbeitet die Tierbeschreibung in einer Schreibkonferenz.
Setzt euch in kleinen Gruppen zusammen und besprecht den Text Satz für Satz. Prüft,
- ob die Satzanfänge abwechslungsreich sind,
- ob es Wortwiederholungen gibt,
- ob die Wortwahl angemessen ist,
- ob es Sätze gibt, die ihr miteinander verknüpfen könnt.

Die folgenden Tipps helfen euch dabei, die Beschreibung zu überarbeiten.

Eine Checkliste zum Beschreiben findet ihr auf Seite 90.

TIPP 1: Ersatzprobe
Ersetzt Wörter und Wortgruppen, die sich im Text wiederholen oder die unpassend/ungenau sind, durch andere Ausdrücke.
Der Igel ~~hat~~ auf der ~~Oberseite~~ ein dichtes Stachelkleid
Der Igel trägt auf dem Rücken ein dichtes Stachelkleid.

TIPP 2: Umstellprobe
Stellt Wörter oder Wortgruppen im Satz um. So könnt ihr zum Beispiel die Satzanfänge abwechslungsreicher gestalten.
Der Igel trägt auf dem Rücken ein dichtes Stachelkleid.
Auf dem Rücken trägt der Igel ein dichtes Stachelkleid.

TIPP 3: Weglassprobe
Streicht überflüssige Formulierungen.
Die Stacheln sind ~~insgesamt fast~~ braun und nur an der Spitze ~~ein bisschen~~ elfenbeinfarben.
Die Stacheln sind braun und nur an der Spitze elfenbeinfarben.

TIPP 4: Zusammenhänge deutlich machen
Versucht, einzelne Sätze durch Konjunktionen (Bindewörter) miteinander zu verknüpfen und so die Zusammenhänge deutlich zu machen. Vergesst das Komma nicht.
Er lebt an Waldrändern, in Gebüschen und in Hecken. Er findet hier Unterschlupf.
Er lebt an Waldrändern, in Gebüschen und in Hecken, weil er hier Unterschlupf findet.

3 Sucht eigene Texte, die ihr in einer Schreibkonferenz überarbeiten könnt.

Methode **Eine Schreibkonferenz durchführen**

1 Setzt euch in kleinen Gruppen (höchstens zu viert) zusammen.
2 Einer liest seinen Text vor, die anderen hören gut zu.
3 Anschließend geben die anderen eine Rückmeldung, was ihnen besonders gut gefallen hat.
4 Nun wird der Text in der Gruppe Satz für Satz besprochen. Die Überarbeitungsvorschläge werden abgestimmt und schriftlich festgehalten.
Korrigiert auch die Rechtschreibung und die Zeichensetzung.
5 Zum Schluss überarbeitet die Verfasserin oder der Verfasser den eigenen Text.

Die Rechtschreibprüfung am Computer nutzen

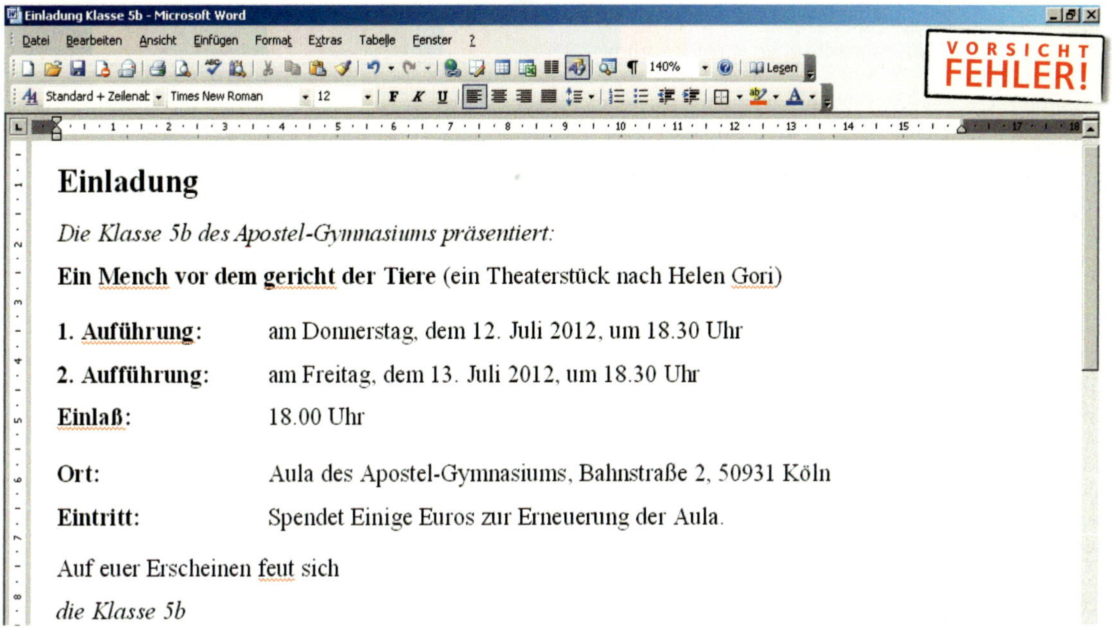

Einladung

Die Klasse 5b des Apostel-Gymnasiums präsentiert:

Ein Mench vor dem gericht der Tiere (ein Theaterstück nach Helen Gori)

1. Aufführung:	am Donnerstag, dem 12. Juli 2012, um 18.30 Uhr
2. Auffführung:	am Freitag, dem 13. Juli 2012, um 18.30 Uhr
Einlaß:	18.00 Uhr
Ort:	Aula des Apostel-Gymnasiums, Bahnstraße 2, 50931 Köln
Eintritt:	Spendet Einige Euros zur Erneuerung der Aula.

Auf euer Erscheinen feut sich

die Klasse 5b

1 Die Rechtschreibprüfung am Computer hilft euch, bei einem Text falsch geschriebene Wörter zu finden und zu korrigieren. Aber: Das Programm ist nicht immer zuverlässig.

a Überprüft bei jedem rot unterschlängelten Wort, ob es sich wirklich um einen Fehler handelt.

b Das Programm findet nicht alle Fehler. Welches Wort in der Einladung ist falsch geschrieben und wurde nicht als Fehlerwort angezeigt?

2 a Tippt einen eigenen Text am Computer, z. B. eine Einladung zu einem Klassenfest oder zu eurer Geburtstagsparty.

TIPP: Auf Seite 344 findet ihr viele Hinweise, wie ihr euren Text am Computer gestalten könnt, z. B. durch Schriftgrößen, Schriftarten und Fettdruck.

b Probiert die automatische Rechtschreibprüfung des Computers aus. Die folgenden Hinweise helfen euch dabei.

Methode **Die Rechtschreibprüfung am Computer nutzen**

1 Aktiviert das Rechtschreibprogramm des Computers. Wählt hierzu im Menü Extras das Werkzeug Rechtschreibung und Grammatik aus. Das Programm markiert nun mögliche Rechtschreibfehler rot und mögliche Grammatikfehler grün.

2 Überprüft bei den rot und grün markierten Wörtern, ob diese tatsächlich falsch geschrieben wurden. Wählt dann aus dem Fenster Vorschläge das richtige Wort aus und klickt auf Ändern. Das Wort wird korrigiert und das Programm springt dann automatisch zum nächsten falsch geschriebenen Wort.

BEACHTET: Das Programm kann nicht alle Fehler finden und ist nicht immer zuverlässig. Zeichensetzungsfehler sind z. B. mit dem Programm nicht aufzuspüren. Schlagt in Zweifelsfällen in einem Wörterbuch nach.

Tabellen mit dem Computer anlegen

In einer Tabelle könnt ihr Informationen knapp und übersichtlich darstellen. So habt ihr alles Wichtige im Blick.

Der Aufbau einer Tabelle

Eine Spalte verläuft von oben nach unten.
Eine Zeile verläuft von links nach rechts.

	Spalte ↓
Zeile →	

1 Legt am Computer eine Tabelle an. Ihr könnt aus den folgenden Vorschlägen auswählen. Die Hinweise im unten stehenden Kasten helfen euch dabei.

A Ein Steckbrief zu meinem Lieblingstier

Tiername	Afrikanischer Löwe
Größe	bis 115 cm (Schulterhöhe)
Gewicht	bis 250 kg
Geschwindigkeit	55 km/h
Lebensraum	...
Aussehen	...

B Ein Steckbrief über mich

Vorname	Katja
Name	Thielen
geboren am:	...
...	...

C Die Telefonliste meiner Klasse

Anna Armer	...
Baran Kizil	...
...	...

D Mein Stundenplan

Stunde	Montag	Dienstag	Mittwoch	...
1	Englisch	Musik	Deutsch	...
2	Englisch	Musik	Deutsch	...
3	...	...	...	...

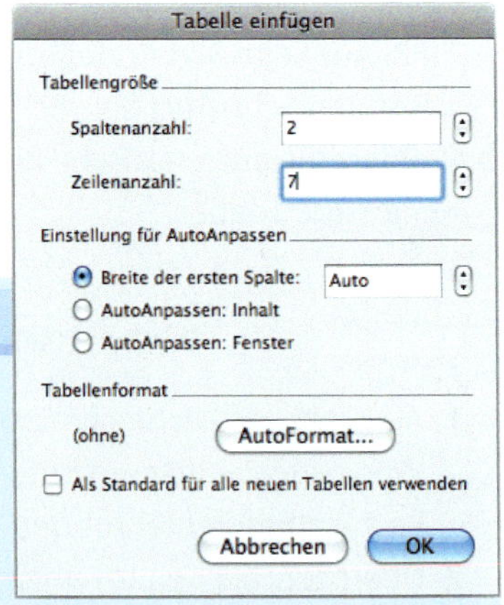

Methode **Tabellen mit dem Computer anlegen**

1 Klickt mit der Maustaste an die Stelle in eurem Textdokument, an der die Tabelle stehen soll.

2 Klickt dann in der Menüleiste auf Tabelle, danach auf Einfügen, zuletzt auf Tabelle. Wählt jetzt aus, wie viele Spalten und Zeilen eure Tabelle haben soll.

3 Nachträglich eine Spalte oder eine Zeile hinzufügen: Klickt in eurer Tabelle an die Stelle, an der ihr eine Spalte oder eine Zeile einfügen wollt. Klickt dann in der Menüleiste auf Tabelle, danach auf Einfügen. Wählt nun aus, was ihr einfügen wollt, z. B. Spalte nach links, Spalte nach rechts, Zeile oberhalb, Zeile unterhalb.

TIPP: Ihr könnt jede Aktion wieder rückgängig machen, indem ihr auf diesen Pfeil ↶ klickt.

Orientierungswissen

Sprechen und Zuhören

Gesprächsregeln

► S. 32–34

Gespräche, in denen verschiedene Meinungen oder Wortbeiträge ausgetauscht werden, sollten nach bestimmten Regeln ablaufen, damit die Verständigung erleichtert wird.
Die wichtigsten Gesprächsregeln sind:

- Jede/r äußert sich nur zu dem Thema, um das es geht.
- Wir melden uns zu Wort und reden nicht einfach los.
- Wir hören den anderen Gesprächsteilnehmern aufmerksam zu.
- Wir fallen den anderen Gesprächsteilnehmern nicht ins Wort.
- Niemand wird wegen seiner Äußerungen beleidigt, verspottet oder ausgelacht.
- Wir befolgen die Hinweise des Gesprächsleiters oder der Gesprächsleiterin.

Die eigene Meinung begründen

► S. 35–36

In einem Gespräch oder einer Diskussion gibt es oft unterschiedliche Meinungen zu einem Thema. Um andere von der eigenen **Meinung** zu überzeugen, braucht man gute **Begründungen (Argumente),** z. B.:
Ich bin der Meinung, dass wir in den Zoo fahren sollten, weil man dort viele Tierarten kennen lernen kann.
Wir sollten unseren Klassenraum streichen, denn die alte Farbe hat Flecken.
Eine **Begründung** (ein Argument) könnt ihr z. B. mit folgenden Wörtern **einleiten:** *weil, da, denn, deshalb.*

Diskutieren

► S. 36; 216

In einer Diskussion tauschen sich mehrere Personen zu einer Frage aus. Sie können dabei unterschiedliche Meinungen vertreten.
Diskussionsfrage, z. B.: *Sollen wir eine Klassenkasse anschaffen?*

- **Bildet euch eine Meinung** und drückt sie in einem Satz aus, z. B.: *Ich bin für die Anschaffung einer Klassenkasse.*
- **Begründet eure Meinung** durch Argumente, z. B.: *Ich bin für die Anschaffung einer Klassenkasse, weil wir mit dem Geld etwas gemeinsam unternehmen können.*
- **Geht** in der Diskussion **auf die Meinung der anderen ein**, z. B.: *Was Tobias gesagt hat, finde ich gut, weil ...*

Schreiben

Einen Bericht verfassen

► S. 18

Ein Bericht informiert über ein vergangenes Ereignis. Er beschränkt sich auf die wichtigsten Informationen und **beantwortet die W-Fragen.** Die Sprache ist **sachlich** und enthält keine persönlichen Wertungen oder Umgangssprache.

Einen persönlichen Brief schreiben

► S. 19–21; 30

Briefe werden an einen oder mehrere Empfänger geschickt. Danach richten sich Inhalt und Wortwahl des Schreibens. Einen Brief an euren Opa könnt ihr anders formulieren als den an eure Lehrerin oder euren Lehrer. Briefe sind nach dem folgenden Muster aufgebaut:

Briefkopf
Ort und Datum

Anrede
Nach der Anrede setzt ihr entweder ein Ausrufezeichen und beginnt danach groß oder ihr setzt ein Komma und schreibt klein weiter.
Wenn ihr jemanden siezt, schreibt ihr die Anredepronomen groß, z. B.: *Sie, Ihnen, Ihr* usw. Sonst könnt ihr sie kleinschreiben, z. B.: *dir, dein, euch, euer.*

Brieftext
- Geht auf die Empfängerin/den Empfänger ein: Überlegt, was sie/ihn interessiert.
- Gliedert euren Brief in Einleitung, Hauptteil und Schluss. Trennt die einzelnen Teile durch Absätze.
- Sprecht zu Beginn den Empfänger direkt an. Beantwortet Fragen und stellt selbst welche.
- Schreibt über ein Erlebnis und teilt Neuigkeiten mit.
- Sagt auch etwas über eure Gedanken und Gefühle.
- Baut im Schlussteil Anreize ein, die die Empfängerin/den Empfänger dazu anregen, einen Antwortbrief zu schreiben. Stellt z. B. Fragen. Sendet gute Wünsche.

Grußformel und Unterschrift
Die Grußformel und die Unterschrift stehen jeweils in einer eigenen Zeile. Am Ende setzt man weder Punkt noch Ausrufezeichen.

Burgdorf, den 1. Oktober 2012

Liebe Frau Pütz,	*Hallo Rudi!*
*sicher wollen **Sie** wissen, wie es mir geht.*	*Sicher bist **du** neugierig, wie es bei mir so läuft.*

Vielen Dank für ...
Wie geht es dir?
Jch habe mich so über ... gefreut.

Die letzten Wochen waren ...
Mir gefällt ...

Wie war die erste Woche bei dir?
Hast du schon ...?
Jch hoffe, du meldest dich bald.

Herzliche Grüße	*Liebe Grüße*
Viele Grüße	*Bis bald*
Jhre Jana	*dein Manuel*

Einen Vorschlag schriftlich begründen (Stellung nehmen)

▶ S. 37–38; 46–50

In einer Stellungnahme äußert ihr euch zu einer Frage oder zu einem Thema (z. B. *Wohin soll der Klassenausflug gehen? In das Schokoladenmuseum oder in den Kletterpark?*).

- Ihr bildet euch eine **Meinung** und formuliert sie in einem vollständigen Satz.
- Dann führt ihr **überzeugende Begründungen** (Argumente) für eure Meinung an.
- Zum Schluss **fasst** ihr eure **Meinung** oder eure Forderung/Bitte noch einmal **zusammen**.

Beispiel: Einen Vorschlag schriftlich begründen (in einem Brief).

Ort und Datum	*Burgdorf, den 4. Oktober 2011*
Anrede	*Sehr geehrte Frau ...,/Sehr geehrter Herr ...,*
Meinung und	*ich bin der Meinung, dass wir mit der Klasse in den Kletterpark fahren sollten.*
Begründung 1	*Ich schlage das vor, weil ...*
Begründung 2	*Außerdem ...*
Begründung 3	*Ein weiterer Grund für dieses Ausflugsziel ist ...*
Bitte oder Wunsch zusammenfassen	*Ich würde mich sehr freuen, wenn Sie meinen Vorschlag unterstützen würden und wir in den Kletterpark fahren.*
Grußformel	*Mit freundlichen Grüßen*
Unterschrift	*Katharina Theml*

Erzählen

Erlebnisse erzählen (Erlebniserzählung)

▶ S. 52–56

Beim Erzählen wird ein wirkliches oder ein erdachtes Erlebnis wiedergegeben.
Eine Erzählung hat meist folgenden Aufbau (roten Faden):

- **Einleitung:** Mit der Einleitung führt man in die Handlung ein. Hier informiert man den Leser in der Regel über Ort (Wo?) und Zeit (Wann?) des Geschehens und stellt mindestens eine Hauptfigur (Wer?) vor. (▶ Hinweise, wie ihr die Einleitung gestalten könnt, findet ihr auf Seite 54.)
- **Hauptteil:** Der Hauptteil ist der Kern der Geschichte. Hier wird die Spannung schrittweise bis zum Höhepunkt der Geschichte gesteigert. Der Leser soll „mitfiebern", was nun passieren wird. (▶ Wie ihr im Hauptteil spannend und anschaulich erzählen könnt, erfahrt ihr auf Seite 55.)
- **Schluss:** Der Schluss rundet die Geschichte ab. Man kann erzählen, wie die Handlung ausgeht, oder absichtlich den Ausgang offenlassen. (▶ Welche Möglichkeiten es gibt, den Schluss einer Erzählung zu schreiben, erfahrt ihr auf Seite 56.)

Die **Überschrift** soll den Leser neugierig machen, aber noch nicht zu viel verraten.
Eine Geschichte wird in der Regel im **Präteritum** (1. Vergangenheit) erzählt, z. B.: *ich schlief, ich hörte.*
Die Ich-Form eignet sich besonders gut zum Erzählen von Erlebnissen.

Nach Bildern erzählen (Bildergeschichte)

► S. 57–58; 72–74

Auch Bilder können der Ausgangspunkt für eine Erzählung sein. Die vorgegebenen **Bilder** zeigen euch die **wichtigsten Momente der Geschichte.**

- Seht euch jedes Bild genau an und findet heraus, worum es in der Bildergeschichte geht. Achtet dabei auch auf Kleinigkeiten und schaut, welchen Gesichtsausdruck (Mimik) und welche Köpersprache (Gestik) die Figuren haben.
  TIPP: Stellt euch die Geschichte wie einen Film vor. In welchem Bild liegt der Höhepunkt?
- Sammelt Ideen für eine Geschichte. Notiert zu jedem Bild einige Stichworte.
- Plant den Aufbau eurer Geschichte, indem ihr die Erzählschritte in einem Schreibplan festlegt.
- Schreibt zu den Bildern eine spannende und anschauliche Erzählung mit Einleitung, Hauptteil und Schluss. Berücksichtigt dabei die Hinweise zur Erlebniserzählung (► S. 321).

Nach Reizwörtern erzählen (Reizwortgeschichte)

► S. 59

Ähnlich wie bei den einzelnen Bildern einer Bildergeschichte stellen die **Reizwörter** verschiedene **Schritte einer Erzählung** dar. Dabei könnt ihr die einzelnen Schritte nach eigenen Ideen verknüpfen. Beim Schreiben einer Reizwortgeschichte solltet ihr Folgendes beachten:

- Die Reizwörter sollen alle in der Geschichte vorkommen und eine besondere Rolle spielen. Die Reihenfolge der Reizwörter könnt ihr selbst festlegen.
- Sammelt Ideen für eine Geschichte. Plant dann den Aufbau eurer Geschichte, indem ihr die Erzählschritte in einem Schreibplan festlegt.
- Schreibt mit den Reizwörtern eine spannende und anschauliche Erzählung mit Einleitung, Hauptteil und Schluss. Berücksichtigt dabei die Hinweise zur Erlebniserzählung (► S. 321).

Eine Nacherzählung schreiben

► S. 103–106; 108–109

1 **Die Textvorlage verstehen:** Wenn ihr eine Geschichte nacherzählt, ist es wichtig, dass ihr die ursprüngliche Geschichte genau verstanden habt. Geht so vor:
   - Lest die Geschichte mehrmals und notiert in Stichworten Antworten zu den folgenden Fragen:
     - Wer sind die Hauptfiguren der Geschichte?
     - Wo (Ort) und wann (Zeit) spielt das Geschehen?
     - Was geschieht nacheinander (Handlung) und wo liegt der Höhepunkt der Geschichte?

2 **Die Nacherzählung schreiben:** Versetzt euch beim Nacherzählen in die Ereignisse und die Figuren der Geschichte hinein. Geht beim Schreiben so vor:
   - Beachtet **die richtige Reihenfolge der Erzählschritte.** Haltet euch an den Handlungsverlauf der ursprünglichen Geschichte.
   - Lasst nichts Wichtiges weg und fügt nichts hinzu.
   - Erzählt **mit euren eigenen Worten.**
   - Schreibt **anschaulich und lebendig.** Gestaltet den Höhepunkt der Geschichte besonders aus.
   - Teilt die **Gedanken** und die **Gefühle der Hauptfiguren** mit und verwendet die **wörtliche Rede**.
   - Verwendet die **Zeitform der Textvorlage** (meist Vergangenheit).

Beschreiben

▶ S. 75–90

In einer Beschreibung wird ein Tier, eine Person oder ein Vorgang (z. B. Bastelanleitung, Rezepte, Spielanleitung) so dargestellt, dass jemand, der das Beschriebene nicht kennt, eine genaue Vorstellung davon bekommt. Eine Beschreibung muss **anschaulich, genau** und **frei von persönlichen Wertungen** sein. Beschreibungen stehen im **Präsens.**

Einen Steckbrief anfertigen

▶ S. 78

In einem Tier-Steckbrief solltet ihr auf die folgenden Merkmale eingehen: Name/Rasse des Tieres (z. B.: *Labrador*), Größe/evtl. auch Gewicht (z. B.: *57 cm groß und 40 kg schwer*), Farbe (z. B.: *hellgelb*), Körperbau (z. B.: *muskulöser Hund, breiter Schädel ...*), besondere Merkmale/Auffälligkeiten im Verhalten (z. B.: *Fleck auf der Zunge*). Legt eine sinnvolle Reihenfolge für eure Angaben fest, z. B. von den wichtigen Merkmalen zu den weniger wichtigen. Verwendet **passende Adjektive,** z. B.: *hellgelb, klein.* **Vermeidet persönliche Wertungen** wie *schön, lieb, süß.* Überlegt, für welchen **Zweck** ihr euren Steckbrief anlegt, z. B. Suchmeldung oder Tiervorstellung.

Ein Tier beschreiben

▶ S. 79–83; 88–90

Das Ziel einer Tierbeschreibung ist, dass sich andere, die das Tier nicht vor Augen haben, das beschriebene Tier genau vorstellen können. Achtet bei eurer Beschreibung auf eine Ordnung:

- Beginnt mit dem **Gesamteindruck** (z. B. Tierart, Name, ungefähre Größe und Gewicht, evtl. Alter).
- Beschreibt dann die **besonderen Merkmale** (z. B. Farbe und Länge des Fells, Kopfform, Augenfarbe ...) von oben nach unten, also vom Kopf bis zu den Beinen.

Sprachliche Mittel:

- Verwendet passende Adjektive, z. B.: *schneeweiß, klein, winzig, kugelrund.*
- Verwendet an Stelle der Wörter „ist", „sind" und „haben" treffende Verben, z. B.: *tragen, besitzen.*
- Formuliert eure Beschreibung im Präsens (Gegenwartsform).

Einen Vorgang beschreiben

▶ S. 84–87

In einer Vorgangsbeschreibung beschreibt ihr einen Vorgang – etwas basteln, etwas kochen, ein Spiel oder einen Versuch durchführen – so genau, dass andere ihn selbst ausführen können.

- Formuliert **eine Überschrift,** die sagt, was hergestellt wird, z. B.: *Ein Futterhaus für Vögel.*
- Nennt in der **Einleitung** die notwendigen Materialien, z. B.: *ein Meter Kordel.*
- Beschreibt im **Hauptteil** Schritt für Schritt den Ablauf des Vorgangs, z. B.: *Zuerst bemalst du den Blumentopf mit der Farbe. Danach nimmst du ...*
- Zum **Schluss** könnt ihr einen **Tipp** zur Benutzung geben.

Sprachliche Mittel:

- Verwendet nur **eine Form der Ansprache:** *Man benötigt ...* oder *Du benötigst ...*
- Macht die **Reihenfolge** der einzelnen Arbeitsschritte **deutlich,** z. B.: *zuerst, dann, danach ...*
- Schreibt im **Präsens** (Gegenwartsform).

Lesen – Umgang mit Texten und Medien

Erzählung

Eine Erzählung ist eine Geschichte, in der von Ereignissen erzählt wird, die tatsächlich passiert sind oder die erfunden sind.

Erzählschritte in einer Geschichte

▶ S. 136–139

Jede Geschichte besteht in der Regel aus mehreren Erzählschritten, die man auch **Handlungsabschnitte** nennt. Ein neuer Erzählschritt beginnt häufig dann, wenn z. B.:

- der Ort der Handlung wechselt, z. B.: *Auf der Insel angekommen ...*
- ein Zeitsprung stattfindet, z. B.: *Am nächsten Morgen ...*
- eine neue Figur auftaucht, z. B.: *Bald tauchte Ben Rogers auf ...*
- die Handlung eine Wendung erfährt, z. B.: *Auf einmal ...*
- ein Wandel in den Gedanken und Gefühlen der Hauptfigur stattfindet, z. B.: *Ich fühlte mich plötzlich leicht und fröhlich ...*

Die Figuren einer Geschichte

▶ S. 140–142

Die **Personen,** die **in einer Geschichte** vorkommen bzw. handeln, **nennt man Figuren.** Sie haben ein bestimmtes Aussehen, bestimmte Eigenschaften, Gefühle, Gedanken und Absichten. In vielen Geschichten gibt es eine **Hauptfigur,** über die der Leser besonders viel erfährt. Um eine Geschichte zu verstehen, solltet ihr euch ein klares Bild von den einzelnen Figuren machen.
Auch Tiere können handelnde Figuren in Erzähltexten sein, z. B. in einem Märchen.

Ich-Erzähler oder Er-/Sie-Erzähler

▶ S. 143–145

- Der **Ich-Erzähler** (oder die Ich-Erzählerin) ist selbst als handelnde Figur in das Geschehen verwickelt. Er/Sie schildert die Ereignisse aus seiner/ihrer persönlichen Sicht, z. B.: *An diesem Tag geschah etwas, was ich nie für möglich gehalten hätte. Meine Schwester hatte ...*
- Der **Er-/Sie-Erzähler** ist nicht am Geschehen beteiligt und erzählt von allen Figuren in der Er-Form bzw. in der Sie-Form. *An diesem Tag geschah etwas, dass David nie für möglich gehalten hätte. Seine Schwester hatte ...*

Erzählweisen unterscheiden

▶ S. 146–149

Spannend wird erzählt, wenn z. B.:
- Zeit und/oder Ort unheimlich wirken.
- von einer gefährlichen Situation erzählt wird.
- Rätselhaftes geschieht oder der Ausgang eines Geschehens ungewiss bleibt.
- spannungssteigernde Wörter und Wendungen verwendet werden, z. B.: *schlagartig, auf unheimliche Weise.*

Lustig wird erzählt, wenn z. B.:
- eine Situation zum Lachen reizt.
- eine Figur auftaucht, die durch ihr Aussehen, ihre Redeweise oder ihr Verhalten komisch wirkt.
- lustige Namen verwendet werden.
- etwas stark übertrieben wird.
- eine Sprache verwendet wird (z. B. eine besonders vornehme), die nicht zur Situation passt.

Schelmengeschichte (Schwank)

▶ S. 91–112

Eine Schelmengeschichte (auch Schwank genannt) ist eine **kurze, lustige Erzählung.** Sie handelt von einem witzigen Ereignis oder von einem Streich, der jemandem gespielt wird.
Die **Helden sind Schelme und Narren,** die ihre Mitmenschen **mit einer List** hereinlegen und ihnen damit **eine Lehre erteilen.**
Wie ein Witz hat auch die Schelmengeschichte **einen lustigen Höhepunkt (Pointe),** der meist darin besteht, dass der Schwächere (z. B. der Schelm, der Knecht) den Stärkeren (z. B. den Gelehrten, den Reichen, den Herrn oder den König) an der Nase herumführt.

Besonders bekannt sind die Streiche von **Till Eulenspiegel,** der seine Aufträge (z. B. die Kerze löschen) oft wörtlich nimmt und damit nicht im gemeinten Sinne ausführt.
In der orientalischen Literatur sind die Schelmengeschichten von **Nasreddin Hoca** (sprich: Hodscha) besonders bekannt und beliebt. In den Geschichten wird er uns als ein gewitzter Mann vorgestellt, der zu jeder Situation eine treffende Antwort oder Lebensweisheit hat.

Märchen

▶ S. 113–134

Märchen haben immer wiederkehrende Merkmale, an denen man sie gut erkennen kann.
Dabei sind natürlich nicht in jedem Märchen alle diese Merkmale zu finden.

Ort und Zeit

- Ort und Zeitpunkt der Handlung sind nicht durch genaue Angaben festgelegt, z. B.: *hinter den sieben Bergen, vor langer Zeit*.

Figuren

- Es treten typische Figuren auf, z. B. *König und Königin, Prinz und Prinzessin, Handwerker und Bauern, die böse Stiefmutter,* aber auch fantastische Figuren, z. B. *sprechende Tiere, Feen, Hexen, Riesen, Zwerge, Zauberer, Drachen* usw.
- Die Figuren sind häufig auf wenige Eigenschaften festgelegt, z. B.: *die gute Fee, die böse Hexe, die schöne Königstochter.*

Handlung

- Meist siegt am Ende das Gute und das Böse wird bestraft.
- Der Held/Die Heldin muss Prüfungen bestehen oder Aufgaben erfüllen (häufig drei).
- Im Märchen geschehen wunderbare Dinge: Tiere können sprechen, es gibt magische Gegenstände (z. B. *einen Wundertisch, ein Zauberkästchen*) und Zauberei.

Erzählweise

- Oft enthalten Märchen feste sprachliche Formeln, z. B.: *Es war einmal, Und wenn sie nicht gestorben sind ...*
- Die Zahlen Drei, Sieben, Zwölf spielen häufig eine besondere Rolle, z. B. *drei Wünsche, sieben Zwerge, zwölf Gesellen.*
- Oft gibt es Reime oder Zaubersprüche, z. B.: *Ach wie gut, dass niemand weiß, dass ich Rumpelstilzchen heiß!*

Gedichte

▶ S. 157–172

In Gedichten könnt ihr einige sprachliche Besonderheiten entdecken.

Vers:
Die Zeilen eines Gedichts heißen Verse.

Strophe:
Eine Strophe ist ein Gedichtabschnitt, der aus mehreren Versen besteht. Die einzelnen Strophen eines Gedichts sind durch eine Leerzeile voneinander getrennt. Häufig bestehen Gedichte aus mehreren, gleich langen Strophen.

Reim:
Oft werden die einzelnen Verse (Gedichtzeilen) durch einen Reim miteinander verbunden. Zwei Wörter reimen sich, wenn sie vom letzten betonten Vokal an gleich klingen, z. B.: *Haus – Maus, singen – entspringen.*
Die regelmäßige Abfolge von Endreimen ergibt verschiedene Reimformen. Dabei werden Verse, die sich reimen, mit den gleichen Kleinbuchstaben gekennzeichnet, z. B.:

- **Paarreim:** Wenn zwei aufeinanderfolgende Verse sich reimen, sprechen wir von einem Paarreim (a, a, b, b):
  ... Katertier a
  ... Kavalier a
  ... Garten b
  ... erwarten b
- **Kreuzreim:** Reimen sich – über Kreuz – der 1. und der 3. sowie der 2. und der 4. Vers, dann nennt man das Kreuzreim (a, b, a, b).
  ... verschieden a
  ... Bauch b
  ... zufrieden a
  ... auch b
- **umarmender Reim:** Wird ein Paarreim von zwei Versen umschlossen (umarmt), die sich ebenfalls reimen, heißt dies umarmender Reim (a, b, b, a).
  ... springen a
  ... Traum b
  ... Raum b
  ... singen a

Versmaß (Metrum):
Die Zeilen eines Gedichts sind häufig nach einer regelmäßigen Abfolge von betonten (X́) und unbetonten Silben (X) gegliedert.
Dies wird auch Versmaß (Metrum) genannt.

X́ X X́ X X́ X X́
Schnurrdiburr, das Katertier,

X́ X X́ X X́ X X́
Ist ein echter Kavalier.

Theater

▶ S. 173–184

In einem Theaterstück gibt es Rollen, die von Schauspielerinnen und Schauspielern gespielt werden. Die **Handlung** wird **durch** die **Gespräche** zwischen den Personen auf der Bühne (Dialoge) **ausgedrückt**. Im Theater sprechen die Schauspieler aber nicht nur ihren Text, sie gebrauchen auch ihre **Stimme** (Sprechweise und Betonung), ihre **Körpersprache** (Gestik) und ihren **Gesichtsausdruck** (Mimik), um Gefühle und Stimmungen auszudrücken.
Wichtige Theaterbegriffe:

- **Rolle:** Rolle nennt man die **Figur, die eine Schauspielerin oder ein Schauspieler in einem Theaterstück verkörpert,** z. B. die Rolle des Löwen, die Rolle des Ritters usw.
- **Szene:** Eine Szene ist ein kurzer, abgeschlossener Teil eines Theaterstücks. Eine Szene endet, wenn neue Figuren auftreten und/oder Figuren abtreten. Meistens erlischt am Ende einer Szene auch die Bühnenbeleuchtung.
- **Regieanweisungen:** Regieanweisungen geben Hinweise darauf, wie die Figuren reden und sich verhalten sollen. Sie stehen oft in Klammern und/oder sind kursiv (schräg) gedruckt.
- **Improvisieren:** Improvisieren bedeutet, etwas spontan und unvorbereitet zu tun. Beim Theaterspielen spricht man auch vom „Spielen aus dem Stegreif“.
- **Pantomime:** Bei einer Pantomime stellt ihr etwas **ohne Worte,** nur durch Mimik (Gesichtsausdruck) und Gestik (Körpersprache) dar.

Sachtexte

▶ S. 185–194; 202–204

Sachtexte unterscheiden sich von literarischen Texten (z. B. einer Erzählung, einem Märchen oder einem Gedicht) dadurch, dass sie sich vorwiegend mit wirklichen (realen) Ereignissen und Vorgängen beschäftigen und **informieren wollen.**
Es gibt **verschiedene Formen von Sachtexten,** z. B.: Lexikonartikel, Sachbuchtexte, Zeitungs- oder Zeitschriftenartikel, Beschreibungen eines Vorgangs (Gebrauchsanleitungen, Kochrezepte ...).
Häufig findet man in Sachtexten Tabellen oder Grafiken (z. B. eine Landkarte, ein Balkendiagramm), Fotos oder andere Abbildungen.

Einen Sachtext lesen und verstehen (Fünf-Schritt-Lesemethode)

1. **Lest** zunächst nur die **Überschrift** (evtl. auch die Zwischenüberschriften) und die ersten drei bis fünf Zeilen des Textes. **Betrachtet** dann **die Abbildungen.** Überlegt, worum es in dem Text gehen könnte, und ruft euch ins Gedächtnis, was ihr vielleicht schon über das Thema wisst.
2. **Lest dann den gesamten Text zügig durch,** ohne euch an Einzelheiten aufzuhalten, die ihr nicht sofort versteht. Macht euch klar, was das Thema des Textes ist.
3. Lest den Text ein zweites Mal sorgfältig durch. Klärt anschließend unbekannte oder schwierige Wörter aus dem Textzusammenhang, durch Nachdenken oder durch das Nachschlagen in einem Wörterbuch.
4. Markiert **die wichtigsten Schlüsselwörter** (Wörter, die für die Aussage des Textes besonders wichtig sind) und **gliedert den Text in Sinnabschnitte.** Gebt jedem Abschnitt eine **treffende Überschrift.**
   Ein neuer Sinnabschnitt beginnt dort, wo ein neues Unterthema angesprochen wird.
5. **Fasst** die wichtigsten **Informationen** des Textes in wenigen Sätzen **zusammen.** Beantwortet hierbei die W-Fragen (Was ...?; Wo ...?; Wie ...? usw.).

Tabellen lesen

► S. 190–191

Beim Lesen einer Tabelle könnt ihr so vorgehen:

1 Stellt fest, worüber die Tabelle informiert. Entweder gibt es für die gesamte Tabelle eine Überschrift oder die oberste Zeile der Tabelle bildet eine Art Überschrift.
2 Verschafft euch einen Überblick darüber, welche Informationen die Spalten (verlaufen von oben nach unten) und die Zeilen (verlaufen von links nach rechts) enthalten.
3 Lest die Angaben in den einzelnen Feldern der Tabelle. Wozu macht die Tabelle Angaben? Gibt es Maßeinheiten in der Tabelle, z. B. Meter, Kilogramm, Stunden usw.?
4 Notiert eure Beobachtungen: Welche Angaben werden in der Tabelle gemacht?

Grafiken entschlüsseln

► S. 192–193

Beim Entschlüsseln einer Grafik könnt ihr so vorgehen:

1 Stellt fest, worum es in der Grafik geht. Hierbei hilft euch die Überschrift, wenn es eine gibt.
2 Untersucht, was in der Grafik dargestellt wird: Erklärt sie einen Vorgang, den Aufbau oder die Funktion von etwas oder verdeutlicht sie eine Lage, wie z. B. eine Landkarte?
3 Prüft, ob die Grafik Farben, Beschriftungen oder Symbole enthält, die erklärt werden.
4 Schreibt auf, worüber die Grafik informiert.

Fernsehen

► S. 205–212

Bei Fernsehsendungen unterscheidet man Unterhaltungs- und Informationssendungen. Zu den **Unterhaltungssendungen** gehören z. B. Fernsehserien, die entweder täglich oder wöchentlich gesendet werden, Fernsehshows (z. B. *Wer wird Millionär?*) und Fernsehfilme. Zu den **Informationssendungen** zählen z. B. Nachrichtensendungen (wie die *Tagesschau*) und Dokumentationen (z. B. *Expeditionen ins Tierreich*).

Fernsehserien

► S. 208–212

Serien werden im Fernsehen **täglich oder wöchentlich gesendet.**

Die Figuren in einer Fernsehserie

- Oft gehören zwei Figuren zusammen. Solche Paare können sich nahestehen, z. B. weil sie befreundet sind. Sie können aber auch Gegenspieler sein, zwischen denen es Streitigkeiten gibt.
- Häufig haben die Figuren klare Eigenschaften. Sie sind z. B. sehr schlau, sehr mutig, sehr gut oder sehr böse.

Der Handlungsaufbau einer Serienfolge

- Die Handlung einer Serienfolge besteht meist aus mehreren Handlungssträngen, die im Wechsel gezeigt werden. In jedem Handlungsstrang wird eine kleine Geschichte erzählt.
- Einen neuen Handlungsstrang erkennt man z. B. daran, dass die Hauptfiguren wechseln oder andere Ereignisse im Vordergrund stehen.
- In einer Serienfolge werden nie alle Handlungsstränge beendet. Es bleiben immer Fragen offen oder Probleme ungelöst, damit man gespannt ist, wie es weitergeht.

Nachdenken über Sprache

Wortarten

Das Nomen (Plural: die Nomen)

▶ S. 220–228

Die meisten Wörter in unserer Sprache sind Nomen (auch: Hauptwörter, Substantive).
Nomen bezeichnen:
- Lebewesen/Eigennamen, z. B.: *Frosch, Baum, Susanne,*
- Gegenstände, z. B.: *Haus, Schreibtisch, MP3-Player,*
- Begriffe (Gedanken, Gefühle, Zustände ...), z. B.: *Angst, Mut, Freude, Ferien, Freundschaft.*

Nomen werden immer **großgeschrieben.**
Sie werden häufig von **Wörtern begleitet,** an denen wir sie erkennen können, z. B. einem **Artikel** *(der Hase, eine Uhr)* oder einem Adjektiv *(blauer Himmel, fröhliche Menschen).*

Genus (grammatisches Geschlecht; Plural: die Genera)

▶ S. 223–224

Jedes Nomen hat ein Genus (ein grammatisches Geschlecht), das man **an** seinem **Artikel erkennen** kann. Ein Nomen ist entweder
- ein **Maskulinum** (männliches Nomen), z. B.: *der Stift, der Regen, der Hund,*
- ein **Femininum** (weibliches Nomen), z. B.: *die Uhr, die Sonne, die Katze,* oder
- ein **Neutrum** (sächliches Nomen), z. B.: *das Buch, das Eis, das Kind.*

Das **grammatische Geschlecht** eines Nomens stimmt **nicht immer** mit dem **natürlichen Geschlecht** überein, z. B.: *das Mädchen, das Kind.*

Numerus (Anzahl; Plural: die Numeri)

▶ S. 224–225

Nomen haben einen Numerus, d. h. eine Anzahl. Sie stehen entweder im
- **Singular** (Einzahl), z. B.: *der Wald, die Jacke, das Haus,* oder im
- **Plural** (Mehrzahl), z. B.: *die Wälder, die Jacken, die Häuser.*

Der Kasus (Fall; Plural: die Kasus, mit langem u gesprochen)

▶ S. 226–228

In Sätzen erscheinen Nomen immer in einem bestimmten Kasus, das heißt in einem grammatischen Fall. **Im Deutschen gibt es vier Kasus.** Nach dem Kasus richten sich die Form des Artikels und die Endung des Nomens. Man kann den **Kasus** eines Nomens **durch Fragen ermitteln:**

Kasus	Kasusfrage	Beispiele
1. Fall: **Nominativ**	*Wer oder was ...?*	*Der Junge liest ein Buch.*
2. Fall: **Genitiv**	*Wessen ...?*	*Das Buch des Jungen ist spannend.*
3. Fall: **Dativ**	*Wem ...?*	*Ein Mädchen schaut dem Jungen zu.*
4. Fall: **Akkusativ**	*Wen oder was ...?*	*Sie beobachtet den Jungen genau.*

Meist ist der Kasus am veränderten Artikel des Nomens erkennbar, manchmal auch an der Endung des Nomens, z. B.: *des Mannes, des Mädchens, den Kindern.*
Wenn man ein Nomen in einen Kasus setzt, nennt man das **deklinieren** (beugen).

Der Artikel (Plural: die Artikel)

▶ S. 221–222

Das Nomen wird häufig von einem Artikel begleitet. Man unterscheidet zwischen dem bestimmten Artikel *(der, die, das)* und dem unbestimmten Artikel *(ein, eine, ein)*, z. B.:

	bestimmter Artikel	**unbestimmter Artikel**
männlich	*der Stift*	*ein Stift*
weiblich	*die Uhr*	*eine Uhr*
sächlich	*das Buch*	*ein Buch*

Das Pronomen (Fürwort; Plural: die Pronomen)

▶ S. 229–231

Das Pronomen ist ein **Stellvertreter oder Begleiter; es vertritt oder begleitet ein Nomen.** Es gibt verschiedene Arten von Pronomen.

- **Das Personalpronomen** (persönliches Fürwort)
  Mit den **Personalpronomen** *(ich, du, er, sie, es, wir, ihr, sie)* kann man **Nomen und Namen ersetzen,** z. B.:

  Die Katze möchte ins Haus. Sie miaut. Schnell lassen wir sie herein.

  Paul rennt zum Bus. Er hat verschlafen und weiß, dass der Busfahrer nicht auf ihn wartet.

  Personalpronomen werden wie die Nomen dekliniert (gebeugt):

Kasus	**Singular** 1. Pers.	**2. Pers.**	**3. Pers.**	**Plural** 1. Pers.	**2. Pers.**	**3. Pers.**
1. Fall: **Nominativ**	*ich*	*du*	*er/sie/es*	*wir*	*ihr*	*sie*
2. Fall: **Genitiv**	*meiner*	*deiner*	*seiner/ihrer/seiner*	*unser*	*euer*	*ihrer*
3. Fall: **Dativ**	*mir*	*dir*	*ihm/ihr/ihm*	*uns*	*euch*	*ihnen*
4. Fall: **Akkusativ**	*mich*	*dich*	*ihn/sie/es*	*uns*	*euch*	*sie*

- **Das Possessivpronomen** (besitzanzeigendes Fürwort)
  Possessivpronomen *(mein/meine – dein/deine – sein/seine, ihr/ihre – unser/unsere – euer/eure – ihr/ihre)* **geben an, zu wem etwas gehört,** z. B.: *mein Buch, deine Tasche, unsere Lehrerin.*
  Possessivpronomen begleiten meist Nomen und stehen dann in dem gleichen Kasus (Fall) wie das dazugehörige Nomen, z. B.:
  Ich gebe meinen Freunden eine Einladungskarte. (Wem? → Dativ)

Das Adjektiv (das Eigenschaftswort; Plural: die Adjektive)

▶ S. 233–236

Adjektive drücken aus, wie etwas ist. Mit Adjektiven können wir die **Eigenschaften** von Lebewesen, Dingen, Vorgängen, Gefühlen und Vorstellungen genauer beschreiben, z. B.:
der starke Wind, der schwache Wind, der eiskalte Wind.
Adjektive werden **kleingeschrieben.** Adjektive, die vor einem Nomen stehen, haben den gleichen Kasus wie das Nomen: *der kalte See, die kalten Seen, des kalten Sees.*

- **Steigerung der Adjektive**
  Adjektive kann man steigern (z. B.: *schön – schöner – am schönsten*). So kann man z. B. Dinge und Lebewesen miteinander vergleichen. Es gibt drei Steigerungsstufen:

Positiv (Grundform)	**Komparativ (1. Steigerungsstufe)**	**Superlativ (2. Steigerungsstufe)**
Lars ist groß.	*Stefan ist größer.*	*Fabian ist am größten.*

- **Vergleiche mit *wie* und *als:***
  Vergleiche mit dem Positiv werden mit *wie* gebildet, z. B.: *Tim ist genauso groß wie Yvonne.* Vergleiche mit dem Komparativ werden mit dem Vergleichswort *als* gebildet, z. B.: *Meine Schuhe sind kleiner als deine.*

Die Präposition (das Verhältniswort; Plural: die Präpositionen)

▶ S. 237–238

Präpositionen wie *in, auf, unter* drücken **Verhältnisse und Beziehungen** von Gegenständen, Personen oder anderem aus. Oft beschreiben sie ein **örtliches** Verhältnis *(auf dem Dach)* oder ein **zeitliches** Verhältnis *(bis Mitternacht)*. Sie können aber auch einen **Grund** *(wegen der Hitze)* angeben oder die **Art und Weise** *(mit viel Energie)* bezeichnen.
Beispiele:

▪ örtliches Verhältnis	*auf, in, hinter, neben, unter, vor, über, zwischen*
▪ zeitliches Verhältnis	*nach, vor, seit, um, bis, in*
▪ Angabe des Grundes	*wegen, trotz, aufgrund/auf Grund*
▪ Angabe der Art und Weise	*ohne, mit*

Präpositionen sind nicht flektierbar (veränderbar). Die Präposition steht in der Regel vor einem Nomen (mit oder ohne Begleiter) oder Pronomen. Sie bestimmt den Kasus des nachfolgenden Wortes (oder der nachfolgenden Wortgruppe), z. B.: *mit dir, wegen des Regens, bei dem Schnee.*

Die Konjunktion (das Bindewort; Plural: die Konjunktionen)

▶ S. 267–271

Konjunktionen **verbinden Satzteile oder Teilsätze** miteinander, z. B.: *Es gab Donner und Blitz.*
Er konnte nicht an der Wanderung teilnehmen, weil er sich den Fuß verstaucht hatte.
Die häufigsten Konjunktionen sind: *und, oder, weil, da, nachdem.*

Das Verb (das Tätigkeitswort; Plural: die Verben)

▶ S. 240–250

Mit Verben gibt man an, **was jemand tut** (z. B. *laufen, reden, lachen*), **was geschieht** (z. B. *regnen, brennen*) oder was ist (z. B. *haben, sein, bleiben*). Verben werden kleingeschrieben.

- Der Infinitiv (die Grundform) eines Verbs endet auf *-en* oder *-n*, z. B.: *rennen, sagen, antworten, rudern, lächeln*.
- Wenn man ein Verb in einem Satz verwendet, bildet man **die Personalform des Verbs.** Das nennt man **konjugieren (beugen),** z. B.: *such-en* (Infinitiv) → *Ich such-e den Schlüssel* (1. Person Singular). Die Personalform des Verbs wird aus dem Infinitiv des Verbs gebildet. An den Stamm des Verbs wird dabei die passende Personalendung gehängt, z. B.: *sprech-en* (Infinitiv) → *ich sprech-e* (1. Person Singular), *du sprich-st* (2. Person Singular) usw.

Der Imperativ (Befehlsform des Verbs; Plural: die Imperative)

▶ S. 242

Die Aufforderungsform oder **Befehlsform eines Verbs** nennt man Imperativ. Man kann eine Aufforderung oder einen Befehl an eine Person oder an mehrere Personen richten. Dementsprechend gibt es den Imperativ Singular *(„Bitte komm!", „Lauf weg!")* und den Imperativ Plural *(„Bitte kommt!", „Lauft weg!")*.

- Der **Imperativ Singular** besteht aus dem Stamm des Verbs *(schreiben → schreib!)*, manchmal wird die Endung *-e* angehängt *(reden → rede!)* oder es ändert sich der Stammvokal von *e* zu *i* *(geben → gib!)*.
- Der **Imperativ Plural** wird in der Regel durch den Stamm des Verbs mit der Endung *-t* gebildet *(schreiben → schreibt!, reden → redet!, lesen → lest!)*.

Die Tempora (Zeitformen) der Verben

▶ S. 243–250

Verben kann man in verschiedenen Zeitformen (Tempora; Sg.: das Tempus) verwenden, z. B. im Präsens, im Präteritum, im Futur. Die Zeitformen der Verben sagen uns, wann etwas passiert, z. B. in der Gegenwart, in der Vergangenheit oder in der Zukunft.

- **Das Präsens** (die Gegenwartsform)
  - Das Präsens wird verwendet, wenn etwas in der **Gegenwart** (in diesem Augenblick) geschieht, z. B.: *Er schreibt gerade einen Brief.* (Es geschieht in diesem Augenblick.)
  - Im Präsens stehen auch **Aussagen, die immer gelten,** z. B.: *Suppe isst man mit dem Löffel.* (Es ist immer gültig.)
  - Man kann das Präsens auch verwenden, **um etwas Zukünftiges auszudrücken.** Meist verwendet man dann eine Zeitangabe, die auf die Zukunft verweist, z. B.: *Morgen gehe ich ins Kino.*

Das Präsens wird gebildet durch den Stamm des Verbs und die entsprechenden Personalendungen, z. B.: *ich schreib-e, du schreib-st ...*

- **Das Futur** (die Zukunftsform)
  - Das Futur wird verwendet, um ein zukünftiges Geschehen auszudrücken, z. B.: *In den Sommerferien werde ich häufig ins Freibad gehen.*
  - Das Futur wird gebildet durch: Personalform von *werden* im Präsens + Infinitiv des Verbs, z. B.: *Ich werde anrufen, du wirst anrufen ...*

- **Das Perfekt**
  Wenn man mündlich von etwas Vergangenem erzählt oder berichtet, verwendet man häufig das Perfekt, z. B.: *Ich habe gerade etwas gegessen. Er ist nach Hause gekommen.*
  Das Perfekt ist eine **zusammengesetzte Vergangenheitsform,** weil es mit einer Form von **„haben“** oder **„sein“** im Präsens (z. B. *hast, sind*) und dem **Partizip II des Verbs** *(gesehen, aufgebrochen)* gebildet wird.
  - Das Partizip II beginnt meist mit *ge-*, z. B.: *lachen → gelacht; gehen → gegangen.*
  - Wenn das Verb schon eine Vorsilbe hat (*ge-*, *be-* oder *ver-*), bekommt das Partizip II keine mehr, z. B.: *gelingen → gelungen; beschweren → beschwert; verlieren → verloren.*
- **Das Präteritum**
  Das Präteritum ist eine **einfache Zeitform der Vergangenheit.** Diese Zeitform wird vor allem in schriftlichen Erzählungen (z. B. in Märchen, in Geschichten) und in Berichten verwendet, z. B.: *Sie lief schnell nach Hause, denn es regnete in Strömen.*
  Man unterscheidet:
  - **regelmäßige (schwache) Verben:** Bei den regelmäßigen Verben ändert sich der Vokal (*a, e, i, o, u*) im Verbstamm nicht, wenn das Verb ins Präteritum gesetzt wird, z. B.: *ich lache* (Präsens) → *ich lachte* (Präteritum),
  - **unregelmäßige (starke) Verben:** Bei den unregelmäßigen Verben ändert sich im Präteritum der Vokal *(a, e, i, o, u)* im Verbstamm, z. B.: *ich singe* (Präsens) → *ich sang* (Präteritum); *ich laufe* (Präsens) → *ich lief* (Präteritum).
- **Das Plusquamperfekt**
  Wenn etwas vor dem passiert, wovon im Präteritum oder im Perfekt erzählt wird, verwendet man das Plusquamperfekt. Das Plusquamperfekt wird deshalb auch **Vorvergangenheit** genannt, z. B.: *Nachdem sie mit dem Fallschirm sicher gelandet war, jubelten die Menschen.*
  Das Plusquamperfekt ist wie das Perfekt eine **zusammengesetzte Vergangenheitsform,** weil es mit einer Form von **„haben“** oder **„sein“** im Präteritum (z. B. *hatte, war*) und dem **Partizip II des Verbs** *(gelesen, aufgebrochen)* gebildet wird, z. B.: *Nachdem wir etwas gegessen hatten, gingen wir in den Zoo. Nachdem wir alle pünktlich angekommen waren, ging es los.*
  TIPP: Die Konjunktion *nachdem* leitet oft einen Satz im Plusquamperfekt ein.

Satzglieder

Wortart und Satzglied

Beachtet den Unterschied zwischen Wortarten und Satzgliedern: Einzelne Wörter kann man nach ihrer Wortart bestimmen, Satzglieder sind die Bausteine in einem Satz. Oft besteht ein Satzglied aus mehreren Wörtern. Man merkt das, wenn man versucht, die Satzglieder eines Satzes umzustellen (▸ Umstellprobe, S. 254; 334).

Nomen	Verb	Pronomen	Präposition	Nomen	**Wortarten**
Thomas	*trifft*	*ihn*	*zu*	*Hause.*	
Subjekt	Prädikat	Akkusativobjekt	adverbiale Bestimmung des Ortes		**Satzglieder**

Satzglieder erkennen: Die Umstellprobe

▶ S. 254

Ein Satz besteht aus verschiedenen Satzgliedern. Diese Satzglieder können aus einem einzelnen Wort oder aus mehreren Wörtern (einer Wortgruppe) bestehen.
Mit der **Umstellprobe** könnt ihr feststellen, wie viele Satzglieder ein Satz hat. Wörter und Wortgruppen, die bei der Umstellprobe immer zusammenbleiben, bilden ein Satzglied, z. B.:

Seit 3000 Jahren überfallen Piraten fremde Schiffe.
Piraten überfallen fremde Schiffe seit 3000 Jahren.

Das Prädikat (Pl.: die Prädikate)

▶ S. 255

Der **Kern des Satzes** ist das Prädikat (Satzaussage). Prädikate werden durch Verben gebildet. In einem Aussagesatz steht die Personalform des Verbs (der gebeugte Teil) **immer an zweiter Satzgliedstelle,** z. B.: *Oft zeichnen Piraten eine Schatzkarte. So finden sie später ihr Beute.*
Das Prädikat kann mehrteilig sein, z. B.: *Die Piraten kommen auf der Insel an. Die Piraten haben das Schiff überfallen.*

Das Subjekt (Pl.: die Subjekte)

▶ S. 256

Das Satzglied, das in einem Satz angibt, wer oder was handelt, etwas tut, veranlasst ..., heißt Subjekt (Satzgegenstand), z. B.: *Der Pirat versteckt auf der Insel einen Schatz.*

- Ihr könnt das Subjekt mit der **Frage „Wer oder was ...?“** ermitteln.
  Der Pirat versteckt auf der Insel einen Schatz. → Wer oder was versteckt auf der Insel einen Schatz?
- Das Subjekt eines Satzes kann aus einem oder aus mehreren Wörtern bestehen, z. B.:
  Die alte, verwitterte Schatztruhe liegt unter der Erde. → Wer oder was liegt unter der Erde?
- Das Subjekt eines Satzes **steht immer im Nominativ (1. Fall; ▶ S. 329).**

Die Objekte

▶ S. 257–258

- **Akkusativobjekt:** Das Objekt, das im Akkusativ steht, heißt Akkusativobjekt. Ihr ermittelt es mit der Frage: **Wen oder was ...?,** z. B.: *Wen oder was suchen die Piraten? → Die Piraten suchen den Schatz.*
- **Dativobjekt:** Das Objekt, das im Dativ steht, heißt Dativobjekt. Ihr ermittelt es mit der Frage: **Wem ...?,** z. B.: *Wem stehlen die Piraten den Schatz? → Die Piraten stehlen ihren Opfern den Schatz.*
  Objekte können aus einem oder aus mehreren Wörtern bestehen.

Das Prädikativ

▶ S. 258

Das Verb *sein* verlangt neben dem Subjekt ein weiteres Satzglied, das Prädikativ. Das Prädikativ kann ein **Nomen** oder ein **Adjektiv** sein, z. B.: *Er ist der Klassensprecher. Ich bin sportlich.*
Das Prädikativ ergänzt das Prädikat (Verb) und bezieht sich zugleich auf das Subjekt des Satzes.
Weitere Verben, die häufig ein Prädikativ verlangen, sind: *bleiben, werden, heißen.*

Die adverbialen Bestimmungen (auch: Adverbialien)

▶ S. 259–260

- Adverbiale Bestimmungen (Umstandsbestimmungen) sind Satzglieder, die man z. B. mit den Fragen **Wann ...?, Wo ...?, Warum ...?, Wie ...?** ermittelt. Sie liefern zusätzliche **Informationen über den Ort** (adverbiale Bestimmung des Ortes), **über die Zeit** (adverbiale Bestimmung der Zeit), **über den Grund** (adverbiale Bestimmung des Grundes) und **über die Art und Weise** (adverbiale Bestimmung der Art und Weise) eines Geschehens oder einer Handlung.
- Adverbiale Bestimmungen können aus einem oder aus mehreren Wörtern bestehen.
- Durch die Frageprobe kann man ermitteln, welche adverbiale Bestimmung vorliegt.

Frageprobe	Satzglied	Beispiel
Wo? Wohin? Woher?	**adverbiale Bestimmung des Ortes**	*Wo liegt der Schatz?* *Der Schatz liegt hinter der Holzhütte.*
Wann? Wie lange? Seit wann?	**adverbiale Bestimmung der Zeit**	*Wann wurde der Schatz versteckt?* *Der Schatz wurde vor 200 Jahren versteckt.*
Warum? Weshalb?	**adverbiale Bestimmung des Grundes**	*Warum brachen sie die Schatzsuche ab?* *Wegen der Dunkelheit brachen sie die Schatzsuche ab.*
Wie? Auf welche Weise? Womit?	**adverbiale Bestimmung der Art und Weise**	*Wie werden sie die Schatztruhe öffnen?* *Sie werden die Schatztruhe gewaltsam öffnen.*

Proben

▶ S. 262–263

- **Umstellprobe: Satzanfänge abwechslungsreich gestalten**
  Durch die Umstellprobe könnt ihr eure Texte abwechslungsreicher gestalten. Ihr stellt z. B. die Satzglieder so um, dass die Satzanfänge nicht immer gleich sind, z. B.:
  Ich habe mir heute eine Überraschung ausgedacht. Ich will eine Schatzsuche veranstalten.
  → *Heute habe ich mir eine Überraschung ausgedacht. Ich will eine Schatzsuche veranstalten.*
- **Ersatzprobe: Wortwiederholungen vermeiden**
  Mit der Ersatzprobe könnt ihr Satzglieder, die sich in eurem Text häufig wiederholen, durch andere Wörter ersetzen, z. B.:
  Ich kenne ein Spiel. ~~Das Spiel~~ (→ Es) kommt aus Indien.
  Zuerst zeichnet man ein Spielbrett. Danach ~~zeichnet~~ (→ erstellt) man die Spielsteine.
- **Weglassprobe: Texte straffen, Wiederholungen vermeiden**
  Mit der Weglassprobe könnt ihr prüfen, welche Wörter in einem Text gestrichen werden sollten, weil sie überflüssig sind oder umständlich klingen, z. B.:
  Als wir den Schatz fanden, jubelten wir vor Freude ~~über den gefundenen Schatz~~.
- **Erweiterungsprobe: Genau und anschaulich schreiben**
  Mit der Erweiterungsprobe könnt ihr prüfen, ob eine Aussage genau genug oder anschaulich genug ist oder ob ihr noch etwas ergänzen solltet, z. B.:
  √ Ich wünsche mir ein Buch √. → Zum Geburtstag wünsche ich mir ein Buch über Piraten.
  Wann? Worüber?

Sätze

Satzarten

▶ S. 265–266

Je nachdem, ob wir etwas aussagen, fragen oder jemanden auffordern wollen, verwenden wir unterschiedliche Satzarten: Aussagesatz, Fragesatz und Aufforderungssatz.
In der gesprochenen Sprache erkennen wir die verschiedenen Satzarten oft an der Stimmführung, in der geschriebenen Sprache an den unterschiedlichen Satzschlusszeichen: Punkt, Fragezeichen und Ausrufezeichen.

- Nach einem **Aussagesatz** steht ein **Punkt,** z. B.: *Ich gehe jetzt ins Schwimmbad.*
- Nach einem **Fragesatz** steht ein **Fragezeichen,** z. B.: *Hast du heute Nachmittag Zeit?*
- Nach einem **Ausrufe- oder Aufforderungssatz** steht meist ein **Ausrufezeichen,** z. B.: *Vergiss die Sonnencreme nicht! Beeilt euch!*

Die Satzreihe: Hauptsatz + Hauptsatz

▶ S. 267

- Ein **Hauptsatz** ist ein selbstständiger Satz. Er enthält mindestens zwei Satzglieder, nämlich Subjekt und Prädikat, z. B.: *Peter schwimmt.*
  Die Personalform des Verbs (das gebeugte Verb) steht im Hauptsatz an zweiter Satzgliedstelle, z. B.: *Peter schwimmt im See.*
- Ein **Satz,** der **aus zwei oder mehr Hauptsätzen** besteht, wird **Satzreihe** genannt. Die einzelnen Hauptsätze einer Satzreihe werden durch ein **Komma** voneinander getrennt, z. B.: *Peter schwimmt im See, Philipp kauft sich ein Eis.*
- Häufig werden die Hauptsätze durch die nebenordnenden **Konjunktionen** (Bindewörter) *und, oder, aber, sondern, denn, doch* verbunden, z. B.: *Peter schwimmt im See, denn es ist sehr heiß.*
  Nur vor den Konjunktionen *und* bzw. *oder* darf das Komma wegfallen, z. B.: *Peter schwimmt im See und Philipp kauft sich ein Eis.*

Satzgefüge: Hauptsatz + Nebensatz

▶ S. 268–270

Einen **Satz,** der **aus** mindestens einem **Hauptsatz und** mindestens einem **Nebensatz** besteht, nennt man **Satzgefüge.** Zwischen Hauptsatz und Nebensatz muss **immer ein Komma** stehen, z. B.:
Wir gehen heute ins Schwimmbad, weil die Sonne scheint.
Hauptsatz Nebensatz

In einem Satzgefüge kann der Nebensatz vor, zwischen oder nach dem Hauptsatz stehen (▶ S. 337).

Nebensätze haben folgende Kennzeichen:

- Ein Nebensatz kann **nicht ohne** einen **Hauptsatz** stehen.
- Der Nebensatz **ist dem Hauptsatz untergeordnet** und wird durch eine unterordnende **Konjunktion** (Bindewort) **eingeleitet,** z. B. *weil, da, obwohl, damit, dass, sodass, nachdem, während.*
- Die **Personalform des Verbs** (das gebeugte Verb) steht im Nebensatz immer **an letzter Satzgliedstelle.**

Zeichensetzung

Satzschlusszeichen

▶ S. 265–266

- Nach einem **Aussagesatz** steht ein **Punkt,** z. B.: *Ich gehe jetzt ins Schwimmbad.*
- Nach einem **Fragesatz** steht ein **Fragezeichen,** z. B.: *Hast du heute Nachmittag Zeit?*
- Nach einem **Ausrufe- oder Aufforderungssatz** steht meist ein **Ausrufezeichen,** z. B.: *Vergiss die Sonnencreme nicht! Beeilt euch!*

Das Komma zwischen Sätzen

▶ S. 267–271

Die einzelnen **Hauptsätze einer Satzreihe** werden durch ein **Komma** voneinander getrennt, z. B.: *Peter schwimmt im See, Philipp kauft sich ein Eis.*
Nur vor den Konjunktionen *und* bzw. *oder* darf das Komma wegfallen, z. B.: *Peter schwimmt im See und Philipp kauft sich ein Eis.*
Zwischen Hauptsatz und Nebensatz muss **immer ein Komma** stehen, z. B.:
Wir gehen heute ins Schwimmbad, weil die Sonne scheint.
Hauptsatz Nebensatz

In einem Satzgefüge kann der Nebensatz vor, zwischen oder nach dem Hauptsatz stehen.

Tina und Florian möchten am Wochenende eine Kanutour machen, wenn die Sonne scheint.
——— HS ———,
——— NS ———.

Tina und Florian möchten am Wochenende, wenn die Sonne scheint, eine Kanutour machen.
——— HS ———, — Fortsetzung HS — .
——— NS ———,

Wenn die Sonne scheint, möchten Tina und Florian am Wochenende eine Kanutour machen.
——— HS ———.
——— NS ———,

Der Nebensatz **ist dem Hauptsatz untergeordnet** und wird durch eine unterordnende **Konjunktion** (Bindewort) **eingeleitet,** z. B. *weil, da, obwohl, damit, dass, sodass, nachdem, während.*

Zeichensetzung bei der wörtlichen Rede

▶ S. 58

Die wörtliche Rede steht in einem Text in Anführungszeichen. Die Satzzeichen ändern sich, je nachdem, ob der Redebegleitsatz vor, nach oder zwischen der wörtlichen Rede steht.

- Der **Redebegleitsatz vor der wörtlichen Rede** wird durch ein Doppelpunkt von der wörtlichen Rede abgetrennt, z. B.: *Tina rief: „Oh weh!"*
- Der **Redebegleitsatz nach der wörtlichen Rede** wird durch ein Komma von der wörtlichen Rede abgetrennt, z. B.: *„Oh weh!", rief Tina.*
- Der **Redebegleitsatz zwischen der wörtlichen Rede** wird durch Kommas von der wörtlichen Rede abgetrennt, z. B.: *„Oh weh", rief Tina, „der Papagei!"*

Tipps zum Rechtschreiben

▶ S. 276–282

Verwandte Wörter suchen (Ableitungsprobe)

▶ S. 278

- Wenn ihr unsicher seid, wie ein Wort geschrieben wird, hilft fast immer die Suche nach einem verwandten Wort. Der Wortstamm (= Grundbaustein) wird in allen verwandten Wörtern gleich oder ähnlich geschrieben, z. B.: *reisen: abgereist, verreisen, die Reise.*
- Ihr schreibt ein Wort mit **ä** oder **äu**, wenn es ein verwandtes Wort mit **a** oder **au** gibt, z. B.:
  - **e** oder **ä**? → *Gläser – Glas*
  - **eu** oder **äu**? → *Träume – Traum*

  Gibt es kein verwandtes Wort mit **a** oder **au,** schreibt man das Wort meist mit **e** oder **eu.**

Wörter verlängern (Verlängerungsprobe)

▶ S. 279

Am Wortende klingt **b** wie **p** *(das Lob)*, **g** wie **k** *(der Tag)* und **d** wie **t** *(der Hund)*. Wenn ihr die Wörter verlängert, hört ihr, welchen Buchstaben ihr schreiben müsst. So könnt ihr Wörter verlängern:

- Bildet bei Nomen den Plural, z. B.: *der Tag → die Tage*, oder ein Adjektiv, z. B. *der Sand → sandig.*
- Steigert die Adjektive oder ergänzt ein Nomen, z. B.: *wild → wilder; ein wildes Tier.*
- Bildet bei Verben den Infinitiv oder die Wir-Form, z. B.: *er lobt → loben; wir loben.*

Im Wörterbuch nachschlagen

▶ S. 280

- Die Wörter sind **nach dem Alphabet sortiert.** Wenn der erste, zweite ... Buchstabe gleich ist, wird die Reihenfolge nach dem zweiten, dritten ... Buchstaben entschieden, z. B.: *Flamme, Fleiß, Floß.*
- Die Wörter sind im Wörterbuch in ihrer **Grundform** verzeichnet.
  - **Verben** findet ihr **im Infinitiv** (Grundform), z. B.: *ich habe gewusst → wissen.*
  - **Nomen** findet ihr **im Nominativ Singular** (1. Fall, Einzahl), z. B.: *die Hände → Hand.*

Silbentrennung

▶ S. 277

Mehrsilbige Wörter trennt man nach Sprechsilben, die man beim deutlichen und langsamen Vorlesen hören kann, z. B.: *Spa-zier-gang.* Ein einzelner Vokalbuchstabe wird nicht abgetrennt, z. B. *Igel* (nicht ~~*I-gel*~~). Beachtet: Einsilbige Wörter kann man nicht trennen, z. B.: *Tisch, blau.*

Partnerdiktat

▶ S. 279; 285; 287

- Lest zuerst den gesamten Text durch und achtet auf schwierige Wörter.
- Diktiert euch abwechselnd den ganzen Text, am besten in Wortgruppen.
- Jeder überprüft am Ende seinen eigenen Text auf Rechtschreibfehler und verbessert sie.
- Tauscht dann eure Texte und korrigiert sie gegenseitig.
- Verbessert zum Schluss die Fehler in euren Texten.

Rechtschreibregeln

Kurze Vokale – doppelte Konsonanten

▶ S. 284–285

Nach einem **betonten, kurzen Vokal** (Selbstlaut) folgen fast immer **zwei** oder mehr Konsonanten. Beim deutlichen Sprechen könnt ihr sie meist gut unterscheiden, z. B.: *kalt, Pflanze, trinken.*
Wenn ihr bei einem Wort mit einem betonten, kurzen Vokal nur einen **Konsonanten** hört, dann wird er **verdoppelt,** z. B.: *Tasse, Schiff, wissen, treffen, sonnig, satt.*
Beachte: Statt kk schreibt man **ck** und statt zz schreibt man **tz,** z. B.: *verstecken, Decke, Katze, verletzen.*

Lange Vokale (a, e, i, o, u)

▶ S. 286–289

- **Lange Vokale als einfache Vokale**
  In den meisten Wörtern ist der betonte lange Vokal ein einfacher Vokal. Danach folgt meist nur ein Konsonant, z. B.: *die Flöte, die Hose, der Besen, geben, tragen, er kam.*
  Das gilt besonders für einsilbige Wörter: *zu, los, so, wen.*

- **Lange Vokale mit h**
  Das **h** nach einem **langen Vokal** steht besonders häufig vor den Konsonanten **l, m, n, r.**
  Beispiele: *kahl, nehmen, wohnen, bohren.* Man hört dieses h nicht.

- **h am Silbenanfang**
  Bei manchen Wörtern steht am Anfang der zweiten Silbe ein **h,** z. B.: *ge-hen.* Dieses **h** könnt ihr hören. Das **h** bleibt in verwandten Wörtern erhalten. Verlängert einsilbige Wörter, dann hört ihr dieses **h,** z. B.: *er geht → gehen.*

- **Wörter mit Doppelvokal**
  Es gibt nur wenige Wörter, in denen der lang gesprochene Vokal durch die Verdopplung gekennzeichnet ist. Merkt sie euch gut.
  - **aa:** *der Aal, das Haar, paar, das Paar, der Saal, die Saat, der Staat, die Waage*
  - **ee:** *die Beere, das Beet, die Fee, das Heer, der Klee, das Meer, der Schnee, der See*
  - **oo:** *das Boot, doof, das Moor, das Moos, der Zoo.*

  Die Vokale **i** und **u** werden nie verdoppelt.

- **Wörter mit langem i**
  - **Wörter mit ie:** Mehr als drei Viertel aller Wörter mit lang gesprochenem **i** werden mit **ie** geschrieben. Das ist also die häufigste Schreibweise. Beispiele: *das Tier, lieb, siegen, viel, hier.*
  - **Wörter mit i:** Manchmal wird das lang gesprochene **i** durch den Einzelbuchstaben **i** wiedergegeben. Beispiele: *mir, dir, wir, der Igel, das Klima, das Kino, der Liter.*
  - **Wörter mit ih:** Nur in den folgenden Wörtern wird der lange **i**-Laut als **ih** geschrieben: ***ihr, ihm, ihn, ihnen, ihre*** usw.

Das stimmhafte s und das stimmlose s

▶ S. 291

- **Das stimmhafte s (= weicher, gesummter s-Laut):** Manchmal spricht man das **s** weich und summend wie in *Sonne, tausend* oder *seltsam*. Dann nennt man das **s** stimmhaft.
- **Das stimmlose s (= harter, gezischter s-Laut):** Manchmal spricht man das **s** hart und zischend wie in *Gras* oder *küssen* oder *schließen*. Dann nennt man das **s** stimmlos.

Die Schreibung des s-Lautes: s, ss oder ß?

▶ S. 291–294

- Das **stimmhafte s wird immer mit einfachem s** geschrieben, z. B. *eisig, Riese, Sonne.*
- Das stimmlose **s** wird **mit einfachem s** geschrieben, **wenn sich beim Verlängern** des Wortes (▶ S. 338) **ein stimmhaftes s ergibt,** z. B.: *das Gras → die Gräser; uns → unser.*
  Für einige Wörter mit einfachem **s** am Wortende gibt es keine Verlängerungsmöglichkeit – es sind also Merkwörter: *als, aus, bis, es, was, etwas, niemals, alles, anders, morgens.*
- **Doppel-s nach kurzem Vokal**
  Der stimmlose s-Laut wird **nach einem kurzen, betonten Vokal** mit **ss** geschrieben, z. B.: *essen, die Klasse, wissen.*
- **ß nach langem Vokal oder Diphthong**
  Der stimmlose s-Laut wird **nach einem langen Vokal oder Diphthong** (ei, ai, au, äu, eu) mit **ß** geschrieben, wenn er bei der Verlängerungsprobe stimmlos bleibt, z. B.: *heiß → heißer; der Kloß → die Klöße.*

Großschreibung

▶ S. 295–296

Satzanfänge und **Nomen** werden **großgeschrieben.** Wörter, die auf *-heit, -keit, -nis, -schaft, -tum, -in, -ung* enden, sind immer Nomen. **Nomen** kann man meist an ihren Begleitwörtern erkennen, die den Nomen vorausgehen. **Begleitwörter** sind:

- **Artikel** (bestimmter/unbestimmter), z. B.: *der Hund, ein Hund.*
- **Pronomen,** z. B.: *unser Hund, dieser Hund.*
- **Präpositionen,** die mit einem Artikel verschmolzen sein können, z. B.: *am (= an dem) Fluss.*
- **Adjektive,** z. B.: *große Hunde.*

Kleinschreibung

▶ S. 297

Klein schreibt man

- alle **Verben,** z. B.: *malen, tanzen, gehen.*
- alle **Adjektive,** z. B.: *freundlich, sonderbar, rostig.*

Viele Adjektive kann man an typischen Adjektivendungen erkennen: *-bar, -sam, -isch, -ig, -lich, -haft.*

- alle **Personalpronomen** (persönliche Fürwörter), z. B.: *ich, du, er/sie/es, wir, ihr, sie, mich, dich.*
- alle **Possessivpronomen** (besitzanzeigende Fürwörter, z. B.: *mein, dein, sein, ihr, euer.*

TIPP: Eine Sonderregelung gibt es bei den **Anredepronomen in Briefen und Mails:**

- Wenn ihr jemanden siezt, schreibt ihr die Anredepronomen groß, z. B.: *Sie, Ihnen, Ihr.*
- Die vertraute Anrede **du** kann man kleinschreiben, z. B.: *dir, dein, euch, euer.*

Arbeitstechniken und Methoden

Informationen beschaffen und auswerten

▶ S. 195–199

Wenn ihr Informationen über ein bestimmtes Thema sucht oder etwas nachschlagen wollt, stehen euch verschiedene Informationsquellen zur Verfügung:
Die wichtigsten **Informationsquellen** sind **Bücher** (Lexika, Sach- oder Fachbücher), **Zeitschriften** und das **Internet.**

- **Bücher und Zeitschriften** findet ihr **in der Bibliothek** (Bücherei), z. B. in der Schul-, der Stadt- oder der Gemeindebibliothek. Wie ihr in einer Bibliothek mit dem Computer nach Büchern und anderen Medien suchen könnt, erfahrt ihr unten auf der Seite.
- Um im **Internet** gezielt nach Informationen zu suchen, verwendet man so genannte **Suchmaschinen** (siehe unten).
  Gibt man einen **Suchbegriff** in eine Suchmaschine ein (z. B. Orang-Utan), durchsucht diese das Internet nach diesem Begriff und liefert euch dann eine Liste von Internetseiten, die euren Suchbegriff enthalten.
- **Gute Suchmaschinen** für Kinder und Jugendliche sind:
  www.blinde-kuh.de; www.helles-koepfchen.de; www.fragfinn.de; www.loopilino.de.

Informationen auswerten

- Lest die Texte und verschafft euch einen Überblick über ihre Inhalte.
- Sucht die Abschnitte heraus, die wichtige Informationen zu eurem Thema enthalten.
- Schreibt die wichtigsten Informationen in Stichworten auf.
- Prüft, welche Fragen zu eurem Thema in diesen Texten nicht beantwortet werden, und sucht – wenn nötig – weitere Informationen.

Mit dem Computer Bücher und andere Medien suchen

▶ S. 151–153

1. **Schritt:** Gebt in das entsprechende Feld der Suchmaske einen Suchbegriff ein, z. B. den Namen des Autors/der Autorin, den Titel des Buches, einen Sachbegriff/ein Schlagwort (z. B. Dinosaurier, Abenteuerbuch). Verfeinert, wenn möglich, die Suche, indem ihr eine bestimmte Medienart (z. B. Buch, CD, DVD) auswählt.
2. **Schritt:** Startet die Suche, indem ihr die Enter-Taste des Computers drückt oder mit einem Mausklick das Feld für die Suche anklickt.
3. **Schritt:** Ihr erhaltet nun Angaben zu dem gesuchten Titel oder eine Liste mit Suchergebnissen. Klickt den Titel an, zu dem ihr genauere Informationen haben wollt, z. B. eine Kurzbeschreibung des Inhalts, Angaben darüber, ob das Buch vorhanden oder ausgeliehen ist.
4. **Schritt:** Wenn ihr den gesuchten Titel gefunden habt, müsst ihr euch die Signatur aufschreiben, z. B.: *Ab 24 Tw.* Sie gibt euch den Standort des Buches, der CD etc. in der Bibliothek an.
5. **Schritt:** Orientiert euch in der Bibliothek, in welchem Regal ihr euer Buch, die CD etc. findet, z. B.: *Ab 24 Tw* (Ab = Abenteuer; 24 = Regalstellplatz; Tw = Autor, hier Mark Twain).

Ein Informationsplakat gestalten

▶ S. 200–201

- Sucht zu eurem Thema Informationstexte, Bilder und evtl. Grafiken (▶ Informationen beschaffen, S. 341).
- Lest euer Informationsmaterial und wertet es aus (▶ S. 341).
- Ordnet die Informationen, die ihr den Texten entnommen habt, z. B. nach Unterthemen.
- Schreibt zu jedem Unterthema einen kleinen Informationstext. Schreibt die Texte auf einzelne Blätter, die ihr hinterher auf das Plakat aufkleben könnt. Achtet darauf, dass die Texte nicht zu lang sind, und verwendet eigene Formulierungen. Schreibt nicht zu klein.
- Überlegt, welche Abbildungen (Fotos, Bilder, Grafiken, Zeichnungen) ihr verwenden wollt.
- Schiebt die Texte und Abbildungen auf dem Plakat hin und her, bevor ihr sie aufklebt. Probiert aus, wie es am übersichtlichsten aussieht.
- Gebt eurem Plakat einen Titel und gestaltet ihn in einer gut lesbaren Schrift und in einer auffälligen Farbe.

Einen Kurzvortrag halten

▶ S. 82; 155–156

Ein gelungener Vortrag muss gut vorbereitet werden:

- Ordnet die Informationen für euren Kurzvortrag, z. B. nach Unterthemen, und bringt sie in eine sinnvolle Reihenfolge.
- Notiert zu jedem Unterthema wichtige Stichwörter, z. B. auf Karteikarten.
- Nummeriert die Karteikarten in der entsprechenden Reihenfolge.
- Überlegt euch eine Einleitung, die euer Publikum neugierig auf das Thema macht.
- Überlegt euch einen passenden Schluss für euren Vortrag. Ihr könnt z. B. die wichtigsten Informationen noch einmal zusammenfassen.
- Bereitet Anschauungsmaterial für euren Vortrag vor, z. B. ein Informationsplakat (s. oben), Bilder, einen Gegenstand.

Tipps zum Vortragen

- Sprecht laut, deutlich und nicht zu schnell.
- Versucht, möglichst frei vorzutragen.
- Schaut eure Zuhörerinnen und Zuhörer an, dann seht ihr, ob es Zwischenfragen gibt.

Ideen sammeln: Der Cluster

▶ S. 49; 170; 314

Der Cluster (engl. = Traube, Schwarm) hilft euch, Ideen zu einem bestimmten Thema zu finden.

- Schreibt das Thema in die Mitte eines Blattes.
- Notiert dann Stichpunkte (Gedanken, Ideen, Angaben, Merkmale) zu dem Thema und verbindet sie mit Linien mit dem Thema (Ausgangskreis). Zu jedem Stichpunkt könnt ihr wiederum weitere Einfälle notieren.

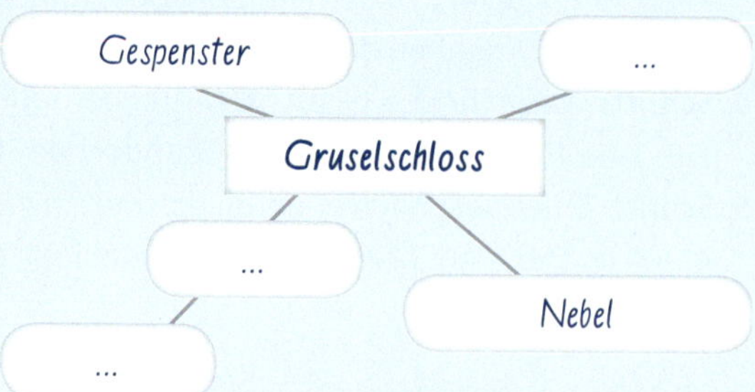

Ideen sammeln und ordnen: Die Mind-Map

▶ S. 189

Die Mind-Map (engl. = Gedankenlandkarte) ist im Gegensatz zum Cluster (▶ S. 342) dazu geeignet, die Ideen zu ordnen.

- Schreibt in die Mitte eines Blattes das Thema.
- Ergänzt dann um das Thema Oberpunkte (Hauptthemen).
- Erweitert diese Oberpunkte um Unterpunkte (Unterthemen).

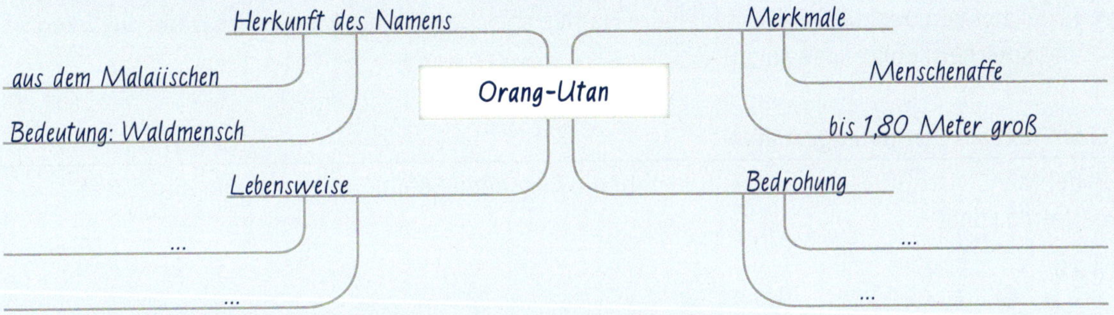

Eine Schreibkonferenz durchführen

▶ S. 58; 315–316

- Setzt euch in kleinen Gruppen (höchstens zu viert) zusammen.
- Einer liest seinen Text vor, die anderen hören gut zu.
- Anschließend geben die anderen eine Rückmeldung, was ihnen besonders gut gefallen hat.
- Nun wird der Text in der Gruppe Satz für Satz besprochen. Die Überarbeitungsvorschläge werden abgestimmt und schriftlich festgehalten.
- Korrigiert auch die Rechtschreibung und die Zeichensetzung.
- Zum Schluss überarbeitet die Verfasserin oder der Verfasser den eigenen Text.

Sinngestaltendes Vorlesen

▶ S. 102; 163–164

Sinngestaltendes Vorlesen bedeutet, dass ihr einen Text ausdrucksvoll vortragt und eure Stimme dem erzählten Geschehen anpasst. Zum Beispiel könnt ihr lauter sprechen, wenn eine Person mit ihren Taten angibt, oder leiser sprechen, wenn eine Person Angst hat.

Betonungszeichen

Bereitet das Vorlesen vor, indem ihr den Text mit Betonungszeichen kennzeichnet:

- Betonungen bei Wörtern, die lauter gelesen werden sollen: ______
- Pausen: |
- Hebung der Stimme, z. B. bei einer Frage: ↗
- Senkung der Stimme, z. B. am Satzende: ↘

Mit dem Schreibprogramm des Computers umgehen

▶ S. 171–172; 317–318

Eine Datei anlegen

Wenn man einen Text am Computer schreiben möchte, muss man zunächst eine Datei anlegen, und das geht so:

- Computer starten, Textprogramm (z. B. Word) auswählen,
- in der Menüleiste auf **Datei** und **Neu** klicken,
- Text schreiben und die Datei unter einem Namen speichern (in der Menüleiste **Datei** anklicken und **Speichern unter** auswählen).

Einen Text am Computer gestalten

In der Menüleiste eures Computers findet ihr die folgenden Befehle, mit denen ihr einen Text gestalten könnt:

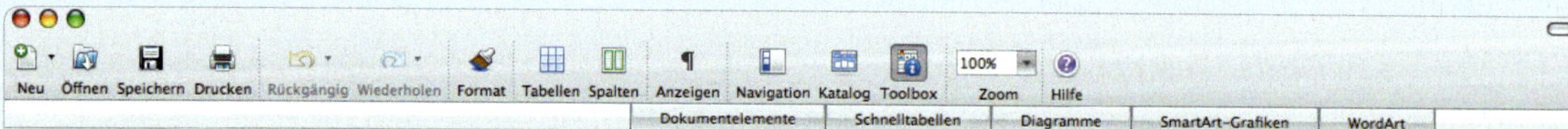

Ausschneiden und einfügen: Text mit der Maus markieren, auf die Schaltfläche Ausschneiden klicken und an anderer Stelle wieder einfügen (Symbol „Einfügen“).

Kopieren: Text markieren, auf die Schaltfläche Kopieren klicken und an anderer Stelle wieder einfügen (Symbol „Einfügen“).

Schriftart verändern: Text/Textstelle markieren, auf den Pfeil neben dem Auswahlfeld für Schriftarten klicken und Schriftart durch Anklicken auswählen.

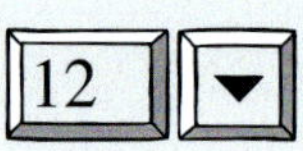

Schriftgröße verändern: Text/Textstelle markieren, auf den Pfeil neben dem Auswahlfeld für Schriftgröße klicken und Schriftgröße durch Anklicken auswählen.

Fett, *kursiv* schreiben und <u>unterstreichen</u>: Text/Textstelle markieren, dann auf die Schaltfläche für fette, kursive oder unterstrichene Schrift klicken.

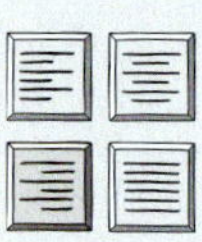

Textausrichtung festlegen: Text markieren, dann auf die Schaltfläche für linksbündige, zentrierte oder rechtsbündige Textausrichtung klicken oder Blocksatz auswählen.

Schriftfarbe festlegen: Text markieren, dann auf die Schaltfläche für die Schriftfarbe klicken und die Farbe durch Anklicken auswählen.

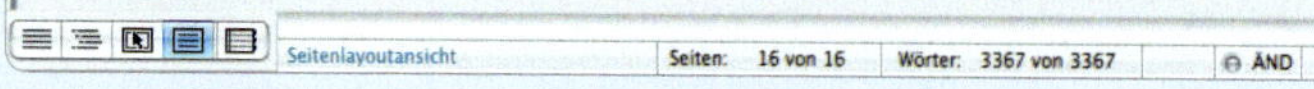

Die Rechtschreibprüfung am Computer nutzen

▶ S. 317

Tabellen mit dem Computer anlegen

▶ S. 318

Lösungen zu einzelnen Aufgaben

Seite 150

1 Das Lösungswort heißt: HUCK.

2 Die Personen, die in einer Geschichte vorkommen oder handeln, nennt man Figuren.

3 a Man unterscheidet den Ich-Erzähler (oder die Ich-Erzählerin) vom Er-/Sie-Erzähler bzw. der Er-/Sie-Erzählerin.
b zum Beispiel:
- Ich-Erzähler/-in: An einem heißen Sommertag ging ich mit meiner Freundin Birgit ins Schwimmbad.
- Er-/Sie-Erzähler/-in: An einem heißen Sommertag ging Steffi mit ihrer Freundin Birgit ins Schwimmbad.

4 zum Beispiel:
- Spannend wird erzählt, wenn zum Beispiel etwas Rätselhaftes geschieht oder spannungssteigernde Wörter und Wendungen (z. B.: *schlagartig, auf unheimliche Weise*) verwendet werden.
- Lustig wird erzählt, wenn zum Beispiel eine Situation zum Lachen reizt oder eine Figur auftaucht, die durch ihr Aussehen, ihre Redeweise oder ihr Verhalten komisch wirkt.

▶ Weitere Merkmale für eine spannende und eine lustige Erzählweise findet ihr auf Seite 149.

Seite 161

4 c Hier findet ihr die letzten drei Strophen des Gedichts „Herr Schnurrdiburr“ von Mascha Kaléko (▶ S. 161).

...

Schnurrdiburr, das Katertier,
Dachte ich, gehöre mir.
Doch es will mir nicht gelingen,
Schnurrdiburr das beizubringen.
Er erteilte mir die Lehre,
Daß vielmehr ich *ihm* gehöre!

Schnurrdiburr, das Katertier,
Nascht genauso gern wie ihr.
Maus-Kotelett und Bücklingsschwarte
Stehn auf seiner Speisekarte.
Doch verschmäht er keineswegs
Milchrahm oder Leibnizkeks.

Schnurrdiburr, das Katertier,
Liebt Musik so gut wie ihr.
Cello, Paule, Violine
Hört er an mit Kennermiene,
Schwärmt für Mozart, Strauß und Grieg
Und der Katzen „Nachmusik“. R

Seite 166

1 a Das Gedicht besteht aus drei Strophen.
b Elf Verse

2 a Paarreim
b Kreuzreim

3 friedlich, glücklich

4 Der Mond beleuchtet den nächtlichen Himmel.

Seite 194

1 b **B** Schlüsselwörter sind Wörter, die für die Aussage eines Textes besonders wichtig sind.

2 b **A** Ein neuer Sinnabschnitt beginnt dort, wo im Text ein neues Unterthema angesprochen wird.

Seite 252

4 b – In dem Artikel gibt es 5 Kasusfehler.
– In dem Artikel gibt es 10 Tempusfehler.

Seite 281

3 So lautet die richtige Schreibweise der Fehlerwörter: fand (Z. 1), unerträglich (Z. 2), Häuser (Z. 2), wenig (Z. 3), Fenster (Z. 3), Abendspaziergang (Z. 4/5), endlich (Z. 6), Fläche (Z. 8), Blütenblätter (Z. 11/12)

Textartenverzeichnis

Autoren- und Quellenverzeichnis

Ahner, Dirk (*1973)

69 Hui Buh. Das Schlossgespenst
aus: Hui Buh. Das Schlossgespenst. Roman zum gleichnamigen Film von Dirk Ahner nach Motiven von Eberhard Alexander-Burgh. Carlsen Verlag, Hamburg 2009, S. 26–31

Ball, Hugo (1886–1927)

276 Wolken
aus: Gesammelte Gedichte. Verlag Die Arche, Zürich 1963, S. 24–25

Bröger, Achim (*1944)

103 Bruno als Ausreden-Erfinder
aus: Der Ausredenerfinder und andere Bruno-Geschichten. Thienemann Verlag, Stuttgart 1991

Busch, Wilhelm (1832–1908)

158 Naturgeschichtliches Alphabet
aus: Sämtliche Werke und eine Auswahl der Skizzen und Gemälde in zwei Bänden, hrsg. von Rolf Hochhuth. Bd. 1. Bertelsmann Lesering, Gütersloh 1959, S. 111–122

Bydlinski, Georg (*1956)

166 Nachts beim offenen Fenster
aus: Bydlinski, Georg: Die bunte Brücke. Reime, Rätsel und Gedichte. Herder Verlag Freiburg/Basel/Wien 1992

Döhl, Reinhard (1934–2004)

157 Der Apfel
aus: Williams, Emmett (Hrsg.): An Anthology of Concrete Poetry. Something Else Press, New York, Villefranche und Frankfurt/M. 1967

Evetts-Secker, Josephine

120 Der kleine Frosch
aus: Väter und Söhne. Märchen aus aller Welt. Nacherzählt von Josephine Evetts-Secker. Illustrationen von Helen Cann. Verlag Urachhaus, Stuttgart 1999, S. 36–43

Friedrich, Joachim (*1953)

62 Das Pfarrfest
aus: Ich schenk dir eine Geschichte 2009. Abenteuergeschichten. Hrsg. von der Stiftung Lesen in Zusammenarbeit mit der Deutschen Post AG, der Verlagsgruppe Random House und dem ZDF. cbj Verlag, München 2009, S. 29–39

Funke, Cornelia (*1958)

128 Die geraubten Prinzen
aus: Cornelia Funke erzählt von Bücherfressern, Dachbodengespenstern und anderen Helden. Loewe Verlag, Bindlach 2004, S. 41–45

Gernhardt, Robert (1937–2006)

290 Geh ich in den Garten raus (1)

163 Heut singt der Salamanderchor (2)

159 Wenn die weißen Riesenhasen (3)
aus: Ein gutes Wort ist nie verschenkt. Gedichte und Geschichten für Kinder. S. Fischer Verlag GmbH, Frankfurt am Main 2009 (1); Gernhardt, Almut und Robert: Mit dir sind wir vier. Insel Verlag, Frankfurt/M. und Leipzig 1983 (2); Zakis, Ursula (Hrsg.); Seidlein, Cornelia von (Ill.): Wenn die weißen Riesenhasen abends übern Rasen rasen: Kindergedichte aus vier Jahrhunderten. Marix-Verlag, Wiesbaden 2004, S. 81 (3)

Goethe, Johann Wolfgang (1749–1832)

160 Die Frösche
aus: Goethes Werke. Hamburger Ausgabe. Hrsg. von Erich Trunz. C. H. Beck Verlag, München 1978, S. 366

Gomringer, Eugen (*1925)

168 worte
aus: Worte sind Schatten: Die Konstellationen 1951–1968. Rowohlt Verlag, Reinbek bei Hamburg 1969, S. 58

Gori, Helen

174 Ein Mensch vor dem Gericht der Tiere (1)

176 Ein Mensch vor dem Gericht der Tiere (2)

178 Ein Mensch vor dem Gericht der Tiere (3)
aus: Schneider, Ruth; Schorno, Paul (Hrsg.): Theaterwerkstatt für Jugendliche und Kinder. Lenos Verlag, Basel 1985 (1, 2, 3)

Grimm, Jacob (1785–1863)

Grimm, Wilhelm (1786–1859)

118 Der Froschkönig oder der eiserne Heinrich (1)

127 Die drei Federn (2)

116 Die drei Wünsche (3)

118 Die Königstochter und der verzauberte Prinz (4)

114 Prinzessin Mäusehaut (5)
aus: Kinder- und Hausmärchen, gesammelt durch die Brüder Grimm. Vollständige Ausgabe auf der Grundlage der dritten Auflage (1837). Herausgegeben von Heinz Rölleke. Deutscher Klassiker Verlag, Frankfurt/M. 1985 (1); Märchen der Brüder Grimm. Bilder von Nikolaus Heidelbach. Beltz und Gelberg Verlag, Weinheim und Basel 2007, S. 90–92 (2); Die schönsten klassischen Märchen. Verlag Arthur Moewig, Rastatt 1987, S. 73 f. (3); Aus den Kinder- und Hausmärchen von Jacob und Wilhelm Grimm. Denkimpulse Verlag, München 2010 (4, 5)

Guggenmos, Josef (1922–2003)

289 Besuch
aus: Was denkt die Maus am Donnerstag?. Beltz und Gelberg Verlag, Weinheim und Basel 1998, S. 9

Hebel, Johann Peter (1760–1826)

101 Der verwegene Hofnarr
aus: Die Kalendergeschichten: sämtliche Erzählungen aus dem Rheinländischen Hausfreund. Hrsg. von Hannelore Schlaffer und Harald Zils. Carl Hanser Verlag, München und Wien 1999, S. 385–386

Hellmiss, Margot

186 Was ist der tropische Regenwald?
aus: Regenwald. Frag mich was, Bd. 20. Loewe Verlag, Bindlach 1996, S. 8 f.

Hodscha, Nasreddin (13./14. Jahrhundert)

95 Der gelehrige Esel (1)

100 Der Schmuggler (2)
aus: Maar, Paul: Das fliegende Kamel. Geschichten von Nasreddin Hodscha. Neu erzählt mit Bildern von Aljoscha Blau. Oetinger Verlag, Hamburg 2010 (1); Marzolph, Ulrich (Hrsg.): Nasreddin Hodscha, 666 wahre Geschichten. Übersetzt und herausgegeben von Ulrich Marzolph. C.H. Beck Verlag, München 2002 (2)

Hulpach, Vladimir

124 Kemanta
aus: Die fünfte Sonne. Indianerlegenden Mittel- und Südamerikas. Mit Illustrationen von Miloslav Troup. Artia Verlag, Prag 1976

Jandl, Ernst (1925–2000)

168 ottos mops
aus: Conrady, Karl Otto (Hrsg.): Der Neue Conrady: Das große deutsche Gedichtbuch. Von den Anfängen bis zur Gegenwart. Neu herausgegeben und aktualisiert von Karl Otto Conrady. Artemis & Winkler Verlag, Düsseldorf und Zürich 2000, S. 871

Kästner, Erich (1899–1974)

43 Gustav hat abgeschrieben! (1)

92 Wie Eulenspiegel einem Esel das Lesen beibrachte (2)

110 Wie Eulenspiegel Erde kaufte (3)
aus: Interview mit dem Weihnachtsmann. Kindergeschichten für Erwachsene. Sanssouci Verlag, München 2007 (1); Erich Kästner erzählt Till Eulenspiegel. C. Dressler Verlag, Hamburg 2000, S. 77–82 (2); Till Eulenspiegel, erzählt von Erich Kästner. C. Dressler Verlag, Hamburg 2005, © Atrium Verlag, Zürich 1938, S. 50–53 (3)

Kaléko, Mascha (1907–1975)

161 Herr Schnurrdiburr
aus: Die paar leuchtenden Jahre. Mit einem Essay von Horst Krüger. Herausgegeben, eingeleitet und mit der Biografie „Aus den sechs Leben der Mascha Kaléko“ von Gisela Zoch-Westphal. © Deutscher Taschenbuch Verlag, München 2003, S. 178.

Kilian, Susanne

217 Der Brief
aus: Ulrich, Winfried (Hrsg.): Texte und Materialien für den Unterricht.

Deutsche Kurzgeschichten. 4.–5. Schuljahr. Für die Primarstufe hrsg. v. Winfried Ulrich. Reclam, Stuttgart o. J., S. 35–37

KRÜSS, JAMES (1926–1997)

167 Der Mops von Fräulein Lunden
aus: Der wohltemperierte Leierkasten: 12 mal 12 Gedichte für Kinder, Erwachsene und andere Leute. Mit einem Nachwort von Erich Kästner. Illustrationen und Gestaltung von Elfriede und Eberhard Binder. Bertelsmann Verlag, München 1989

MAAR, PAUL (*1937)

40 In der neuen Klasse
aus: Robert und Trebor. Oetinger Verlag, Hamburg 1985

MÜLLER, THILO; WOLF, ANDREAS

190 Höhlen: unterirdische Wunderwelten (Quelle für Maßeinheiten)
nach: Müller, Thilo; Wolf, Andreas: Die längsten und tiefsten Höhlen Deutschlands. URL: http://www.arge-grabenstetten.de/forschung/sonstiges/laengsteundtiefste/index.htm

NÖSTLINGER, CHRISTINE (*1936)

155 Das Austauschkind (1)
165 Haustierärger (2)
aus: Das Austauschkind. Beltz und Gelberg Verlag (Gulliver), Weinheim und Basel 2006 (1); Nöstlinger, Christine; Bauer, Jutta: Ein und alles: Ein Jahresbuch mit Geschichten, Bildern, Texten, Sprüchen, Märchen und einem Tagebuch-Roman. Beltz und Gelberg Verlag, Weinheim 1993², S. 234 (2)

PORTNER, DAVID E.

188 Hobby „Höhlenforscher"
aus: Höhlen. WAS IST WAS, Bd. 83. Tessloff Verlag, Nürnberg 1988, S. 33–39

RECHLIN, EVA (*1928)

165 Über das Heulen von Eulen
aus: Krüss, James (Hrsg.): So viele Tage wie das Jahr hat: 365 Gedichte für Kinder und Kenner. Bertelsmann Verlag, München 1998, 6. Auflage der Neuausgabe, S. 127

REMANÉ, LIESELOTTE (1915–2002)

108 Der Kulak und der Knecht
aus: Die Räubernachtigall. Belorussische Märchen. Aus dem Russischen von Lieselotte Remané. Verlag Kultur und Fortschritt, Berlin 1969

RICHTER, WOLFGANG

97 Von einem armen Studenten, der aus dem Paradies kam
aus: Schöne Schwänke für jung und alt, ausgewählt von Wolfgang Richter. Frankfurt/M., Berlin, Ullstein 1961

ROWLING, JOANNE K. (*1965)

27 Harry Potter und der Stein der Weisen
Carlsen Verlag, Hamburg 1998, S. 145–149

STROHBACH, GÜNTER (*1931)

160 Verschieden, aber zufrieden
aus: Krüss, James (Hrsg.): So viele Tage wie das Jahr hat. Gedichte für Kinder und Kenner. Gesammelt und herausgegeben von James Krüss. Sigbert Mohn Verlag, Gütersloh 1959, S. 171

TIMM, UWE (*1940)

146 Der Schatz auf Pagensand
aus: Der Schatz auf Pagensand. Deutscher Taschenbuch Verlag (dtv junior), München 2000, S. 107–110 und 118–119

TWAIN, MARK
(Samuel Langhorne Clemens, 1835–1910)

136 Tom Sawyers Abenteuer: Tom Sawyer und der Gartenzaun (1)
140 Tom Sawyers Abenteuer: Huckleberry Finn und die tote Katze (2)
143 Tom Sawyers Abenteuer: Die Abenteuer auf der Mississippi-Insel (3)
aus: Tom Sawyers Abenteuer. Herausgegeben und übersetzt von Andreas Nohl. Carl Hanser Verlag, München 2010, S. 22–27 (1), S. 57–62 (2), S. 107–115 (3)

VAN DE VENDEL, EDWARD (*1964)

23 Was ich vergessen habe
aus: Was ich vergessen habe. Carlsen Verlag, Hamburg 2004

Unbekannte/ungenannte Autorinnen und Autoren

84 Ein Futterhäuschen für die Vögel
nach: URL: http://www.fug-verlag.de/on2068

209 Ein starkes Team – Die Hauptfiguren der Serie kennen lernen.
nach: URL: www.pfefferkoerner.de, unter „Starportrait"

202 Höhlen-Tourismus
nach: Portner, David E.: Höhlen. WAS IST WAS, Bd. 83. Tessloff Verlag, Nürnberg 1988, S. 43

196 Orang-Utans: Intelligente Menschenaffen
nach: www.young-panda.de

214 Tägliche Nutzungsdauer verschiedener Medien bei 6 bis 13-Jährigen
nach: Medienpädagogischer Forschungsverbund Südwest: KIM-Studie 2010, www.mpfs.de

213 Wann werden welche Medien genutzt?
nach: Medienpädagogischer Forschungsverbund Südwest: KIM-Studie 2010. Kinder + Medien, Computer + Internet. Basisuntersuchungen zum Medienumgang 6- bis 13-Jähriger. URL: http://mpfs-neu.de.server422-han.de-nserver.de/fileadmin/KIM-pdf08/KIM2008.pdf, S. 54

299 Wie baut ihr ein Aufwindkraftwerk?
nach: Froehlich-Schmitt, Barbara: Unterrichtshilfen für die Grundschule zum Thema Umwelt. Herausgegeben vom Ministerium für Umwelt des Saarlandes, Saarbrücken 2001. URL: http://www.saarland.de/dokumente/ressort_umwelt/Baustein1_Haus.pdf, S. 32

Bildquellenverzeichnis

S. 13, 17: Thomas Schulz, Teupitz; **S. 15, 169 rechts:** picture alliance/chromorange; **S. 31:** © F1 Online; **S. 32:** Doris Kabutke, Pirckheimer-Gym.-Nürnberg, 2005; **S. 75 links:** © TEMISTOCLE LUCARELLI – Fotolia.com; **S. 75 rechts oben, 173:** picture-alliance/ZB; **S. 75 rechts unten:** © Mellimage – Fotolia.com; **S. 76 oben:** © fotosearch; **S. 76 unten:** J.-M. Labat & F. Rouquette/BIOS/OKAPIA; **S. 79, 83 rechts oben, 177, 191 links, 250:** vario images; **S. 81:** Nils Reinhard; **S. 83 links oben:** Bildagentur Geduldig; **S. 83 rechts unten:** WILDLIFE/G. Czepluch; **S. 83 links unten:** Juniors Bildarchiv; **S. 88 links:** Art Wolfe/Danita Delimont Agency/OKAPIA; **S. 88 rechts:** Ritterbach/F1 online; **S. 119:** akg-images; **S. 136:** picture alliance/Everett; **S. 146:** © Deutscher Taschenbuchverlag, München 2000, Umschlagillustratorin: Ute Martens; **S. 155:** © Verlagsgruppe Beltz, Weinheim 2010; **S. 158:** Wilhelm Busch: Das heitere Wilhelm-Busch-Hausbuch, Bertelsmann, 1956, Gütersloh; **S. 169 links:** picture-alliance/dpa/dpaweb; **S. 186:** © frogger – Fotolia.com; **S. 188:** Global Warming Images; **S. 191 rechts:** © Marcus Kästner – Fotolia.com; **S. 192, 203, 226:** picture alliance/dpa; **S. 192 rechts, 193, 194 links:** Volkhard Binder, Berlin; **S. 194 rechts:** Hans Wunderlich, Berlin; **S. 195:** blickwinkel/McPHOTO; **S. 196:** r.e.m./hans-georg gaul; **S. 197:** © WWF Deutschland ; **S. 203 links:** © patrick CRONNE – Fotolia.com; **S. 203 Mitte:** © Bildagentur Huber; **S. 205:** ullstein bild – Europress; **S. 206:** WDR mediagroup GmbH, Köln (Wissen macht Ah); © ZDF und Ronen Schmitz (Logo); © NDR, Hamburg (Die Pfefferkörner, Expedition ins Tierreich) © ZDF und Corporate Design (Wetten dass?, Heute); © Masannek Birck Wunderwerk 2011 (Die wilden Kerle); **S. 207:** © TV Spielfilm 6.11–19.11.2010; **S. 208 oben:** © HÖRZU, Axel-Springer-AG, Hamburg/© NDR; **S. 208, 209, 210, 211, 212, unten:** © NDR; **S. 218:** Deborah Mohr, Köln; **S. 219:** Getty images/Juan Silva; **S. 243, 247:** picture-alliance/akg-images; **S. 315:** © Janet Thorpe – Fotolia.com;

Nicht in allen Fällen war es möglich, die Rechteinhaber der Abbildungen ausfindig zu machen. Berechtigte Ansprüche werden im Rahmen der üblichen Vereinbarungen abgegolten.

Sachregister

Knifflige Verben im Überblick

Infinitiv	Präsens	Präteritum	Perfekt
befehlen	du befiehlst	er befahl	er hat befohlen
beginnen	du beginnst	sie begann	sie hat begonnen
beißen	du beißt	er biss	er hat gebissen
bieten	du bietest	er bot	er hat geboten
bitten	du bittest	sie bat	sie hat gebeten
blasen	du bläst	er blies	er hat geblasen
bleiben	du bleibst	sie blieb	sie ist geblieben
brechen	du brichst	sie brach	sie hat gebrochen
brennen	du brennst	es brannte	es hat gebrannt
bringen	du bringst	sie brachte	sie hat gebracht
dürfen	du darfst	er durfte	er hat gedurft
einladen	du lädst ein	sie lud ein	sie hat eingeladen
erschrecken	du erschrickst	er erschrak	er ist erschrocken
essen	du isst	er aß	er hat gegessen
fahren	du fährst	sie fuhr	sie ist gefahren
fallen	du fällst	er fiel	er ist gefallen
fangen	du fängst	sie fing	sie hat gefangen
fliehen	du fliehst	er floh	er ist geflohen
fließen	du fließt	es floss	es ist geflossen
frieren	du frierst	er fror	er hat gefroren
gehen	du gehst	sie ging	sie ist gegangen
gelingen	es gelingt	es gelang	es ist gelungen
genießen	du genießt	sie genoss	sie hat genossen
geschehen	es geschieht	es geschah	es ist geschehen
greifen	du greifst	sie griff	sie hat gegriffen
halten	du hältst	sie hielt	sie hat gehalten
heben	du hebst	er hob	er hat gehoben
heißen	du heißt	sie hieß	sie hat geheißen
helfen	du hilfst	er half	er hat geholfen
kennen	du kennst	sie kannte	sie hat gekannt
kommen	du kommst	sie kam	sie ist gekommen
können	du kannst	er konnte	er hat gekonnt
lassen	du lässt	sie ließ	sie hat gelassen
laufen	du läufst	er lief	er ist gelaufen
lesen	du liest	er las	er hat gelesen